经以俭廉
进德尚美
贺教师节
教改项目
必至卓越

季羡林
二〇〇八

教育部哲学社会科学研究重大课题攻关项目
"十三五"国家重点出版物出版规划项目

中国大学校长管理专业化研究

RESEARCH ON
THE PROFESSIONALIZATION OF
UNIVERSITY PRESIDENT GOVERNANCE IN CHINA

宣 勇
等著

中国财经出版传媒集团
经济科学出版社
Economic Science Press

图书在版编目（CIP）数据

中国大学校长管理专业化研究/宣勇等著. —北京：经济科学出版社，2017.6
教育部哲学社会科学研究重大课题攻关项目
ISBN 978-7-5141-8260-6

Ⅰ.①中… Ⅱ.①宣… Ⅲ.①高等学校-校长-学校管理-研究-中国 Ⅳ.①G647.12

中国版本图书馆 CIP 数据核字（2017）第 175152 号

责任编辑：王 娟 张立莉
责任校对：杨 海
责任印制：李 鹏

中国大学校长管理专业化研究
宣 勇 等著

经济科学出版社出版、发行 新华书店经销
社址：北京市海淀区阜成路甲 28 号 邮编：100142
总编部电话：010-88191217 发行部电话：010-88191522
网址：www.esp.com.cn
电子邮件：esp@esp.com.cn
天猫网店：经济科学出版社旗舰店
网址：http://jjkxcbs.tmall.com
北京季蜂印刷有限公司印装
787×1092 16 开 25.5 印张 480000 字
2018 年 3 月第 1 版 2018 年 3 月第 1 次印刷
ISBN 978-7-5141-8260-6 定价：75.00 元
（图书出现印装问题，本社负责调换。电话：010-88191510）
（版权所有 侵权必究 举报电话：010-88191586
电子邮箱：dbts@esp.com.cn）

课题组主要成员

(按姓氏笔画排序)

毛建青　方阳春　沈玉顺　张凤娟　张乐天
张　鹏　陈玉琨　陈运超　郑　莉　钟伟军
钱佩忠　凌　健　眭依凡　鲍　嵘　熊庆年

编审委员会成员

主　任　周法兴
委　员　郭兆旭　吕　萍　唐俊南　刘明晖
　　　　　陈迈利　樊曙华　孙丽丽　刘　茜

总　序

哲学社会科学是人们认识世界、改造世界的重要工具，是推动历史发展和社会进步的重要力量，其发展水平反映了一个民族的思维能力、精神品格、文明素质，体现了一个国家的综合国力和国际竞争力。一个国家的发展水平，既取决于自然科学发展水平，也取决于哲学社会科学发展水平。

党和国家高度重视哲学社会科学。党的十八大提出要建设哲学社会科学创新体系，推进马克思主义中国化时代化大众化，坚持不懈用中国特色社会主义理论体系武装全党、教育人民。2016年5月17日，习近平总书记亲自主持召开哲学社会科学工作座谈会并发表重要讲话。讲话从坚持和发展中国特色社会主义事业全局的高度，深刻阐释了哲学社会科学的战略地位，全面分析了哲学社会科学面临的新形势，明确了加快构建中国特色哲学社会科学的新目标，对哲学社会科学工作者提出了新期待，体现了我们党对哲学社会科学发展规律的认识达到了一个新高度，是一篇新形势下繁荣发展我国哲学社会科学事业的纲领性文献，为哲学社会科学事业提供了强大精神动力，指明了前进方向。

高校是我国哲学社会科学事业的主力军。贯彻落实习近平总书记哲学社会科学座谈会重要讲话精神，加快构建中国特色哲学社会科学，高校应需发挥重要作用：要坚持和巩固马克思主义的指导地位，用中国化的马克思主义指导哲学社会科学；要实施以育人育才为中心的哲学社会科学整体发展战略，构筑学生、学术、学科一体的综合发展体系；要以人为本，从人抓起，积极实施人才工程，构建种类齐全、梯队衔接的高校哲学社会科学人才体系；要深化科研管理体制改革，发挥高校人才、智力和学科优势，提升学术原创能力，激发创新创造活力，建设中国特色新型高校智库；要加强组织领导、做好统筹规划、营造良好学术生态，形成统筹推进高校哲学社会科学发展新格局。

哲学社会科学研究重大课题攻关项目计划是教育部贯彻落实党中央决策部署的一项重大举措，是实施"高校哲学社会科学繁荣计划"的重要内容。重大攻关项目采取招投标的组织方式，按照"公平竞争，择优立项，严格管理，铸造精品"的要求进行，每年评审立项约40个项目。项目研究实行首席专家负责制，鼓励跨学科、跨学校、跨地区的联合研究，协同创新。重大攻关项目以解决国家现代化建设过程中重大理论和实际问题为主攻方向，以提升为党和政府咨询决策服务能力和推动哲学社会科学发展为战略目标，集合优秀研究团队和顶尖人才联合攻关。自2003年以来，项目开展取得了丰硕成果，形成了特色品牌。一大批标志性成果纷纷涌现，一大批科研名家脱颖而出，高校哲学社会科学整体实力和社会影响力快速提升。国务院副总理刘延东同志做出重要批示，指出重大攻关项目有效调动各方面的积极性，产生了一批重要成果，影响广泛，成效显著；要总结经验，再接再厉，紧密服务国家需求，更好地优化资源，突出重点，多出精品，多出人才，为经济社会发展做出新的贡献。

作为教育部社科研究项目中的拳头产品，我们始终秉持以管理创新服务学术创新的理念，坚持科学管理、民主管理、依法管理，切实增强服务意识，不断创新管理模式，健全管理制度，加强对重大攻关项目的选题遴选、评审立项、组织开题、中期检查到最终成果鉴定的全过程管理，逐渐探索并形成一套成熟有效、符合学术研究规律的管理办法，努力将重大攻关项目打造成学术精品工程。我们将项目最终成果汇编成"教育部哲学社会科学研究重大课题攻关项目成果文库"统一组织出版。经济科学出版社倾全社之力，精心组织编辑力量，努力铸造出版精品。国学大师季羡林先生为本文库题词："经时济世　继往开来——贺教育部重大攻关项目成果出版"；欧阳中石先生题写了"教育部哲学社会科学研究重大课题攻关项目"的书名，充分体现了他们对繁荣发展高校哲学社会科学的深切勉励和由衷期望。

伟大的时代呼唤伟大的理论，伟大的理论推动伟大的实践。高校哲学社会科学将不忘初心，继续前进。深入贯彻落实习近平总书记系列重要讲话精神，坚持道路自信、理论自信、制度自信、文化自信，立足中国、借鉴国外，挖掘历史、把握当代，关怀人类、面向未来，立时代之潮头、发思想之先声，为加快构建中国特色哲学社会科学，实现中华民族伟大复兴的中国梦作出新的更大贡献！

教育部社会科学司

前言

用整个心做整个的校长
——在"大学校长管理专业化国际学术研讨会"上的致辞

女士们、先生们、老师们、同学们：大家上午好！

四年前，我们浙江工业大学现代大学制度研究中心中标承担了教育部哲学社会科学研究重大课题攻关项目《完善中国特色现代大学制度进程中的大学校长管理专业化研究》，今天，由我们课题组发起举办"大学校长管理专业化国际学术研讨会"，借此机会汇报我们的研究成果，发布《中国211大学校长专业化发展报告》，求教于诸位国内外同行专家。

六年前，2010年的4月17日，我们就在这个地方召开过"大学发展与组织变革"的高峰论坛，恍如昨天！去行政化是当时的热议话题。所以，今天我们的学术研讨会，也秉承了当时会议的宗旨，提倡学术平等，尽管今天来了许多上级领导、大学的书记、校长，我们不排座次、不放席签，相信大家能够理解我们这样的一个安排。

我们两次都选择四月在杭州开会，是因为四月的杭州，春意盎然，本来我还想用一个春光明媚，但是今天却春雨绵绵。好在杭州从来不缺少形容她美丽的诗句，九百多年前的杭州知州老市长苏东坡就曾写下过"山色空蒙雨亦奇"的诗句，尽管他是用来形容西湖的，但是我想大家看到今天的小和山云雾缭绕，用这句诗来形容今天的校园同样是贴切应景的。

首先我代表中心、代表课题组向前来参加会议的各位领导、专家、来宾、老师们和同学们表示真挚的欢迎!

我从三个方面跟大家做一个汇报：一是四年的研究回望，二是研究的主要内容，三是未来的展望建议。

一、四年的研究回望

课题是 2012 年 2 月在浙江工业大学开题的。开题的时候，张东刚司长讲了一句话，在这四年中一直在我的脑际萦绕。他说："重大攻关项目要求挺严的，荣誉越高，压力也越大。开题意味着你们的好日子开始了，苦日子也开始了。"

四年中，我对这句话感受很深。所谓的"好日子"，我的体会有四点。

第一，我们真切地感受到了中国大学校长们对于中国高等教育事业的忠诚、情怀、睿智和忧思，面对面领略了他们的风采，聆听了他们对于中国高等教育发展的真知灼见，提升了我们整个课题研究的站点、格局和现实性。我们第一次访谈就是从中国农业大学校长柯炳生教授开始的。此外，受访的还包括今天在座的复旦大学原党委书记秦绍德教授和中山大学原校长黄达人教授，以及上海纽约大学校长俞立中教授、原复旦大学校长王生洪教授、原中山大学的李延保书记、原北京大学校长许智宏院士、时任南方科大校长的朱清时院士、华中科大原校长李培根院士等，李院士说他很想来参加这次会议，不巧的是他此时在国外。通过访谈，我们获得了很多启发。对他们的访谈内容已经汇编成一部"访谈录"，征得他们同意以后，准备结集出版。

第二，拓展了我们学术研究的国际化视野，推进了研究中心的国际化。我于 2014 年夏天专门访问了美国教育委员会（ACE），与美国教育委员会执行领导力项目主任 Jim Sirianni 就中美大学校长的专业化发展报告进行了深入的交流并达成了进一步合作的意向。同时，今天我们也很有幸邀请到芬兰赫尔辛基大学的大学委员会主席托马斯先生，我在赫尔辛基大学的时候对他做过一个访谈。还有张凤娟博士结合课题的研究任务在美国麻州大学访学一年，在加州大学圣地亚哥分校、佛特蒙大学等校做了一系列的访谈，这大大拓展了我们课题研究的国际化视野。

第三，以文会友，通过课题阶段性成果的发布，增进了与同行的学术交流，扩大了中心和课题组的学术影响力。在课题研究过程中，形成了百余万字的成果，公开发表论文35篇，其中国家一级期刊论文9篇，被《新华文摘》转载1篇。课题组2次以论文笔谈的形式，在《教育发展研究》《复旦教育论坛》等期刊发表论文组稿，向教育部主管部门递交4份政策建言，课题研究的相关成果获得学界的广泛关注，并产生较大的社会影响。一是《人民日报》理论版发表我的署名文章《学校党委如何领导大学》（2015年5月7日），《人民日报》前沿访谈栏目以《促进大学校长管理更加专业化》为题专题报道了课题研究成果（2015年8月13日），《人民日报》头版头条报道中也引用了课题组的研究结论（2015年8月20日），上述报道均在第一时间被人民网、光明网、凤凰网等重要网站转载，引发广泛的社会关注。此外，研究论文被《新华文摘》转载，中国高教学会主编的《中国教育科研参考》连续2期专题转载课题研究成果。二是项目首席专家和子课题负责人受邀在一些重要学术场合作相关主题报告。我和眭依凡教授受中国高教学会邀请在2014年中国高等教育国际论坛分别作大会主题报告："高等教育治理能力现代化进程中的大学校长管理专业化"、"论大学的善治"；我还受邀在上海高教学会主办的大学校长沙龙作"大学校长管理专业化与大学的治理能力"主题报告以及受邀在江苏高教学会成立30周年纪念暨学术年会上作"治理视野中的高校党委领导与校长负责"大会主题报告，此外我应北京、山东、浙江、重庆、贵州等省市教育工委邀请，为高校领导干部培训班以"党委如何领导大学"、"大学校长管理专业化与大学的治理能力"等为题作报告三十余场，扩大了课题的社会影响力。课题组成员广泛参与国内外各类学术活动，介绍课题研究成果，2014年10月，课题组共8位成员集体赴武汉参加中国高等教育国际论坛，向大会提交《我国高等教育治理体系与治理能力现代化的若干问题研究》（笔谈）及涉及大学校长管理的两篇文章，收录于大会论文集，课题研究成果的集中发布受到广泛关注。三是浙江师范大学子课题研究团队与《探索与争鸣》杂志社于

2013年、2015年分别以"现代大学制度研究"和"大学领导力与大学治理能力现代化"为主题举办高峰论坛。我与眭依凡教授分别作主题报告，发布与分享研究成果，论坛产生较大的学术影响力。

第四，在课题研究过程中有效带动了研究生的培养。通过课题研究的开展，吸收13位研究生参与课题研究，择选相关的硕士论文选题并顺利获得了硕士学位。

然而，这四年也是倍感艰辛的"苦日子"，对我来讲是"寝食难安"。在这四年的时光中步履匆匆，为伊消得人憔悴。我们课题的讨论有纪要的就有69次，课题组中还有两位美丽的女博士，为了课题研究的国际比较，她们远渡重洋，舍家离子，在美国各自访学一年。因为这个课题本身具有极大的挑战性，一般的课题是三年完成的，东刚司长当时说考虑实际情况，给了我们四年的时间。同时课题研究的对象有特殊性，我们选择了"211"大学校长，他们是大学当中最为精英的最有代表性的群体。《中国高教研究》杂志在请我谈"双一流"一流学科建设的时候，我曾经说过我们研究这些问题是"穷人操着富人的心"。因为作为地方院校为主的这样一个课题组在研究"985"、"211"大学的一些问题，确实是感到异常艰苦，数据的采集与处理工作也非常繁重，特别是问卷发放、回收、统计和访谈联系，都非常的不易与艰辛。

好在苦日子当中有大家的相伴，有那么多人的支持，所以我也借这个机会致谢：首先要感谢参与我们访谈和调研的大学的书记和校长们、中外专家学者们！特别要鸣谢我们课题组的两位顾问，一位是黄达人校长，另外一位就是中国教育学会会长钟秉林教授。他们作为课题组的顾问，对我们耳提面命，对课题的每一个环节都给予了悉心指导！要感谢教育部社科司、人事司的领导，因为他们是我们这个课题研究的东家，他们对课题整个的研究过程给予了很多的支持和帮助，包括这次会议，东刚司长提出了非常具体的要求，在我们的问卷调查中，原人事司魏士强副司长给予了很大的帮助！要感谢中国高教学会，为我们成果的发布提供了平台和机会，即将上线的中国大学校长数据库也得到他们很大的支持！要感谢国内报刊、期刊的老师们，他们对于我们的课题一直给予了很大的关注、跟踪，同时主动地发布我们的研究成果，扩大了课题的影响力！当然还要感谢浙江工业大学的领导们，梅新林书记从我们开题开始就亲自出席，蔡袁强校长一上任就给予了大学校长数据库建设的经费支持，今天他们两位又亲临会场给予指导！要感谢政治与公共管理学院、社科院、图书馆和容大集团对我们这次会议作出的支持和帮助！我也要感谢浙江农林大学，今天周国模校长率领30余位我的同事们到现场给我友情支持，课题组很多时候在东湖论剑，办公室的同事们给了我们很多服务，感谢农林大学信息工程学院给数据库建设的技术支持！当然，我还要感谢课题组的同伴们，浙江师范大学、复旦大学、华东师范大学、南京师范大学和重庆工商大学，我们一起通力协作，协同创新！向所有帮助过我们的领导、专家、同志们表示深深的谢意！

二、研究的主要内容

课题研究的成果今天下午还要接受专家组的鉴定评审。我想从三个方面来汇报研究内容：一是课题研究的与时俱进，二是理论的突破与创新，三是研究的主要逻辑与内容。

（一）课题研究的与时俱进

大家知道，习近平总书记说过：要扎根中国大地办大学。课题研究从2012年开始到现在，中国有三件大的事情对于我们课题研究是具有直接的影响力和指导性的。第一是党的十八届三中全会提出："全面深化改革的总目标是完善和发展中国特色社会主义制度，推进国家治理体系和治理能力的现代化。"这是改革总目标，也是各个领域改革的总要求。这为我们的研究指明了方向，就是高等教育治理体系和治理能力的现代化。也为我们提供了理论基础，就是现代公共治理理论。

第二是2014年10月15日，中共中央办公厅印发了《关于坚持和完善普通高等学校党委领导下校长负责制的实施意见》，在文件通知中指出，实践证明在普通高等学校实行党委领导下校长负责制这一制度符合我国国情和高等教育发展规律，必须毫不动摇、长期坚持，并不断完善。我们课题研究的目标就是要在完善这个制度上有所贡献。所以这个实施意见为我们课题研究提供了基本的遵循：必须坚持中国特色，坚持中国共产党对大学的领导。同时也为我们的研究确定了基本的制度环境,就是党委领导下的校长负责制。

第三是 2015 年 12 月,国务院颁发了《关于印发统筹推进世界一流大学和一流学科建设总体方案的通知》,总体目标是推进一批高水平大学和学科进入世界一流行列或前列,加快高等教育治理体系和治理能力现代化。这对课题研究提出了重要的参照系:那就是世界一流,课题必须放到国际高等教育体系中借鉴世界一流大学经验来研究思考大学校长管理专业化这个命题。

(二)理论的突破创新

本课题在理论上的突破与创新主要是三点:

第一点,我们建构了中国特色现代大学治理结构的理论模型。在这个治理的模型当中,我们直观地呈现了中国高等教育治理体系。从外部治理来讲,政府、市场、社会和大学是高等教育的重要利益相关者。从内部治理来讲,党委领导、校长负责、教授治学、民主管理是我们必须坚持的基本制度。所以,在这一个治理模型当中,校长负责处在非常显著的位置。这个模型的建立有效地解释了三个问题:第一,大学校长管理专业化是完善中国特色现代大学制度的重要路径,校长管理专业化是切入口。这论证了教育部把《完善中国特色现代大学制度进程中的大学校长管理专业化研究》这个课题作为重大招标项目的价值意义所在。第二,用这个模型证明了大学校长是高等教育治理结构中的重要节点。第三,有效的解释了校长负责的成效是提升治理能力现代化的关键。

第二点,我们建构了大学校长管理专业化"两体三维"理论。所谓"两体三维"理论,是在大学校长管理专业化进程当中,涉及两个主体,第一个主体当然是大学校长,他对大学的管理必须是专业化的。怎么来体现专业化?我们认为体现在三个维度上:第一必须把校长作为一项专心的事业,心无旁骛;第二必须要专长地从业,有胜任的能力;第三必须专职,把校长作为专门的职业,有职业的行为规范。这是一体三维。要让大学校长能够专心、专长、专职对大学管理专业化,政府必须要通过制度的供给来保障。所以,涉及的第二个主体就是政府。政府这一个主体主要通过制度供给解决好三个力:第一要让校长有负责的动力。让校长能够全心全意地当好校长,用整个的心做整个的校长。第二让校长有负责的权力。作为专业化的校长，必须要明晰他的职责和权力。比较明晰地区隔党委领导与校长负责之间的权责分工。第三让校长有负责的能力。在校长的选拔、培训、任用、考核上必须要进行改革并以此增进其专业化能力。"两体三维"理论的基本分析框架是我们对大学校长管理专业化内涵的诠释，同时也是我们对当今大学校长现状描述、政策分析梳理、国际比较、胜任特征、对策研究等的分析工具和测量工具，整个课题研究贯彻了这样一个理论体系。

第三点，本研究首次构建了基于网络信息跟踪的中国大学校长数据库。在研究过程中，我们将网络大数据应用于大学校长管理专业化的研究，采用网络跟踪调查法，实现了对我国所有"211"大学校长持续性地跟踪调查。只要每个"211"校长在网上出现过的信息，我们都及时抓取到数据库。这个数据库的建立，也是按照"两体三维"理论来建构的数据结构，根据这样的数据结构归类来建立这一数据库。借助学校网站、网络搜索引擎以及学术数据库等一些平台，定期对大学校长53个单项活动进行统计归类，书记、校长分别取得6678项数据（截至2016年4月）。

（三）研究的逻辑与内容

1. 课题研究的逻辑按照以下八个方面展开。

首先是问题的提出。我们要思考为什么教育部要把这个项目作为重大招标攻关项目。从我国高等教育强国建设中的大学与校长出发，要实现中国梦，必须建设高等教育强国，大学和大国是有密切的联系。高等教育大众化以来中国高等教育取得了举世瞩目的成绩，但是也出现了前所未有的问题，中国的大学也遭到了前所未有的批判。与此同时，中国大学校长成为媒体、公众关注的对象，这是提出大学校长管理专业化的一个重要由来。

第二部分就是制度环境与理论建构。研究必须要了解当前大学校长管理大学是在何种制度环境之下的？因为，现在媒体和民众经常怀念民国时期的大学校长，也非常推崇西方的大学校长。但是，现在大学校长所处的制度环境跟民国、跟美国、跟国外其实都不一样，因此必须把制度环境分析清楚，并在此基础上进行理论建构，明确回答什么是大学校长管理专业化？我们也因而建构了"两体三维"理论。

第三，依据"两体三维"理论，分析现在的大学校长在管理专业化当中现状到底如何，我们通过问卷、访谈、网络数据抓取进行了大学校长专业化发展状况的调研，揭示出我国大学校长管理专业化的现实状态。

第四，对我国政府从1949年以来发布的所有关于大学领导人管理的政策进行文本分析，厘清在我国大学校长管理专业化上政府所做努力的历史轨迹以及政策缺陷。

第五，进行国际比较。主要选择了美国为参照系。从治理体系和治理能力现代化角度来讲，现代化就是后进向先进学习的过程，美国是高等教育强国，无疑是一个标杆。而且，美国ACE出了一个美国大学校长报告，为我们的比较提供了比较可靠的现存的依据。

第六，在治理体系和治理能力现代化当中，对校长角色要进行再定位。在推进高等教育治理体系和治理能力现代化进程中需要对"社会主义政治家与教育家"的角色内涵做进一步丰富，并以此为基础深入研究，我们提出了应对校长担当的执行者角色进行强化。

第七，为促进专业化大学校长队伍建设，需探寻影响工作绩效的专业化大学校长胜任特征和专业标准。通过对英美著名大学的章程和校长招聘启事进行文本分析，对国内大学校长访谈资料进行扎根分析，提出我国专业化大学校长的胜任特征模型。总结我国大学校长重要的胜任特征以及比较薄弱的胜任特征。

最后根据研究，提出对策建议，并做未来展望。以上是我们整个研究的一个基本逻辑，共八个部分。

2. 研究的主要内容：我国大学校长专业化发展报告。

因为时间关系，今天跟大家主要报告我国大学校长专业化发展报告的基本内容，概略地汇报一下研究的基本结论。

（1）群体特征。

第一，年龄。平均年龄为54.6岁，这是2013年的数据，与美国大学校长平均年龄相比，我国大学校长很年轻，比美国大学校长平均61岁（ACE报告）年轻了6岁；50岁以下占17.8%，主要的是在51岁到60岁（71.1%），61岁到65岁的占比为11.1%。中国大学校长初任校长时的平均年龄为49.6岁，美国50%以上的校长是60岁以后才担任校长一职。所以，在访谈中，很多校长提到，到年纪稍大的时候再当校长就容易专心了。

第二，性别。中国大学校长95.6%为男性，美国大学女校长的比例高达26%，女性当校长的比例远远高于中国。

第三，毕业院校和学科背景。中国大学校长都出身于名校，在学士、硕士、博士学位中至少有一个"211"大学的学位；还有博士学位的比例将近86%；美国大学校长的博士比例为84%，中国略高于美国。62%的中国大学校长拥有理工科博士学位，人文社会科学出身的占37%，管理学背景的较少，教育学的更少，只有4.3%。约有54%的校长有海外学习经历，但是拥有国外大学学位的只有30.4%。在学缘关系方面，有58.7%的校长在现在任职的高校有学习或工作经历，将近一半是从本校提拔的。从政治信仰来讲，93.1%的校长是中共党员。

我们有一个总体的评价：一是中国大学校长在学术上具有突出的业绩和成就，在所在学科领域具有较高的学术地位和较大的学术影响力。校长所在学科是国家重点学科的占18.3%；所在学科位列国务院学位委员会学科排行榜中前100位的有109个，占85.9%，平均位次学科排位中大概是在17位。所以他们大部分都是校内和国内学科领域的权威，今天马陆亭教授有一个报告，题目就叫"今后的校长不再是一流的科学家"，至少我们现在的校长大部分还是一流的科学家。二是校长们对高校领导体制"党委领导下的校长负责制"有较高的认同感。三是中国大学校长具有强烈的改革愿望。无论在访谈当中也好，还是问卷当中也好，校长们都觉得中国高等教育要改革，大学自身要改革。四是中国大学校长都经过多个管理岗位的锻炼。最多的一位曾经担任过学校9个处的处长，调查表明，大部分校长的治校能力都来自多岗位的锻炼。五是学校中层干部和教授对校长的各项管理素质评价都是持肯定态度的，还是比较高的。这是我们对现在大学校长的总体评价。

（2）大学校长管理专业化的现状。

第一，校长专业化的现状，大学校长是"两体三维"其中的第一个主体，校长专业化的现状，就是"专心、专长和专职"的情况。

——专心的事业。现任大学校长中87%都继续从事原学术研究工作，从事原学术研究工作所占精力占1/4以上的有51.3%。91.6%的大学校长拥有学术兼职，平均学术兼职6.05项。47.3%的校长在任期间有学术类获奖，平均为1.6项。84.7%的校长在任期间发表学术论著，平均为32.5篇，最多的在校长任职期间发表论文325篇，只有15.3%的大学校长我们没有查到他在任期间发表学术论著。我们来做个对比，大学校长在教育管理研究类杂志上发表的论文是什么状况呢？平均不到1篇，发表教育类论著10篇以上的校长仅占23.7%，没有发表过教育类论著的校长有32.8%。这与学术业务类论著的反差是非常大的。美国大学校长在业余时间主要做什么呢？调查发现，撰写有关高等教育问题的文章无论是私立大学还是公立大学的校长都在60%以上，有34.4%的大学校长教授课程，有28.3%的大学校长合作教授一门课程，而进行原学术研究的大学校长不到20%，撰写原学术性出版物的只有16%。在这一点上，中美差距明显。

——专长的从业。中国大学校长的学科背景，62%是理工科的，管理学的占10.9%，教育学的占4.3%。而美国的大学校长中教育学出身的有37.7%，而且这个数据是对美国1 662所高等教育机构调查的结果，包括社区学院的校长都在里面。人文社会科学是14.2%，从事理工科的比例更低。所以，在学科背景上，中美大学校长也存在明显差距。

——专门的职业。大学校长有没有意愿把大学校长作为一个专门的职业呢？我们的调研表明，50岁以下的大学校长100%都从事原学术研究工作。问卷中提问：愿不愿意做一个专职的校长，放弃学术工作？只有12.5%是愿意的。50岁到60岁之间有83.9%从事原学术研究工作，有53.3%的校长愿意放弃学术工作，担任职业化的校长。这表明年纪长一点担任校长职务可能会更专心。管理学背景的人，愿意当专业化校长的比例是80%。为什么？管理就是他的职业，管理就是他的学科。所以，专业化跟学科背景很有关系。我们做了相关性的交叉分析后发现了这些有趣的现象。这里还有两院院士，有41.2%的院士校长是在当大学校长期间评上的。

工学背景的校长业余时间不阅读教育理论类书籍的比例高达

44.4%，不看而且也不订阅杂志。问卷中专门有一个表格，是中国高等教育学界比较有影响的几本杂志"订阅的有多少，发表过文章有多少"？《中国高等教育》由于是教育部机关刊物，有88.6%订阅并发表过。《教育研究》《教育发展研究》《比较教育研究》《高等教育研究》，这些相对纯学术类的文章订阅的很少，发表的就更少了。

第二，政府这个主体在专业化制度供给上的现状，在保障校长负责的"动力、权力、能力"上的基本状况。

——让校长负责的动力。动力足不足？首先，是否与他们的职业理想相符。有54.5%的校长认为当大学校长不是他的职业理想。如果自由竞聘，70.6%愿意继续担任这所学校的校长，将近1/3说不当了。所以，职业的理想、动力，是不足的。第二，对于遴选这个问题，大家都认为应该是公开遴选。在我们的调研中，只有2.9%的校长认为沿用上级组织任命的方式（产生校长），绝大部分都认为要公开遴选。校长对薪酬待遇远远低于同等社会阶层的状态不满意。我们在调查当中发现，"211"大学的校长收入平均年薪是17.34万元，10万元以下的占23.7%，15万元以下的将近一半（47.4%），54.8%的校长表示不满意，希望合理的年薪均值为47.36万元。今天香港大学的前校长徐立之教授也来到我们会场，我记得香港大学在徐立之校长退任之后的公开遴选中，开出的年薪是400万港币，所以大家对年薪不满意。我们来看美国的薪酬。美国的薪酬分布，大部分是富集在30万~70万美元，是教授工资的3~5倍。有一半的人认为现在按照政府的这种"德、能、勤、绩、廉"的考核方式不太能够起到有效的导向和激励作用。因为，我们跟政府官员的考核体系是一样的，大家认为对大学校长的考核应该有所变革。

——让校长负责的权力。64.9%书记和81.1%的校长认为"部分大学存在党政关系不和谐的现象"的主要原因是"职责边界不清晰"，45.2%的书记和45.7%的校长认为这是由于制度框架的先天性缺陷造成的。所以，这一制度还需要继续完善。大家知道，现在网络上最流行的是什么？友谊的小船。这个友谊的小船，实际上可以借喻为党政关系，党委领导下的校长负责制实际上就是友谊的小船，大家是乘坐在友谊之船上的两个好朋友，如果有一方变瘦，友谊的小船说翻就翻。

我们研究发现：书记校长的主要问题是现实角色的同化，为什么同化？权力来源一样，身份一样，关心的问题和职责一样，导致决策执行的一体化，加上监督决策执行不分，现代领导学和现代管理学当中决策和执行是要分离的。所以我们建议：第一，书记和校长的角色差异化，权力来源要差异化、职责要差异化。第二，强化校长对党委决策负责的意识，强化执行的责权。"校长负责"要强化对党委集体决策的执行负责。第三，要明晰党委书记负责决策与校长负责执行的权力边界。这是我们的建议，供大家讨论。

我们在调查中发现，大学校长认为最需要强化的权力什么？第一个是规划，第二个是推荐副校长人选的权力，这个权力是《高等教育法》规定了的，但是没有执行好，在会议开始之前来茂德校长也在跟我谈这个问题，校长现在没有推荐副校长的权力，谁当来副校长，校长不知道，往往是第二天要宣布了，先是告诉党委书记，然后党委书记再告诉校长。

——大学校长负责的能力。美国大学校长认为他面临的最大挑战是什么？无论是公立还是私立，第一都是利益相关者，就是立法者，政策制定者实际上是政府、董事会。第二是教工。因为教师是最大的利益相关者。这说明了什么？说明他们的民主管理做得非常好，教授、教师在学校的决策、运行中有很大的权力，所以要协调好关系，内部的挑战还有行政系统，私立的大学还有捐助者，这是美国大学校长认为最大的挑战。美国大学校长花更多的时间首先是资金筹集，然后是关心学生的学业，教学质量，第三个是财务预算，第四个是招生管理、社区关系。他们还关注创业，美国的大学校长非常关注大学创业。

调查显示，我国大学的校长们投入精力最多的依次是战略规划、学科专业建设、人才引进与培养、队伍建设、学校内部体制改革，这是我国大学校长最关注的问题。我们的大学校长认为最重要的工作是战略规划，第二是人才引进与培养，第三是学科专业建设。大学校长在回答"你认为最需要提高的能力素养是什么？"这一问题时，普遍认为首要的是变革的勇气和魄力，第二是使命感和全身心的投入，第三是组织愿景和管理能力。这是我们大学校长认为需要提升的素质和能力。所以,我们研究得出结论,在治理体系和治理能力现代化的进程当中,大学校长的能力结构需要发生一些变化。这些变化是什么?第一,更多关注外部关系就是与利益相关者协商,需要沟通协调能力。第二,要关注大学的资金来源,关注办学的效率和效益。

问卷中问到"您当大学校长的能力主要来源于什么?"选的最多的是"主要来源于多岗位的锻炼"。第二是边干边学。有一个数据值得我们关注,"系统的培训"有效性比例很低,才 15.2%,就是缺乏专门能力的系统培训。而美国 ACE 调研中,大家对培训的热情度非常高,美国的培训机构中提供的多是一些专业培训。所以关于这个问题,我们也提出了一些政策建议,也希望能够有一些第三方的培训组织、培训机构能够介入到校长培训当中。

在最后的问题与成因分析中,我们归纳了八个问题,同时也是成因:第一,大学校长普遍感觉理想追求与现实制度有矛盾。第二,专业化要求与个人学术发展有冲突。第三,职业理想与工作动力带来困惑。第四,体制传统对变革愿望的制约。第五,自我评价与社会期待的落差。我们在调查中发现,校长的自我评价远远高于其他群体对他的评价,心理上有落差。访谈中有校长说,中国大学校长是一个最苦最累的活,除了监狱、火葬场没有,大学什么都要管,所以大学校长自我评价还是很辛苦、很累的。第六,社会责任与薪酬待遇的不匹配。第七,能力要求与培训成效的差距。我们对大学校长有很高的能力要求,但是培训成效有差距。第八,压力来源与遴选考核的错位,这是一个初步的研究结论。

三、未来的展望与建议

根据我们的"两体三维"理论,在未来要让大学校长管理大学更专心,更专长,更专职。

"两体三维"理论也是政策建议的分析框架,主要是增强动力,创新让校长专心治校的制度安排;厘清权力,完善决策与执行分离的领导体制;提升能力,促进大学校长治校办学的专业化;制定标准,引领我国大学校长专业化方向。我们在研究过程中,呈送教育部社科司的专家建言就是围绕这四个方面提供专家建言。同时这个过程中,给教育部提供了一份大学自主权的调研报告。调研报告获得了袁贵仁部长和郝平副部长的批示与肯定。

如果课题今天顺利通过鉴定，但我们认为研究还得继续。还有一系列问题需要继续探究和深入：

第一，深化研究《中国大学校长标准》。这是受华东师范大学陈玉琨教授的启发，他们研制了《中国高中校长标准》，陈老师给了我一个学习机会，参加了这一课题的鉴定会。我从中了解到我国从幼儿园到高中，都有了园长、校长的专业标准，目前大学校长标准还没有。我们初步拟定了一个中国大学校长的标准，七个方面60条，我们认为还需要专门立项继续深化和细化研究。

第二，在中国特色的现代大学制度之中，光研究大学校长是不够的，友谊小船的另外一头是党委书记。所以，我们建议继续立项，能够开展对党委书记的系统研究，因为国内这方面的研究很少，这也是中国特色现代大学制度的重要体现。

第三，继续探索大学校长的遴选办法，建议制定我国大学校长遴选条例。我们认为在坚持党管干部的原则下，大学校长的遴选在方法上还是值得继续的探索。希望各位专家、老师们、同学们提出更多的批评意见，我们将不断完善，继续努力，为完善中国特色现代大学制度做出应有的贡献。谢谢大家！

宣　勇

（2016年4月23日　根据录音整理）

摘　要

建设高等教育强国，建设一批高水平大学和学科进入世界一流行列或前列，就要着力推进高等教育治理体系和治理能力的现代化，建设具有中国特色的现代大学制度。从公共治理理论的视角来审视"完善中国特色现代大学制度进程中的大学校长管理专业化"这一命题，就是要在坚持和完善中国共产党对大学的领导下，推进高等教育治理体系和治理能力的现代化。就大学治理而言，在外部层面上要理顺大学与政府、社会、市场等关系，在"党委领导下的校长负责制"的内部治理中要理顺党委领导、校长负责、教授治学、民主管理等关系，建立起多元主体共同参与、责权清晰、充满活力的治理体系。治理体系和治理能力相辅相成、相互促进。提高治理能力，有利于发挥治理体系的效能，校长是现代大学内外部治理结构中的核心行动者，校长既是大学与外部治理主体之间的纽带，也是内部不同治理主体的联结点。推进校长管理专业化是国际上提升大学治理能力的通行策略，是现代大学治理的一条十分重要的国际经验。

本课题构建了大学校长管理专业化"两体三维"的理论体系，"两体"指的是在大学校长管理专业化过程中的政府和大学校长两个主体，通过政府专业化地管理大学校长以有效保障和促进大学校长专业化地管理大学，从而提升大学的治理能力，这不仅意味着校长自身需要不断提升治校的专业化水平，更需要政府不断提升对大学校长管理的专业化水平。"三维"指的是：就政府这个主体而言，通过制度供给的方式，在党委领导下的校长负责制中，让大学校长有负责的动力、负责的权力和负责的能力的"三力"维度；就大学校长主体而言，把办学治校作为能专心的事业、有专长的从业、是专门的职业的"三专"维度。这是本课题进行现状调研、政策分析、国际比较、对策建议等的理论依据和分析框架。

本课题采用了文献法、问卷调查法、访谈法、比较法等多种研究方法。特别是使用网络跟踪调查法，在此基础上建立了国内首个大学校长数据库，调查表明：中国大学校长大多为名校出身 54 岁左右的男性理工科博士，在学术上具有突出的业绩和成就；对于高校领导体制具有较高的认同感，具有强烈的改革愿望和较强的管理能力与群众基础。但专心不够，动机意愿有待增强，职业理想不稳固，对现有薪酬待遇不满意；专长不够，胜任素养有待提高，缺乏校长职业专门能力的系统培训；专职不够，职业规范需要完善，大部分继续从事原学术研究工作，缺少办学自主权，大学校长的遴选考核方式有待完善。

通过政策梳理分析表明，政府在明确职能权力、加强沟通协作、加强思想建设、完善考核机制、规范选拔任免以及提升能力素质六个方面推动了大学校长管理专业化的进程，但尚未基于专业化管理校长的要求建立起清晰的政策框架和机制，政府因循党政干部管理逻辑承担了对大学校长管理的无限责任。基于治理的视角，政府应搭建多中心的大学校长治理框架，重新定位大学校长的专业化管理，选择法律、市场、符号、问责等多元政策工具组合有效提升大学校长管理专业化水平。

通过中美比较研究发现，中国大学校长选择来源较为单一，职业流动性弱；年薪较低；大多为"行政、学术两肩挑"等。美国建立了以立法为基础的宏观调控、充分放权的"政府—大学"治理模式，构建了多主体参与的大学校长管理专业化体系，发挥了行业、专业协会在校长管理专业化中的辅助作用等。因此，我国政府应从"宏观—中观—微观"三个层面进行大学校长管理制度的调整与转变。

中国大学校长经历了"职官"、"教育家"、"政治工作者"、"学术专家"及"政治家和教育家"等角色演变，面临着多重角色冲突，角色扮演与角色期待相距甚远。在"党委领导下的校长负责制"框架下，从治理能力提升的视角，中国大学校长在政治家和教育家的角色基础之上，可借鉴美国大学校长的 CEO 角色定位，强化其在内部治理关系中决策执行者的角色意识，提升其在外部治理关系中承担的公共责任，并依据各大学的发展阶段和类型等可做适当的角色调整。

促进大学校长队伍的专业化建设，就要建立专业化大学校长胜任特征和专业标准。通过对英美著名大学的章程和校长招聘启事进行文本分析以及对国内大学校长的访谈进行扎根分析，借鉴国际专业化大学校长的胜任特征，建立了我国专业化大学校长的胜任特征模型。

要实现大学校长管理专业化，让大学校长更加"专心、专长、专职"，让"校长负责"更有"动力、权力和能力"。本课题建议：一是要创新让校长专心治校的制度安排，推进大学校长的职业化发展，并以此理顺政府与大学的关系，完善遴选程序和改革评价考核办法，以增强动力；二是要建立基于决策与执行分离的大学领导体制运行机制，让"党委"和"行政"在运行中体现合理的分工，以厘清权力；三是要促进大学校长治校办学的专业化，建立和完善大学校长的培训体系，建立竞争性培训市场，通过制定标准，初步形成了《中国大学校长专业标准》建议稿，引领我国大学校长专业化方向，以提升能力。

Abstract

In order to build a strong country with higher education and to build a number of high-level universities and disciplines into the top ranks of the world, it is necessary to make efforts to improve the modernization of higher education governance system and governance capacity, and to establish the regime of modern university with Chinese characteristics. To examine the proposition of "professionalization of university presidents' governance in the process of improvement of modern university regime with Chinese characteristics" from the perspective of public governance theory implies to uphold and improve the leadership of the Communist Party of China for universities, and to improve the modernization of higher education governance system and governance capacity. In terms of university governance, on the external level, it is necessary to straighten out the relationships of university to government, society and market. In the internal governance of university president responsibility system under the leadership of the Party committee, to straighten out the relationships of the Party committee leadership and president responsibility, professor's academic management and democratic management, so as to establish a kind of governance system with multi-subject participation, clear responsibility and right, and full of vitality. There are complementary and mutually reinforcing in governance system and governance capacity. Enhancing governance capacity is conducive to develop the effectiveness of governance system. Presidents are crucial in the internal and external governance structure of modern universities. Presidents are not only the link between universities and external governance subjects, but also the connecting points of different internal governance subjects. Improving the professionalization of university presidents' governance is an international prevailing strategy to enhance the university governance capacity, and also a very important international experience in modern university governance.

This project constructs a "two subjects, three dimensions" theoretical system to analyze the professionalization of university presidents' governance. Specifically, "two subjects" refers to the government and the university president in the process of the professionalization of university presidents' governance. Through professionally university presidents managing, we could effectively insure and promote them to manage universities professionally, and to improve the governance capacity of the university. It not only means the presidents of universities need to improve their professional capabilities successively in managing universities, but also implies that governments need to continuously enhance their professional levels to manage university presidents. In terms of the subject of government, "three dimensions" means that under the leadership of Party committee, to make university presidents have motivation, power and ability of responsibility through the way of system supply. It is called three dimensions of Li. And in terms of the subject of university presidents, they take running and administering universities as their dedicated career, professional practice, and specialized occupation. It is called three dimensions of Zhuan. Those are the theoretical basis and analysis framework of this project in process of making research, policy interpretation, international comparison, measure suggestion and so on.

This project adopts various research methods, such as literature, questionnaire, interview, comparison and so on. In particularly, this project uses the method of network tracking survey technology, and has established the first database for Chinese universities' presidents. The survey shows that Chinese university presidents are mostly come from famous schools, about 54 years old male with educational background of doctor degree in science or engineering who have achieved outstanding academic performance. However, there are several shortcomings in present which include lacking dedication, expertise and occupation. In terms of lacking dedication, career ideals of university presidents are unstable, and their salary is not satisfying, so their motivation need to be strengthened. In terms of expertise, since the lack of systematic training for special ability of president work, those president of universities need to improve their competency. In terms of occupation, the norms in this area need to be completed, and those presidents of universities who continue to engage in their original academic research have less autonomy and are lack of scientific ways in selection and assessment.

Through the analysis of policy, it shows that the government has promoted the process of professionalization of the university presidents governance in six aspects, such as clarifying the functional power, strengthening the communication and cooperation, strengthening the ideological construction, perfecting the assessment mechanism, standardizing the selection, appointment and removal mechanism, and improving the quality and ability, but not yet establish clear policy framework and good mechanism based on the need of professionally managing the university presidents, which originates that the government assumes unlimited liability to manage university presidents according to the logic of cadre management. Based on the perspective of governance, the government should set up a multi-center framework for the governance of university presidents, redefine professionalization of university presidents governance with the limited responsibility of the government, and select law, market, symbols, accountability and other multiple policy tools to effectively improve the professional level of university president governance.

Through the comparative study between China and the United States, it shows that the channels to promote to be Chinese university presidents are relatively simple with rigid occupation mobility and low annual salary. Most of them are both occupied in administrative and academic. The United States has established a legislative-based macro-control, which fully decentralized "government-university" governance model, formed a multi-subject participation in the governance system of university presidents, played a supporting role of the industry and professional associations in professionalization of presidents governance. Therefore, our government should adjust and transform the system of university presidents governance from "macro—meso—micro" levels.

Chinese university presidents have experienced many roles such as official, educator, political worker, academic expert, and politician and educator. They are facing conflict among multiple roles, and the expectations of those roles are far different from the reality. Chinese university presidents, base on the role of politician and educator, could use role of CEO orientation in the United States for reference under the framework of "president responsibility system under the leadership of the Party committee" from the view of enhancing governance ability; and to strengthen their role consciousness of decision-makers in internal governance, to improve their public responsibility in external governance, and to adjust appropriately according to development stages and types of each university.

In order to promote the professional construction of university presidents, it is necessary to establish professional university president competency and professional standards. Through text analysis of statues and presidents recruitment notices of famous universities in U. K. and U. S., grounded analysis of interviews to domestic university presidents, and reference from competency of professional university presidents around the world, we has established the competency model of professional university presidents in China.

To achieve the professionalization of university presidents governance, to make the university presidents more "dedicate, expertise and occupation", and to make president responsibility has more "motivation, power and ability", this project proposes three suggestions as follow. Firstly, to innovate institutional arrangement which make the university presidents dedicatedly run schools, to promote the occupation development of university presidents, so as to straighten out the relations between government and university, to improve selection procedures, and to reform assessment methods to enhance the motivation of university presidents. Secondly, to establish the operating mechanism of university leading system based on separation of decision-making and execution, to rationally divide "Party committee" and "administration" into clarify responsibility. Thirdly, to promote the professionalization of managing school by university presidents, to establish and improve training system of university presidents, to establish competitive training market, and through making standards to lead the professionalization of Chinese university presidents improve their abilities.

目 录

第一章 我国高等教育强国建设中的大学与校长　1

第一节　战略与使命：建设高等教育强国　1
第二节　成就与问题：大众化进程中的中国大学　8
第三节　期待与探索：大学校长的管理专业化　16

第二章 大学校长管理专业化：制度环境与理论建构　29

第一节　国家—大学关系调适与"中国特色"大学制度的建立　30
第二节　大学校长与高等教育治理能力的现代化　38
第三节　校长管理专业化"两体三维"的理论建构　49

第三章 我国大学校长的专业化发展状况　60

第一节　大学校长专业化发展的分析框架与研究概述　60
第二节　我国"211"大学校长群体的基本构成和素质特征　70
第三节　我国大学校长专业化发展的现状、问题与成因　76

第四章 我国大学校长管理专业化进程中的政府责任　105

第一节　我国大学校长管理专业化的政策变迁　106
第二节　我国政府在大学校长管理专业化进程中的责任分析　125
第三节　完善大学校长管理专业化中的政府责任　142

第五章 大学校长管理专业化的中美比较与借鉴　149

第一节　中美大学校长管理专业化特征差异　150
第二节　美国大学校长管理专业化的制度保障　157

第三节　美国大学校长管理专业化的特点分析与启示　192

第六章▶治理体系现代化进程中我国大学校长的角色强化　199

　　第一节　历史：时代发展中的大学校长角色变迁　200
　　第二节　现状：大众化进程中的大学校长角色冲突　214
　　第三节　未来：国际化视野中的大学校长角色强化　230

第七章▶治理能力现代化进程中的大学校长胜任特征　253

　　第一节　国际视野中专业化大学校长胜任特征研究　253
　　第二节　我国专业化大学校长胜任特征模型研究　266
　　第三节　我国大学校长胜任特征现状分析　274

第八章▶我国大学校长管理专业化的未来展望　282

　　第一节　增强动力：创新让校长专心治校的制度安排　282
　　第二节　厘清权力：完善决策与执行分离的领导体制　287
　　第三节　提升能力：促进大学校长治校办学的专业化　293
　　第四节　制定标准：引领我国大学校长专业化方向　296

附录一　问卷设计　304
　　一、校长卷　304
　　二、书记卷　316
　　三、中层干部卷　327
　　四、教授卷　337

附录二　访谈提纲　348
　　一、校长访谈　348
　　二、书记访谈　349
　　三、国外访谈　350

参考文献　352

后记　363

Contents

Chapter 1 University and University Presidents in Building Strong Higher Education in China   1

  1.1 Strategy and Mission: Build a Country with Strong Higher Education   1
  1.2 Achievement and Problem: Chinese Universities in the Process of Popularization   8
  1.3 Expectation and Exploration: Management Professionalization of University Presidents   16

Chapter 2 Management Professionalization of University Presidents: Institutional Environment and Theoretical Construction   29

  2.1 State – University Relation Adjustment and Establishment of University System with "Chinese Characteristics"   30
  2.2 University Presidents and Modernization of Higher Education Governance Capability   38
  2.3 Theoretical Construction of "Two – Subject, Three – Dimension" of Management Professionalization of University Presidents   49

Chapter 3 Development Situation of Professionalization of University Presidents in China   60

  3.1 Analytical Framework and Research Overview on Development of Professionalization of University Presidents   60

3.2 Basic Component and Quality Characteristics of "211" University President Group in China　70

3.3 Development Situation, Problems, Origins of Professionalization of University Presidents in China　76

Chapter 4　Government Responsibility in the Process of Management Professionalization of University Presidents in China　105

4.1 Policy Change in Management Professionalization of University Presidents in China　106

4.2 Responsibility Analysis of Government in the Process of Management Professionalization of University Presidents in China　125

4.3 Improve the Government Responsibility in Management Professionalization of University Presidents in China　142

Chapter 5　Comparison and Reference in Management Professionalization of University Presidents between China and America　149

5.1 Characteristics Difference in Management Professionalization of University Presidents between China and America　150

5.2 Institutional Guarantee of Management Professionalization of University Presidents in America　157

5.3 Characteristics Analysis and Enlightenment of Management Professionalization of University Presidents in America　192

Chapter 6　Role Strengthening of University Presidents in Modernization of Governance System in China　199

6.1 History: Role Transition of University Presidents as Era Developing　200

6.2 Present: Role Conflict of University Presidents in the Process of Popularization　214

6.3 Future: Role Strengthening of University Presidents through International View　230

Chapter 7　Characteristics of Competency for University Presidents in Modernization of Governance Capability　253

7.1 Research on Competency of Specialized University Presidents through International View　253

7.2 Research on Competency Model of Specialized University Presidents in China　266

7.3 Analysis on the Present Situation of University Presidents Competency in China　274

Chapter 8　Outlook of Management Professionalization of University Presidents in China　282

8.1 Enhance Motivation: Innovate the Institutional Arrangement to Make University President Concentrate on Managing a University　282

8.2 Clarify Authority: Improve the Leadership System of the Separation of Decision-making and Implementation　287

8.3 Promote Capacity: Perfect the Professionalization of University Presidents in Running Universities　293

8.4 Set Standard: Lead the Direction of the Professionalization of University Presidents in China　296

Appendix I　Questionnaire Design　304

1. University President Questionnaire　304
2. Secretary of Party Commission Questionnaire　316
3. Middle-level Cadre Questionnaire　327
4. Professor Questionnaire　337

Appendix II　Interview Outline　348

1. University President Interview　348
2. Secretary of Party Commission Interview　349
3. Foreign Interview　350

Reference　352

Postscript　363

第一章

我国高等教育强国建设中的大学与校长

中国正在从一个世界大国向着世界强国崛起,"建设高等教育强国"既是国家实现全面建成小康社会、实现中华民族伟大复兴"中国梦"的迫切需要,也是高等教育自身发展的必然要求。习近平总书记在党的十九大报告中指出,"加快一流大学和一流学科建设,实现高等教育内涵式发展"。这是党和国家在新时代对高等教育发展提出的新使命、新要求。进入21世纪,中国高等教育以"规模取得了跨越式发展、改革取得了突破性进展"为基础跨入到大众化发展阶段,并成为世界第一高等教育大国。如今,我国高等教育的毛入学率超过了40%,已快步迈入大众化发展的后期阶段,即将进入到普及化的高等教育阶段,需要完成由高等教育大国到高等教育强国的转换。2015年,国务院发布了《统筹推进世界一流大学和一流学科建设总体方案》,正式宣告到21世纪中叶,基本建成高等教育强国。建设高等教育强国,就要着力推进高等教育治理体系和治理能力的现代化,建设具有中国特色的现代大学制度。

第一节 战略与使命:建设高等教育强国

从公元11世纪到现在,哪里有一流大学的兴起,哪里就有一个国家的崛起、一个民族的兴旺。大学兴起带来国家昌盛,这不仅是西方现象,也是世界现象。[①]

---

① 丁学良:《呼唤世界一流的大学》,载《人民文摘》2005年第8期。

从世界历史发展的事实看，大学与国家之间有着强烈的共生关系，大学的崛起往往就意味着大国的崛起。[①] 每一个现代文明大国崛起的过程，无一例外地都有大学的参与。大学在欧洲文艺复兴、宗教改革、启蒙运动之前，在每一个现代民族立国之初，就已经扮演着关键的角色。有哪个现代强国崛起没有大学的背景，有哪一所一流大学所在的国家不强大？

一、新蓝图：中长期教育改革与发展规划纲要的实施

随着我国经济社会的发展，我国综合实力更加强大。中国高等教育也经历了世纪之交的大改革、大发展、大提高，取得了举世瞩目的成就，积累了宝贵的经验。大改革使我国高等教育从封闭走向开放，逐渐形成了一个全面开放的高等教育体系，建立起基本适应社会主义市场经济体制的人才培养制度，高等学校越来越充满生机与活力。大发展使我国高等教育的规模取得了世人瞩目的增长，时至今日，我国高等教育在校生的规模已逾3 700万人，毛入学率达到了42.7%，成为名副其实的高等教育大国，我国高等教育已经站在了新的历史起点上。

20世纪90年代初，面对即将到来的21世纪，学者们曾提出过"把一个什么样的高等教育带入21世纪"的命题。当时主要考虑我国高等教育在经过由计划经济向市场经济体制的调整后，在将来的发展中应该有一个更响亮的目标来鼓舞人心，于是就有学者开始关注高等教育强国研究。90年代末，我国高等教育经历了一个以扩招为特征的"大发展"阶段，国家也正在进行全面建设小康社会的布局，学者们提出要从规模、质量、结构、效益、思想等方面努力，建设高等教育强国。2007年，我国成为招生规模世界第一的高等教育大国之后，下一步应如何发展？当年12月22日召开的教育部直属高校工作咨询委员会第18次全体会议给出了一个响亮的回答。在这次会议上，时任国务委员的陈至立同志就建设高等教育强国的战略意义、基本思路、战略重点等做了全面、深刻的阐述，指出建设高等教育强国是加快我国现代化建设、增强我国综合国力和国际竞争力、建设人力资源强国、建设创新型国家、建设社会主义先进文化的必然要求；"提出建设高教强国战略目标的时机已经成熟"；"建设高等教育强国是一项长期艰巨的历史任务，也是一项系统工程"。会后，教育部以文件的形式向全国教育战线印发了这次讲话，引起了很大的社会反响。首次把整个高教战线的思想由之前的"大"统一到"强"上来。中国高等教育学会组织研究力量，以教育部哲学社会科学重大课题攻关项目立项为契机，实施了以建设高等教育强国为主题的全面而

---

① 刘超：《国际视野下的一流大学建设》，载《社会科学论坛》2015年第2期。

深入的研究。课题对"什么是高等教育强国"、"为什么要建设高等教育强国"、"怎样建设高等教育强国"等一系列理论与实践命题展开了深入研究,取得了重大的理论成果,产生了广泛的社会影响。2015年10月,国务院印发的《统筹推进世界一流大学和一流学科建设总体方案》,再次明确提出我国要在21世纪中叶基本建成高等教育强国的发展目标。应该说,这些政府文件的发布,明确宣示了建设高等教育强国是我国现时代高等教育发展的最强音。①

2010年,建设高等教育强国被列入国务院颁布的《国家中长期教育改革和发展规划纲要(2010~2020年)》之中,这就标志着建设高等教育强国已经从民间的讨论、学术界的研究变成了政府的行为。2010年7月,党中央、国务院召开了21世纪第一次全国教育工作会议,发布了《国家中长期教育改革与发展规划纲要2010~2020》。这是21世纪我国第一个教育改革发展规划纲要,它描绘了2010~2020年教育改革发展的宏伟蓝图,体现了国家意志,回应了群众关切,是一份指导我国教育改革发展的纲领性文件,也是新世纪继科技规划纲要、人才规划纲要之后的又一个支撑国家战略的纲领性文件。制定《教育规划纲要》,是党中央、国务院着眼于全面建设小康社会和现代化建设全局做出的战略决策,是对我国未来十年教育事业发展进行全面谋划和前瞻性部署,对于满足人民群众接受良好教育的需求、加快推进社会主义现代化建设、实现中华民族伟大复兴具有重大战略意义。

《教育规划纲要》明确了今后一个时期我国教育事业改革发展的工作方针是:优先发展,育人为本,改革创新,促进公平,提高质量。坚持把教育摆在优先发展的战略地位,把育人为本作为教育工作的根本要求,把改革创新作为教育发展的强大动力,把促进公平作为国家基本教育政策,把提高质量作为教育改革发展的核心任务。

《教育规划纲要》提出,到2020年我国教育事业改革发展的战略目标是"两基本、一进入",即基本实现教育现代化,基本建成学习型社会,进入人力资源强国行列。实现更高水平的普及教育、形成惠及全民的公平教育、提供更加丰富的优质教育、构建体系完备的终身教育、健全充满活力的教育体制。《教育规划纲要》按照完善现代国民教育体系、形成终身教育体系的要求,明确了今后一个时期我国教育的八项发展任务,其中针对高等教育发展提出,要全面提高高等教育质量,使人才培养、科学研究和社会服务整体水平显著提升;优化高等教育结构,鼓励高校办出特色、办出水平,加快创建世界一流大学和高水平大学步伐。

---

① 王静修:《建设高等教育强国:跨越两个世纪的梦想——访周远清同志》,载《中国高教研究》2016年第2期。

《教育规划纲要》颁布以来，高等教育在适应全面建设小康社会、建设创新型国家和人力资源强国的需要中，坚持以育人为本，以改革为动力，以提高质量为核心，走内涵发展道路，在满足人民群众对优质高等教育的期盼中持续提高人才培养质量，在迎接新科技革命中提升科学研究水平，在聚焦国家经济社会发展重大需求中增强社会服务能力，在大国外交格局中创新高等教育国际交流合作，迈出了由大向强的新步伐。①

二、新追求：世界一流大学和一流学科建设的国家战略

2015 年 10 月 24 日，国务院着眼于国家"两个一百年"的战略目标，发布了《统筹推进世界一流大学和一流学科建设总体方案》（以下简称《方案》）。《方案》明确提出："到 2020 年，若干所大学和一批学科进入世界一流行列，若干学科进入世界一流学科前列。到 2030 年，更多的大学和学科进入世界一流行列，若干所大学进入世界一流大学前列，一批学科进入世界一流学科前列，高等教育整体实力显著提升。到 21 世纪中叶，一流大学和一流学科的数量和实力进入世界前列，基本建成高等教育强国。"国家将鼓励和支持不同类型的高水平大学和学科差别化发展，总体规划，分级支持，每五年一个周期，2016 年开始新一轮建设，与国家五年建设规划同步实施。这是政府文件第一次正式地列出建设高等教育强国的时间表。

"双一流"建设是推动中国高等教育从"平原"变成"高原"，让"旗杆"变成"高峰"的一个有力举措，是把我国建设成高等教育强国的重要战略。② 国际竞争日趋激烈，增强国际竞争力，世界一流大学和一流学科建设的意义非常深远。美国在政治、经济、军事上的优势从一定意义上说是以其学术优势和科技优势为基础的。一位诺贝尔奖获得者曾经说过，美国真正的实力并不在于造了多少汽车和飞机，而在于美国是一个大学林立的国家，具有四千多所高等院校和上百所世界知名的研究型大学。统计资料显示，1972 年，美国工程技术领域中 35 岁以下的年轻教授只有 10% 是外国人，而到 1985 年这个比例就上升到了 55%，而工程技术领域中的博士后研究人员中外国人所占比例高达 2/3。在这些来自国外的工程技术专家中，有 75% 的年轻教授都在申请美国的公民权。这是美国工程科学院 1986 年给美国政府的报告③。该报告指出，这对于美国的科学技术和经济

---

① 瞿振元：《我国高等教育由大向强的新步伐》，载《中国高教研究》2016 年第 1 期。
② 瞿振元：《"双一流"建设要让高等教育从"平原上插旗杆"变成"高原上立高峰"》，载《人民政协报》2016 年 1 月 27 日第 10 版。
③ 胡保利：《教育立法与美国高等教育的两次跨越式发展》，载《高等教育研究》2008 年第 6 期。

发展及国际竞争力有着至关重要的意义，美国政府在制定移民法规的时候一定要特别重视这一点。

中国作为一个发展中的大国，能源资源有限，人口数量又非常庞大，如何把这种人口压力转化为人力资源是我国增强国际竞争力的一个重要策略，教育在其中扮演了重要角色。如果我们现在不抓这个事情，就像当年不抓"两弹一星"一样，就会在战略发展上出现问题。对于中国来说，要把建设一流大学放到国家战略的高度上来理解。尽管国家还不富裕，但还是要做这件事。[①] 香港中文大学金耀基教授说：现在全世界各地的华人都沾沾自喜，因为国际上很多人都在说21世纪是中国人的世纪，我不知道这句话的根据在哪里。在我看来，要想使21世纪成为中国人的世纪，中国必须要有几十所世界级的大学。[②]

我国建设世界一流大学的行动源自于20世纪90年代。自1995年11月开始，国家启动"211工程"前两期的建设，力争在21世纪初有一批高等学校和学科、专业接近或达到国际一流大学的水平。1998年，江泽民同志在庆祝北京大学建校100周年大会上提出，"为了实现现代化，我国要有若干所具有世界先进水平的一流大学。"此后，教育部决定实施"重点支持部分高校创建世界一流大学和高水平大学"的"985工程"。2008年，胡锦涛同志视察北京大学时进一步要求，要"紧密联系改革开放和社会主义现代化建设的伟大实践，以更加广阔的视野、更加开放的姿态、更加执著的努力，加快推进创建世界一流大学步伐"。2010年国家颁布的《教育部、财政部关于加快推进世界一流大学和高水平大学建设的意见》（征求意见稿）指出，继续实施"985工程"，要坚持走有特色、高水平发展之路，办出"中国特色、世界水平"；既要体现国情，又要坚持国际公认的标准；既要在可比办学指标上和世界一流大学相当，更要为国家做出突出贡献。《国家中长期教育改革和发展规划纲要（2010～2020年）》也指出，"到2020年要建成一批国际知名、有特色的高水平高校，若干所大学达到或接近世界一流水平"。2011年，胡锦涛同志在清华大学百年校庆讲话中强调，"作为国家重点支持的大学，要坚持'中国特色，世界一流'的发展道路，改革创新，奋勇争先，在加快建设世界一流大学的进程中取得新的更大的成就。"2014年5月，习近平主持召开中央全面深化改革领导小组第十五次会议，审议通过《统筹推进世界一流大学和一流学科建设总体方案》，并强调，要全面贯彻党的教育方针，遵循教育规律，以立德树人为根本，以中国特色为统领，以支撑创新驱动发展战略、服务经济社会为导向，推动一批高水平大学和学科进入世界一流行列或

[①] 顾秉林：《从国家发展民族复兴的高度认识和建设世界一流大学》，载《中国高等教育》2003年第12期。

[②] 金耀基：《大学之理念》，生活·读书·新知三联书店2008年版，第154～155页。

前列，提升我国高等教育综合实力和国际竞争力，培养一流人才，产出一流成果。要引导和支持高等院校优化学科结构，凝练学科发展方向，突出学科建设重点，通过体制机制改革激发高校内生动力和活力。同年5月4日，习近平同志在北大考察期间，对发展具有中国特色、世界水平的现代教育作了进一步阐释。他指出："办好中国的世界一流大学，必须有中国特色"，"世界上不会有第二个哈佛、牛津、斯坦福、麻省理工、剑桥，但会有第一个北大、清华、浙大、复旦、南大等中国著名学府。我们要认真吸收世界上先进的办学治学经验，更要遵循教育规律，扎根中国大地办大学"。习近平同志提出的"中国特色、世界水平的现代教育"，是"两个一百年"奋斗目标和中华民族伟大复兴中国梦的重要组成部分，也是一个完整的科学概念，包含着我国教育发展应当具有的中国特色、国际视野、时代特征等深刻内容。

新中国成立以来，中国大学的发展经历了困顿、探索、前行三个阶段。1952年的院系大调整，基本上颠覆了民国时业已形成的良好的大学格局。"文革"期间，中国大学曾经停办多年，正常的招生也连续12年未能展开，这在近代以来的国际大学史上可能是仅见的。第二次世界大战之后的20多年，是世界各国大学迅猛成长的黄金期，正是这段时期的成长，为美国大学奠定了压倒性优势。当欧美大学突飞猛进、当苏联也在努力学习美国大学并不断改革的时候，中国大学却将学习目标转向了苏联，而中断了对学习美国大学的卓有成效的努力，中止了对真正的国际前沿的追踪，这就使本来业已缩小的中美差距明显扩大。故此，中国大学曾在20多年内徘徊在世界主流之外。

改革开放以来，中国大学发展再次步入正轨。但20世纪80年代，中国高校面临了普遍的经费紧张问题，严重制约了发展。有关部门和各界人士对此给予了高度重视，群策群力推进中国大学建设。1994年，"211工程"开始推行。1998年，"985工程"拉开帷幕，北京大学和清华大学分别获得了18亿元人民币的资金，作为建设世界一流大学的专项拨款。随后，项目覆盖面扩大到9所：北京大学、清华大学、复旦大学、南京大学、中国科学技术大学、上海交通大学、西安交通大学、浙江大学和哈尔滨工业大学。这些高校被视为中国的旗舰大学，其中分为北大、清华和华东五校两大层次，即"2+5"的结构。而今，建设世界一流大学已成为中国的国家战略。2003年，北京大学拉开了中国高校系统的人事大改革的序幕，引起全国瞩目。在这之后，"985高校"都推行了类似的改革，其关键措施包括：提高教师聘任标准，防止近亲繁殖，强化科研考核，使得在岗教师中拥有博士学位比例大幅提高，等等。2008年5月，提出要加快推进创建世界一流大学的步伐后，国内很多大学都制定了冲击世界一流大学的日程表。"985工程"实行10年来，中国的很多大学都取得了显著进步，在一系列指标上都有集中体现。教育部长陈宝生指出，"经过改革开放特别是党的十八大以来的发展，我国高等教育正在走近世界高等教育中心。"相比之下,中国大学与国际顶尖大学的距离仍然相当大。两个基本态势没有变:第一,与中国经济的基本面一样,我国大学在新兴国家中的强势引领地位没有变,与绝大多数发展中国家名校相比,整体的显著优势日益明显;第二,与发达国家顶尖大学的差距在缩小,但质的差距仍未消除。中国大学自身与社会各界戮力同心苦心经营十余载,但尚未建设成世界级的大学群。① 我国的高等教育发展必须要站在世界的高度,强化"国际竞争"、"国际合作"意识,培养一批在国际科学技术教育舞台上具有竞争能力,在世界科学技术教育发展前沿工作的科学家、教授、专家、企业家,才能成为高等教育强国。

三、新命题:治理体系和治理能力现代化的改革总目标

党的十八届三中全会明确提出,全面深化改革的总目标是完善和发展中国特色社会主义制度,推进国家治理体系和治理能力现代化。这是国家改革的总目标,也是各领域改革的总要求。党的十九大把推进国家治理体系和治理能力现代化写入党章。教育改革作为全面深化改革的重要领域,一切改革的举措和行动,毫无疑义都要自觉围绕这一总目标、落实这一总要求,从教育部门自身改起,完善科学规范的教育治理体系,形成高水平的教育治理能力。②

实现国家现代化,教育要率先现代化。让世界最大教育体系整体进入现代化,任务十分艰巨。实现教育现代化,教育治理要率先现代化。如果不能尽快实现教育治理体系和教育治理能力现代化,教育现代化的目标就不可能如期实现。当前,教育工作还存在不少问题,学生创新精神、实践能力还不足,办学活力还不够,教育与经济社会发展的联系还不紧,国际竞争能力还不强等。从宏观上看,这些问题,原因有很多,究其根本,不在学生、不在教师,也主要不在书记、校长,而在教育管理部门,在于政府的管理理念落后、管理体制落后,以及由此带来的管理方式落后、管理能力落后:政府、学校、社会之间的关系没有理顺,政府缺位、越位、错位的现象时有发生,制约了学校办学的积极性和社会参与的积极性;不同层级政府之间教育权责交叉,上级部门管得过多过细过于简单,制约了基层因地制宜创造性开展工作;管理方式单一,习惯于用分数管学生、用升学率管教师,制约了学生的创造性、教师的创造性,等等。这些问题如果不能有针对性破解,教育管理体制机制不能实现很好转变。③ 如何完善中国特色现代大学制度、推进大学治理体系

---

① 刘超:《国际视野下的一流大学建设》,载《社会科学论坛》2015 年第 2 期。
②③ 袁贵仁:《深化教育领域综合改革加快推进教育治理体系和治理能力现代化——在 2014 年全国教育工作会议上的讲话》,2015 年 1 月 15 日。

和治理能力现代化,这是政府与大学必须共同回应的新命题。

推进教育治理体系和治理能力现代化,就是要适应国家治理体系和治理能力建设,根据教育发展的自身规律和教育现代化的基本要求,以构建政府、学校、社会新型关系为核心,以推进管办评分离为基本要求,以转变政府职能为突破口,建立系统完备、科学规范、运行有效的制度体系,形成政府宏观管理、学校自主办学、社会广泛参与的格局,更好地调动中央和地方两个积极性,更好地激发每个学校的活力,更好地发挥全社会的作用。① 目前,教育部按照十八届三中全会的要求,研究制定扩大省级政府教育统筹权和高校办学自主权的意见。推进政府管理改革,核心要义是加快转变职能,进一步简政放权,同时督促基层和学校把权接住、管好,确保放而不乱。但是,高等学校是否有能力把权接住、管好,确保放而不乱。高校要"完善内部治理结构,形成自我约束、自我规范的内部管理体制和监督制约机制,这也是政府放权的制度前提。""学校自主办学,就是要落实学校办学主体地位,明确权利责任,自我管理、自我约束、自我发展。"所有这些标志着中国高等教育将从管制走向治理,展现了从一元治理到多元治理、从集权到分权、从命令到协商、从人治到法治、从管制型政府到服务型政府的治理变革轨迹和清晰的路线图。

第二节　成就与问题：大众化进程中的中国大学

世纪之交,中国高等教育迈出了大改革大发展的坚实步伐,成为名副其实的高等教育大国。高等教育的跨越式发展较好满足了社会经济和文化发展的需求,不断满足了人民群众日益增长的接受高等教育的需求,推动了经济社会的可持续发展,为我国高等教育的新发展奠定了坚实的基础。

一、我国高等教育的发展成就

21世纪的第二个十年,高等教育站在了由大向强的新起点上。国务院发布的《国家中长期教育改革和发展规划纲要(2010~2020年)》绘制了教育发展的宏伟蓝图,指明了前行的路径和方向。高等教育适应全面建设小康社会、建设创新型国家和人力资源强国的需要,坚持以育人为本,以改革为动力,以提高质量

---

① 袁贵仁:《深化教育领域综合改革加快推进教育治理体系和治理能力现代化——在2014年全国教育工作会议上的讲话》,2015年1月15日。

为核心，走内涵发展道路，加快了从高等教育大国向高等教育强国迈进的步伐。

（一）在满足人民群众对优质高等教育期盼中持续提高人才培养质量

"十二五"期间，中央和地方从提高生均拨款水平、化解高校债务风险、给予专项支持三个方面加大对高等教育的支持力度。高等教育大众化深入推进，2014年高等教育毛入学率达到37.5%，比2009年提高了9.3个百分点，超过中等收入国家平均水平；主要劳动年龄人口中受过高等教育的比例达到15.83%，比2009年提高了5.93个百分点。从人力资源开发的角度说，这是一个十分了不起的成就。

面对高等教育主要矛盾的新特征，坚持以提高质量为核心的内涵发展主线，调整学科专业结构。根据经济社会发展需求，超前部署一批国家战略性新兴产业和民生改善急需的学科专业，修订《学位授予和人才培养学科目录》《普通高等学校本科专业目录》，增设新兴学科和紧缺专业，提高了人才培养的针对性；深化教学改革，推出系列人才培养计划，探索学校与有关部门、科研院所、行业企业联合培养、协同育人的新机制，科教协同、医教协同、农科教协同、校企协同等基本覆盖主要学科专业领域，协同育人成效初显；高等教育质量保障体系逐步完善，对新建本科高校的合格评估和已经通过教学工作水平评估的高校的审核评估平稳展开，本科教学质量报告发布制度化，内部质量保障制度建设逐步完善。质量保障体系建设的加强与完善，对保障教学质量的逐步提高发挥了重要作用。

面对高等教育主要矛盾的新特征，强化教育公平。以公平为导向的考试招生管理体制进一步健全，指导中央部属高校合理确定分省招生计划，克服央属高校招生属地化倾向，降低属地招生比例；实施"农村贫困地区定向招生"、"部属高校农村学生单独招生"、"地方重点高校招收农村学生"三个专项招生计划，增加农村学生上重点高校的比例，畅通农村和贫困地区学子纵向流动渠道；在2014年高考中首次为盲人考生专门研制试题，首次在硕士研究生考试中实行残疾学生单考单招，首次专门设立残疾人中医专业硕士学位；随迁子女就地高考问题逐步解决，高考加分项目和分值进一步规范；"阳光招生"普遍实施，严肃查处招生违纪违规事件……这一项项举措掷地有声，使人民群众的教育获得感明显增强，公平享受优质教育的期盼逐步实现。①

（二）在迎接新科技革命挑战中提升科学研究水平

当今世界，高校之强的一个十分重要的特征就是具有很强的知识创新和运用的能力。面对新科技革命，科技创新能力成为国家竞争的核心能力。过去的5

---

① 瞿振元：《我国高等教育由大向强的新步伐》，载《中国高教研究》2016年第1期。

年,在国家相关政策的大力扶持下,高校科研能力和学科建设水平显著提升。中央财政投入 300 多亿元,深入实施"985 工程"、"211 工程";投入 20 多亿元,推进国家重点学科建设,对 75 所高校给予重点支持;投入 20 多亿元,实施高等学校创新能力提升计划(即"2011 计划"),建立 38 个国家级"2011 协同创新中心";投入 20 多亿元,实施"高校哲学社会科学繁荣计划"。这一系列举措,助推高校科研能力和学科建设水平显著提升。"十二五"期间,高校承担了 60% 以上的"973 计划"和重大科学研究计划项目、80% 以上国家自然科学基金面上项目、85% 以上的哲学社会科学项目,科研产出显著增加。在 2014 年度国家科技三大奖中,高校获奖项目超过 70%。2013 年,我国作者(第一作者)发表 SCI 论文 20.41 万篇,其中 82.2% 出自高校。现在,世界上每 7 篇 SCI 论文中就有 1 篇出自我国高校。诸如"量子反常霍尔效应"等若干具有原始创新意义的成果陆续出现。科研能力和学科建设水平的提高使我国高校的国际学术排名显著前移,近 600 个学科进入世界同类学科前百分之一,位于全球第六,50 多个学科进入前千分之一。[①]

(三)在聚焦国家经济社会发展重大需求中增强社会服务能力

"十二五"期间,高等教育聚焦国家经济社会发展的重大需求,服务经济社会发展能力显著提高。普通高校五年累计输送近 2 000 万专业人才,为区域经济社会的持续发展提供了强有力的人才支撑。高等学校利用自身优势,自觉参与、推动战略性新兴产业发展和区域协调发展。2014 年,大学科技园在孵企业共申请专利 1.2 万余项,一大批研究成果直接服务于国家重大经济和社会需求。清华大学在世界上率先研制出以加速器为辐射源的车载移动式和组合移动式集装箱检查系统、华中科技大学成功开发出具有自主知识产权的"华中 I 型数控系统"等成果推进产业技术进步和装备国产化;北京大学第一医院开展的"副肿瘤性天疱疮和遗传性皮肤病"研究,为自身免疫病的研究提出了新思路,为保障人民健康做出了新的贡献;一批农林院校的科研成果有效服务于国家农业现代化和生态文明建设。

深入实施"高校哲学社会科学繁荣计划",充分发挥"思想库"、"智囊团"的作用。高校着眼党和国家的战略需求,聚焦社会主义经济建设、政治建设、文化建设、社会建设以及生态文明建设和党的建设中的重大问题,服务党和国家科学决策。2011 年以来,高校社科界为党和政府及企事业单位提供咨询报告 26 530 份,累计 14 043 份被采纳,并呈现出逐年上升趋势。通过面向社会开设"高校名师大讲堂",开展"高校理论名家社会行",实施"高校哲学社会科学研究普及读物项目"等活动,面向社会公众积极宣传哲学社会科学优秀成果,弘扬优秀

---

① 瞿振元:《我国高等教育由大向强的新步伐》,载《中国高教研究》2016 年第 1 期。

传统文化，有力地推动了社会主义核心价值体系的宣传普及和文化大发展大繁荣。①

（四）在构建人类命运共同体中创新高等教育国际交流合作

随着国家实力的逐步增强，我国在世界上的大国形象逐步确立，以"和平、发展、合作、共赢"为基本政策的大国外交格局正在形成。我国的国际影响力、感召力、塑造力进一步提高，倡导构建人类命运共同体。其间，高等教育推进各国之间人文交流，促进多元文明互学互鉴的职能日益显著。"十二五"期间，高级别人文交流机制和高级别人文交流对话机制可以称得上是一道靓丽的风景线。高等教育在中俄、中美、中欧、中英、中法等高级别人文交流机制和高级别人文交流对话机制中，加强教育伙伴关系建设，取得了历史性的成果。如设立"中欧高等教育交流合作平台"，开展中欧教育政策对话，建立双方共同认可的质量标准等。人文交流机制的建立，成为深化中外相关领域人文交流与合作的重要平台，高等教育在构建人类命运共同体中发挥着越来越重要的作用。

"十二五"期间，高等教育出国留学人员规模与学成归国人员规模同步扩大。2014年，我国出国留学人员45.98万人，比2009年增加了100.54%；各类留学回国人员36.48万人，比2009年增加了236.84%。与此同时，来华留学与攻读学位同步增长。通过实施留学中国计划等，我国正成为新兴留学目的地国。2014年，共有来自203个国家和地区的37.7万名学生在华学习，比2009年增加了58.3%。来华留学中的学历生比例稳步提高，2014年达到43.6%。②

"引进来"与"走出去"同步提高。高质量中外合作办学资源持续增多、模式趋于多样。5年来，新设上海纽约大学、昆山杜克大学等4所中外合作大学，增加643个本科及以上层次中外合作办学机构和项目。海外办学迈出实质性步伐，已有厦门大学马来西亚分校、老挝苏州大学等4所机构、98个项目在境外落地。在132个国家设立了478所孔子学院和884个孔子课堂，比2009年增加44个国家、196所学院和612个课堂。目前，170多个国家开设汉语课程或专业，61个国家和欧盟已将汉语教学纳入国民教育体系，外国汉语学习者达1亿人。③

五年来，中国高等教育在由大向强的发展中，步伐坚实、成就显著；面向未来，中国高等教育站在了新的历史起点上，尽管建成高等教育强国还有漫长的路要走，尽管未来的改革发展的任务仍然十分艰巨，但高等教育不会放慢发展的步伐。建设高等教育强国，这是历史赋予中国高等教育的重大使命。"十三五"时期是党中央确定的全面建成小康社会的时间节点和决定性阶段，同时，也是高等教育由大向强的又一重大历史时期，我们相信，建设高等教育强国的步伐一定会迈得更稳更快。④

---

①②③④ 瞿振元：《我国高等教育由大向强的新步伐》，载《中国高教研究》2016年第1期。

二、我国大学发展存在的问题

尽管我国的高等教育取得了前所未有的成就，大学也经历了前所未有的发展，但同时也受到前所未有的批判，虽然可以从影响大学的外部力量中找到许多例证来为大学辩护，但不可否认的重要原因是大学没有达到人们对其寄予的崇高期待，大学自身存在的问题被公众诟病，归纳起来主要表现为：管理的行政化、办学定位的同质化和大学文化的庸俗化。

（一）大学管理的行政化

大学的行政化主要表现为：一是教育行政和其他行政部门用行政手段直接干预大学的学术事务，例如职称的审批、教师的聘任、专业设置、学生的招收等都须经过上级行政部门审查通过和批准，学校没有充分的自行规划、建设和管理的权利。二是政府对大学办学资源高度垄断，并且以行政的手段和方式进行资源配置。行政部门在设置建设项目时，并非面向大学，而是深入大学内部，直接向学科和教授提出具体的管理要求，各级行政部门还设置名目繁多的考核评估项目，并以此作为资源配置的依据，使大学疲于应付……这样势必剥夺大学的自主权，造成大学与研究者强烈的依附性人格，束缚了大学办学的主动性和创造性，使得大学自身性质和特点不能得到充分重视，以致大学缺乏个性和活力，缺乏竞争力。三是这种高度集中管理的高等教育体制导致大学内部管理系统行政化。在大学内部行政权力处处制约着大学知识创新、传递和应用等活动，大学的教育和治学不能按照科学理性原则和自身规律进行，而受行政权力的需要和喜好影响。"官本位"的价值取向成为大学的主导，唯官是从，唯官是大[1]。大学目前的最大问题是"管评办"一体化，即管理权、办学权、评价权全部集中在政府教育行政部门，造成学校没有办学自主权，大学千校一面。学者杨旭东指出，目前大学的体制是依附性质的体制，属于政治体制的一部分，大学隶属并依附于政府，其自治能力缺少锻炼和培植，大学的主要精力用于理解并执行政府的指令、标准、导向以及其他意志，大学用于自身学术和教育制度试验的空间既有限，又必然受制于因袭的政治体制惯性和整体制度环境的约束。[2] 这种大学与政府的关系严重制约了大学主体性的发展。

---

[1] 杨移贻：《大学"官本位"及其消解》，载《学园》2009年第1期。
[2] 杨旭东：《沉重的大学之思——大学现象学导论》，载《大学教育科学》2010年第4期。

(二) 办学定位的同质化

众所周知，高等教育毛入学率从5%到15%，美国用了30年，而我国仅用了10年。成为世界高等教育大国，面对如此庞大的高等教育体系，要求我们必须在结构上进行科学规划。有人曾把高等教育大众化定义为"高等教育系统的多样化"，即随着大众化的进程，高等学校的发展更加多样化，高等教育机构将因为彼此之间存在越来越大的差异而产生分化。但我国在大众化过程中，高等教育出现了办学趋同现象，同质化竞争严重，在同一个生态位上竞争办学资源，高等教育体系的生态欠佳。

根据比较教育专家阿尔特·巴赫提出的"中心"——"边缘"观点，处于"中心"地位的都是西方发达国家的大学，第三世界大学在全球范围内无一例外都是"边缘"大学。① 发展中国家的大学在向世界一流大学趋同和靠近的过程中，必须保持个性和特色。而中国在高等教育大众化过程中，出现了严重的办学趋同现象，在同一个生态位上竞争办学资源，高等教育体系的生态严重失调。中国大学普遍存在定位不明、目标雷同、特色迷茫、盲目追求大而全和提升办学层次的"升格热"。大学之间分工不清，相同的学科设置，标准化的课程体系，同质化现象愈演愈烈，培养的人才可替代性强，无法与社会需求对接，造成高校分工混乱和教育资源浪费，出现千校一面、人云亦云、随波逐流的局面。具体表现有四：一是综合性院校增长过快、过多，高校服务面向不清晰，1999~2007年间综合性院校增加了448所。二是高校在追求综合化的过程中，大量增设学科和专业，导致部分高校学科专业覆盖面过宽，难以形成竞争力，办出特色。三是出现盲目升格和争上层次的趋势，一大批院校选择"科技"、"理工"做牌子，一时间全国出现了几十所"科技"院校。四是竞相设置热门学科专业，导致专业设置结构趋同，毕业生就业困难。中央办公厅研究室曾就"中国大学同质化"问题做过调研，其中有两个最为典型的表现：一是中国大学办学的目标定位高度一致，调研分析了100多所大学的定位，表述基本差不多，只是个别词语稍有差异；二是大学专业设置高度重复，典型的如全国70%的大学设有外语、法律等低成本的文科专业。有学者指出，"成本低的学科，大家一哄而上，如经济学、法学、传媒学，高校掀起了一股'大办文科的运动'。"据2008年统计，我国已有600多所法学院（系），培养的毕业生严重过剩，大约只有30%的毕业生能够就业。据2007年统计，50%的本科院校设置了国际经济与贸易、电子信息工程、法学、英语、计算机科学与技术、艺术设计、工商管理和市场营销8个热门专业，其中超过80%的普通本科学校设置了英语专业，79.8%的学校设置了计算机专业。据

---

① 许杰：《创新型国家体系中的中国大学学术自主问题》，载《当代教育论坛》2006年第8期。

麦可思发布的《2007 届大学毕业生求职与工作能力调查报告》揭示："本科最热门 10 个专业的大学生在毕业半年后的失业人数达到 6.67 万人，占本科毕业生总失业人数的 32.9%。在 573 个高职/专科专业中，10 个热门专业的学生在毕业半年后的总失业人数高达 11.6 万，占了高职/专科半年后失业人群的 28.6%。失业人数最多 10 个高职/专科专业中，就有 8 个是热门专业。"① 温家宝总理在 2010 年谈到中国大学管理一刀切遏制创造力这一问题时说："一所好的大学，在于有自己独特的灵魂，这就是独立的思考、自由的表达。千人一面、千篇一律，不可能出世界一流大学。大学必须有办学自主权。"

（三）大学文化的庸俗化

中国大学拔尖创新人才培养能力缺乏。中国高等教育总规模位居世界第一，毛入学率超过 37%，但是与国外高水平大学相比，中国大学所培养人才的创新意识、创新精神和实践能力明显不足。教育进展国际评估组织对世界 21 个国家的调查显示，中国孩子的计算能力排名世界第一，而创造力却排名倒数第五。② 近年来，整个社会都在围绕人才培养制度展开深刻反思，进而产生了"钱学森之问"的困惑。2005 年，病榻上的钱老忧心忡忡地对总理说：现在中国没有完全发展起来，一个重要原因是没有一所大学能够按照培养科学技术发明创造人才的模式去办学，没有自己独特的创新的东西，老是"冒"不出杰出人才，这是很大的问题。③ 此后，他与总理的每次见面都是同一个话题，"中国太需要杰出人才"，其忧虑之深、期盼之切溢于言表。钱老的话语既是他对中国教育困境的忧虑与思考，亦是对中国大学尚未肩负起自己应承担的使命的批评与期待。钱老指出的问题有三：一是钱老认为"老是冒不出杰出人才"，是"中国没有完全发展起来"的一个重要原因；二是钱老所批评的大学不是一两所大学，而是中国所有的大学，即无一例外；三是钱老所批评的教育不是大学教育中的某一方面，而是大学教育的整体。中国大学为何不能"冒"出杰出人才？④ 问题就在于中国还没有一所大学能够按照培养科学技术发明创造人才的模式去办学，都是些人云亦云、一般化的、没有自己独特的创新的东西。

中国大学创新力发展与世界一流大学相比差距很大。大学为社会所尊重的原因在于大学产出高深的学问，并为社会提供智慧、思想、科技和知识。对社会来说，大学就是矗立于社会的灯塔，学术就是灯塔的燃料，没有学术高度，大学就

---

① 陈国良：《我国高等教育布局结构面临的挑战及对策建议》，载《复旦教育论坛》2011 年第 3 期。
② 潘庆玉：《想象力的教育危机与哲学思考》，载《当代教育科学》2010 年第 15 期。
③ 李斌：《温家宝看望季羡林和钱学森》，载《人民日报》（海外版）2005 年 8 月 1 日第 4 版。
④ 展涛：《我国研究型大学创新型人才培养的思考》，载《高等教育研究》2011 年第 1 期。

会沦为社会的一种职业或者教育培训机构,就不可能产生创造性的思想来推动社会进步。① 与发达国家相比,中国大学的研究成果数量众多,但质量和国际影响力差距巨大。中国科学技术信息研究所公布的中国科技论文统计结果显示,2005~2015年(截至2015年9月),我国科技人员共发表国际论文158.11万篇,共被引用1 287.60万次,连续两年排在世界第4位。但我们与排在前3位的美国(6 041.7万次)、德国(1 417.4万次)、英国(1 404.3万次)还有差距。我国平均每篇论文被引用8.14次,世界平均值为11.29次/篇。以2005~2015年间发表科技论文累计超过20万篇的20个国家(地区)作参照,若按每篇论文的平均被引用次数排序,每篇论文被引用次数超过本统计年度11.29次这一平均值的国家有12个。其中,瑞士、荷兰、美国、英国、瑞典和德国的论文篇均被引用次数超过15次。而中国则排在第15位,仍然落后于西方传统的科技强国。2005~2015年,中国被引用次数处于世界前1%的高被引论文为15 011篇,占世界份额达到11.9%,中国高被引论文数量与美国、英国和德国的65 079篇、16 478篇和15 073篇仍有差距。2014世界一流大学科研竞争力基本指标排行榜显示,中国大学绝大多数指标都在100位以外。中国大陆大学进入了排行榜前300强的有16所,前600强的大学共37所。学者徐小洲曾对中国大学与世界一流大学的创新力进行比较研究,认为中国大学与世界一流大学创新力有着巨大的差距。一是高水平创新型人才匮乏,获重大国际奖励的很少,从事国家尖端研究的不多,对知识和科技创新的贡献率很低。二是原创性科研成果极少。在 Science 和 Nature 上发表论文数量很少,至今(注:指2006年)无人问津诺贝尔奖。三是科技成果转化率低。目前大学承担着占全国近2/3的国家自然科学基金项目,1/3的"863计划"项目,每年大约可以产生出1万项科技成果,但真正实现转化的成果只占10%左右。②

中国大学批判塑造社会的能力明显不足。竺可桢曾说"大学犹海上之灯塔,大学是社会之光,不应随波逐流",就是指大学需要以社会发展为导向批判社会,主动塑造社会精神,引导社会良知。"其实,在现代民族国家体系内,任何一所一流大学都必然是对民族和国家命运有所担当,对特定的文化传统和历史传承有所承诺的精神殿堂,而不只是一般知识和技能的超级工厂和传授所"③ 大学的批判精神是大学构建社会理想和承担社会责任的必要条件。当前中国大学的批判精神和社会影响力明显不足:一是批判能力弱化。大学要形成自身独特品质和能力,才能承担社会批判和社会预警之责任。"大学批判应以科学研究为先导,以辩证唯物主义思想为指导,从学术的角度发表对事物的认识和看法,而不是以政

---

① 刘成:《大学的理想与现实》,载《江苏高教》2010年第3期。
② 徐小洲:《中国大学创新力建设的问题与对策》,载《中国高教研究》2006年第11期。
③ 钱理群:《中国大学的问题与改革》,天津人民出版社2003年版,第177页。

治的、功利的、人身攻击为目的或强词夺理，否则就无异于泼妇骂街而庸俗化。"① 当前，中国大学在各种量化考核与评估的前提下，疲于争课题和项目、炮制论文、绞尽脑汁拼凑出一些所谓的有价值的科研成果……被动地承担着社会批判功能，"表现出一种病症：因袭。重传统不重创新，重蹈袭不重己出。"② 二是批判意识缺乏，缺少承担社会批判的主动精神。批判意识出自知识分子的社会良知和社会责任，出自科学本身的客观精神，还应该出自知识分子"为了学术而学术"的精神追求和价值取向。然而，当前中国大学和知识分子的这种精神追求和价值取向正在逐步退化，很少能够做到"不为五斗米折腰"，"不为权贵低眉"，不能形成一种"在真理面前，人人平等"的学术生态环境。所以，当前中国大学在各种有形与无形的压力下批判精神显得非常黯淡。三是忽视培养具有社会责任担当的人才。大学对社会的影响和精神的守护还直接体现于为社会培养具有智慧和先进思想的优秀人才，对民族、对社会勇于担当责任的知识分子。当前中国大学在一定程度上忽视了对"人的教育"属性的关注。很多大学只关心指标数据与硬件设施，而对大学的人文精神、学术底蕴尤其是理想主义和大学生的文化修养的养成则关注甚少。我们不得不承认当前大学教育有某种程度的"缺位"现象。大学生道德堕落甚至犯罪的事件不断见诸报端，不断激起公众舆论的喧嚣。也许我们都有这样的疑问，是什么让一个象牙塔里的天之骄子，对鲜活的生命如此漠然？又是什么让一个心智健全的成人，丧失了起码的道德水准和对法律的敬畏？难道仅仅是"财富"和"权力"吗？当然远不止这些。我们的大学都自发地把如何使学生变聪明作为主要的目的，忙于应付令人头晕目眩的"新知识"，根本无暇顾及真正有效的价值观和道德教育。其严重性在于，如果我们使学生变得聪明而未使他们具有道德，那么我们是在为社会创造危害。

第三节 期待与探索：大学校长的管理专业化

"一个好校长就是一所好学校"。在中国的高等教育史上，大学校长一直享有崇高的社会声望。同样，当大学出现问题的时候，大学校长也难逃其咎，在中国的高等教育史上，大学校长的一言一行从来没有像今天这样受到社会公众和媒体如此的密切关注，不但是新闻话题，而且成为了娱乐话题，甚至连一些原本纯属正常的私人行为也会引发媒体不断地发酵和公众过度的解读，确实，在高等教育

---

① 陈坤华：《关于知识经济时代大学批判精神的思考》，载《煤炭高等教育》2001年第3期。
② 刘鸿：《大学文化精神及其涵蕴》，载《湘潭工学院学报》（社会科学版）2001年第4期。

的治理体系中，无论是宏观制度层面的"法人"，还是微观制度层面的"负责"，大学校长是大学组织与政府、社会联系的重要桥梁；是党委决策与行政执行的重要纽带；是行政系统与学术系统交互的重要结点，关乎于中国特色现代大学建设的成败，决定着高等教育强国能否实现。

一、公众的期待与责难

通过国内最大中文搜索引擎"百度"网站中的新闻搜索平台"百度新闻"，输入"大学校长"作为关键词进行新闻搜索，收集获得从2003年1月1日到2012年12月30日10年间关于"大学校长"的媒体报道，共获得新闻报道86 020条次，表明公众对大学校长的关注是很高的，充满期待和责难，而且总体上关注度是逐年递增（见图1-1）。同时通过对百度校长新闻的统计分析，发现公众对大学校长行为关注偏好依次为大学管理行为、公众参与行为、个人学术行为和职位影响行为等（见图1-2）。

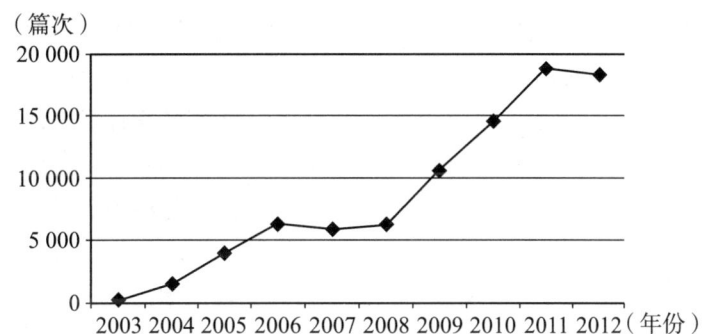

图1-1 百度搜索大学校长年度新闻报道篇次（2003~2012年）

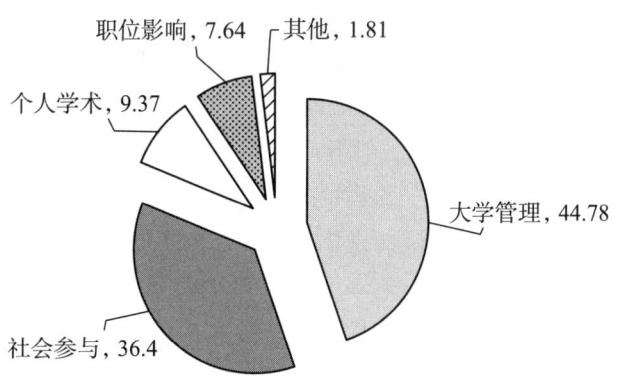

图1-2 大学校长百度新闻分类报道篇次（2003~2012年）

为什么公众如此关注大学校长群体，究其缘由，归纳有三。

一是公众对于我国理想大学的向往。中国社会在发展与转型过程中，出现了前所未有的问题，诸如经济的危机、生态的危机和道德的危机，等等。民众期待着中国的大学成为社会进步的灯塔、引领社会潮流的风向标和批判社会的良心。

二是公众对于中国大学现状的不满。尽管，在短短十年左右的时间里，我国成为世界上规模最大的高等教育大国。但是，公众并不满足于量的扩张，特别是对大众化进程中出现的办学定位的趋同化、运行管理的行政化、大学精神的庸俗化等倾向提出了尖锐的批评，"钱学森之问"集中表达了民众的共同心声。

三是公众对于中国大学校长的期待。在中国高等教育史上，大学校长一直享有崇高的社会声望，对于大学现状的种种不满，引发了公众对民国时期大学校长群体的追忆与怀念：蔡元培、梅贻琦、张伯苓、竺可桢、蒋梦麟、孟宪承等，"一个好校长就是一所好学校"的观念使得民众把对中国高等教育的不满引发至对中国大学校长的不满也是情理之中。概括起来，对于大学校长的不满与批评主要集中在以下三个方面。

一是身份的官员化。博客中国网与《南方周末》合作进行了题为"中国大学校长公众满意度"的调查。调查表明中国大学校长公众认同度不够理想：有69.87%的受访者认为当下中国大学校长的总体形象更接近官员，认为更接近教育家的则不过6.54%，认为更接近专家学者的也不过9.98%。公众把满意票投给了过去的校长：蔡元培得票87.98%，成为最受推崇的中国大学校长，紧随其后的是胡适、马寅初、梅贻琦等。面对这一数据，很多人发出世风日下的慨叹，认为中国的大学校长们应该深刻反思，敢于突破体制的围城，回归到职业教育家的本色上来。①

每年的"两会"，高校去行政化都是热门话题。2014年"两会"，代表们提出大学去行政化的紧要任务是"去官僚化"，要尽快取消校长和其他所有大学行政管理人员与政府公务员相对应的行政级别和特殊待遇。2015年"两会"，刘忠范代表就认为，科技教育是个长期的战略工作，校长和形成特色办学理念密切相关，频繁更换"头人"不是好事，呼吁政府不要频繁更换校长，把校长过多官僚化、官员化。

公众舆论频繁质疑大学校长官僚化。2013年，原重庆大学校长林建华调任浙江大学校长一事引发风波，不少人质疑林建华的履历偏重于行政官员而非学者，引发舆论对大学校长任职资格及高校去行政化改革的讨论。② 2014年7月，

---

① 《大学校长为何"公众满意度"低》，载《燕赵都市报》2005年7月5日。
② 王兴栋：《谁才真正适合当大学校长?》，载《新闻晚报》2013年8月3日。

厦大校长朱崇实被本校一副教授炮轰在"食堂耍特权"：教工食堂在饭点常常无菜可吃，而校长出现时服务员马上端出丰盛菜肴。媒体借此批评校长身上的官气和学校的行政化：在政府官员面前，作为校长的你低头哈腰，谄媚取上，丧失独立人格；在教授们面前，你高高在上不可一世，把老师当成农民工，[①] 等等。

一个不容回避的现实是，我们的大学制度带着浓厚的行政主导色彩。我们的高校，尤其是重点院校，无一不是归国家所有，隶属于教育行政部门管理的公共部门，身为主要管理者的校长，无一不是由上级教育行政部门任命的。因此，这些大学校长身不由己地被嵌在行政序列当中，不得不在行政主导的评估模式下小心翼翼地行使自己的职权，时刻准备接受上级主管部门的评头论足。这种体制投射到现实中的影子就是，大学校长不得不疲于应付行政上级的教学评估、学科检查、专业考核、硬件测评，等等。这种行政主导的大学制度所塑造的"校长人格"，只会是很高的"上级满意度"，而非"公众满意度"——因为校长根本无暇，也无能，更无权顾及公众的期待。[②]

二是治校业余化。"大学乃天下之公器"，自诞生之日起，对社会文明的贡献是任何其他行业和机构所无法比拟的。大学校长一旦投身于大学管理，就意味着把管理大学作为自身为之奋斗并孜孜不倦追求的崇高的事业，把管理大学作为自身价值的核心体现，因此，校长必须忠于责任，"把主要精力投入到学校管理和学生培养、抓班子带队伍工作中"来。心不在焉、三心二意是注定搞不好大学管理的，也不可能成为一名真正合格的大学校长。

国内有学者曾对2009~2011年国家"973"项目首席科学家的任职情况进行统计。结果发现，在这份279人的名单中，现任行政领导近210人，包括高校校长、院长等，占总人数的75%。[③]武汉理工大学校长周祖德教授就直言不讳，要中国的许多校长完全放弃学术，目前还行不通。他说，中国的校长任期一般是4年，4年期满后可能不再继任，还是要回到教学和研究岗位，如果"在任期内放松了学术，拾起来就很困难"。按照周校长的说法，目前中国的大学校长是兼职的，他们的学术研究不但不能放弃，连放松都不行，否则会影响他们卸任后的学术研究。管理学校重要，自己的学术研究更重要。[④]

原山东大学徐显明校长直言不讳地道出了原委："大学校长在住房、医疗等方面的保障，无法与党政领导干部相比；在薪金上的保障，又无法与企业家相比，中国大学校长的岗位，基本是个'奉献'岗位。因此，相当一部分校长感觉

[①] 曹林：《媒体谈大学现状：官僚化严重校长就是老大》，载《中国青年报》2014年7月10日。
[②] 《大学校长为何"公众满意度"低》，载《燕赵都市报》2005年7月5日。
[③] 刘广明：《大学校长"两不"能走多远?》，载《科学时报》2011年12月9日。
[④] 胡云君、郑宏：《浅谈大学校长时间管理的误区及对策》，载《当代教育论坛》2009年第1期。

校长岗位是无法让自己终身引为自豪的,而唯有保持学术的不间断,才可在不任校长后仍有立身之本。这就是中国大学校长无法在校长的岗位上专心致志做管理,难以成为职业教育家的制度原因。因为,与大学管理相比,他们觉得在实验室里取得的成就更加荣耀。"①

三是行为的平庸化。公众媒体关注质疑大学校长作秀事件频出,但大学治理方面亮点鲜见,大学同质化、庸俗化现象越来越明显。大学校长何以频受关注,如果大学校长平时治理大学有方,偶尔来一点才艺展示,网友们出于对校长的敬爱,也许会觉得校长很"可爱"。当前,我们的大学校长被质疑为作秀,实际上就是因为治理大学方面,鲜有亮点,只有"笑点"和"雷点",这只会让大学校长群体声誉下降,也会导致大学整体形象下降,大学校长形象出现"庸俗化""娱乐化"现象,这是今天中国大学和大学校长群体的悲哀。

近年来,大学校长选拔更加注重"学术含金量",但大学的管理水平恰恰在下降。选院士为校长的趋势更为明显,院士甚至成为候选校长的一条不成文规定。以学术标准,而非教育管理标准选择校长人选,本就是对校长职务的误解。如果仅以学术能力选择校长,这不是选校长。这些人上任校长岗位之后,不懂教育、不懂管理,造成社会舆论对一些重点大学的评价是"一流的学生,二流的教师,三流的校长,四流的管理"。大学的管理差,严重制约了我国大学的发展。学者担任校长之后,大多继续从事学术研究,校长本人觉得自己还是学者,因此从事学术研究,无可厚非,甚至还认为自己是加倍付出,社会舆论也对校长从事学术研究表示理解,还有的感慨这么优秀的学者在组织的安排下担任校长,是事业的牺牲,因此更对校长在百忙之中挤出时间搞学术研究给予赞许。但客观而言,一个人既担任校长,又做学术研究,是严重的学术权和行政权不分,本来就不太懂教育和管理,再花很少时间在管理上,管理可想而知。

当前,我国大学校长绝大部分没有接受过专门的职业学习与培训,多数来自教学科研一线。他们在自己的专业领域富有成就,甚至有杰出的贡献,是成功的科学家、院士,但作为大学管理者的校长,可能是"门外汉"。许多校长在履职时面临着从事新领域工作的迷茫与困惑,缺乏作为校长必须具备的知识、能力、素养。调查显示,中国的大学校长中有教育家,不过只是少数。而且由于缺乏确认机制和舆论宣传,这少数教育家也难以在社会上产生较大影响。②

但是,与此同时,校长们却认为中国的大学校长可能是最累的校长,整天忙于处理具体事务,头痛医头、脚痛医脚,没有时间从长远需要、持续发展的角度

---

① 《校长退出学术委员会冲击波》,光明网 [EB/OL] http://edu.gmw.cn/2011-04/14/content_1827787_6.htm.

② 刘昌明:《大学校长为何难成教育家》,载《煤炭高等教育》2002年第1期。

深入思考。① 在首批"985"大学校长联谊会上,来自国内 9 所顶尖高校的校长们面对"内部管理"这个主题,大叹苦经。"现在的大学校长有三大困境,一是不知道做什么,二是所有的作为在短期内看不到成果,三是大学的管理太复杂了"、"大学校长不但要承担学术、行政、人事等各种管理,还要应对来自外部的管理"……在大学校长眼里,校长成了"高风险职业"。② 清华大学校长顾秉林说:中国的大学校长可能是最累的校长。在第二届中外大学校长论坛上,我国有校长说,校长"什么事都要管";校长要管学生生活、学生住宿、学生食堂、教师住房、教职员工子女入托,这些"还必须得管",不然可能就会出现不利于学校发展的事件;更有校长戏称,"除了火葬场,什么都要管"……大学校长抱怨工作太累,事务性工作太多,应该说这些都是我国大学校长工作的真实写照。③ 然而,对于"最累"的说法,网友并不买账。调查显示,高达 52.5% 的受调查者表示,中国校长"不算累",只有 32.0% 认为"非常累"。更让校长们不能接受的是,在多选题"你认为大学校长'最累'表现在哪"中,62.1% 的受调查者表示"为谋取更高职位而累",55.3% 表示"为琐碎事务缠身而累",而选择"为创建一流大学而累"与"为更好服务师生而累"的分别只有 45.1%、26.8%。也就是说,在大多受调查者眼中,校长并非为做好一校之长而累,而更多是图自己的利益;不是把精力更多用到办学事务中,而是耗在与办学无关的繁杂事务中,足以引起深思。

二、校长的自觉与探索

大学校长是一个神圣的岗位,一大批校长都承载着神圣使命,如何闯出一条建设世界一流大学的中国道路?他们中的优秀代表进行着自觉的不懈探索。

一是自觉的反思:现代大学需要专业化的校长。从我们的访谈中可以发现中国大学校长是一个具有反思精神的群体,许多校长在任职期间对中国大学和中国大学校长进行深入的思考,形成了一些非常重要的观念和认识,具体来看,包括三个方面。

1. 当前中国大学的管理有特殊性。一方面,现代中国大学不同于传统大学,具有规模大,管理复杂的特点。"我现在管两万五千人了,我还要搞研究,这事

---

① 姜泓冰整理:首批 985 大学校长联谊会上的发言,媒体称大学校长太"累":整天忙于处理具体事务 [EB/OL]. 中国网 2010 年 10 月 18 日. http://news.china.com.cn/rollnews/2010-10/18/content_4775880.htm。
② 《高校掌门人大叹苦经:诸多干预让大学校长不堪重负》,载《文汇报》2010 年 10 月 13 日。
③ 刘尧:《大学校长的责任就是当好校长》,载《中国电子教育》2009 年第 1 期。

不行。所以不能套民国时期，你想民国时期那规模多大？可以当学者。那时候校长相当于现在院长。还没有院长管的人多"。① 另一方面，现代中国大学不同于西方大学，有鲜明的中国特色，办大学要发挥中国特色和中国优势。"在中国这个体制之下，中国的校长是吃喝拉撒都要管的，不像外国的校长"。"老是说外国大学好，其实自己也有优势，只是没有用好"。"我觉得不是没有权，而是在现在的体制范围内，很多校长没有很好地用好这个权。但用好这个权，并不是校长就说了算"。②

2. 大学校长必须专心治校。首先，专心治校在大学党委书记与校长群体中正逐步形成共识。"担任校长的同志必须意识到主业在哪里，校长不是业余时间干干的，也不是一半一半。""当了校长，就干校长的事，如果一心庇护自己所在学科和专业，学校肯定搞不好"。③ "很多家长的眼光都盯着你，指望你给他的儿子良好的教育，你怎么可以还一半对付行政，一半去搞项目。""只要是当了校长，就应该全心全意地做好你校长的事，没有比这个事更大，因为你管了全校的教授"。④ 其次，不全职的校长对学校影响很大，容易产生党政矛盾。"党政不团结有很大原因就是校长不能够全职，造成认识偏差和工作不利。解决专业化能够促进党政的团结，每天大家都想一样的事"。⑤ 再其次，校长不专心治校源于现有制度设计，有校长指出"我都批评科技部，当校长就不要承担项目，现在也没有明确的规定，所以这是一个问题，要在制度上保证校长潜心的去做好治校工作"。⑥ 有校长认为不能简单指责不全职的校长，因为"有各种各样原因，政府也没有要求他们。"⑦ 最后，校长们认为要求校长专心治校需要政策上进一步明确。"提出专心治校不是号召的事，而应当是一种要求。全世界的大学里面，当校长还可以不全职，是很难让人理解的。实际上，我觉得即使是全职当大学校长，在时间和精力上都怕不够用。这事应该是教育部说了算，任命大学校长时可以明确提出来：要当全职就当，要不然就别当！这事情不需要呼吁。美国的一流大学的校长没有不是全职的。教育部可以明确提出来，当大学校长必须不能上课，不准带研究生，不准搞科研，要不就别当，很简单。"⑧ 从工作上讲，大学校长是管理岗，而不是教学和科研岗，所以大学校长的本职工作是学校管理，而不是教学和科研。大学校长也是普通人，不可能一天24小时工作，精力旺盛到管理、教学、科研个个不落，个个都做好。更何况，对一所师生员工动辄过万人的部属大学而言，校长每天要处理的工作十分繁多，必须全身心地投入到学校的管理工作中去，客观上也没机会分心于教学和科研，鱼和熊掌难以兼得。

3. 大学校长需要有职业的素养。首先，校长需要懂教育事务。"一个好校长

①②③④⑤⑥⑦⑧ 引自课题组大学校长访谈记录。

还是要有教育的内在理想。"① "中国实际上把院士看得太重了,我的观点是像清华、北大这样的学校也未必一定要院士来当校长,要让非常熟悉学校教育事务的人来做这个事情,不能三心两意,这是最关键的"。② "校长第一他必须懂教育;二是全心全意地干"。③ "中国大学需要一批对中国教育有浓厚兴趣的、有高度责任心、有事业心的人当校长和书记,校长、书记都要"。④ 其次,大学发展的不同阶段需要配备不同的校长。"全世界的大学校长都难,就是好的大学校长都很难。其实也不可能找到那个所谓的理想的校长,他总是离那个理想有一定距离,但是,我认为做好一个大学校长也不一定把所有的方方面面都具备,你只要具备某几个方面。实际上,一个大学的发展也是变化的,这个校长可能这方面特长,就可以朝这方面发展,下一任可能另一个方面特长,就可以朝另一个方面发展。一个大学,在不同的发展阶段,面临的问题确实是不一样的。"⑤ 最后,校长应该懂沟通,善于协调。"大学校长还有另外一个责任,就是说他要善于从群众当中,或者从我们的教师和学生身上,校友社会各方面,要吸取智慧。"⑥

二是自觉的选择:"有所担当"和"勇于放弃"的大学校长。在没有建立任何政策性补偿机制背景之下,选择专职担任校长意味着放弃获得更高学术成就的可能性。然而,近几年中越来越多的大学校长在任职时选择"庄重承诺"。2011年12月,上任一个多月的湖南大学校长赵跃宇面对3 000多名学生宣布,他在任期内"不申报新科研课题、不新带研究生"。2012年7月,北京师范大学校长董奇在就职演讲中表示:高校管理改革,要从校长自身改起。他郑重承诺,在担任校长期间,做到"四个不":第一,不申报新科研课题;第二,不招新的研究生;第三,不申报任何教学科研奖;第四,个人不申报院士,把百分之百的精力用于学校管理。大学校长是一个管理的岗位,是一个服务的职位,目前中国大学管理的难度和复杂程度前所未有,大学校长必须心无旁骛、全心全意地投入到学校管理工作中去。董奇表示要用"整个的心"去做"整个的校长",校长要首先改革自己,然后才能改革学校。2012年8月,彼时刚刚履新的北京外国语大学校长韩震教授获得了"三不校长"的名号。他在就职演说中对师生公开承诺:"任职期间,我将不再做我的专业即外国哲学的学术研究,而是用全部精力做名副其实的校长;我将不再申请自己原有学科专业的研究课题,而是集中精力细心谋划北外的发展战略;我将不再承担任何专业课程,不再谋求与教学相关的个人荣誉,而是努力为老师们服务,从整体上巩固和提高人才培养的质量。"大学校长本来就应该专心于管理,大学校长职业化是国际上许多知名大学的通行做法。例如,耶鲁大学前任校长理查德·莱文是一位很有学术专长的经济学教授,从1993年至2013年一直担任着耶鲁大

①②③④⑤⑥ 引自课题组大学校长访谈记录。

学的校长,但这期间他没有带过一个硕士生或一个博士生,也没有挂名领衔做过一个具体的科研项目。莱文认为,大学校长是一项需要全神贯注、专心致志、全力以赴的事业,没有时间也没有精力再去旁顾其他事情。公开承诺的校长或许就是基于这样的清醒认识,才庄重承诺,让自己全身心投入学校管理,努力成为一名专业化的校长。

这些"几不"承诺,为我国高等教育界带来了一股清新之风——中国的大学校长们开始意识到自己的本职工作是全心全意做好学校管理,而不是此前的管理与学术"一肩挑"。舆论对此普遍叫好,呼吁应该将"几不"承诺制度化,实现校长管理专业化。

在我们访谈的过程中,有的大学党委书记认为校长必须做三个承诺:"第一承诺就是你要依法治校,党委领导下的校长负责制;第二你要投入主要精力;第三个你不能占用学术资源"。[①] 而众多的校长们在任职治校的过程中,即使学术非常优秀,往往最终选择了放弃学术。如"心里就清楚当校长更大的责任就是把中科大往前推进、搞好,然后自己的学问必须放弃","在第一个校长任期内我就逐渐把自己的实验室放弃了,就扶植一些年轻人当主任。然后,第二个任期内我就完全不招研究生了,就是彻底转到管理岗位上来了"。[②] "我把自己的业务都放弃了,然后我又做不好这件事情,我干嘛呢,所以像这种事情呢,我觉得那真的是领导个人的素养。那从制度上面呢,就从我自己个人的案例来讲,你再怎么约束我,也不会对我起什么作用的,因为我已经觉得要这么去做了"。[③] "我当校长的时候就发誓,我第一是校长,第二才是教授"。[④] 有的校长明知取消行政级别使校长个人利益受损,仍然决定支持取消行政级别,"我本人当然希望有级别呀,我有级别更好,我退休后当个什么会长,再怎么也是个正厅级,但吃点亏是为了拿到更大的空间,为了干更大的事业"。[⑤]

三是自觉的探索:做一个负责的、专心的校长。在选择专心治校的基础上,如何实现成为一个负责的、专心的校长就成为一个非常重要的现实问题。调查显示,校长们首先做出的探索是"依法治校"。"依法治校,整个决策的过程中都要按照一定的规定程序进行集体决策,别看我是全职校长,我现在可能是最轻松的校长。我要想要的话,校长的权力确实可以非常大,但我和书记都没要,我们选择的是依法治校。什么是"法"呢?其实很简单,就是重要的事情必须集体决策,不准私下处理。要不就是校长的权力太大,要不就是书记的权力太大,得用"法"来约束校长、书记的权力。"[⑥] 其次,探索"党委领导下的校长负责制"的实现机制,保持与党委书记的沟通渠道畅通。"我认为校长不是简单的对党委负责,还应该对学校的发展负责,对学校的师生员工负责,这才是最准确的,但是

[①][②][③][④][⑤][⑥] 引自课题组大学校长访谈记录。

这不是矛盾的,从某种意义上来讲党委领导也是要对学校发展负责,从这个意义上来讲是统一的"。① "我们曾经有个建议,能否给大学党委书记有一点行政的决策权,比如说大学成立理事会、董事会,书记当理事长,这样理事会是一个决策机构,党委领导下的校长负责制这个党政之间的关系可以通过这个理事会来体现,我们给中组部的建议方案中就有一个:让大学书记能有这样一种行政制裁力,像美国公立大学都是州长、副州长作为董事会的领导。我相信将来慢慢会变,这样他介入大学管理就不是以党委会的形式而是以理事会的形式来,那么党委会的成员是理事会的核心。"② 再其次,积极探索和创新治校良法。有的校长以建立新媒体交流渠道来了解学生动态:"我就和我们学生部门的老师商量来做,结果就公开招聘,我聘了5、6个学生校长助理,所有的副校长都聘了,这些助理能够帮学校收集一些信息,做一些具体的工作,还有我们的一些想法通过他们迅速去交流。"③ 有的校长以分类管理干部的形式提升管理效率。"南科大的干部分两类,一类是党政干部,比如党委的各个部长按照党委程序任命的,学校的另一部分干部大多数叫学术干部,比如各个研究所、研究中心的主任,他们其实和部处长是同样重要的,这些由校长提名,校务会任命,不上党委"。④

由此不难理解,我国的高等教育也正是有了这样一批自觉的在专业化治校办学道路上的实践者和探索者,才会取得今天辉煌的成就,他们的思考和实践为我国大学校长的专业化树立了榜样和典范。

三、政府的举措与成效

在建设中国特色现代大学制度进程中大学校长的管理专业化问题被提到了十分重要的议事日程。2010年9月,中共中央政治局委员、国务委员刘延东在教育部直属高校工作咨询委员会第二十次全体会议上指出:"加快建设中国特色现代高等教育,高校领导特别是书记、校长肩负重要责任。书记、校长要努力成为懂教育的政治家和讲政治的教育家,要强化高校领导的职业化意识,全身心投入高校的科学发展。把主要精力投入到学校管理和学生培养、抓班子带队伍工作中。"

2010年颁布实施的《国家中长期教育改革和发展规划纲要(2010~2020年)》明确要求"完善中国特色现代大学制度","推进政校分离","公办高等学校要坚持和完善党委领导下的校长负责制,健全议事规则与决策程序,依法落实党委、校长职权","完善大学校长选拔任用办法"。

2011年年底,教育部首次在东北师范大学、西南财经大学开展面向海内外

---

①②③④ 引自课题组大学校长访谈记录。

公开选拔部属高校校长试点，开始在校长任用制度上寻求"破冰"，开展直属高校校长公开选拔改革试点，由"任命制"向"选拔制"转变，在此基础上，2012年12月又启动了北京科技大学、北京中医药大学、中国药科大学三所直属高校校长的公开选拔工作。所有这些表明我国大学校长管理专业化进程已经迈出了实质性的步伐。

教育部在进行改革试点总结时认为，试点为进一步完善大学校长选拔任用办法提供了新鲜经验。这次面向海内外公开选拔校长试点工作，是贯彻落实两个规划纲要的重要举措和具体行动，在选拔程序和方法上进行了诸多创新，为探索大学校长选拔任用的新模式进行了有益尝试；进一步拓宽了选人用人视野。在符合条件的报名人员中，跨地区、跨学校、跨部门的情况较为明显，来自地方高校和党政机关的报名人员约占报名人数的70%，突破了以往在校内选人和人选来源较为单一的局限；进一步提高了校长人选的公信力。通过公开选拔产生的两位校长人选，均是在高校教学科研一线成长起来的优秀中青年干部，政治立场坚定，思想政治素质良好，熟悉高等教育规律和高校教学科研工作，有海外留学经历，组织领导和宏观驾驭能力强，年富力强，管理经验丰富，学术科研水平较高，在行业内均有较高知名度和影响力。两位校长人选，遴选专家认识一致，教育部党组满意，学校师生员工普遍赞同；进一步营造了深化改革的良好氛围。公开选拔校长公告通过新闻媒体发布后，引起社会各界广泛关注。各级各类媒体通过不同形式对公开选拔的积极意义、进展情况以及师生反响等进行了全面报道和解读，有关专家学者从不同角度进行了理性评论。东北师范大学、西南财经大学广大师生支持校长选拔方式改革，积极参与面试和民意测验工作。目前从各方面的反映看，社会各界对公开选拔校长试点工作给予了充分肯定。①

2014年10月15日，中共中央办公厅印发了《关于坚持和完善普通高等学校党委领导下的校长负责制的实施意见》，并发出通知，要求各地区各部门结合实际认真贯彻执行。10月17日，中共中央组织部、中共教育部党组发出通知要求，各地区、各有关部门和各高等学校要认真学习贯彻由中共中央办公厅印发的《关于坚持和完善普通高等学校党委领导下的校长负责制的实施意见》（以下简称《实施意见》）。通知指出，党的十三届四中全会以后，党中央确定高等学校全面实行党委领导下的校长负责制。实践证明，这一制度符合我国国情和高等教育发展规律，必须毫不动摇、长期坚持并不断完善。《实施意见》重点阐述了四个方面的重要内容，一是要坚持高校党委的领导核心地位；二是要正确处理党委领导

---

① 国家教育发展研究中心：教育部实施直属高校校长选拔任用制度改革试点［EB/OL］．教育部网站 http：//www.moe.edu.cn/publicfiles/business/htmlfiles/moe/s6635/201304/151269.html。

和校长负责的关系;三是要认真贯彻执行民主集中制;四是要完善协调运行的工作机制。《实施意见》强调,高校党委是学校的领导核心,履行党章等规定的各项职责,把握学校发展方向,决定重大问题,监督重大决议执行,支持校长依法行使职权,保证学校各项任务完成。对党委发挥领导核心作用,从三方面作出规定:一是在《普通高等学校基层组织工作条例》规定的党委职责基础上,从管方向、管全局、管干部、管人才以及党要管党等方面,概括了党委的10项工作任务,对党委领导的内容和途径作了规定。二是强调高校党委实行集体领导与个人分工负责相结合,坚持民主集中制原则,同时对党委书记的主要职责作了明确。三是对党委议事决策制度进行规范。校长是学校的法定代表人,在党委领导下,贯彻党的教育方针,组织实施党委决议,行使国家法律规定的职权,全面负责教学、科研、行政管理工作。从两方面提出保证校长依法行使职权的具体措施:一是明确校长负责的主要内容和形式。在高等教育法规定的校长职权的基础上,结合高校改革发展形势,从10方面对校长负责的内容进行归纳和界定。二是对高校行政议事决策机构的设置和会议制度等作出规定。明确校长办公会议(校务会议)为学校行政议事决策机构,校长通过校长办公会议(校务会议)研究提出拟由党委讨论决定的重要事项的方案,具体部署落实党委决议的有关措施,研究处理教学、科研、行政管理工作。同时,对其议事范围、议事规则、参会人员等提出要求。意见强调,按照社会主义政治家、教育家目标要求,选好、配强高等学校领导班子特别是党委书记和校长。高等学校领导干部要认真履职尽责,正确处理领导管理工作和个人学术研究的关系,确保有足够的时间和主要精力投入学校管理工作,党委书记和校长一般不担任科研项目主要负责人。

与此同时,一些省份开始先行先试。2015年5月25日,中共湖北省委印发《关于进一步加强党对高校领导的若干意见》(以下简称《意见》)。《意见》中明确在省属高校开展校级领导干部任期全职化试点。试点高校党委书记、校长任职期间全职从事管理工作,原则上做到"五不":不参加学校学术委员会、不申报教学科研项目、不参加教学科研评奖、不参与专业技术岗位竞聘、不申报各类人才工程项目。试点在部分条件成熟的省属公办高校展开,按照循序渐进的原则逐步推进,首先是书记、校长实行任期全职化,然后逐渐扩大到领导班子其他成员,最后,学校行政管理部门的负责人也将实现全职化。高校领导班子实行任期制,领导干部担任同一职务时间不超过两届或10年,着力打造潜心从事管理和服务的职业化高校领导班子。《新华每日电讯》5月28日刊文称其为十大创新举措加强党对高校领导,人民网、新华网等纷纷给予关注报道。

一直以来,我国高校的领导都是管理和学术"双肩挑",存在对学术热情、对管理冷清的尴尬局面,高校管理急需"敷热"。2015年5月,教育部也下发

《关于深入推进教育管办评分离促进政府职能转变的若干意见》。此次湖北改革试点，将高校领导全职化作为完善高校党委领导下的校长负责制的一项重要举措，被认为是对这些意见的细化和落实，是向教育规律的回归。

一位不愿透露姓名的教育部高层官员接受南都记者采访时透露，目前中国公开选拔校长仍不具备经验，还需要通过多次"实验"，并选择不同类型的学校尝试。此前两次试点的高校均为专业型高校，比如师范大学、财经学校和医科大学等，学科结构较为单一，校长的选拔也相对简单。

因此，2011年教育部将"完善中国特色现代大学制度进程中的大学校长管理专业化研究"列入哲学社会科学的重大攻关项目进行招标，表明了教育部对于推进大学校长管理专业化的高度重视、殷切期待和对于完善中国特色现代大学制度的坚定决心，也是政府推动大学校长管理专业化的重要举措。毫无疑问，完善中国特色现代大学制度进程中的大学校长管理专业化研究课题具有重大的现实意义和理论价值，课题组深感责任重大，任务光荣。

第二章

大学校长管理专业化：制度环境与理论建构

什么是大学校长管理专业化？大学校长管理专业化与完善中国特色现代大学制度的内在逻辑联系是什么？这是课题必须回答的基本理论问题。

党的十八届三中全会提出，全面深化改革的总目标是完善和发展中国特色社会主义制度，推进国家治理体系和治理能力现代化。党的十九大报告对这一目标再次进行了强调。高等教育是我国全面深化改革中的重要领域，建设有中国特色的现代大学制度一直以来都是中国高等教育改革孜孜不倦追求的目标，毫无疑问，这一目标的达成同样必须通过不断完善大学的治理体系、提升大学的治理能力才能来实现。然而，中国高等教育体制改革一直困扰着我们的两个问题似乎到今天也没有得到令人满意的答案：一是中国特色的现代大学制度到底"特"在什么地方，到底怎样的大学制度才是理想中的中国特色大学制度？起源于西方的、被奉为现代大学黄金标准的4A原则到底能否以及怎样才能在中国特色制度框架的"本土资源"中获得足够的养分，并开出娇艳的花朵？二是在我国特殊的制度框架体系中，在现阶段复杂的利益互锁网络里，在国家与社会关系的惯性逻辑下如何寻找最为有效的切入口和突破口？在有效达成目标的同时规避剧烈的摩擦成本是一个核心的问题。前一问题的有效解决关键在于找到中国特色制度与现代大学之间科学有效的联结和共振机制，而后一个目标达成则需要从大学治理结构中找准有效的着力点。而在大学治理结构体系中，不管是外部治理结构中的政府与大学关系，还是内部治理体系中的多元主体关系，校长都扮演着关键性的角色，从各国现代大学建设的经验来看，围绕着校长管理专业化的机制体系建设正是实现本国制度框架与大学内在逻辑良性互动的润滑剂，也为完善中国现代特色大学制度提供了的重要切入点。

公众对我国大学现状的质疑和不满在很大程度上是建立在对民国时期大学的集体回忆以及西方大学作为标杆的参照基础之上的,这种情绪很显然具有浓厚的理想主义色彩。实际上,不管是民国时期的大学还是西方的大学,抽离当时和该国特殊的制度环境都是没有意义的。在当前,建设现代大学制度毫无疑问必须建立在中国特色的社会主义制度这一根本的前提基础之上。但是,公众的质疑和不满是我国大学制度建设过程中的一面重要的镜子,这客观地反映出我国大学制度建设依然与公众的期待存在着较大的差距。从现代大学制度建设的进程来看,任何成功的大学都是成长起来的,而不是人为主观意志办出来的,问题的关键是,如何才能为大学的茁壮成长提供最为有益的环境?改革的核心,就是要在现有的基本制度框架中培育出最适合大学成长的有机土壤。

第一节 国家—大学关系调适与"中国特色"大学制度的建立

大学诞生于中世纪的欧洲,对于很多国家来说,大学一开始都是一个"外来物种",在漫长的历史演变中大学不断地被移植,才在各地落地生根。但是,在不同的国家其成长的状况呈现出很大的差异性。在一些国家,大学之树枝繁叶茂,硕果累累,但在另一些国家,这棵树却营养不良,萎靡不振。作为一种高度制度化的组织,大学都是遗传与环境的产物[①],导致这种差异性结果的原因,根本不在大学本身出了什么问题,也不在于各国的基本环境的好坏,关键在于如何找到最为有效和合理的方式把大学的核心价值与不同国家的历史、文化与制度结合起来。国家与大学关系的协调应该达到这样一种状态:一方面国家对大学进行必要的扶持和干预,弥补大学在学术研究和社会服务等方面存在的不足,督促大学更好地遵守基本的公共价值和法律制度规范,但另一方面又能够保持必要的大学自治空间,防止"行政之恶"可能对知识的宰制。

一、国家—大学关系调适与现代大学制度建设

对于大学来说,需要适应的最为重要的外部环境之一就是本国的基本制度框

---

① 张楚廷:《人的精神决定了大学的产生》,载《大学教育科学》2011 年第 3 期。

架。从经验上来看，任何外来移植在一开始都会或多或少地出现与本国制度之间的内在紧张甚至对立关系，而这种紧张或对立关系的消除很大程度上有赖于双方趋向共同目标的调适。对于现代大学大学内部逻辑与国家制度逻辑之间存在着相对比较紧张的国家来说，现代大学制度的建设过程其实就是一种制度调适的过程，而这种调适过程是否成功在很大程度上决定着现代大学制度建设的成败。所谓调适就是朝着对方方向的调整和适应，以实现共同的均衡与和谐，这种调适过程是双向的，对国家来说，就是在坚持根本制度的前提下在权力结构、职能和机制方面进行调整，为大学塑造出自主性的制度空间，对于大学来说，就是在坚持自身核心的价值理念的前提下，主动进入并满足国家对大学的需求和基本战略。这意味着大学必须在外部社会的权力体系和整体格局中找到自己的恰当定位，并基于环境与自身的良性互动形成科学的大学治理结构，以确保大学既能保持自身的知识品性，又能有效地回应社会的合理需求，建立起在现代社会不断变化中的力量平衡[1]。国家与大学的这种关系就像弹簧两端的两个着力点，拉得太远，可能会导致最后的断裂，压得太紧，反弹的力量也就越大，只有双方调整到最合适的位置，二者之间的关系才是最舒适、最和谐，也就具有可持续性。但是在不同的国家，这种调适的过程、方式和所经历的时间都存在着差异，甚至可能出现比较激烈的摩擦。

  大学从诞生的那一刻起就开始了与国家之间关系的调适过程。大学之所以诞生于中世纪的欧洲，从根本上来说是当时特殊的制度环境为大学的生长提供了先天的适宜的土壤，大学在这种环境中应运而生，并在生长的过程中不断地调适自身的角色、功能，以更好地适应不断变化的环境。中世纪多中心、分裂化的政治格局和分权化的社会结构不仅可以为大学这种天生具有自治、独立倾向的社会组织提供难得的成长空间，而且可以在客观上维护和促进大学以其所掌握的高深知识为"资本"的话语权。大学诞生之后，大学与国家之间就开始了不断调适的过程。一方面对于国家政权来说，希望得到大学的支持，以巩固他们的统治。正如巴巴罗萨·腓特烈一世所言，只有通过知识的传播，这个世界才能被照亮，臣民的生活才能遵照上帝及其仆人（也就是皇帝）的旨意。这种委婉的表述非常清晰地表达了世俗最高权力对大学的期望，表达了这样一种观点：学术丰富着知识，并使社会秩序保持稳定[2]。尤其是在与教权之间的权力斗争中，世俗国家更加需要得到大学支持并有效地控制大学以更好地抗衡宗教的权威。而对于当时的市政

---

[1] 陈金圣：《制度环境与大学组织：中世纪大学的借鉴与反思》，载《南昌大学学报》（人文社会科学版）2014年第4期。

[2] [比]希尔德·德·里德－西蒙斯：《欧洲大学史》（第一卷中世纪大学），张斌贤等译，河北大学出版社2007年版，第16页。

当局来说，他们同样希望得到大学的支持，以获得源源不断的知识和人才。最初，市政当局并不需要大学向它们提供经济活动所必需的治理和法律方面的知识，因为初级算术和读写识字能力等基础性的知识就够了，这些在没有大学的帮助下都能得到满足。但是从13世纪后开始，大的商业城市已经清醒地意识到拥有大学的优势，大学能够提供律师解决普通法无法处理的法律问题，以及提供能为王权服务的文职人员。市政当局很快就认识到大学所提供的这种可信赖的同伴关系的优势，并开始尽力地接近并控制大学。另一方面，对于大学本身来说，如何得到国家权力和地方政权的支持以获得合法性和更多的资源同样是一个重要的问题。大学需要自由和安全的空间，免受物质方面的剥削和政府或教廷官员们的专横管理。一个行会、一所大学或任何其他合作团体，从获得它的特许权那一时刻起，才得以合法地存在①。国家和大学之间相互调适结果的标志性产物就是特许状，颁发给大学的"特许状"是国家对大学法律地位的认可，而大学也通过特许状在封建动荡的中世纪实现了自我保护和发展。

  从理论上来说，国家与大学的关系是一个典型的悖论：国家的本质是强制力，是"暴力的合法垄断者"，而大学作为探究未知知识的学术机构，自由是其存在的先决条件，不应当屈服于真理之外的任何压力②。正因为如此，二者之间的内在紧张关系从来就存在着，在现代大学的建设过程中，国家与大学之间的相互调适过程也就从来没有间断过。以德国和美国为例，前者代表国家主义传统浓厚的国家，后者代表社会自治传统较浓厚的国家，两个国家在建立现代大学制度的进程中都无一例外地努力调适着两者之间的关系，甚至在调适过程中发生了较为激烈的对立。在德国，尽管早在18世纪末期就在法律上对国家与大学关系有了明确的定位，大学是国家机构的组成部分，但同时也是享有特权的学术社团，国家是大学的举办者和管理者，而大学则是学术的自治主体。但是在长期的实践中，二者间的关系却一直处在相互摩擦和调整的过程中。强大的国家权力总是试图进入大学内部，实现对大学的全面控制，普鲁士政府就对大学进行了肆无忌惮地打压，出台了臭名昭著的"卡尔斯巴德决议"，制造了"哥廷根七教授"事件。在希特勒纳粹统治时期，权力对大学的侵蚀更加达到了极致。第二次世界大战以后，在吸取之前教训和德国自身传统的基础上，大学与国家之间的关系进行了重新调整。以《基本法》的形式确立了国家与大学之间的关系，联邦和州政府在保障大学基本自治的前提下承担起立法、资助和管理的重要职能，而大学也不是完全自治的主体，既是公法社团也是国家机构，大学向国家让渡了部分内部治

---

  ① ［苏］古列维奇 B．：《中世纪文化范畴》，庞玉洁等译，浙江人民出版社1992年版，第211页。
  ② Nipperdey, T. Deutsche Geschichte. 1880 – 1866：Buergerwelt und Starker Staat. Muenchen：Beck，1991，P. 62.

理权,包括大学章程的颁布、内部组织机构设置以及大学校长的选举等,国家权力以适当的形式介入进来①。从而使得国家与大学的关系总体上实现了和谐。

在美国,作为外来物的大学在来到美国的那一刻开始,如何协调国家与大学的关系同样是伴随着现代大学制度建设的一个重要问题。正如哈佛大学校长艾略特(C. W. Eliot)所言,"当美国新型大学降临时,它将不是一个德国大学的摹本,而是根植于美国社会和政治传统而逐渐地和自然地结成的硕果。它是富有开拓精神的,因而是举世无双的②。作为具有深厚社会自治传统的美国,大学进入美国的开始一段时间内,为了实现大学的自治,一直刻意与国家保持距离,甚至对国家权力有先天的戒备和排斥感,反对中央集权,限制联邦政府的权力,认为科技和教育是自由独立的事业,不能由政府控制③。实际上,美国董事会制度是基于法人制度这一基础的,而法人制度就是国家等外部权威与大学之间的相互调整和适应的结果,董事会制度既是防止国家等外部力量直接干预的缓冲器,也是自己积极适应外部环境的调试器④。但是在美国,国家权力进入大学的努力似乎并没有停止过,尽管国立大学的计划被否决,但是州政府一直试图以各种方式介入大学之中,甚至发生了达特茅斯学院案这样比较激烈的例子。特别是在"二战"之后,大学规模的不断扩张,大学对于资金的渴求越来越强烈,大学主动向国家靠拢。对于国家来说,"大学所追求的科学知识和学术知识有利于实现经济繁荣、社会公正和军事效力的目的以及应该让个人掌握这种知识以使他们能够增加收入和提高社会地位这一信念,与政府与大学的分离是相抵触的"⑤。为了获取公共资源,大学首先牺牲了自己的一个传统,即公开和自由地交流研究的方法及其结果,这一传统向来被认为是智力探索成功的基本要素⑥。正是随着环境的变迁,在不断的调适中,形成了特殊的国家与大学关系,国家既可以在宏观上影响高等教育的发展,满足长远发展需要,又能较少地干预大学的自治。大学既能够很好地迎合国家与社会的需要,而又不失掉基本的品格。在国家与大学之间形成了有效的协调机制和基于契约的合作机制,这是美国大学繁荣的重要原因。

除此之外,日本等高等教育发达的国家无疑皆是国家和大学关系调适的典范。当然,也有失败的例子,19世纪法国大学的颓废,正是过于集权的政治体制下大学的"学院气质"几近丧失和大学"政治化"、"工具化"的结果。

---

① 周丽华:《德国大学与国家的关系》,北京师范大学出版社2008年版,第141~149页。
② 郭健:《哈佛大学发展史研究》,河北教育出版社2000年版,第102页。
③ 吴必康:《权力与知识》,福建人民出版社1998年版,第267页。
④ 和震:《美国大学自治制度的形成与发展》,北京师范大学出版社2008年版,第64页。
⑤ [美]爱德华·希尔斯:《学术的秩序》,李家永译,商务印书馆2007年版,第200页。
⑥ [美]罗伯特·M. 罗森兹威格:《大学与政治》,王晨译,河北大学出版社2008年版,第194页。

二、我国大学治理变迁中的国家—大学关系形成

中国大学建设的进程同样伴随国家与大学关系不断调适的曲折经历。在大学概念进入到中国的那一刻起就面临着国家与大学强烈的紧张关系。自近代以来的一百多年时间里,在外敌入侵和西方世界的强烈刺激下,如何实现"自强"以"御辱",如何使国家快速走向现代化的道路,实现"富国强兵",始终是中华民族孜孜不倦追求的目标。但是,很显然,中国原有的"自发秩序"不可能提供在短期内达成这一目标的重大力量源泉,这种力量只有从国家体系当中去寻找,以国家意志作为一种政治的轴心力量,通过自上而下的社会动员,凝聚各方力量,以超常规的方式来达成这种目标是最现实的选择。正如罗兹曼所言,一个国家的行政管理实行高度集中的中央集权有助于力量的协调和资源的征用以支持现代化进程①。因此,从一开始,中国的大学就被嵌入到了以政治为轴心的现代化模式当中,作为中国现代变迁的附属产品——中国现代大学组织的兴起,也就首先成为带有强烈政治性的一种现代社会组织机构②,这意味着国家与大学关系有着先天的紧张性,因此,在中国,有效地调适国家与大学的关系显得更加特殊和重要,也更加的艰难,甚至要经历比其他国家更加漫长的摸索过程。

在清末,大学是在内忧外患环境中出于延续统治政权的强大动机下,基于"中体西用"的逻辑而被迫引入的。源自异质文化的、内嵌于西方浓厚人文主义和社会自治传统的现代大学制度,一开始就遭遇了有着几千年权威主义历史的封建集权体制,因此,国家权力具有强大的控制大学的欲望,"寄生"于封建专制国家"机体"内的中国大学,与西方大学"貌合神离"是必然的。京师大学堂创立之初不但是全国最高学府,而且是全国最高教育行政机关,这可以充分地体现国家对大学全面支配。清末中国大学虽然实现了中国现代大学从无到有的历史性跨越,但由于当时封建专制制度的政治框架依然起着支撑作用,主导清末大学的办学思想和管理原则仍具有浓厚的封建专制特征,清末的中国大学只能是"形式上"的现代大学③。而这种国家与大学的内在张力在民国期间得到了很大程度上的调适,大学在一定程度上从国家的权力体系中挣脱出来,为自身的发展获得了难得的自主性空间,也成就了中国现代大学短暂的繁荣。但是,认真的研究可

---

① [美]罗兹曼:《中国的现代化》,"比较现代化"课题组译,江苏人民出版社2003年版,第54页。
② 王彦斌:《权力的逻辑——大学组织运行的社会学管窥》,华中师范大学2008届博士论文,第205页。
③ 孔垂谦:《制度环境与大学组织的现代性》,载《清华大学教育研究》2004年第4期。

以发现，国家与大学关系的这种调适是基于两个基本的特殊情境下发生的：一是民国之初，一批受过西方教育、受到西方的自由民主理念熏陶，对大学自治精神有着深刻体悟的知识分子留学归国，并进入到大学的教学和管理环节，一些还成了著名大学的校长。这些人不断地与国家权力产生互动，通过不断宣扬西方大学的精神积极争取建立一种制度性的保护，甚至以各种方式反抗国家对大学的权力渗透。这对于锻造大学学术自由的品格，促进大学自我意识的觉醒产生了积极的影响。二是对当时的国家权力来说，面对战火纷飞、内部分裂的政治局面，原有的大一统的国家集权主义的权力体系被打破，陷入了一种支离破碎的、残缺不齐的分裂状态，国家能力呈现出一种"非集权控制"的特征，国家对大学的控制"心有余而力不足"。可以看出，尽管从结果上来说，国家与大学的紧张关系得到很大的缓解，以一种"意外"的方式实现了二者关系的调适。但是，很显然，这种方式并不是一种正常的状态，从国家权力的角度来说，是以国家权力的撕裂、破碎和虚弱为条件的，从某种意义上来说，其实是牺牲了国家而成就了大学，并不符合现代民族国家成长的一般逻辑，也偏离了现代大学发展的正常轨迹。

　　新中国的建立使得国家与大学之间的关系发生了很大的变化，大学的主要职能是"培养社会主义事业合格建设者和可靠的接班人"，大学的建设被放在了社会主义制度的整体框架之中，与过去不同，国家大学关系的调适主要是围绕着中国共产党这一组织纽带而展开的。这是因为，中国共产党在中国社会主义建设事业中处于绝对领导地位，党对国家和社会的领导贯穿和渗透于国家全部政治生活和社会生活中，国家与大学关系调适的核心就在于如何解决党的有效领导和大学自主性这样一对矛盾。在新中国成立初期，"为了肃清封建的、买办的、法西斯主义思想，发展为人民服务的思想"，党对大学进行了大规模的接管、改造和重建，党的组织体系全面进入大学。原来的教授治校的理念被淡化，校务委员会的权限也逐渐被削弱，学术的权力被行政权力和党的一元化权力所取代。由于校长"一长制"容易脱离党的领导，所以是不妥当的。1958年，中共中央、国务院颁布的《关于教育工作的指示》中明确规定，在一切高等学校中，应当实行党委领导下的校务委员会负责制。"文化大革命"期间，大学的行政组织机能严重瘫痪，取而代之的是"革命委员会制"的党的"一元化"领导，给中国高等教育带来了前所未有的混乱和破坏。这也让很多人重新反思中国特色的校内领导体制的建设问题。1978年，教育部召开了全国教育工作会议，颁布了《全国重点高等学校暂行工作条例》（试行草案）即重新修订的《高校六十条》，规定高等学校的领导体制为党委领导下的校长分工负责制，并重新恢复了校务委员会。

　　进入20世纪80年代以来，如何从现代大学本身的逻辑出发，更好地规范和调适国家与大学之间的关系成为改革的新的思路。为了让校长更好地承担起治校的职责,国家强调"学校中的党组织要从过去那种包揽一切的状态中解脱出来,把自己的精力集中到加强党的建设和加强思想政治工作上来",并在全国100多所高校中推行校长负责制。校长的权力得到了明显的强化,党政不分、以党领政的问题得到了较好的解决,但也产生了新的问题,由于党委领导核心的地位没有明确,同时大学内部民主机制并没有建立起来,导致校长的权力难以得到有效的制约,在一定程度上削弱了党对高校的领导。1989年春夏之交的政治风波后,如何把党的领导和校长负责更好地协调统一起来被重新提了出来,认为党委领导下的校长负责制更适合我国高校的实际情况和工作需要。1989年8月,中共中央发出《关于加强党的建设的通知》,明确规定:高等学校实行党委领导下的校长负责制,党委是学校的政治核心,全面领导思想工作,管理干部,同时支持行政领导独立负责地工作,避免包揽行政事务。在此后以扩大高校办学自主权为主线的改革中,如何不断完善党委领导下的校长负责制一直是高校体制改革的核心。1996年4月,中共中央颁发《中国共产党普通高等学校基层组织工作条例》,对党委与校长之间的权责进行了进一步明确,并规定普通高等学校应实行党委领导下的校长负责制。

可以看出,党委领导下的校长负责制这一特色的大学领导体制是国家与大学在经过长期的调适过程之后,在经过坎坷,总结经验和吸取教训的基础上做出的理性选择,是中国特色大学制度的核心体现。

三、"校长负责"与"中国特色"现代大学制度的完善

现代大学制度绝不是与国家、政党和政府完全绝缘的"象牙塔",对于目前中国现代大学制度建设来说,也绝不意味着消除现代大学制度中的国家、政党与政府的色彩——其实在任何地方,大学都会或多或少地以不同的形式呈现出国家、政党的影子,国家权威与大学自主之间也不一定存在着必然的相互排斥的关系,而是需要通过制度化的方式更好地规范国家与大学之间的关系。人们目前对中国大学现状的不满从根本上来说不是因为大学中的国家和政党权威的因素,而是在于二者缺乏有效而具体的规约机制与运行程序。在中国当前,随着政府把越来越多的办学自主权回归给大学自身,政府与大学之间的关系变得越来越明晰,大学具备了现代大学所拥有的自主性的特征。但是,这种自主性权力的效能到底如何却与中国特色的大学内部领导体制——也就是与党委领导下的校长负责制密切相关。如果"党委领导"与"校长负责"之间的关系没有得到科学合理的解决,这种自主性的权力就会被消解,甚至会扭曲,出现权力寻租等现象。

尽管党委领导下的校长负责制作为国家—大学长期调适的结果并确定下来

了，尽管这一体制从原则上明确了党委与校长二者在高校领导中的地位，但是显然依然不够完善。尤其是对于在现代大学治理中扮演着核心角色、并在很大程度上决定着大学治理绩效的大学校长来说，党委领导下的校长负责制在激发校长全身心的治理大学，使之在治理大学过程中扮演更加重要的角色方面依然不够，尚留有太多的模糊性空间，这种模糊性的空间主要体现在三个方面：一是权力的模糊性。尽管《高等教育法》把大学校长的职权定位为"全面负责本学校的教学、科学研究和其他行政管理工作"，并对其具体的六项职权进行了列举，理论上看来是比较明确的。而1996年（2010年修订）颁布的《中国共产党普通高等学校基层组织工作条例》对高等学校党的委员会的七项主要职责进行了列举，看起来也罗列的比较明确。但是，实际上，由于二者之间的职权表述中所涉及的不少事项是交叉在一起的，特别是对于其中的一些关键词（如"改革和发展以及教学、科研、行政管理等工作中的重大问题"等）的含义未作清晰的界定和解释。当"党委领导"和"校长负责"并列在一起的时候，这种模糊性就产生了。党委到底应该怎样"领导"，校长又应该怎样才叫"负责"，二者之间的权力责任边界具体是什么，这些问题很难找到清晰的答案。二是角色的模糊性。大学校长的身份定位一直处于模糊的状态：校长作为党委会成员，既是高校重大决策的参与者和推动者，又是具体行政事务的执行者。大学校长一方面是管理者，另一方面也是学者。事实上将大学校长们的身份定位于学者兼管理者，这种双重身份，被称为"双肩挑"[①]。三是责任的模糊。党委领导下的"校长负责"从理论上来说应该是党委领导校长，校长向党委负责。所谓"负责"就是一旦治理出现问题，校长要承担起相关的责任。但是，很显然，在现有的领导体制下，校长的责任是什么，党委并没有进行明确的阐述，校长在上任的时候，党委一般不会对校长未来应该达到的目标进行约定，校长在离任的时候，党委也一般不会对校长的治理绩效进行评鉴。也就是说，校长在任期内到底治理的好还是坏似乎并没有成为党委领导下的校长负责制中的一个重要问题，而这点对现代大学的发展来说却是至关重要的。

由于这一制度设计下存在较大的模糊性，大学校长对治校过程的把握往往是凭借对个人的职权、角色和责任的认知进行自我的调适，以适应制度环境的需要。党委领导下的校长负责制在不同的学校产生的具体效果往往取决于校长自我调适的能力。这种调适包括个人与党委、特别是与党委书记关系的调适。校长通常需要根据书记个人的魄力、能力和性格等方面调适自己的行为方式、角色定位

[①] 李树：《现代大学校长职业化已成趋势——中外大学校长身份定位比较》，载《中国教育报》2007年3月5日。

和职权范围，为了更好地体现党委的领导，一些校长会选择相对比较低调、比较谨慎，把自己放在全力配合党委书记的地位，而党委书记则在一定程度上承担了校长的职责和权能。在有的时候，校长则在治校过程中处于主导的地位，从治校理念、决策到具体的行政过程都会表现得比较积极主动，并影响书记，书记在更多的时候主要配合校长更好地治理本校。当然，当这种个人调适失败的时候，校长和书记之间的关系就可能出现不和谐的现象，甚至有的时候这种不和谐影响到大学正常的治理过程，从而为大学的发展带来不利的影响。另外，校长的个人调适还包括对治校投入精力方面的个人把握。在这种模糊性的空间中，由于缺乏明确的绩效和责任压力，大学校长的作为和精力投入在很大程度上取决于校长个人的把握。一些对大学管理有抱负，充满着热情的校长开始意识到大学校长的本职在于管理，而不是学术研究，开始主动地与学术研究划清界限，把自己的大部分精力投入抓管理、带班子中来。一些大学校长也可能在担任校长的同时，热衷于从事原有的作为学者身份的科研工作，甚至把主要精力放在申请课题和各种奖项等学术事务方面，从而影响到了作为治校主体的绩效发挥。在现有的党委领导下的校长负责体制下，由于大学治理的绩效在很多时候有赖于校长个人的自我调适，因此这种绩效存在着很大的不确定性，如果不能从制度上加以有效的解决这一问题，中国现代大学的建设可能会在很大程度上受到影响。

可以说，党委领导下的校长负责制的完善程度，也就是在坚持党委领导下到底在多大程度上能够让校长更好地对大学治理负起该负起的责任，让校长在大学治理中发挥更加积极的影响，这在很大程度上决定着中国特色现代大学制度建设的目标实现。

第二节 大学校长与高等教育治理能力的现代化

正是在中国特色的体制中，使得我国大学在治理现代化的进程中需要更加智慧地处理大学与国家等公共权威之间的关系。大学治理现代化并不是说淡化和消除这种权威体系，而是如何有效地规范好权威组织和学术组织之间的关系。从普遍意义上来说，治理现代化就是国家、政府和其他组织适应经济社会的不断发展，通过全面深化改革，消除现有管理体制、职能和行为中有悖于经济社会发展的因素，从而更好地适应新环境的过程①。治理现代化包含治理体系和治理能力

---

① 包心鉴:《协商民主制度化与国家治理现代化》，载《学习与探索》2014 年第 3 期。

两个层面，这两个层面是一个有机整体，推进治理体系的现代化与增强治理能力是同一政治过程中相辅相成的两个方面，有了良好的治理体系，才能提高治理能力，继而才能充分发挥治理体系的效能。具体到大学治理来说，就是通过制度创新的方式不断革除现有体制中约束大学作为学术组织的职责和功能有效发挥的思维理念、制度机制和行为模式，完善治理结构，重塑治理过程，转变运行方式，为彰显现代大学的学术生产、人才培养和社会服务职能设定有效的制度空间和规约体系的过程。

在过去，我们总是习惯于通过自上而下的权威逻辑来审视和处理政府与大学以及大学内部的各种关系，很显然这与治理现代化的基本理念是格格不入的。治理能力现代化是基于公共治理这一基本的理论前提基础上的，在公共治理理论看来，大学的治理过程就是一个有多元利益相关者——包括政府、教师、学生、行政人员和相关的捐助者之间的一种持续的、协商性的互动过程。治理的基础不是控制和支配，而是协商；治理既涉及到公共部门，也包括私人部门；它不意味着一种正式的制度，而是持续的互动①。公共治理理论正是本书的理论基础，其理论逻辑贯穿本书始终。从公共治理理论的视角来分析中国特色现代大学制度进程中的大学校长管理专业化这一问题的基本逻辑是：中国特色现代大学的建设必须从中国特色大学的治理结构和关系入手。从内部治理结构的角度来说，中国特色体现在党委与校长、行政与学术等关系，从外部治理结构的角度来说，中国特色主要体现在大学与政府、大学与社会等关系。厘清这些关系需要建立一种多元主体共同参与、责权清晰、充满活力的治理结构。建立这样的治理结构需要找到有效的切入点，而校长是现代大学内外部治理结构中的核心环节，校长既是大学与外部治理主体之间的纽带，也是内部不同治理主体的联结点。在中国特色的制度体系中，校长更是交织着各种权力关系、制度网络和利益结构，所有关于中国大学治理能力现代化的问题跳开"校长负责"这一关键性的问题都是难以想象的。

一、大学校长：高等教育治理体系的关键结点

众所周知，美国学者伯顿·克拉克的"协调三角形"模型②是高等教育政策国际比较的最佳分析工具。他通过对高等教育系统与高等教育环境之间的相互影响，提出了由国家权力、学术权威和市场三要素构成的三角形已成为解释现代高等教育系统运作、特别是进行多国高等教育体制比较时所使用的经典模式。在我

---

① 宣勇：《大学变革的逻辑（下）》，人民出版社2009年版，第427页。
② Burton R. Clark. The Higher Education System. University of California Press, 1983.

们看来,这个"协调三角形"模式也是高等教育治理体系建构的重要理论依据。在《国际高等教育政策比较研究》一书中,范富格特等对几种力量的作用机制问题进行了深入研究,特别论证了中介机构作为缓冲组织的特殊作用。他认为,中介机构可以是教授控制的压力集团,也可以是联结政府机构、为履行政府政策承担部分责任的类政治组织,还可以是提供扩充服务的服务性机构。无疑,范富格特的补充对于高等教育治理体系的建构是十分有益的。按照范富格特的意见,我们把大学外部学术力量(如各种学会、协会、基金会等)与其他中介机构一样都归为社会系统之中,政府、大学、社会、市场是构成高等教育外部治理体系的基本要素。

就我国大学内部治理来看,"党委领导下的校长负责制"通常表述为"党委领导,校长负责,教授治学,民主管理"。在西方大学,政党是一直被排除在大学之外的权力,行政权力、学术权力与学生权力是西方大学的主要内部权力构成,而在中国的现代大学制度建设与完善进程中必须要坚持"中国特色",坚持中国共产党对大学的领导,坚持党委领导下校长负责制。因此,政党权力、行政权力、学术权力与学生权力是构成中国大学的主要权力结构。综上所述,我国高等教育治理的基本结构,如图2-1所示①。

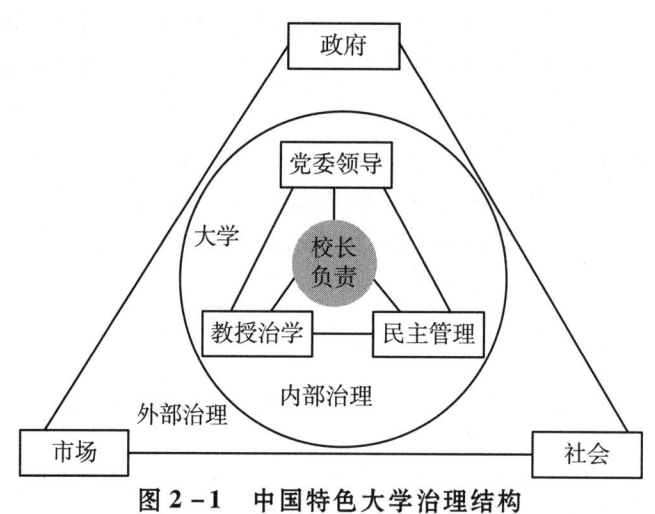

图2-1 中国特色大学治理结构

在这个体系中,大学是实施高等教育的机构,处在整个体系的中心地位,政府既包括伯顿·克拉克所指的"国家权力",也指政府职能部门及地方政府。社

---

① 宜勇:《我国高等教育治理:体系构建、逻辑审视与未来展望》,载《国家教育行政学院学报》2015年第9期。

会指除了政府、私人机构之外的公民组织、非营利组织、中介组织、第三方组织等。市场主要指竞争性资源获得的领域，诸如生源市场、技术市场等。就我国大学的外部治理来看，仍处在政府的一元化管制中，尚未形成多元的治理结构，目前的主要任务是尽快建立由政府主导、社会中间机构与市场力量参与的共同治理结构，形成政府、社会、市场与大学的共同治理，提升中国高等教育的国际竞争力，构建具有中国特色的现代大学制度。①

中国共产党是推动中国治理变革的核心力量，中国共产党自身的变迁决定性地影响中国的治理变革进程。就大学的内部治理而言，在大学建立中国共产党的基层委员会，实行"党委领导下的校长负责制"，实现直接的政治领导，这种大学管理体制也是我国《高等教育法》所明确规定的中国特色的高等教育治理体系。

在这个结构图中可以看出，"校长负责"处于整个结构中非常核心的地位。校长是学校的法人代表，作为大学法人的校长承担了多重责任；是大学组织与政府、社会联系的重要桥梁；是大学的社会形象代表；是党委决策与行政执行的重要纽带；是党委决策的重要提案者；是决策执行的组织者；是行政系统与学术系统交互的重要结点；是内部各种利益的整合中心。具体来说，校长在大学内外部结构体系中的地位主要体现在以下几个方面②。

首先，从大学与政府的关系来看，校长是二者互动的交切点。政府与大学的关系是我国大学治理结构中最为重要的关系之一。在我国特殊的体制中，政府与大学之间缺乏有效的隔离机制和缓冲地带，政府与大学之间基本上属于一种直接的互动模式，而大学校长显然处于这种直接互动的"第一层面"，一头联结着政府，一头联结着大学。校长代表大学承接着来自政府的各种资源，有责任把这些资源的效应最大化，并接受来自政府的各种监督和检查。从大学的角度来看，校长是大学的法人代表，《教育法》和《高等教育法》都明确大学组织是独立的法人，高等学校的校长是高等学校的法定代表人，是高等学校利益的代表。校长同样有责任和义务维护大学自身的利益，维护大学应有的自主权力，代表大学与政府进行互动和博弈，并争取更多的资源。可以看出，不管是作为政府政策的执行者还是大学的法人代表，大学校长都扮演着关键性的角色。

其次，从大学与社会的关系来看，校长是大学形象的代言人。从大学与社会的关系来说，大学校长不仅仅是大学最高管理者，而且还是大学形象的代言人，

---

① 宣勇：《我国高等教育治理：体系构建、逻辑审视与未来展望》，载《国家教育行政学院学报》2015 年第 9 期。
② 宣勇、钟伟军：《论我国大学治理能力现代化进程中的校长管理专业化》，载《高等教育研究》2014 年第 8 期。

更是大学精神和公共责任的体现者。大学所有的行为和表现在公众的眼里都会最终投射在大学校长身上,而大学校长个人所有的行为也会被公众与其所在的大学直接联系在一起。在我国现阶段,大学校长是公众头脑中关于现代大学最为具体的镜像,一方面既承载着公众对于大学的创新能力、高深知识生产和一流人才培养方面的期待,以适应日益复杂的经济社会发展需求;另一方面也承载着公众对于大学公共责任、大学精神的期待。一位优秀的大学校长不仅仅需要致力于大学内部事务的有效治理,也需要积极回应社会的需求,满足公众的期待。从这个角度来说,校长是大学与社会之间连接互通的重要窗口,一头联结着大学内部的多元治理主体;另一头联结着社会大众。公众透过这一"窗口"窥探大学的担当和责任,而大学也透过这一"窗口"回应公众的期待。如果大学校长的这种"窗口"角色并没有扮演好,大学在社会公众心目中的观感就不够理想,大学在引领社会方面的职能就会大打折扣。

再其次,从党委与行政的关系来看,校长是两种权力的结合体。党委与行政的关系是中国大学治理中最为特殊且最重要的关系之一,是中国特色大学制度的核心体现。党委和行政既分权分工、相互制约,又相互配合、共同负责[①]。党委领导、校长负责是这种关系最为简洁而又准确的描述。在这对关系中,大学校长扮演着核心的纽带角色:一方面校长既是党委班子的重要成员,直接参与和影响大学的改革、发展以及基本管理制度和重要决策;而另一方面,校长同样是大学行政系统的领导者,有义务接受党委的领导,并执行和落实党委的各项决定。校长依法享有大学行政事务的指挥权,并承担行政事务的首要责任,但是行政事务中的重大问题和事项必须向党委汇报,进行集体研究。校长一头联结着党委,另一头联结着行政系统,是两种不同权力的耦合体。正因为如此,校长的角色和功能在很大程度上关系到两种权力的协调性和规范性,关系到党委如何更好地领导,校长如何更加有效地负责,更关系着这一中国特色治理机制的最终效能。但是目前这一问题并没有得到很好地解决,从而使得我国现代大学治理的目标依然难以达成。

最后,从大学内部主体关系来看,校长是各种利益的整合者。现代大学是多元巨型大学,治理主体日益多元化,利益关系更加复杂化,如何实现各种利益的整合,维护多元主体之间的平衡是校长非常重要的职能。尽管在现代大学治理过程中,各种利益主体之间已经建立了各种博弈机制和互动程序,但是,在利益出现冲突和对立的时候,校长总是成为其中的整合中心。大学校长要维护普遍利

[①] 李明泉:《关于"党委领导下的校长负责制"的思考》,载《国家教育行政学院学报》2005年第7期。

益,通过程序工作,就把校长摆到了中心地位。对自己的下属运用科层技术,这时他是头儿,对学术人员和管理同事使用协商技术,这时他是船长①。在我国现阶段,大学制度正处于转轨的过渡阶段,利益主体更加复杂多元,既包括一般治理结构意义上的学生、教师和行政人员之间的利益关系,也包括由于大学体制改革带来的新旧两种不同的利益格局,同时,由于社会转型产生的各种利益冲突都会以各种形式在大学内部呈现出来,有时这种利益冲突甚至会非常激烈,如群体性事件。校长作为行政系统的核心,维护大学的基本稳定、有效地协调各种利益关系是其义不容辞的重要职责。

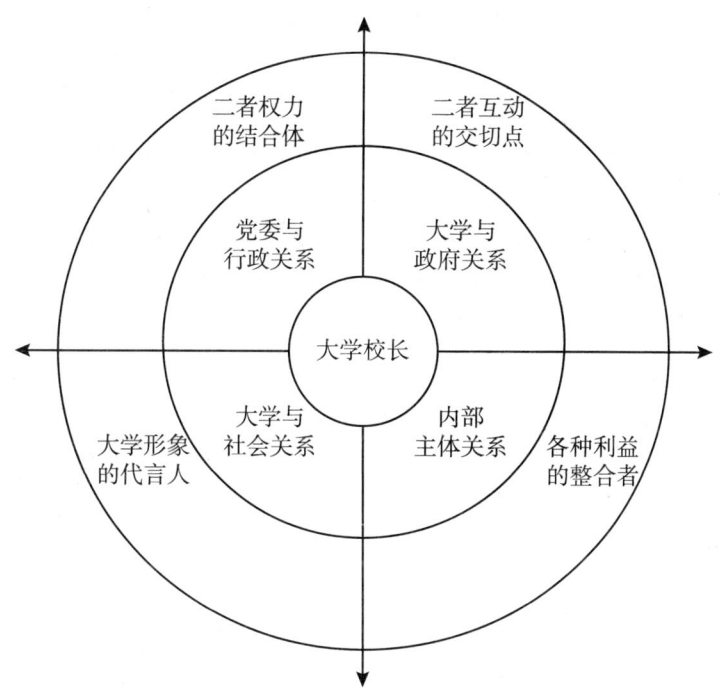

图 2-2 高等教育治理体系中的大学校长治理角色图

可以看出,不管是从外部治理的角度还是内部治理的角度,校长是我国大学治理中连接各种关系和主体的核心行动者。目前,我国大学治理现代化的困境,不管是外部治理中的问题还是内部治理结构中的问题都与校长这一环节有着千丝万缕的联系,如何依照现代大学的内在逻辑和大学治理的价值理念科学有效地厘清、保障和规范校长在治校过程中的权力、职责,实现和有效提升校长的治理能力,对于实现中国特色大学治理体系的现代化有着重要的意义。

---

① [美]克拉克·科尔、玛丽安·盖德:《大学校长的多重生活》,赵炬明译,广西师范大学出版社2006年版,第101~102页。

二、"校长负责"：大学治理能力现代化的重要抓手

国家治理体系和治理能力是一个国家制度和国家制度执行能力的集中体现，从微观上看，高等教育治理能力和对于大学制度的执行能力关键在于处在执行层面的"校长负责"。"校长负责"在这一治理框架中处于关键结点的位置，就大学内部而言，这是由于大学校长对内作为行政首长的身份所决定的。"党委领导"所定下的方针、政策要靠"校长负责"加以落实。党委在学校运行中更多承担的是宏观领导的职责，所涉及事项往往带有根本性和战略性的影响，一般不参与具体实施与管理。校长是学校行政执行体系的最高领导，是行政事务的总指挥，学校党委形成的决议最终要由以校长为首的行政团队贯彻落实，可以说"校长负责"的好坏直接关系"党委领导"的成效。同样的，"教授治学"只有在"校长负责"的基础上才能正常运转。"教授治学"指教师群体主导学术事务管理的过程，学术事务管理也包含决策与执行两个环节，"教授治学"主要通过行使自身的学术权力参与学术事务的决策，专业分工决定教师群体没有足够的精力与能力投入学术事务管理的具体执行层面，因而"教授治学"也需要与以校长为首的行政团队相衔接。总之，"校长负责"代表了学校运行治理中执行层面的效率，如果这一环节成为短板，那么"党委领导"、"教授治学"、"民主管理"各环节所谋划的学校大计、所确立的政策制度、所体现的各方诉求都将沦为空中楼阁。在大学外部治理中，学校法定代表人大学校长也是关键结点。当下大学外部治理的核心问题是大学与政府的关系问题，直接表现为两者的权力配置格局。在我国现有法律体系下，法人的权利直接由法定代表人代表行使，法定代表人对外代表法人全权处理一切民事活动。换言之，大学校长在与政府博弈过程中的力量强弱、大学校长的选用方式等，无不折射出大学与政府权力界限的划分。例如，《高等教育法》赋予大学自主办学的权利有没有得到充分落实，一个重要的观测指标就是大学校长能否依法自主行使相关职权。而在大学校长的产生程序上，当前主要是参照行政机关法定代表人的产生方式，由上级政府直接任命。这一选任方式在一定程度上把大学校长纳入行政官员序列，"校长负责"更倾向于对上负责，而在对学校发展以及师生利益负责方面缺乏压力与动力。因此，改革大学校长的选用方式、调整政府对大学校长的管理手段是完善大学外部治理的关键环节。

正如博克所言，大学要在面临现代社会的各种挑战中取得成功和进步，最关键的一环就在于大学校长能否发挥有效的领导作用[①]。校长在大学治理中扮演着

---

① Derek Bok, University and Future of American, Duke University Press, 1982, P.12.

关键角色,承担着核心责任是现代大学治理的重要特征。纵观大学治理能力的现代化过程,几乎所有的校长都以某种明显的甚至是主要的方式影响学校,他们的行动对高等学校的命运产生重大影响①。大学治理能力从传统走向现代中的过程,与校长在大学治理过程中扮演的角色和影响力的变迁有着密切的关系。在所有主要的制度领域,角色分化和专门化成为重要的特征,个人扮演的各种角色呈现出专业化的分离趋势,尤其是职业角色与政治角色,以及这些角色与家庭和血缘关系角色的分离②。任何领域的管理都越来越强调专门化的理性知识和能力结构,强调专门化的制度体系和规约机制。大学治理能力现代化一个非常重要的特征就是大学校长作为大学治理的核心责任者的角色逐渐从大学内部的其他角色中独立出来。大学诞生肇始,大学校长并没有从教师、学生、神职人员和政府官员等角色中分离出来而成为一个专门的管理角色。如在中世纪的牛津和剑桥,最初主教的代理人是大学的首领,他对学生和教师拥有绝对的权力。在博洛尼亚大学,校长最早是从学生中选举产生的,而在巴黎大学,校长则是通过同乡会从大学教师中选举产生③。从管理角度看,大学校长更多的是一种象征意义上的角色,不具有专门化的学术管理与行政管理的权力,更不具有学校的经费分配、教学科研等事务的管理决策权。从根本上来说,大学校长的这种角色地位是由传统社会的结构特征所决定的,在大学兴起的中世纪,社会的政治、文化和经济等体系都融于氏族亲缘单位之中,融于宗族信仰等价值体系之中,大学等具有不同结构和功能的单位依然没有从传统社会结构中有效地分化出来,因此,大学的管理并没有成为一个专门的领域。另外,在早期,大学规模、功能和结构相对简单,正如博克所言,1900年以前"美国大学只是些刚刚具有现代雏形的小学校,它们的主要功能就是向社会提供强调思想戒律、信仰虔诚和严格管理学生的大学教育"④,也使得大学的管理似乎并不需要特别突出的能力,校长的角色对于大学治理能力的重要性并没有被充分地认识到。

但是,随着经济社会结构的不断发展以及高等教育大众化时代的到来,特别是第二次世界大战以来,现代社会无论是经济生产、政治管制还是在日常生活对知识的依赖都越来越明显,知识比任何时候都更广泛地在社会中传播——不再限于精英分子的范围,而是更多地被公众所掌握。在现代社会中,大学不仅被视为

---

① [美]克拉克·科尔、玛丽安·盖德:《大学校长的多重生活》,赵炬明译,广西师范大学出版社2006年版,第101~102页。

② [美]艾森斯塔德:《现代化:抗拒与变迁》,张旅平等译,中国人民大学出版社1988年版,第23页。

③ [比]里德-西蒙斯:《欧洲大学史(第一卷中世纪大学)》,张斌贤等译,河北大学出版社2007年版,第132~135页。

④ [美]德里克·博克:《走出象牙塔——现代大学的社会责任》,徐小洲等译,浙江教育出版社2002年版,第1页。

促进生产、改善生活、发展技术的重要手段和机构，而且还常常被认为是实现国家目标的重要工具。现代社会与传统社会一个最为重要的区别之一就是基于真理标准、世俗化的科学知识被置于个人、社会和国家发展的神圣地位。科学知识不仅对个人、对社会，而且对国家意义非凡。大学的工具性价值，也即大学在知识实用性和功利性方面的表现是如此重要和突出，以至于大学日益成为社会中不可或缺的核心机构之一，并愈来愈从社会系统中分化出来而成为一个专业化的组织领域，依照知识的专业逻辑，扮演着独特的角色。随着大学从传统向现代的转型，"前现代价值观和专业模式、劳动分工和学校管理等，都受到学术认同和专业化观念的控制"①。而随着大学规模和内部组织结构的不断扩大，在面对一系列复杂的经济、社会和政治问题的同时治理一个如此复杂的机构难度可想而知②。这使得大学管理对校长的要求越来越高，大学校长的角色越来越重要。如何激发和保障校长在大学治理过程中的积极性，有效地处理校长与政府、社会以及内部各种关系主体之间的关系成为大学治理能力现代化过程的重要问题。大学校长不再是一个荣誉性的或兼职性的角色，而是一项需要全身心投入、劳心劳力的工作。大学校长更不是什么人都可以胜任的职位，而是需要具备对大学内部逻辑的深刻的理解能力、高超的协调管理能力、良好的经营意识。

而为了让校长在大学治理中更好地履行责任，各国在大学治理能力的现代化中积极地为大学治校营造良好的制度环境，这种制度环境的核心就是确保校长治理的自主空间。由于分工的差异和大学作为学术组织的特殊性，越来越多的国家意识到应该通过法律法规的方式建立起大学校长治校的自主行动空间的重要性。如欧陆体系的德国和法国，20 世纪下半叶后逐渐打破过去以政府官僚为中心、对大学校长全面控制的模式，通过诸如《大学自由与责任法》等重新定义大学校长的管理权限③。在大学自治传统浓厚的美国，政府不直接干涉大学的具体事务，由董事会替代州政府任命大学校长，并把许多权力委托于他，保留其余权力和最终的法律控制权④。而在日本，通过法人化改革，政府对大学的控制大大削弱，校长的管理权限在选举方式和辅助体系改革后得到了明显的扩张和确认。这种自主性的权力空间让校长不需要担心来自政府或国家以及其他外部力量无端的干预，从而一心一意地治理好大学，大学校长才可以凭借自身的专业素养，按照自

---

① ［英］托尼·比彻、保罗·特罗勒尔：《学术部落及其领地》，唐跃勤等译，北京大学出版社 2008 年版，第 17 页。
② James Johnson Duderstadt. A University for the 21 Century. The University of Michigan Press，2000.
③ 钟秉林、周游海：《世界一流大学的校长权力制衡机制探析》，载《国家教育行政学院学报》2012 年第 2 期。
④ ［美］约翰·范德各拉夫等：《学术权力——七国高等教育管理体制比较》，王承绪译，浙江教育出版社 2001 年版，第 117 页。

己的理念推动大学各个层面的有效治理。在现代大学治理中,为了充分地激发校长更好地负责,更好积极地投身到大学管理中来,通过利益诱导和市场化的机制让有志之士乐于并能够投身于大学管理,通过建立有效的遴选机制寻找经验丰富、能力突出,并符合本校基本治校理念的人作为大学校长,并以职业化的薪酬体系、有效的职业流动和保障性的退出机制最大限度地激发校长的积极性和潜能。而现代大学通过有效的遴选机制对校长的专业能力进行检验和甄选,寻找到具有丰富管理经验和突出能力,并符合本校基本治校理念的人作为大学校长,从而最大限度地提升大学的治理能力。

三、校长管理专业化:完善中国特色现代大学制度的重要路径

目前我国大学治理正处于从传统走向现代的重要转型阶段,与其他国家大学治理能力现代化相比,我国大学治理能力的现代化显得更加特殊和复杂。之所以说是"特殊",是因为一方面,现代大学这一概念是在西方的话语体系中被提出来的,现代大学的价值理念和制度机制是镶嵌在西方的经济、社会、文化和政治结构之中的。大学正是在知识、文化和社会秩序领域中获得自己的空间,大学所受到的最重要影响来自于知识模式的变化和社会秩序的变化[①]。但是,很显然我国的大学受到传统的计划经济体制的惯性影响,并被内嵌在有中国特色的制度框架体系之中。而之所以说是"复杂",是因为我国大学面临着前所未有的外部环境,我国大学治理能力的现代化过程伴随着经济社会的复杂的转型过程。大学内部的治理也同样因为改革的深入面临着各种利益的交割,所有这些因素相互交织缠绕在一起,并在大学治理过程中表现出来,从而对大学治理能力的现代化提出了更高的挑战。目前,中国特色现代大学制度的完善主要面临着两个方面的问题。

从内部治理的角度来说,核心的问题依然在于党委领导下的校长负责制不够完善所带来的治理困境。我们必须解决如何在坚持党委领导的前提之下,让校长更好地负责这一核心问题。如何在坚持党委领导的前提下更好地让校长负起责任,更好地发挥校长在治校过程中的关键角色,这是完善中国特色现代大学制度进程中需要解决的一个非常重要的问题。很显然,中央也认识到了这一问题的所在,一直努力解决这一问题。2014年10月,中共中央印发了《关于坚持和完善普通高等学校党委领导下的校长负责制的实施意见》,明确规定高等学校党的委

---

① [英]杰勒德·德兰迪:《知识社会中的大学》,黄建如译,北京大学出版社2010年版,第79页。

员会是学校的领导核心,履行党章等规定的各项职责,把握学校发展方向,决定学校重大问题,监督重大决议执行,支持校长依法独立负责地行使职权,保证以人才培养为中心的各项任务完成。并对党委统一领导学校工作的具体事项和校长主持学校行政工作分别进行了更加详细列举(各十项),就是试图解决党委和校长在高校治理过程中的模糊地带,并强调建立、健全相关的议事决策制度和协调运行机制。过去的经验告诉我们,仅仅通过党的文件规定的形式,缺乏具体的可操作性的运行机制,要达成预定的目标是不太现实的。如果缺乏有效的落实机制,从文件精神到具体的实践的漫长路径中,一些理念和信息往往会发生变异。因此,这一问题的解决需要找到新的思路和切入点。

从外部治理的角度来说,主要的问题在于政府与大学之间的关系一直没有被理顺,政府在很大程度上依然对大学采用管制化管理模式。改革开放三十多年来,尽管我国高等教育体制改革的努力从来都没有中断过,但与过去相比,高校办学自主权得到了明显的扩大,为大学治理能力的现代化创造良好的制度环境一直都是改革的主线。尽管政府已经推出了诸多大学内部的具体治理过程,但是,过多的政府管制、政府权力支配大学的自主性权利依然是我国现阶段政府与大学关系的重要特征,依然是我国大学治理能力走向现代化最为重要的制度性障碍。在我国现阶段,大学依然在很大程度上被视为政府的次级行政单位,政府依然垄断着大学生存和发展的各种稀缺性资源,并掌握和控制着这些资源的占有权和分配权,大学要想更好地生存和发展,就必须按照上级政府主管部门的行政规则运作,实现政府下达的计划和相关指标①。政府权力依然以各种专项和检查评比等方式进入到大学的教学科研等活动中,政府依然没有实现对社会组织的有效分权,在现代大学治理中管、评、办相分离的结构体系依然在很大程度上被整合在了单一化的政府权威框架之中。在这种外部治理结构中,大学的治理能力很大程度上被政府的权力所削弱,不解决这一问题,我国治理能力的现代化就是一个难以达成的目标。

在中国特色的治理体系中,内部治理中的党委和校长关系、外部治理中的政府和大学关系这两个问题是相互套嵌在一起的,这两个问题的解决必须放在统一的框架中整体有效地推进。而校长管理专业化就是一个很好的解决这两个问题的思路,校长管理专业化就是以大学内外部治理体系中的校长这一核心节点入手,在中国特色制度框架中以充分保障和激发校长在治校中的主体性角色为主线,从而提升大学的治理能力,最终建设中国特色现代大学制度。校长管理专业化就是试图围绕管理专业化这一核心,规范党委与校长、大学与政府之间的权能边界,

---

① 龙献忠:《治理理论视野下的政府与大学关系研究》,湖南大学出版社2007年版,第153页。

建立健全内外部治理主体之间的互动机制，在坚持和完善党委领导的前提下，最大限度地发挥体制优势，充分提升并激发校长在治校方面的积极角色。而各国大学现代化的实践也证明，校长管理专业化是一条重要的经验。

第三节 校长管理专业化"两体三维"的理论建构

"管理专业化"是我们日常生活中耳熟能详的一个词，而在谈到大学校长的时候，专业化同样是一个经常被人提起的问题，但是，到底什么是"大学校长管理专业化"似乎是一个相对被人忽视的问题，特别是在中国的制度环境中，大学校长管理专业化有着自身特殊而丰富的内涵，对这一概念缺乏系统而深入的了解，就很难真正把握大学校长在治理大学过程中的角色、权力和职责。

一、研究现状与理论缺陷

有关大学校长管理专业化的问题早在20世纪80年代就开始了，学者们对这一问题的研究是从专业化的概念开始的。进入20世纪90年代，随着大学制度改革的不断推进，学者们对大学校长的角色、选拔与任用、素质等方面展开了较为系统的研究。进入21世纪，学者们开始对校长负责制落实、大学校长的领导力、大学校长职业化与专业化、大学校长与大学发展的关系等方面进行较为深入的探讨。学界围绕着这一问题的相关研究主要体现在以下几个方面。

（一）专业与专业化的内涵研究

从根本上说，专业或专业化是社会分工和角色分化的结果。在所有主要的制度领域，角色分化和专门化成为重要的特征，个人扮演的各种角色呈现出专业化的分离趋势，尤其是职业角色与政治角色，以及这些角色与家庭和血缘关系角色的分离①。而所有的关于专业和专业化的研究都是围绕着这种专门的职业、专门的身份与专业的能力之间的对应和因果联系而展开的。卡尔·桑德斯（Carr Sanders）、布朗德士（Brandeis）认为，所谓专业是指一群人在从事一种需要专门技术的职业，专业是一种需要特殊智力来培养和完成的职业，其目的在于提供

---

① ［美］艾森斯塔德：《现代化：抗拒与变迁》，张旅平等译，中国人民大学出版社1988年版，第3页。

专门性服务"①。班克斯（O. Banks）和奥恩斯坦（Ornstein）等人对专业的特点与标准进行过深入的研究。专业的特点与标准主要包括专门的知识与技能、专门的培训和不断进修、有独特的专业文化（专业文化是专业领域的价值、态度、情感、认知、自身成长的综合反映）、健全的专业组织，等等。美国教育协会（NEA）对专业提出以下八条标准：含有基本的心智活动；拥有一套专门化知识体系；需要长时间的专门训练；需要持续的在职成长；提供终身从事的职业生涯和永久性的成员资格；建立自身的专业标准；置服务于个人利益之上；拥有强大的、严密的专业团体。美国教育学家、卡内基教学促进会主席舒尔曼（Lee S. Shulman）认为，当代专业原则上至少有六个特点：服务的理念和职业道德、对学术与理论知识有充分的掌握、能在一定的专业范围内进行熟练的操作和实践、运用理论对实际情况做出判断、从经验中学习、形成了一个专业学习与人员管理的专业团体。澳大利亚学者凯米斯（S. Kemmis）将专业的三个显著特征描述为有系统的理论知识和研究作支持，其成员以顾客的利益为压倒一切的任务，其成员不受专业外势力的控制和限定②。

国内学者一般认同专业是专门职业的观点。即专业是指一群人经过专门教育和训练，具有较高深和独特的专门知识与技术，按照一定专业标准进行专门化的处理活动，解决人生和社会问题，促进社会进步并获得相应报酬待遇和社会地位的专门职业。褚宏启等人通过总结研究他人的研究成果，认为专业具有以下要求：（1）专业是一种职业；（2）拥有专门的组织和伦理法规；（3）专业拥有一个包含着深奥知识和技能的科学知识体系，以及传播或获得这些知识和技能的完善的教育和培训机制；（4）具有极大的社会效益和经济效益；（5）获得国家特许的市场保护（鉴于高度的社会认可）；（6）具有高度自治的特点③。专业化是指一种职业经过一段时间后成功地满足某一专业性职业的标准的过程，它涉及到两个一般是同时进行并可独立变化的过程，就是作为地位改善的专业化和作为职业发展、专业知识提高以及专业实践中技术改进的专业化。也有人认为，专业化一是指一个普通的职业群体逐渐符合标准、成为专业并获得相应专业地位的过程；二是指某一种职业群体的专业性质和状态处于什么样的情况和水平。

（二）大学管理专业化的研究

大学管理专业化的问题已经引起了学界的重视，学者们对大学管理专业化的

---

① Carr-Sanders: A. M. The Profession, Oxford: Clrendon Press, 1933, pp. 3-4.
② 转引自王卫东：《教师专业发展探新》，载《暨南大学学报》2007年第5期。
③ 褚宏启：《走向校长专业化》，上海教育出版社2009年版，第21页。

特征和实现的途径等基本的问题进行了初步探讨。学者们尽管在大学管理专业化的特征探究上略有差异，但基本的共识是：大学管理专业化就是要使大学管理成为一种专门的职业。管理专业化包括两方面的含义：一是管理工作是一种职业；二是从事管理工作的人把管理作为一种专业。学者们认为，专业化是一个过程，高校管理队伍专业化具有以下特点：一是专业性；二是职业化；三是稳定性。学者们普遍把大学管理作为一种具有专业性、学科性和科学性的对象进行研究和实践。管理人员的专业化的基本判断标准是：有专门知识；有较长时期的职业训练；有专门的职业道德；有自主权；有专门组织机构及规则。在如何建设专业化高等教育管理队伍方面，学者们从队伍的知识素质、能力、政策制度等方面进行了探讨。潘懋元、燕红等人认为，高校管理队伍专业化应符合三个条件：（1）具有某一学科领域的科学知识、学术水平，这样才能对高校教学、科研有比较深入的了解，做好领导管理工作；（2）具有领导才能、组织能力和管理经验才能更好地组织管理工作，做好人的工作，处理好人的关系；（3）懂得教育科学（包括教育管理科学），才能按教育规律办事。高校管理队伍专业化包括思想政治素质、职业道德素质、知识素质、身体心理素质、能力素质等。于春荣、刘捷、桑玉军、杨兴防等人认为，教育管理专业化队伍建设必须树立现代的教育管理理念，必须具备良好的业务素质。必须具有较强的综合管理协调能力，制定培训、选聘、考评制度①。

总体上看，现有的研究主要集中在大学内部具体环节和领域的管理问题上，如教学管理、科研管理和财务管理等，从大学校长这一角度出发对管理专业化这一问题进行的研究相对比较少。

（三）大学校长的专业化、职业化研究

大学校长需要高度专业化的能力才能胜任，这点在学界已形成共识。校长专业化可以从两个方面来理解：一是从职业群体的角度看，校长专业化是指校长职业由准专业阶段向专业阶段不断发展的，逐渐符合专业标准的，成为专门性职业并获得相应的专业地位的动态过程；二是从校长个体的角度看，可以称作"校长专业发展"，就是校长的内在专业知识、能力结构及专业道德、专业伦理等不断更新、演进和丰富的过程②。对校长的专业化能力要求，尽管不同的学者观点并不完全一致，但是，综合学者们的研究，大学校长要具备以下素质：政治素质、明确的大

---

① 相关研究参见潘懋元：《潘懋元高等教育文集》，新华出版社1981年版；刘捷：《专业化：挑战21世纪的教师》，教育科学出版社2002年版；于春荣：《对高校管理专业化的思考》，载《长春大学学报》2001年第5期。

② 褚宏启：《对校长专业化的再认识》，载《教育理论与实践》2005年第1期。

学教育理念、战略管理素质、高等教育管理学科及其他学科知识、创新意识及品质、组织决策能力及协调沟通能力。大学校长专业化标准应该包含如下几个要件：知识结构、伦理规范、专门训练、管理制度、社会地位、从业资格、专业自主等方面①。职业化是一个与专业化密切相关的概念，学界对于大学校长的职业化问题也进行了较为深入的探讨，刘道玉对大学校长的职业化类型进行了初步分析，认为职业校长有学者化职业校长、革命化的职业校长、"双肩挑"的学者型职业校长②，丁敬等人对大学校长职业化的特征进行了分析，认为职业校长的产生是市场选择的结果，"由学校董事会聘任"或由民主选举方式产生；职业校长是一种职业岗位而非行政职务；职业校长是学校各项资源配置的主体，也是管理创新、制度创新的主体；职业校长的业绩与薪酬挂钩；职业校长是市场选择的结果，属于市场要素之一，因而具有自主流动性③。学者普遍认为，大学校长职业化是指将校长作为一个职业，而不是一个职务，核心是校长专业化，认为大学校长的职业化是我国未来的必然趋势。面对市场经济要求，"职务校长"的观念要向"职业校长"的新观念转变④。推进大学校长职业化是建设中国现代大学制度的重要环节⑤。

除此之外，学界还对大学校长的理念、角色、职责、权力、群体特征以及能力提升等问题进行了探讨，对大学与政府、社会等关系的相关问题也有相关的研究。

但是，现有的研究依然存在着一些较为明显的缺陷：一是校长管理专业化缺乏一个系统的分析框架，相关研究处于离散化、片状化的状态。"大学校长管理专业化"没有作为一个专门的术语被提出来，大量的研究更多的是集中于校长管理的理念、能力、素养等要素探讨，或是对于大学管理的具体环节如教学、科研和财务的管理，等等。二是把大学校长管理专业化的分析抽离所在的制度环境。现有的研究更多的是从能力的或技术的角度来理解校长管理，存在着较为明显的校长专业能力、素养与制度无涉的理论预设。实际上，在不同的制度环境和治理体系中，大学校长面对着不同的权力、利益结构与关系，在能力和素养方面的要求也会有所差异。三是把校长管理专业化视为大学校长个体自身的问题。现有的研究对"大学管理"的理解更多地视为大学校长管理大学这一狭义的层面，而忽略了政府对大学校长的管理与制度供给这一同样重要的层面。实际上，校长个人能力素养的提升以及对治校的投入在很大程度上受到政府行为与制度供给的影响。

---

① 马丽、冯文全：《大学校长专业化的实现路径研究》，载《教育与教学研究》2014年第5期。
② 刘道玉：《一个大学校长的自白》，长江文艺出版社2005年版，第77页。
③ 丁敬、李晓悦：《中国高等教育发展呼唤职业校长》，载《教育发展研究》2003年第11期。
④ 游淑芬：《高等学校校长的新观念——从职务校长到职业校长》，载《高等教育研究》2004年第6期。
⑤ 赵文华、高磊、马玲：《论现代大学制度与大学校长职业化》，载《复旦教育论坛》2004年第3期。

二、"两体三维"理论的基本内容与含义

在我国目前的大学制度改革中,不同的关系主体、利益相关者,政府、市场和社会等力量相互套嵌在一起,错综复杂,需要有效的突破口,而大学校长管理专业化就是试图从整体宏观和系统的视角,基于大学治理的内在逻辑,为我国大学制度的改革提供一种系统而具体的思路和分析框架。

大学校长管理专业化的核心是要解决在"党委领导下的校长负责制"中,一是要回答"校长对谁负责"、"校长如何负责"以及"如何让校长负责"三个关键问题,二是要回答让校长负责的动力从何而来?校长负责的权力有多大?校长负责的能力如何保障?在借鉴吸收现有研究成果的基础上,我们提出了大学校长管理专业化的"两体三维"理论分析框架(见图2-3),就是希望从现代大学内外部治理结构和中国特色制度环境出发,基于大学治理的内在逻辑,为我国大学校长管理专业化提供一种系统而具体的思路。所谓"两体"指的是大学校长管理专业化过程中涉及到的大学校长和政府两个主体,也就是说,大学校长管理专业化不仅意味着校长自身需要不断提升治校的专业化水平,更需要政府不断提升对大学校长管理的专业化水平。"三维"指的是:就大学校长主体而言,如何把办学治校作为能专心的事业、有专长的从业、是专门的职业的"三专"维度。就政府这个主体而言,如何通过制度供给的方式,在党委领导下的校长负责制中,让大学校长有负责的动力、负责的权力和负责的能力的"三力"维度;在"两体三维"理论看来,前者是目标,后者是条件,二者相辅相成,校长管理专业化的"两体三维"分析框架就是试图依照现代大学的内在逻辑和大学治理的价值理念,科学合理地厘清、保障和规范校长在治校过程中的权力、职责,实现和有效提升校长的治理能力,从而有效推进中国特色大学治理能力的现代化。

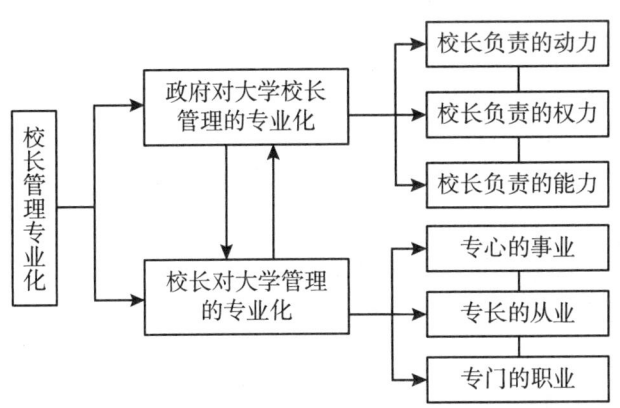

图 2-3 大学校长管理专业化"两体三维"理论框架

政府是大学校长管理专业化中的重要主体。在中国，校长管理专业化首先必须提高政府在管理大学校长方面的专业化水平。政府应该把大学作为一个专门化学术组织来看待，从大学的内部的逻辑和机制来行为，而对作为大学治理核心主体的大学校长，政府不能简单套用政府组织权威的逻辑来管理。在目前，不少政府官员的眼里，大学依然只是一个具有准行政性质的事业单位，而校长只不过是国家行政序列中的一员。由于大学依然被视为事业单位，大学校长主要来自政府的任命，并具有相对应的行政级别，因此政府对大学校长的管理主要沿袭行政管理体制，套用政府机关行政级别，实行长官负责制，一级管一级，行政隶属关系清晰，建构了一个金字塔式的组织结构。正如霍尔巴赫所言："中国普通的行政人员，在其他国家应该是给专业领导和专业人员做辅助工作的，而在中国却常常能领导和指挥专家。"[①] 政府必须充分地认识到，大学不是准行政组织，更不是下级政府部门，大学校长不是行政官员，或者说至少不是一般意义上的行政官员，而更大意义上是作为高深知识研究和高级人才培养基地的法人代表和治理者，因此，政府不能按照"官"的思维来管理大学校长，不能以"官"的标准来衡量大学校长的管理效果。提高政府对大学校长管理的专业化水平就必须依照大学的内在逻辑，遵循大学作为学术组织的内在规律，给予并确保大学校长应有的自主性治理空间，积极转变政府的职能和管理方式。政府应该认真思考如何让大学校长更好地承担起现代大学治理中应有的责任，更好地扮演好作为大学治理中的核心主体的角色，把主要精力放在为大学校长提供更好的服务、更好的制度环境、更有效的权力保障方面。

大学校长管理专业化当然包括大学校长这个主体自身对大学事务管理的专业化。从内部治理的角度来说，校长是大学治理的核心行动者，指的是大学校长应该是"治理专家"，良好的管理的确可以为教学科研的兴旺发达提供合适的条件，不良的管理会影响教学科研的正常发展，从而导致大学的衰败[②]。大学校长管理专业化首先意味着校长角色的转型，在中国，校长集多重身份于一身，校长管理专业化就是要把校长大学治理者的身份从其他的身份中凸显并抽离出来，并把校长的主要精力从其他身份的扮演中转移到大学治理者的核心身份上来。在内心具有强烈的把大学治理好、不断提升大学水平的渴望和热情，并愿意全身心地投入到治理大学中来。大学校长管理专业化同时意味着校长大学治校模式的转型，校长不能把自身视为行政官员，不能通过简单地自上而下的发号施令的方式实现大学的治理，这样只能与期望越走越远。校长应该把自己定位为大学的治理者，治

---

① ［德］霍尔巴赫：《自然的体系（下卷）》，管士滨译，商务印书馆1964年版，第423页。
② ［英］迈克尔·夏托克：《成功大学的管理之道》，范怡红译，北京大学出版社2006年版，第1页。

理的核心在于协商与沟通。这需要深入大学治理的结构和过程、多元化的治理主体以及整体的制度性，需要加深对大学这一专门的学术组织的理解与把握，基于现代大学治理的内在机理把握和扮演好自身的角色。大学校长管理专业化也意味着校长应该不断提升自身在大学管理方面的专业化能力。仅仅有内心的热情是不够的，还需要具备高超的治理能力，特别是随着经济社会的不断发展，校长在应对日益复杂的内外部环境和日益激烈的竞争的能力方面面临着越来越大的挑战。

可以看出，大学校长管理专业化的两个主体正好对应着现代大学治理体系现代化的内部和外部治理这两个层面，只有政府提升管理大学校长的专业化水平，校长管理大学的专业化水平才有了基本的空间和保障，而大学校长自身治理大学的专业化水平则是大学治理能力的具体呈现。

三、大学校长专业化管理大学的"三专"维度：专心、专长与专职

就大学校长这一主体的角度来说，校长管理大学的专业化主要体现在以下三个方面。

首先，大学校长是能专心的事业。所谓专心的事业就是能够全身心，或者能够把主要精力投入到大学管理中来。这里有两层含义：一是从个人主观上来说，愿意或者说主动把大部分精力集中在大学管理过程中。担任大学校长职务能够让人在物质上没有后顾之忧，在精神价值上也能让人感受到足够的尊敬。大学是人类历史上最伟大的事业，因为它满足了人们的永恒需要。在人类的种种创造中，没有任何东西比大学更经得住漫长的吞没一切的时间历程的考验①。从社会进步的角度来说，从大学诞生起，其对社会文明和社会建设的贡献是任何其他行业和机构所无法比拟的。正如蔡元培先生所认为的一样，"有良大学斯有良社会"。引领社会、继承传统文明、维护公共价值是现代大学不可或缺的旨趣，更是人类社会不断得以完善的重要驱动力。校长的公共价值让人乐于、愿意为之而奉献自我；因此，投身于大学管理，就意味着把管理大学作为自身为之奋斗并孜孜不倦追求的崇高的事业，把管理大学作为自身价值的核心体现。二是从客观层面上来说，校长能够不受其他因素的干扰，而全身性地投入到大学管理中来。校长能够在治校过程中依照自身的理念，在自主的权力空间中较独立地行使法定权力。校长能够忠于校长的责任，回归校长的事务，为实现自身的抱负奉献自己整个身心，"把主要精力投入到学校管理和学生培养、抓班子、带队伍工作中"来。心不

---

① ［美］约翰·布鲁贝：《高等教育哲学》，王承绪等译，浙江教育出版社1987年版，第27页。

在焉、三心二意是搞不好大学管理的,也不可能成为一名真正合格的大学校长。

其次,大学校长要有专长的从业。也就是校长必须具备专门的能力、特长,不是什么人随随便便就能够胜任校长这一角色。这是由现代大学治理的复杂性和专业性对能力的要求所决定的。大学刚建立时只是一个相对独立,与社会、政府和宗教保持距离的象牙塔,大学成了一块无声无息的土地①,其主要功能是向学生提供强调思想戒律、信仰虔诚和严格管理学生行为规范的大学教育,因此,管理大学也就是一件相对简单的工作。但是,在随后的几个世纪里,政府、大学与社会之间的关系发生了巨大的变化,大学从社会的边缘逐渐走向了社会的中心,政府、大学与社会关系的巨大转变使得三者之间的关系变得更加复杂。除了市场经济和市民社会继续迅速扩张外,全球化的进程也对大学产生了新的影响,知识因为它非个性的、普适性的特征同样日益融入全球化的浪潮。大学治理被越来越多的因素所影响。对外需要有效地处理好与政府、与社会之间的关系,对内需要有效地协调好教师、学生、行政等之间的关系。大学校长不但需要有效地推动大学在学术科研、人才培养和社会服务等方面的职能,而且必须努力从政府、社会方面获得更多的资源支持。在当今社会,解决这一难题更加考验治理者的智慧,在受到一系列复杂的经济、社会和政治问题的同时治理一个如此复杂的机构难度可想而知②。这对于从事大学管理的校长提出了越来越高的专业化要求。大学校长需要通过不断的努力和长期的专业锻炼,需要拥有强烈的使命感、专业的能力和素养,更需要专业的精神。

最后,大学校长是一种专门的职业。大学校长从根本上来说是社会不断分工的结果,随着大学的不断发展和日趋复杂,大学管理逐渐从其他的角色中分离出来而成为一种专门的职业。"前现代价值观和专业模式、劳动分工和学校管理等,都受到学术认同和专业化观念的控制"③。一些对大学管理感兴趣、且具有这方面专门能力的人为了更好地实现自身的价值而逐渐走向大学管理的岗位,最终成为校长。就像一些人对企业管理感兴趣并积极投身于其中的人一样,最终成为企业高管,从而获得相应的价值回报。大学同样是一种社会组织,因此,不应该把大学校长看成是一种行政职务,而应该是一种社会职业。正如托马斯·J·萨乔万尼所言,"职务校长"已经不适合大学的发展,社会应当根据优劳优酬的原则允许他们走上职业化道路④。校长是一种受聘于大学组织的职业,理应与其他的

---

① [美]德里克·博克:《走出象牙塔——现代大学的社会责任》,徐小洲、陈军译,浙江教育出版社 2002 年版,第 1 页。

② James Johnson Duderstadt. A University for the 21 Century. The University of Michigan Press, 2000.

③ [英]托尼·比彻,保罗·特罗勒尔:《学术部落及其领地》,唐跃勤等译,北京大学出版社 2008 年版,第 17 页。

④ 转引自周全:《"校长职业化"为什么》,载《中国教育报》2004 年 3 月 2 日。

社会职业一样，具有自己专门的任职条件、职责权力、专门的工作内容，等等。大学校长在自身的责权范围内以管理经营大学为专门职业。当然，这种职业并不是什么人都可以从事的，可以说校长是一种高级的专门化的职业，大学校长一般来说应该经历长期的专门历练，具有非常高的任职资格规定，既要懂大学，同时又懂管理，具有管理、经营大学及教育、科研、开发大学的专业职业技能。既然大学校长是一种专门的职业，也就意味着大学校长应该更加具有开放性，具有大学校长任职资格和兴趣的人可以更加有效地谋求这一职位。当然，大学也可以依照自身的任职条件来选择合适的人选担任校长这一职位。

四、政府专业化管理大学校长的"三力"维度：动力、权力与能力

要实现大学校长在治校过程中的"三专"，根本上需要政府建立有效的制度体系，必须基于中国特殊的制度框架，面对新的内外部环境，重新理顺大学治理结构中与校长管理这一节点性问题息息相关的各种关系，通过制度建设有效地解决好大学校长在大学管理中的权力、动力与能力问题，从而真正更好地对大学管理"负责"。就目前来说，政府需要在以下三个方面积极推进相关的制度建设。

首先，积极推动职业化进程，让校长管理有"负责任"的动力。职业化是大学校长管理专业最为重要的制度诱因，让校长把大学管理作为一项志业，并心甘情愿地全身心地投入进来，职业化是这种动力的活水源头。大学校长的职业化具有以下几个方面的特征：一是市场化的流动。大学校长一般是经过公开的竞聘，依照民主的程序遴选出来的。二是明确的职责和任期。校长的职责和权力范围通过职位说明书进行明确规定，责任、权利和限制都很明确，除非有着重大的失职，经过法定程序可以予以解聘，直到任期届满，大学校长在规定的职责范围内有充足的权力和时间依照自己的理念和经验治理经营大学。三是明确和公开的薪酬。大学校长依照自身的能力和素质获得相应的薪酬，这种薪酬一般在聘任的时候就非常明确，而且是完全公开的。而牵引这种职业动力最重要的纽带就是有效的遴选机制。目前中国自上而下的行政任命方式把大学校长视为行政官员来看待，把校长选拔视为政府封闭体系内部的事情，从而使得校长与职业化的市场之间的有效连接纽带被剪断，职业化的动力机制无法有效地发挥出来，这是我国大学校长管理僵化、被动以及不专心的重要原因。尽管近年来，国家教育行政部门开始有意地推动大学校长遴选机制的改革，但是总体上来说，这种改革依然没有跳脱行政化的逻辑。对中国来说，如何在现有的中国特色体制中不断完善校长遴选机制，建立职业化的动力体系是一个非常关键的问题。很显然，中国大学校长

的遴选不可能也没有必要完全移植西方大学的做法，对中国来说，核心在于在现有的制度逻辑与职业化的逻辑之间找到有效的均衡点，把政府和组织权威与民主化、竞争性的遴选有机地结合起来。大学校长的遴选必须坚持必要的组织权威，但是这种组织权威逻辑不能支配甚至替代专业化和职业化的逻辑。同时政府有必要积极推进建立校长的职业市场，建立合理的大学校长的薪酬体系和职业保障体系，推动校长的职业流动，形成良性的循环。

其次，不断推进、规约制度体系建设，让校长有"负责任"的权力。大学校长管理专业化的前提是拥有边界清晰的不受干扰的专属性权力，而就我国目前来说，要实现这一条件，最重要的是建立起有特色的大学校长权力的规约体系。这种规约体系的建设必须重新梳理并规范两组重要的关系，也就是政府与大学以及党委与校长的关系。就政府与大学的关系来说，政府必须适时更新对大学管理的思维逻辑，从高校独立法人代表的角度，而不是准行政官员的角度理解校长的角色和功能。在此基础上积极转变政府职能，把管理大学的权力更加有效和完整地还给校长，并建立更加刚性化的政府权力约束体制。因此，国家教育行政主管部门有必要重新厘清自身的权力清单，把自身的职能严格限制在宏观政策、外部监督和相关服务供给方面。为了更好地保障大学校长的专属权力，有必要把政府权力规范纳入到完善大学章程的内容中，通过更加严肃的立法形式规范政府的权力清单并确立大学校长不受侵犯的权力范畴。同时应该积极改革政府对大学的干预手段和机制，不断建立并完善政府权力的运行程序。就党委与校长的关系来说，必须坚持并完善党委领导下的校长负责制，改善党委的领导方式，让校长更好地负起学校管理的责任。这其中最为重要的是如何有效地规约书记的权力，应该更好地发挥集体领导和党内民主的优势，通过完善党委的人员结构和议事程序，把党委职能定位在大学决策机构的层面。而校长对党委负责，并扮演决策执行和落实的角色，校长拥有管理学校的各项具体权力，而书记不干涉校长具体的行政事务。

最后，努力提升校长自身知识素养，让校长有"负责任"的能力。专业化的大学校长必须富有批判和创新精神；热心于社会公共事业并善于赢得广泛的社会支持；富有务实的献身事业的精神；善于实施大胆的改革措施以及善于提出鼓舞人心的宏伟目标。因此，为了胜任大学校长这一角色，校长具备一些重要的胜任力：知识能力、认知能力、人际关系能力、行为影响力、管理能力、沟通能力、创新能力、发展意识、激励能力、经济能力、人格魅力、良好的政治素质和清晰的办学理念[①]。政府有必要不断完善校长的培训机制，从主体上来说，应该让社

---

① 尹晓敏：《大学高层管理者双核胜任力模型研究》，载《现代教育管理》2009年第10期。

会组织或市场组织更好地进入到大学校长的培训环节，让政府与大学之外的第三方组织机构更好地参与到校长培训的绩效评价中来；从内容上来说，更加注重校长业务性技能的培训，特别是在全球化、新媒体等新环境下，校长内外部的协调沟通和应对能力；从形式上来说，如何推动校长培训更好地走出课堂，走出书本，进入更为丰富和生动的实践环节，让校长能够在真实的场景中获得能力的有效提升。

大学校长管理专业化的最终目标是如何让校长在中国特色的制度框架中更好地对大学治理负责，这种负责具体体现在校长在治校过程中的"三专"表现到底如何，而在中国目前，这一目标的达成毫无疑问需要政府在对大学校长管理方面的理念、思维和方式的转变，真正做到让校长有负责任的动力、权力和能力。

第三章

我国大学校长的专业化发展状况

以问题为导向是本课题研究的基本准则,现状调查是发现问题的基本方法,也是提出政策建议的基本依据。"两体三维"理论既是解释大学校长管理专业化内涵的理论框架,也是用来观察测量大学校长管理专业化程度的分析工具,依据"两体三维"理论,课题组针对中国"211"大学校长群体进行了问卷调查、访谈、信息搜索,建立数据库,以全面考察我国大学校长专业化发展状况。

第一节 大学校长专业化发展的分析框架与研究概述

一、分析框架

依据"两体三维"理论,本课题认为"大学校长专业化"指的是大学校长专业化地管理大学,实际上包括了三个层面的含义。

第一,大学校长是能专心的事业,强调从业者的动机意愿。从知识进步的角度来说,大学是人类历史上最伟大的事业,因为它满足了人们的永恒需要。在人类的种种创造中,没有任何东西比大学更经得住漫长的吞没一切的时间历程的考验。从社会进步的角度来说,"大学乃天下之公器",大学自诞生起,对社会文明和社会建设的贡献是其他任何行业和机构所无法比拟的。正如蔡元培先生所认为的一样，"有良大学斯有良社会"。引领社会、继承传统文明、维护公共价值方面是现代大学不可或缺的旨趣，更是人类社会不断得以完善的重要驱动力。几个世纪以来大学一直以无可替代的方式服务于我们的社会文明。校长一旦投身于大学管理，就意味着把管理大学作为自身为之奋斗并孜孜不倦追求的崇高的事业，把管理大学作为自身价值的核心体现，因此，校长必须忠于校长的责任，回归校长的事务，为实现自身的抱负奉献自己整个身心，"把主要精力投入到学校管理和学生培养、抓班子带队伍工作中"来。心不在焉、三心二意是注定搞不好大学管理的，也不可能成为一名真正合格的大学校长。

第二，大学校长是有专长的从业，强调从业者的胜任素养。大学刚建立时只是一个相对独立、与社会、政府和宗教保持距离的象牙塔，大学是一块无声无息的土地，其主要功能是向学生提供强调思想戒律、信仰虔诚和严格管理学生行为规范的大学教育，因此，管理大学也就是一件相对简单的工作。但是，在随后的几个世纪里，政府、大学与社会之间的关系发生了巨大的变化，大学从社会的边缘逐渐走向了社会的中心，政府、大学与社会关系的巨大转变使得三者之间的关系变得更加复杂。除了市场经济和市民社会继续迅速扩张外，全球化的进程也对大学产生了新的影响，民族国家知识生产的封闭性发生了变化，知识因为它非个性的、普适性的特征同样日益融入全球化的浪潮。大学治理被越来越多的因素所影响，大学治理变得愈来愈困难。管理和经营大学是一门非常复杂的系统工程，需要厘清方方面面的关系，协调方方面面的利益，也需要面对形形色色的人。对外需要有效地处理好大学与政府之间的关系，大学与社会之间的关系，对内需要有效地协调好教师、学生、行政等之间的关系。大学校长不但需要有效地推动大学在学术科研、人才培养和社会服务等方面更好地发挥自身的职能，而且必须努力从政府、社会方面获得更多的资源支持。如何有效地均衡各种不同的利益和关系，协调不同的行为主体，建立更加有效的机制变得越来越充满挑战性。在当今社会，解决这一难题更加考验治理者的智慧，在受到一系列复杂的经济、社会和政治问题的同时治理一个如此复杂的机构，难度可想而知。这对于从事大学管理的校长提出了越来越高的专业化要求。大学校长不是随随便便谁都可以胜任的，也不是随随便便就能够应付的，需要通过不断的努力，经过长期的专业锻炼，不断提升自身的能力素质结构和提高自身的学识修养，具有强烈的使命感，大学校长不仅需要专业的精神，更需要专业的能力和素养。

第三，大学校长是一种专门的职业，强调从业者的行为规范。从根本上说，大学不是政府组织，而是学术性的社会组织，因此不应该把大学校长看成一种行政职务，而应该是一种社会职业。校长是一种受聘于大学组织的职业，理应和其他的社会职业一样，具有自己专门的任职条件、职责权力、工作内容，等等。大学校长在自身的责权范围内以管理经营大学为专门职业。当然，这种职业并不是什么人都可以从事的，校长可以说是一种高级的专门化的职业，大学校长一般来说应该经历长期的专门历练，具有非常高的任职资格规定，既要懂大学，同时又懂管理，具有管理、经营大学及教育科研、开发大学的专业职业技能。既然大学校长是一种专门的职业，也就意味着大学校长不应该是政府任命的一种行政职务，具有大学校长任职资格和兴趣的人可以通过竞聘的方式来谋求这一职位。当然，大学也可以依照自身的任职条件来选择合适的人选来担任校长这一职位。

据此，我们构建起大学校长专业化发展的分析框架，见图3-1。

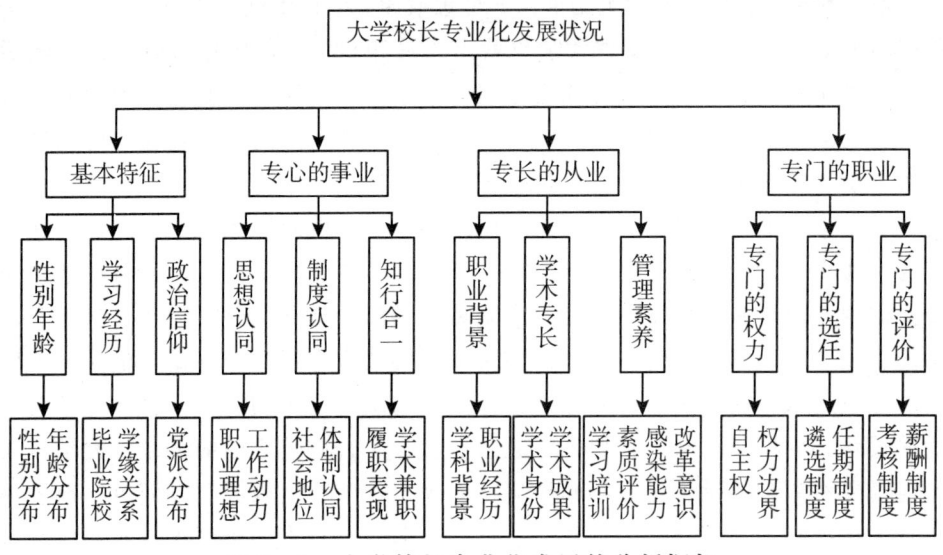

图3-1 大学校长专业化发展的分析框架

二、研究概述

（一）研究过程小结

教育部哲学社会科学研究重大课题攻关项目"完善中国特色现代大学制度进程中的大学校长管理专业化研究"（11JZD042）于2011年9月正式立项，按照项目管理的要求，课题组于2012年2月下旬组织召开课题开题报告会，听取了教育部社科司相关领导、相关领域专家学者对课题研究的要求与建议，对课题研究框架及方案作了完善调整，并正式启动课题研究进程。

在课题研究过程中，课题组聚焦于以下五个核心问题：第一，什么是大学校长管理专业化？其对完善中国特色现代大学制度有何作用？第二，当前中国大学校长管理专业化做得怎么样？有什么问题？第三，国外有哪些好的大学校长管理专业化制度和机制？这些制度和机制是如何推动该国大学校长专业化发展的？第四，中国大学校长应当如何正确定位？怎样的大学校长才是胜任的？第五，怎样的制度设计才能实现中国大学校长管理专业化，使"校长负责"得以落地？

自 2011 年 9 月至 2016 年 3 月底，课题研究的主体任务基本完成，整体历时逾 4 年。本课题的研究过程呈现以下三个特点。

第一，在课题研究的组织形式上，体现"刚—柔"结合的特点。教育部重大攻关项目鼓励跨学科、跨学校、跨部门和跨地区的联合攻关，因此在课题申报中除浙江工业大学现代大学制度研究中心作为牵头单位外，还吸纳了浙江师范大学、华东师范大学、南京师范大学、重庆工商大学、复旦大学等学校的专家学者，课题立项后，又邀请了原北京师范大学校长钟秉林、原中山大学校长黄达人等以课题顾问的身份加入研究团队。"刚—柔"结合主要针对研究团队的组织与整合，"刚"是指紧密的研究团队与实体化组织，主要由首席专家宣勇教授领衔的浙江工业大学现代大学制度研究中心承担课题研究的主体工作，特别是课题的实证调查、问卷访谈和研究报告撰写工作。"柔"是指独立的专家个人，柔性化的研究方式，利用个人的研究专长和校长实践经历机动灵活的承担课题研究任务，重点把握课题的研究方向，创新性和实践性。在操作中，将课题划分为六个子课题，子课题第一负责人以"柔"为主引导课题的方向，子课题的第二负责人以"刚"为主保障课题研究逐步推进。

第二，在课题研究的方式上，体现"短—长"结合的特点。"短"是指课题组以"周"为期，做持续的常态研究。浙江工业大学现代大学制度研究中心团队成员每周固定时间开展学术沙龙已有十余年传统，团队长期坚持经由头脑风暴捕捉思想的火光、推进学术研究的开展。在本课题的研究过程中，研究团队延续了这一良好传统，遵循"例会推进制"，每周举行学术报告会，由课题成员依顺序报告，每个课题成员按照课题任务和进展针对各部分研究的难点和共性问题进行学术讨论。每一期讨论形成《会议纪要》，分发所有课题组成员，截至 2016 年 4 月，共形成课题讨论会议纪要 69 份。"长"是指总课题以"学期"为周期，开展学术研讨例会，协调和通报各部分研究进展，及时调整方向，由各子课题负责人做"季度"研究学术报告，邀请相关专家研讨、咨询形成《课题简报》，分发所有课题成员。课题启动以来，已在杭州、金华、淳安、余杭、临安等地举行多场课题组专家咨询研讨会。

第三，在课题研究方法上，体现"实一虚"结合的特点。"实"是指建立在调查分析基础上的实证研究，为了准确把握中国大学校长管理专业化的现状特征，课题组开展了大量细致扎实的调查工作。调查主要包括三种形式：首先是问卷调查，团队研究设计了"中国大学校长管理专业化"系列问卷，其中面向教育部直属高校校长、书记各发放100份问卷，回收率分别为47%和43%。其次是访谈调查，课题组拟定了对国外公立大学和国内"211"高校校长、书记的访谈计划。在国内，团队成员分赴北京、上海、广州、深圳、武汉等城市对十余所学校展开访谈。此外，课题组成员对13所美国公办大学，包括犹他大学、纽约大学、加利福尼亚大学等的校长或教务长进行了访谈。再其次是网络信息跟踪采集，网络信息调查选择了112所"211工程"大学的131位校长，其中81位"211"大学校长、50位"985"大学的校长，包含了19位近期离任的校长，选择了112所"211工程"大学的122位大学党委书记，其中"211"大学党委书记75位，"985"高校党委书记47位，包括10位近期离任的党委书记。利用百度网络搜索引擎、中国党政干部资料库、中国知网、各类项目数据库、相应高校的网站等进行53个单项的网络信息跟踪调查，取得6 678项数据（数据截止时间为2016年4月30日）。"虚"是指理论建构，包括大学校长管理专业化基本理论框架建构、大学校长角色定位与胜任特征模型的建构、大学校长管理专业化制度设计等。"实"与"虚"之间相互印证、相互启发、相互拓展。

（二）基本研究方法

本课题研究过程中，主要贯穿采用了以下几种研究方法。

第一，文献法。文献法是指根据一定的研究目的，通过调查文献来获得资料，从而全面、正确地了解掌握所要解决问题的一种方法。大学校长管理专业化既是一个理论话题，又是一个现实管理问题。因此，课题组在研究过程中一方面通过对国内外专著、期刊论文等的系统梳理，力图全面掌握相关问题的已有研究成果，把握研究的热点、趋势。另一方面，课题组对新中国成立以来相关的政府法律文件、方针政策、指示决议等进行了全面梳理，通过对历史文本的解读与数据分析，厘清我国大学校长角色演变的历史阶段，回顾各阶段我国大学校长角色转换及其特征。

第二，问卷与访谈调查法。调查法是基于特定的研究目的，有计划地收集研究对象某一方面情况的各种材料，并作出分析、综合，得到某一结论的研究方法。调查法能为研究人员提供第一手的材料和数据，有助于明了所研究问题的现状，并在调查中发现新的问题。课题组同时采用了问卷与访谈调查法：首先开展问卷调查法，调查对象包括教育部直属大学的校长、书记、副校长、教授等群体，从而掌握面上数据；然后采用个别访谈法，访谈对象包括国内典型大学的校长、书记以及美国若干公立大学校长等，通过个别访谈实现就相关问题的深度了解。

第三，网络跟踪调查法。课题组在研究过程中将网络大数据应用于大学校长管理专业化的研究，采取网络跟踪调查法实现了对我国所有"211"大学校长的持续性跟踪调查。课题组基于理论研究中对管理专业化的内涵界定，将大学校长的相关活动进行编码分类，借助于学校官网、网络搜索引擎以及学术数据库等平台，定期对大学校长的53个单项活动进行统计归类，相关信息均纳入课题组构建的大学校长数据库。相关数据既可以实现基于关键词词频的内容分析，也可以针对特定指标实现量化排名，借此课题组得以对我国"211"大学校长的管理专业化程度有了较为精确地掌握。网络信息跟踪调查突破了传统的问卷调查与访谈法难以实现研究对象全覆盖的局限，使得课题组对于中国"211"大学校长的现状有了全面而动态的掌握，大大增加了研究结论的可靠性。同时，数据信息的积累也为今后持续性的开展相关研究提供了必要的基础。

第四，比较法。比较法是根据一定的标准，对不同国家或地区的教育制度或实践进行比较研究，找出各国教育的特殊规律和普遍规律的方法。在比较对象的选择上，课题组以当前代表国际高等教育前沿水平且大学校长职业化程度较高的美国为参照对象，并将研究对象主要锁定为美国州立研究型大学，从而增加与我国教育部直属大学的可比性。在比较资料的获取途径上，一方面来自于课题组成员赴美实地访谈调研：课题组成员张凤娟博士2013年至2014年赴美开展访问学者交流期间，访谈了13位美国大学校长，积累了诸多第一手资料。另一方面，课题组获得美国教育协会（ACE）发布的《美国大学校长（2012）》研究报告以及《美国高等教育纪事》（*The Chronicle of Higher Education*）等专门期刊发布的最新数据。

（三）调查研究过程概述

1. 问卷调查情况。

课题组在研究国内外相关文献，分析《教育法》《高等教育法》《中国共产党普通高等学校基层组织工作条例》《关于坚持和完善普通高等学校党委领导下的校长负责制的实施意见》等法律法规的基础上，基于校长管理专业化的研究假设设计了"中国大学校长管理专业化"系列问卷和访谈提纲，包括大学校长卷、大学党委书记卷、中层干部卷、大学教授卷四套问卷。问卷设计以封闭式问题为主，兼有个别开放式问题。以校长卷为例，共计67题，问题主要包含四个方面：一是涉及调查对象个人背景方面的问题；二是调查对象对大学校长管理专业化现状的实然把握;三是调查对象对大学校长管理专业化的应然判断;四是调查对象对与大学校长管理专业化相关的热点事件的态度。

在调查对象的选择上,课题组选择我国"211工程"的112所大学作为研究对象,主要为了增强研究的针对性、同一性、示范性。

(1) 提高针对性。本课题是教育部重大攻关招标项目,目的是为教育部提供更加有效的对策建议,"211工程"大学覆盖了所有教育部直属院校,将教育部直属院校作为主要研究对象,可以增强问题研究的针对性。

(2) 具有同一性。中国高校现有2 790余所,其中本科院校1 145所,高职(专科)院校1 297所,成人高校348所,[①] 各类学校之间地区、投入、管理体制、办学条件差距悬殊,不能统一而论,"211工程"大学办学水平与标准相对都比较高,"211工程"大学校长大部分都是教育部、中组部统一任命的,其要求相对比较统一,校长共性特征比较突出,因此,研究相对具有同一性,研究结论的可信度也比较高。

(3) 增强示范性。"211工程"大学是新中国成立以来国家正式立项在高等教育领域进行的规模最大的重点建设工程,也是高等教育事业的系统改革工程,是中国高校发展的"标杆"。同样,"211工程"大学校长的专业化发展状况也代表了中国高校校长专业化的水平,具有很强的示范性。

问卷调查于2013年3月正式启动,在问卷的发放上采用了普遍调查法(除部分学校回绝调查请求外)。为提高回收率,课题组采取了通过各高校组织部协助或直接向各高校校长、书记发放问卷等途径。最终从64所学校回收到问卷,共计回收问卷1 285份,其中有效问卷1 277份,包括校长问卷47份,书记问卷43份,中层干部问卷645份,教授问卷542份,情况汇总见表3-1和表3-2所示。

表3-1　　　　　　　　　　问卷发放与回收情况汇总

问卷对象	下发问卷数	回收问卷数	回收率
校长	100	47	47%
书记	100	43	43%
中层干部	1 901	646	34.13%
教授	1 780	549	30.84%

[①] 教育部:《2012年教育统计数据》,http://www.moe.gov.cn/publicfiles/business/htmlfiles/moe/s7567/list.html。

表 3-2　　　　　　　　校长与书记卷回收学校汇总

	回收学校
校长卷	上海大学、西南大学、南京理工大学、青海大学、西南政法大学、海南大学、南京农业大学、延边大学、西北大学、中国地质大学（武汉）、武汉大学、大连海事大学、北京大学、中南财经政法大学、东北师范大学、中国传媒大学、广西大学、东北农业大学、北京体育大学、中国矿业大学、内蒙古大学、华东理工大学、中南大学、对外经贸大学、江南大学、四川大学、陕西师范大学、东华大学、第二军医大学、中国海洋大学、西藏大学、苏州大学、西安电子科技大学、南京师范大学、华南师范大学、湖南大学、中国人民大学、北京语言大学、西南交通大学、中国农业大学、合肥工业大学、华北电力大学、北京外国语大学、中央财经大学、石河子大学、武汉理工大学、南开大学
书记卷	上海大学、北京理工大学、四川农业大学、西南大学、南京理工大学、北京化工大学、青海大学、暨南大学、海南大学、南京农业大学、北京交通大学、延边大学、西北大学、华中农业大学、中国地质大学（武汉）、华中师范大学、武汉大学、大连海事大学、北京大学、吉林大学、东北师范大学、广西大学、东北农业大学、中国矿业大学、内蒙古大学、华东理工大学、西安交通大学、西北农林科技大学、陕西师范大学、第二军医大学、中国海洋大学、苏州大学、中国药科大学、东北林业大学、湖南大学、中国人民大学、北京中医药大学、北京语言大学、河北工业大学、重庆大学、北京外国语大学、武汉理工大学

2. 访谈情况。

在问卷调查的基础上，课题组自 2013 年 6 月起，对国内外知名大学校长（党委书记）进行了访谈。课题组在访谈对象的选择上体现了普遍的代表性，访谈对象中既有现任校长，又有卸任校长；既有国内大学校长，又有国际知名大学校长。此外，访谈对象既有来自于传统老牌名校的校长，又有在我国高等教育改革中崭露头角的新锐学校校长。同时，针对中国特色现代大学制度的自身特点，访谈对象不仅局限于大学校长，也包含若干大学党委书记，见表 3-3 所示。访谈采取半结构化的形式，课题组事先向访谈对象提供访谈提纲，访谈提纲主要包含与大学校长管理专业化相关的共性问题，用以检验我们的研究假设。此外，课题组根据每位访谈对象的经历特点，在访谈中设置开放式探索的环节，借此了解访谈对象本人对于大学校长管理专业化的体悟与思考。

表3-3　　　　　　　　　　访谈对象汇总

序号	访谈对象	现（曾）任职位	访谈时间
1	柯炳生	中国农业大学校长	2013.6.28
2	许智宏	北京大学前校长	2013.11.17
3	李清泉	深圳大学校长	2014.1.5
4	章必功	深圳大学前校长	2014.1.5
5	俞立中	上海纽约大学校长、华东师范大学前校长	2014.3.31
6	黄达人	中山大学前校长	2014.4.5
7	王生洪	复旦大学前校长	2014.3.31
8	朱清时	中国科学技术大学前校长、南方科技大学前校长	2014.4.3
9	陈晓阳	华南农业大学校长	2014.4.4
10	李培根	华中科技大学前校长	2014.11.1
11	秦绍德	复旦大学前党委书记	2014.1.16
12	李延保	中山大学前党委书记	2014.9.29
13	Kim A. Wilcox	美国加州大学河滨分校校长	2014.2.12
14	Pradeep K. Khosla	美国加州大学圣地亚哥分校校长	2014.2.14
15	Diane C. Yu	美国纽约大学副校长	2014.2.17
16	Andrew T. Allen	美国圣地亚哥大学副校长	2014.2.24
17	Joe Peterson	美国犹他州立大学东犹他学院	2014.4.11
18	Tom Sullivan	美国佛蒙特大学校长	2014.4.22
19	Schuyler S. Korban	美国马萨诸塞大学波士顿分校副教务长	2013.11.20
20	Harvey Perlman	美国内布拉斯加大学林肯分校校长	2014.3.31
21	Linda Pratt	美国内布拉斯加大学前执行副校长、教务长	2014.4.1
22	Randy Woodson	美国北卡罗来纳州立大学校长	2014.2.21
23	Karan L. Watson	德州农工大学教务长、执行副校长	2014.6.13
24	Barry	美国肯尼索州立大学副校长	2012.11
25	Maria Britt	美国肯尼索州立大学副校长	2012.11
26	Jim Sirianni	美国教育委员会执行领导力项目主任	2014.8.6
27	Thomas Wilhelmsson	芬兰赫尔辛基大学委员会主席	2015.10.27

整个访谈过程前后历时逾2年，访谈中我们得以近距离接触一大批有代表性的国内外高水平大学校长（书记），通过访谈，我们对于中国特色现代大学制度框架下大学校长治校的过程有了更为具体深入的了解。我们不仅对于大学校长管

理专业化的现状有了更为准确地把握，更对现状背后的影响因素有了更为深刻的认识。此外，一部分校长（书记）在访谈过程中与我们分享了他们对这一问题的系统性思考，他们的真知灼见对于课题组的研究提供了极有价值的启发。

三、大学校长数据库建设概述

在课题研究过程中，为动态、全面地把握国内大学校长专业化发展的现状，课题组采用网络信息跟踪调查的方式进行"大数据"的采集与分析，并以此为基础，构建了国内首个大学校长数据库。中国大学校长信息库平台包括信息发布、数据采集、培训管理、评价分析等功能较为完备的功能，能够全面、准确、高效地实现对中国大学校长基本信息的采集和分析。

建设中的中国大学校长信息库平台主要由五大子系统及一个辅助功能管理系统组成。信息发布子系统提供平台管理者在线发布各类信息的功能。数据采集子系统是整个平台的核心部分之一，主要提供中国大学校长信息的入库功能。智能分析子系统除提供按各类条件（如年龄、区域等）的筛选查询基本功能外，实现校长数据的聚类分析功能，通过深入的数据挖掘，为各类决策提供参考依据。该子系统可便捷地提供各种查询、分析、统计、聚类和挖掘的数据汇总报表。培训管理子系统根据对库内校长信息的分析，提供制订培训教育计划的参考依据，实现针对不同特点的大学校长安排不同内容的教育培训方案。评价分析子系统主要是建立各种评价指标体系和实现自动评价的功能。系统提供根据考核评价要求，方便地建立评价指标体系；按指标体系和规定的规则，实现对在库的校长群体进行评价排序，或对特定的校长进行绩效评价与分析、对比等。辅助管理系统主要完成系统的用户管理、权限分级管理、安全认证及各类基础数据字典的维护。同时对进入系统的各类用户的行踪和行为等进行严格记录，确保信息的安全性。

在运行模式上，中国大学校长信息库平台将采取分散维护、广泛服务的模式。该模式的特点：入库的数据由各校长自己录入、修改与更新，库内数据可为教育部及各省级政府主管部门提供决策咨询。基础数据库建设采用全国统一的规范标准，使用统一的数据结构和数据传输格式，确保数据库系统协调一致实现信息共享。平台拟在整体规划下，根据先数据采集，后分析应用的顺序，分步设计开发具体应用功能。系统硬件和软件平台的架构设计具有较强的扩展性，将在应用中不断充实完善基础数据库。

建成后的平台可完整容纳全国各大学校长信息，并提供各种便捷的查询、分析、统计功能。一方面可为专家学者开展相关领域研究提供数据资料，提升研究成果的质量与社会影响。另一方面能为教育部相关司局、各省市教育主管部门与组织部门提供适时准确的大学校长各类数据信息服务，为科学决策提供有力支撑。

第二节 我国"211"大学校长群体的基本构成和素质特征

根据问卷调查与网络数据采集，我国"211"大学校长群体的基本构成和素质特征分析如下。

一、我国大学校长的基本构成

性别构成：现任中国大学校长95.6%为男性，女性校长数量很少，占4.4%，见图3-2所示。随着越来越多的女性获得博士学位，并在大学行政管理层多岗位锻炼，就会有越来越多的女性具备出任大学校长所必需的受教育水平和经验、专门知识和技能以及对工作的投入等基本条件，那么中国大学女性校长比例也会随之提高。

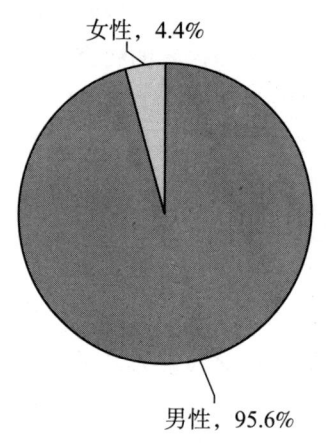

图3-2 中国大学校长性别分布

年龄构成：我国大学现任校长的平均年龄为54.6岁，其中50岁以下的占17.8%，51~60岁的占71.1%，61~65岁的占11.1%，见图3-3所示。我国大学校长初任校长时的平均年龄为49.6岁，其中40~49岁时初任校长的有64人，占48.9%；50~59岁时初任校长的有68人，占51.9%。

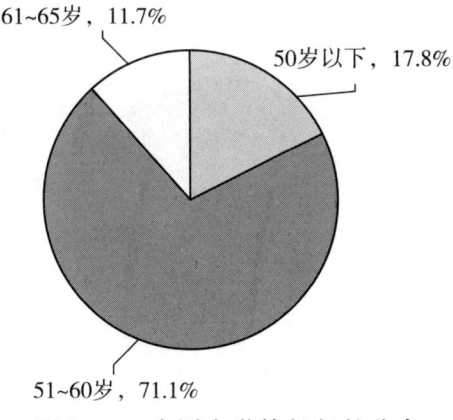

图 3-3　中国大学校长年龄分布

学习经历：58.7% 的校长曾在现在任职的高校有学习或工作经历。校长和所在大学具有学缘关系，一方面有利于校长建立良好的学缘联系，拉近与师生、学校的距离；另一方面也有近亲繁殖带来的弊端，管理创新易受传统的限制，校长亲疏关系的处理也会遭师生关注。大学校长都拥有名校学位，他们所获的学士、硕士、博士学位中至少有一个出自"211 大学"或海外名校。大学校长拥有博士学位的比例高达 89.4%，62% 的校长拥有理工科博士学位。大学校长出国访问的机会很多，但是真正在海外留学获取学位的只有 30.4%。考察获得海外学位的大学校长的年龄分布，发现 50 岁以下校长无人获海外高校留学学位；51~55 岁校长有 25% 获海外高校留学学位，占具有海外学位校长总数的 30.7%；56~60 岁校长 40% 获海外高校留学学位，占具有海外学位校长总数的 46.2%；61~65 岁校长 60% 获海外高校留学学位，占具有海外学位校长总数的 23.1%。因此，留学海外拥有国外大学学位的校长基本上是 20 世纪四五十年代出生的，见图 3-4~图 3-5 所示。

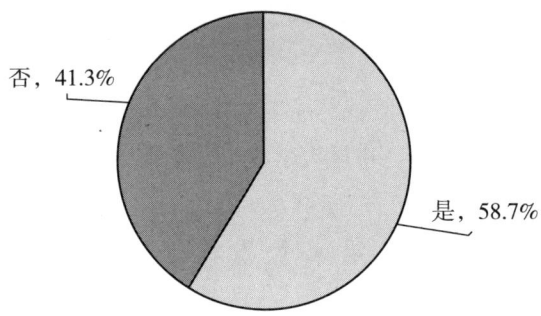

图 3-4　中国大学校长与任职高校学缘关系

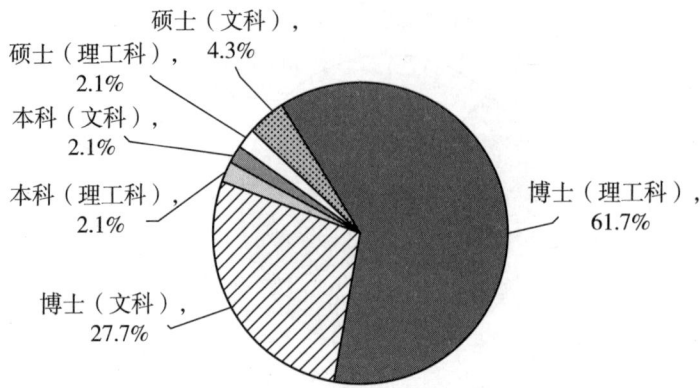

图 3-5 中国大学校长学历状况分布

党派构成：中国大学校长绝大部分是中共党员，占 93.1%。

来源构成：由本校的副职提拔和党委书记转任的校长，占 48.9%；由他校副职提拔的占 22.9%，他校校长转任的占 8.4%；政府部门转任的占 11.5%；由科研机构负责人转任的占 2.3%，见图 3-6 所示。

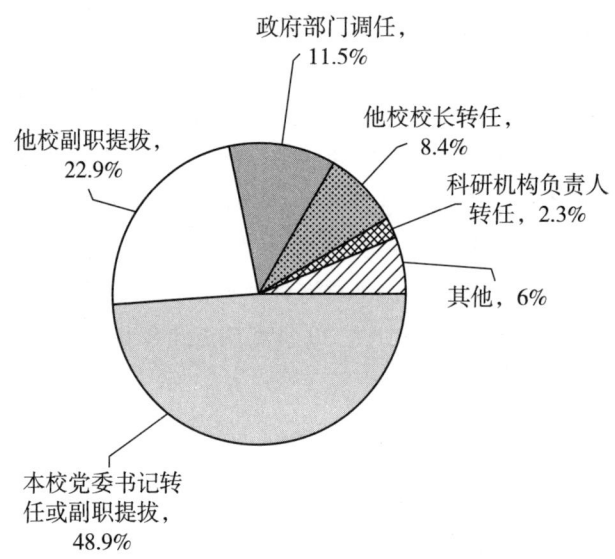

图 3-6 中国大学校长任职前一岗位

二、我国大学校长的学术素质特征

（一）大学校长学科背景

中国大学校长的教育背景大部分是理工科。63% 的大学校长理工科出身，人文社科出身的校长仅占37%，其中管理学背景的校长占10.9%，教育学背景的校长仅占4.3%，如图3-7所示。

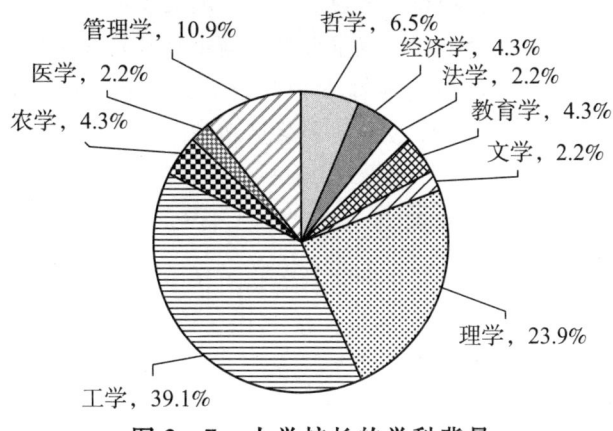

图3-7　大学校长的学科背景

（二）大学校长的学术简历

他们所获学位中至少有一个是"211工程"大学或海外名校的学位；拥有博士学位的比例高达89.4%。99.8%的校长拥有教授职称，只有个别校长因政府部门调任未获教授职称；90.8%的校长是博士生导师；中国科学院和中国工程院院士占26%。

（三）大学校长的学科地位

校长所在学科是国家重点学科的占18.3%；所在学科位列国务院学位委员会学科排行榜中列前100位的有109个，占85.9%，平均位次为17位。因此，他们大部分是校内和学科领域的权威。

（四）大学校长的学术成就

47.3%的校长曾获得国家级科技奖励，校长在任期间获国家级科技奖平均为1.6项；任校长期间平均学术类论著数为32.5篇（部），100篇（部）以上的校长占9.2%；10篇（部）以上的校长占46.7%。

三、我国大学校长的管理素质特征

（一）大学校长的体制认同

校长们对于"党委领导下的校长负责制"这一领导体制高度认同，中国高等教育大众化过程的平稳发展和近年来高等教育取得的巨大成就，正是得益于坚持这一体制。中国大学书记和校长在办学重大问题上是经常沟通的，党政关系总体是和谐的。91.5%的校长在校长办公会议之前，重大事项的决策会与学校党委书记沟通；97.7%的书记在党委会前就重大事项会主动与校长沟通。87.2%的大学校长、91.1%的大学书记都认为所在学校党政关系是和谐的，63.2%的教授和76.7%的中层干部也认为所在学校党政关系是和谐的。

（二）大学校长的治校理念

大学的发展总是与校长的教育理念紧密联系在一起。大部分中国校长能用一句话表达对大学的理解，如"大学是传承知识、创新知识、追求真理的地方"、"大学是每个人追梦人生的灯塔"、"大学是人类精神支架园"、"大学是教书育人，打造高品质学术的殿堂"、"大学是开放民主的学术共同体"等等。多数校长能够提出鲜明的治校理念，如"以人为本、崇尚学术、追求卓越"、"科学建校、依法治校、人才兴校、文化强校"、"依法治校、学术为崇"、"求真务实、开拓创新"、"海纳百川、取则行远"等。80.6%的校长认为在办学过程中，自己的办学理念大部分得到体现；63.1%的教授、81.3%的中层干部表示比较了解校长的治校理念，见图3-8所示。

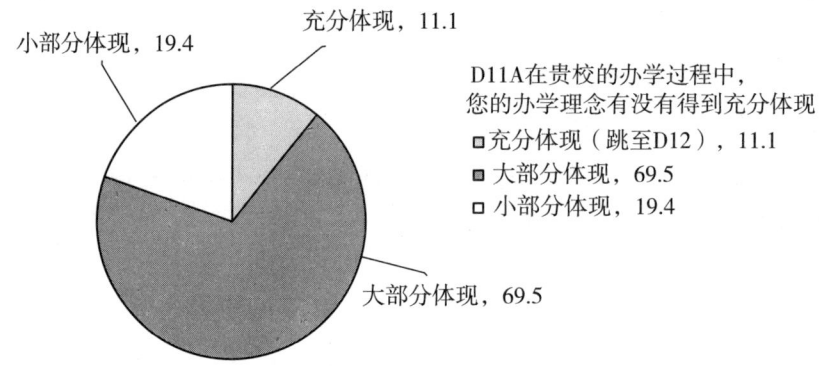

图3-8 大学校长治校理念体现

（三）大学校长的精神追求

91.7%的校长认为最应该扮演的角色是教育家。大学校长工作动力主要来自于精神层面的责任和满足。在众多工作动力因素中，校长们认为"社会责任"、"成就感"、"职业荣誉"、"挑战性"很重要，而"职务晋升"、"学术发展"、"薪酬待遇"等因素对校长工作动力来说并不重要。大学校长的工作压力也主要来自于自我要求和岗位责任感，54.5%的校长认为工作压力的主要来源是自我期待（位居选项第一）。28.9%的大学校长认为工作非常有成就感，66.7%的大学校长认为比较有成就感。在业余时间阅读最多的是教育理论类书籍（65.2%），如图3-9所示。

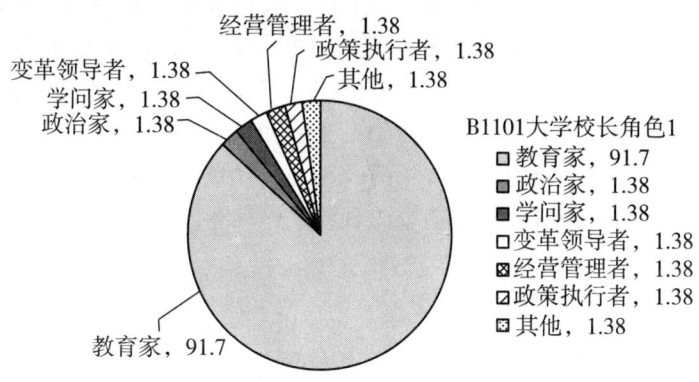

图3-9　大学校长的角色追求

（四）大学校长任职经历与评价

我国大学校长经过多岗位锻炼，担任中层干部岗位数平均2.6个，其中最多的曾担任9个中层岗位，积累了丰富的管理经验。

学校中层干部和教授对校长的各项管理素质评价都比较高。83%的中层干部、89.1%的教授认为校长"使命感与全身心投入"表现比较优秀；75.2%的中层干部、66.3%的教授认为校长"组织战略与愿景管理能力"比较优秀；74.1%的中层干部、64.6%的教授认为校长"沟通协调能力"比较优秀；70.5%的中层干部、59.1%的教授认为校长"变革的勇气和魄力"比较优秀；77.9%的中层干部、66.2%的教授认为校长"高等教育理念和知识"比较优秀；68.7%的中层干部、57.8%的教授认为校长"人财物资源的配置能力"比较优秀；66.3%的中层干部、56.4%的教授认为校长"激励员工和团队建设能力"比较优秀；65.1%的中层干部、57.8%的教授认为校长"组织结构和体制机制设计能力"比较优秀；62.1%的中层干部、64.9%的教授认为校长"与政府、企业、媒体等建立合作伙伴关系能力"比较优秀。中层干部认为所在学校校长的管理风格是属于民主型（44.5%）、革新性（30.7%），主要通过理念认同（73.9%）、依法治校（71.7%）、目标感召（45.7%）、放手授权（39.1%）、协商民主（39.1%）等方式管理学校。

（五）大学校长的治校方式

50%的校长认为对于中国大学校长而言，"感染大众"（含师生、校友、公众等）是最为重要的领导技巧；管理学校的主要方式是"理念认同"（73.9%）、"目标感召"（45.7%）。校长们主要通过"面向教师、干部作主题报告"（91.3%）、

"工作会议"（80.4%）、"开学典礼及毕业典礼讲话"（56.5%）等途径向学校师生传播自己的办学理念。66.4%的校长一年内都会面向校内学生作报告，平均1.7次，其中最多的校长面向学生报告16次；67.2%的校长一年内都会面向教师、干部作报告，平均2.6次，其中最多的校长，报告了20次。中层干部认为所在学校校长的管理风格是属于民主型（44.5%）、革新性（30.7%）。66.3%的中层干部、56.4%的教授认为校长的"激励员工和团队建设能力"比较优秀；74.1%的中层干部、64.6%的教授认为校长的"沟通协调能力"比较优秀。58.3%的中层干部、70.9%的教授认为所在学校的日常工作和业绩对于校长依赖性比较大。

（六）大学校长的改革愿望

校长们认为最重要的三项领导工作是战略规划（80.4%）、人才引进与培养（71.7%）、学科专业建设（45.7%）；最主要的困难是内部体制与机制的不适应（54.3%）、人才引进与培养（50%）、资金筹措（50%）、办学理念的冲突（34.8%）；投入精力最多的工作是战略规划（63%）、学科与专业建设（54.3%）、人才引进与培养（54.3%）、学校内部体制改革（50%）；认为目前大学校长最需要提高的素质是变革的勇气和魄力（79.5%）、使命感与全身心的投入（56.8%）、组织愿景与战略管理能力（50%）、组织结构和体制机制设计能力（36.4%）。调查中，校长们一年内召开战略规划研究类会议平均0.6次，其中最多召开了5次；召开师资人才类会议平均0.8次，其中最多的校长召开了11次；召开内部管理体制改革研究类会议平均0.5次，其中最多校长召开了7次。中国大学校长的治理和改革理念得到学校中层和教授的认可。95.2%的中层干部、90.8%的教授认为校长对学校发展和定位的影响力比较大；86.4%的中层干部、89.4%的教授认为校长对学校改革与发展进程的控制力比较大。65.2%的校长、68.2%的书记、60.4%的中层干部、51.6%的教授认为学校在服务社会经济发展方面发挥了较大的作用。

第三节　我国大学校长专业化发展的现状、问题与成因

一、我国大学校长专业化发展的现状

（一）"专心的事业"状态的数据与分析

"专心的事业"表现为其动机与行为的专一性，心无旁骛地担任大学校长，

主要体现为职业理想、角色认同、制度认同、工作动力等；行为的专一性主要体现为校长岗位履职情况和是否有其他费时较多的兼职。

1. 思想认同。

职业理想和角色认同是大学校长专心的思想基础。54.5%的校长认为担任大学校长这一职务不是他的职业理想，如果自由竞聘，70.6%会继续担任这所学校校长，29.4%则表示不会。不会继续留任的校长中，50岁以下的占20%，51～55岁的占40%，56～60岁的占40%。工学背景的校长中，64.7%认为担任校长是他的职业理想，比例最高；哲学、法学、农业背景担任大学校长的职业理想较低。87.2%的校长认为最应该扮演的角色是教育家，但是只有38.3%的校长认为自己实际上扮演最多的角色是教育家。50岁以下、51～55岁、56～60岁和60岁以上的校长中，分别有25%、47.1%、33.3%和60%认为自己实际上扮演最多的角色是教育家。具有留学经历的校长中，有35.7%认为自己实际上扮演最多的角色是教育家。理学背景的校长中，有63.6%认为自己实际扮演最多的角色是教育家，比例最高；教育学、管理学、文学背景的校长认为自己实际扮演最多的角色是教育家的比例较低，如图3-10所示。

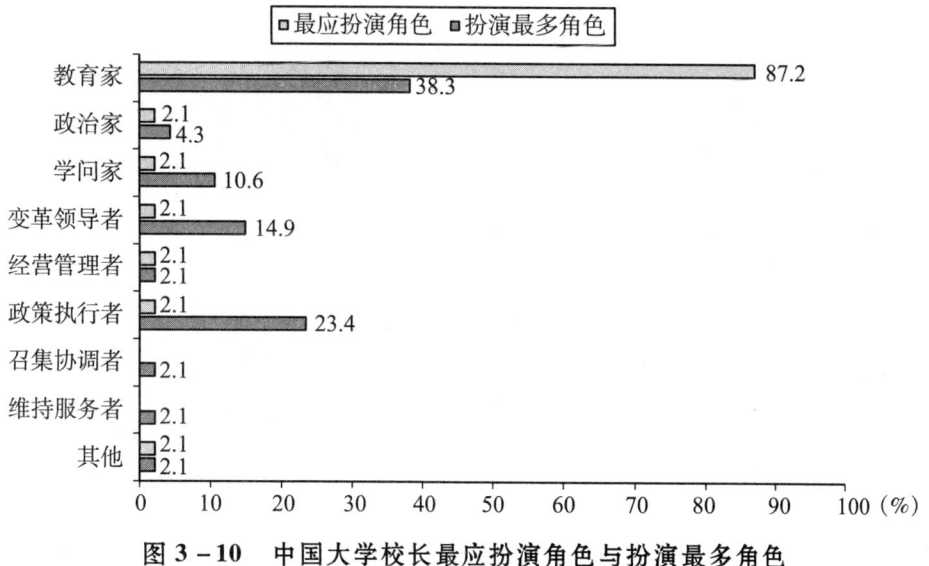

图3-10 中国大学校长最应扮演角色与扮演最多角色

制度认同是大学校长专心的思想保障。87.2%的大学校长、91.1%的大学书记都认为其所在学校的党政关系是和谐的，63.2%的教授和76.7%的中层干部也认为所在学校党政关系是和谐的，如图3-11所示。认为党政关系很不和谐的校长占4%，年龄集中在50～55岁。91.5%的校长在校长办公会议之前，重大事项的决策会与学校党委书记沟通；97.7%的书记在党委会前就重大事项会主动与校长沟通，如图3-12所示。80.6%的校长认为在办学过程中，自己的办学理念大部分得到体现。54.3%的校长认为工作中碰到的主要困难是内部体制与机制的不适应。

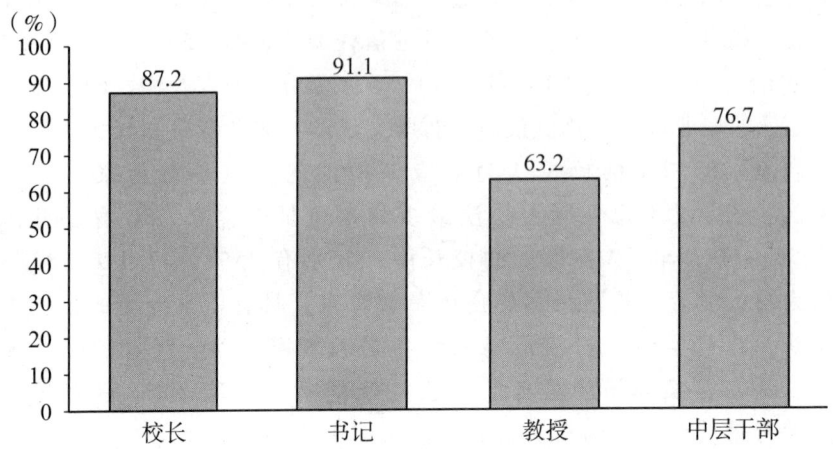

图 3-11　中国大学校长、书记、教授、中层干部对党政关系是否和谐的态度

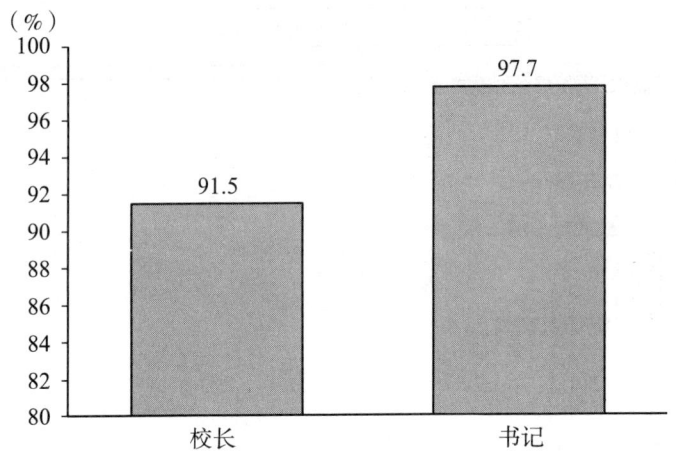

图 3-12　中国大学校长与书记就学校重大事项沟通情况

部分大学存在党政关系不和谐现象的原因，主要是职责边界不清晰（76.1%）、治校理念与工作方法不一致（56.5%）、制度框架的先天性缺陷（45.7%），如图3-13所示。

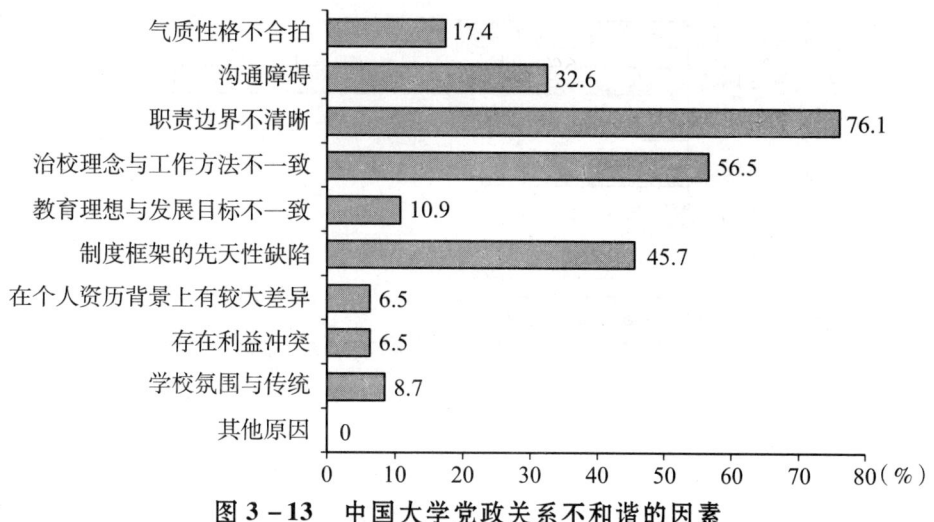

图 3-13 中国大学党政关系不和谐的因素

在党委领导下的校长负责制中，78.7%的校长倾向于书记与校长的配备模式为：校长是教育家（主导学校的发展），党委书记是学校决策的召集人，如图 3-14 所示。校长认为自己的办学理念没有得到体现的主要障碍来自于学校传统习惯（62.9%）和校内领导体制（57.1%），如图 3-15 所示。

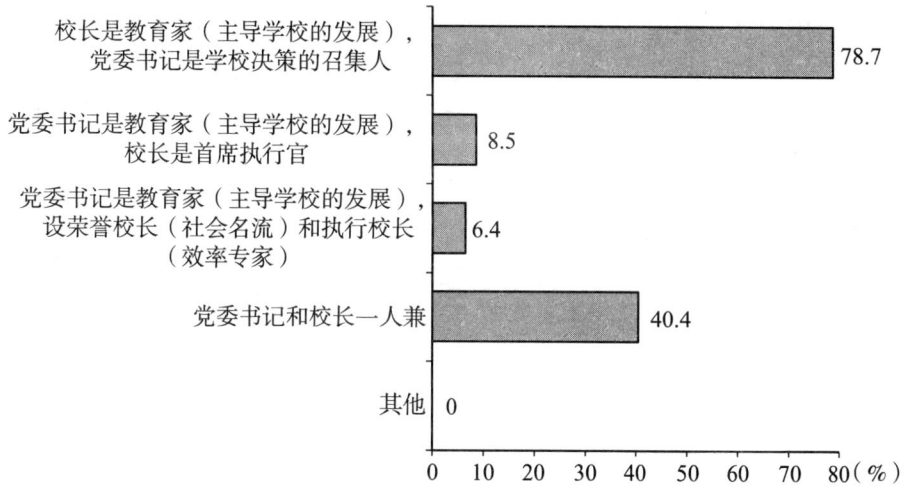

图 3-14 校长对中国大学党政配备模式的态度

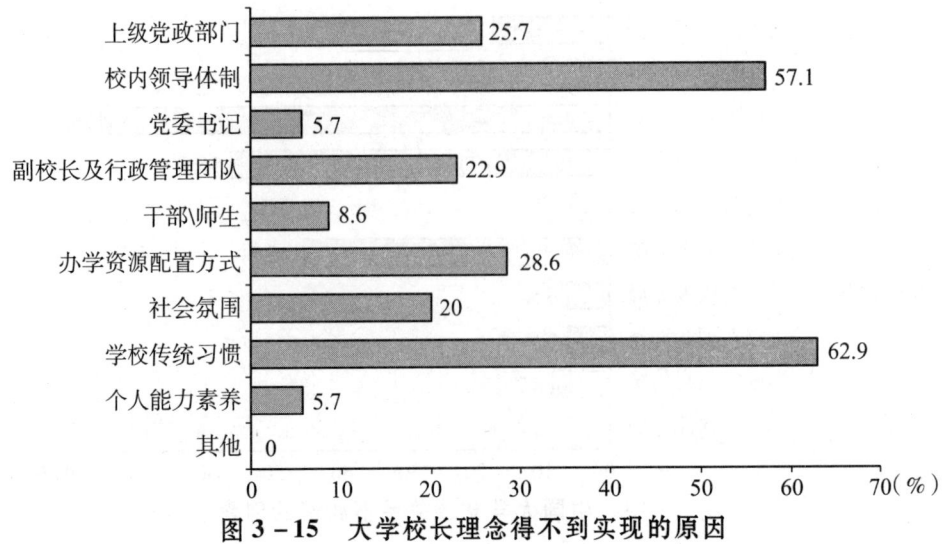

图 3-15　大学校长理念得不到实现的原因

工作动力是大学校长专心的内部驱动。众多工作动力因素中，校长们认为"社会责任"、"成就感"、"职业荣誉"、"挑战性"很重要，而"职务晋升"、"学术发展"、"薪酬待遇"等因素对校长工作动力来说并不重要，如图 3-16 所示。大学校长的工作压力也主要来自于自我要求和岗位责任感，54.5% 的校长认为工作压力的主要来源是自我期待（位居选项第一）。不同年龄阶段的校长工作的压力源是有差异的，50 岁以下的校长认为工作压力来源最大来自"教师"（85.8%）、学生（57.1%），51~60 岁的校长认为工作压力来源最大来自"自我期待"（63.3%）、教师（46.7%）。28.9% 的大学校长认为工作非常有成就感，66.7% 的大学校长认为比较有成就感。25% 的 50 岁以下校长、41.2% 的 51~55 岁的校长、38.5% 的 56~60 岁的校长、20% 的 61~65 岁的校长选择非常有成就感。62.5% 的 50 岁以下的校长、64.7% 的 51~55 岁的校长、61.5% 的 56~60 岁的校长、80% 的 61~65 岁的校长选择比较有成就感。哲学背景的校长成就感最低。

社会地位和形象是大学校长专心的外部驱动。大约有 1/3 的"211 工程"大学校长是全国人大代表和政协委员，其余大多为省级人大代表和政协委员。参与调查的校长中，有 5 人曾担任中共中央党代会代表，占 3.8%；21 人曾担任全国人大代表，占 16%；13 人曾担任全国政协委员，占 9.9%；1 人担任中国共产党第 17 届、18 届中央委员会候补委员，5 人担任全国人大常委，3 人曾任全国政协常委；26 人曾任省人大代表，占 19.8%；2 人担任省委候补委员。

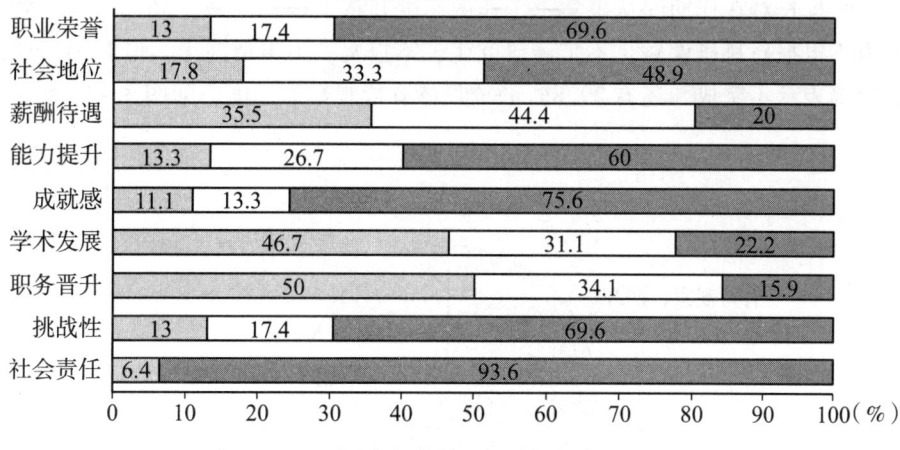

图 3-16　中国大学校长工作动力因素分布

2. 履职表现。

校内会议是大学校长日常管理的主要方式。2013 年，大学校长平均主持召开和参加经媒体报道的会议共计 15 次，其中党建、思政会议 5.2 次、校内事务布置类会议 4.8 次、教学科研类会议 3.1 次、师资人才类会议 0.8 次、内部管理体制改革研究类会议 0.5 次、战略规划研究类会议 0.6 次。

面向师生作报告是大学校长传播办学理念的重要途径。2013 年，66.4% 的大学校长面向校内学生作报告，平均 1.7 次；67.2% 的校长面向校内教师、干部报告，平均 2.6 次。

合作交流、出席仪式是大学校长办学活动的重要组成。2013 年，大学校长平均参加各类合作交流和仪式活动共计 26.5 次。其中，87% 的大学校长参与政府合作交流、陪同领导检查调研，平均 6.6 次；62.6% 的大学校长参与企业合作交流，平均 1.8 次；76.3% 的大学校长参与国内高校合作交流，平均 2.6 次；74% 的大学校长参与来访国外高校合作交流，平均 3.8 次；50.4% 的大学校长出国访问，平均 0.8 次；74.8% 的大学校长参与校内院部走访，调研平均 3.5 次%；89.3% 的大学校长出席各类仪式类活动平均 7.4 次。

3. 学术兼职。

现任大学校长中有 87% 继续从事原学术研究工作，从事原学术研究工作所占精力占 1/4 以上的有 51.3%，其中占一半精力的有 8.1%。91.6% 的大学校长拥有学术兼职，平均学术兼职 6.05 项；47.3% 的校长在任期间有学术类获奖，平均为 1.6 项；84.7% 校长在任期间发表学术论著，平均为 32.5 篇（部），其中 100 篇（部）以上 9.2%；10 篇（部）以上的校长 46.6%；未查到有业务类论著的校长仅有15.3%。

大学校长对在任期间从事学术工作的态度和认识很不一致。36.2%校长赞成任期内不申报新科研课题,不带新研究生,不报奖,不申请院士,但有31.9%的校长明确表示不赞成,还有29.8%的校长持有待观察的态度,如图3-17所示。

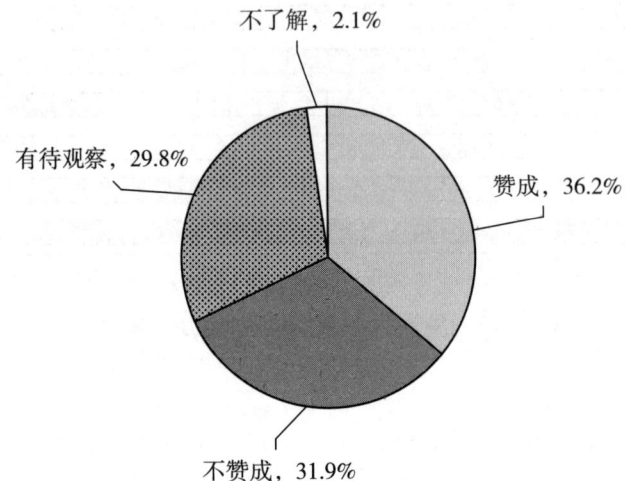

图3-17 大学校长对"四不"承诺的态度

大学校长对于目前"大学校长把更多精力放在了大学管理之外的事务"的判断:45.7%同意这一判断,其中19.6%同意,并认为应出台职业化制度规范校长行为;26.1%同意,但在现行的体制下,没必要大惊小怪,属正常现象;还有43.5%的校长对这一判断不完全同意,认为这只是个别现象,如图3-18所示。

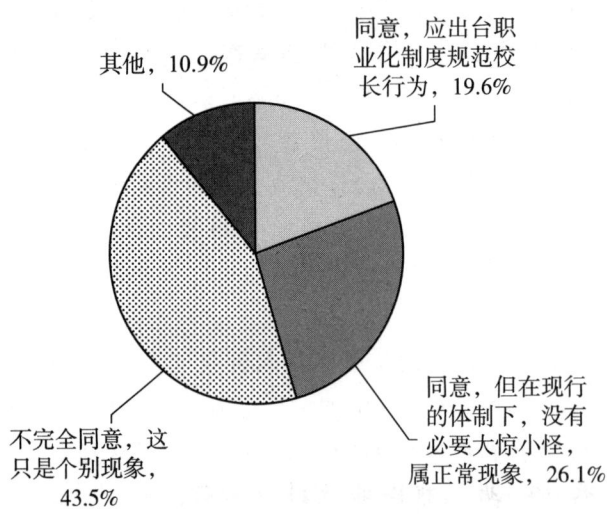

图3-18 校长对"很多校长把更多精力放在了大学管理之外的事务"的态度

78.7%的校长赞成打破大学校长一般由院士出任的惯例,现任中国大学校长两院院士的比例为26%,其中41.2%是在担任校长以后获评院士的。

59.1%的校长表示不愿放弃原有学术工作,成为职业化的大学校长。校长们认为,继续从事科研工作的动力主要来源于提升学校学术声誉(46.3%)、继续实现学术抱负(37.5%)、离任后可继续从事学术工作(31.7%),增加岗位的权威(27.5%)、对学科和学生负责任(25.6%)、兴趣,放弃了可惜(22.5%);有86.7%的大学校长最希望离任后回到学科从事学术工作,如图3-19所示。

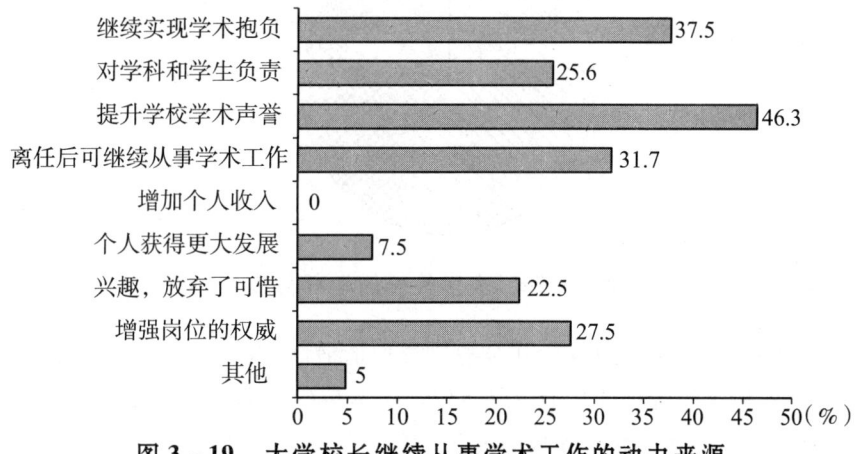

图 3-19 大学校长继续从事学术工作的动力来源

50岁以下校长100%继续从事原学术研究工作,只有12.5%表示愿意放弃原学术工作,担任职业化的校长;50~60岁的校长83.9%从事原学术研究工作,有53.3%的校长愿意放弃学术工作,担任职业化的校长;60岁以上的校长75%从事原学术研究工作,有25%的校长愿意放弃学术工作,担任职业化的校长。具有海外留学经历的校长78.7%继续从事原学术工作,33.4%愿意放弃学术工作,担任职业化的校长。管理学背景继续从事原学术工作的校长比例最低,愿意放弃学术工作,担任职业化校长的比例最高,达80%。

在任校长期间指导硕士研究生的有75人,占59.5%;在任校长期间平均每人指导硕士研究生13.6人,指导硕士研究生50人以上的5人;其中最多的指导了98人,平均每年指导硕士研究生10人。在任校长期间指导博士研究生的有84人,占66.7%,平均8.2人;指导博士研究生20人以上的8人,年均指导博士研究生最多达7人。在任校长期间不带研究生的共31人,占24.6%。

(二)"专长的从业"状态的数据与分析

"专长"主要体现为知识储备、专门的能力素养。"有专长的从业"主要表现为职业背景、学术素养、管理素养等的特殊性。

职业背景,包括学科背景和职业经历。中国大学校长的学科背景大部分是理工科。63%的大学校长理工科出身,人文社科出身的校长仅占37%,其中管理学背景的校长占10.9%,教育学背景的校长仅占4.3%,如图3-20所示。

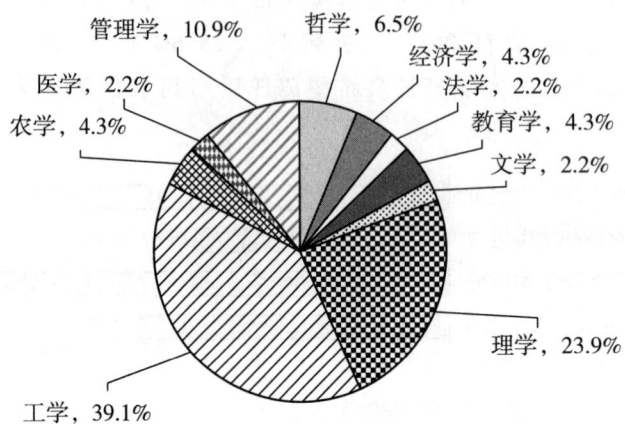

图3-20 大学校长的学科背景

中国大学校长都曾经历多个中层管理岗位的锻炼。担任中层干部岗位数平均2.6个,其中最多的曾担任9个中层岗位。由本校的副职提拔和党委书记转任的校长占48.9%;由他校副职提拔的占22.9%,他校校长转任的占8.4%;政府部门转任的占11.5%;由科研机构负责人转任的占2.3%,如图3-21所示。

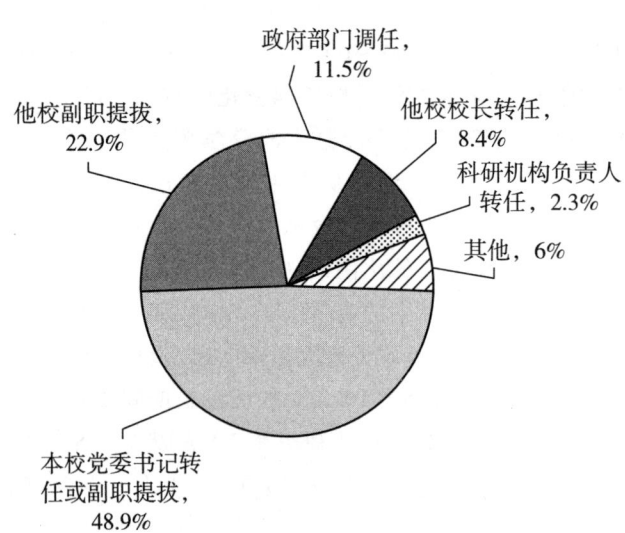

图3-21 现任大学校长的前一岗位状况

学术素养：中国大学校长具有一流的学术素养。他们所获学位中至少有一个是"211工程"大学或海外名校的学位；拥有博士学位的比例高达89.4%。99.8%的校长拥有教授职称，只有个别校长因政府部门调任未获教授职称；90.8%的校长是博士生导师；中国科学院和中国工程院院士占26%。校长所在学科是国家重点学科的占18.3%；所在学科位列国务院学位委员会学科排行榜中列前100位的有109个，占85.9%，平均位次为17位。因此，他们大部分是校内和学科领域的权威。47.3%的校长曾获得国家级科技奖励，校长在任期间获国家级科技奖平均为1.6项；任校长期间平均学术类论著数为32.5篇（部），100篇（部）以上的校长占9.2%；10篇（部）以上的校长占46.7%。

管理素养方面，大学校长具有强烈的改革意识。校长们认为最重要的领导工作是战略规划（80.4%），如图3-22所示。最主要的困难是内部体制与机制的不适应（54.3%）如图3-23所示。投入精力最多的工作是战略规划（63%），认为目前大学校长最需要提高的素质是变革的勇气和魄力（79.5%）。调查发现，大学校长2013年内召开战略规划研究类会议平均0.6次，其中有校长最多召开了5次；召开内部管理体制改革研究类会议平均0.5次，其中有校长最多召开了7次。

领导方式。50%的校长认为中国大学校长最重要的领导技巧是感染师生；主要的管理方式是理念认同、目标感召。校长们主要通过主题报告、工作会议、开学典礼及毕业典礼讲话等途径向师生传播办学理念。中层干部认为所在学校校长的管理风格是属于民主型的，校长激励员工和团队建设、沟通协调能力比较优秀。

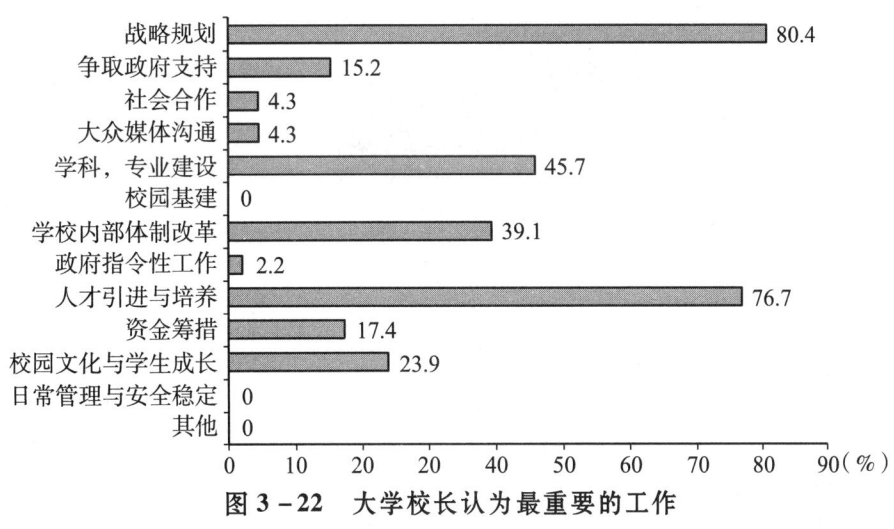

图3-22 大学校长认为最重要的工作

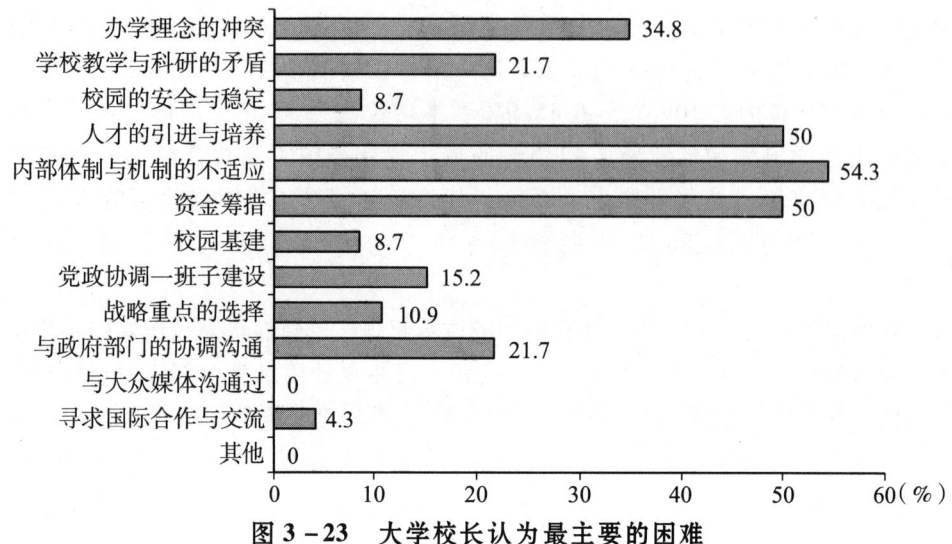

图 3-23　大学校长认为最主要的困难

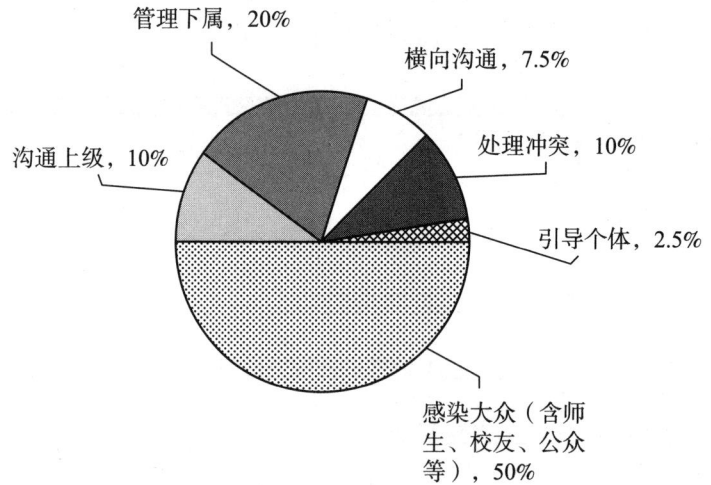

图 3-24　大学校长的领导技巧

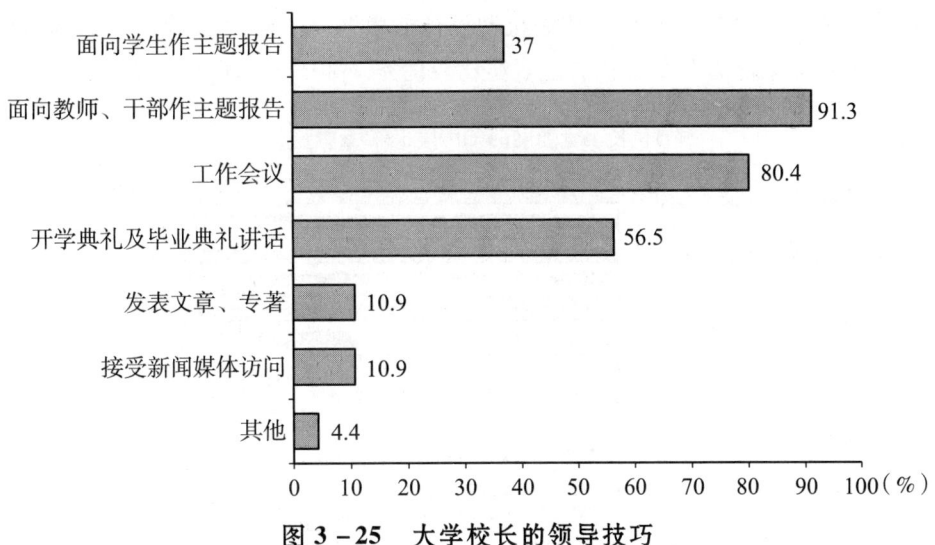

图 3-25 大学校长的领导技巧

业余阅读方面，大学校长们业余时间阅读最多的书主要分布在：教育理论类（65.2%）、专业学术类（47.8%）、时事政治类（45.7%）、历史文化类（39.1%）。工学背景的校长业余时间不阅读教育理论类书籍的比例最高，达44.4%；继续从事原学术工作的校长中有41%不订阅教育理论类书籍，如表3-4所示。

表 3-4   大学校长业余时间订阅、发表的刊物一览

刊物名称	订阅	发表
《中国高等教育》	88.6%	88.6%
《学位与研究生教育》	63.6%	29.7%
《中国高教研究》	40.9%	40.5%
《高等教育研究》	15.9%	2.8%
《比较教育研究》	13.6%	5.4%
《高等工程教育研究》	11.4%	16.2%
《教育发展研究》	9.1%	2.7%
《教育研究》	6.8%	16.2%

校长的管理素质得到较高评价。学校中层干部和教授们普遍认为校长"使命感与全身心投入"、"组织战略与愿景管理能力"、"沟通协调能力"、"变革的勇气和魄力"、"高等教育理念和知识"、"人财物资源的配置能力"、"激励员工和

团队建设能力"、"组织结构和体制机制设计能力"、"与政府、企业、媒体等建立合作伙伴关系能力"等方面管理素质比较优秀。如图 3-26 所示。

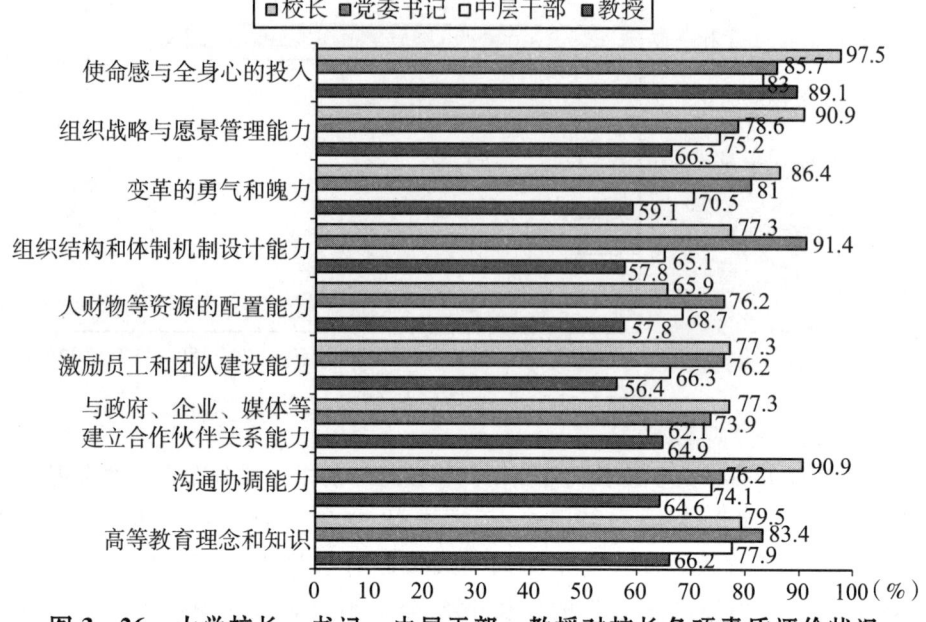

图 3-26 大学校长、书记、中层干部、教授对校长各项素质评价状况

大学校长的治理和改革理念得到体现。80.6% 的校长认为在办学过程中,自己的办学理念大部分得到体现。95.2% 的中层干部、90.8% 的教授认为校长对学校发展和定位的影响力比较大;86.4% 的中层干部、89.4% 的教授认为校长对学校改革与发展进程的控制力比较大。65.2% 的校长、68.2% 的书记、60.4% 的中层干部、51.6% 的教授认为学校在服务社会经济发展方面发挥了较大的作用。

大学校长的办学治校的能力素养主要得益于多岗位锻炼（82.6%）、边干边学（52.2%）、个人体悟（50%）、看书学习（37%）、他人的成功经验（23.9%）、前任的言传身教（15.2%），而政府系统的培训获得认可的比例相当低，只有 15.2%，如图 3-27 所示。

大学校长认为目前最需要提高的素质依次是：变革的勇气和魄力（79.5%）、使命感与全身心的投入（56.8%）、组织愿景与战略管理能力（50%）、组织结构和体制机制设计能力（36.4%）、高等教育理念和知识（29.5%）、激励员工和团队建设能力（20.5%）、与政府、企业、媒体、校友等建立合作伙伴关系能力（20.5%）、沟通协调能力（20.5%）、人财物等资源的配置能力（13.6%），如图 3-28 所示。

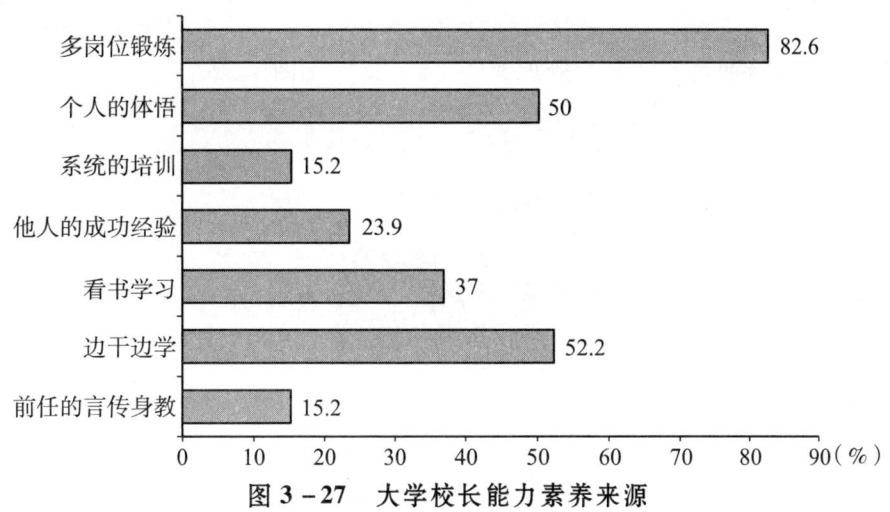

图 3-27　大学校长能力素养来源

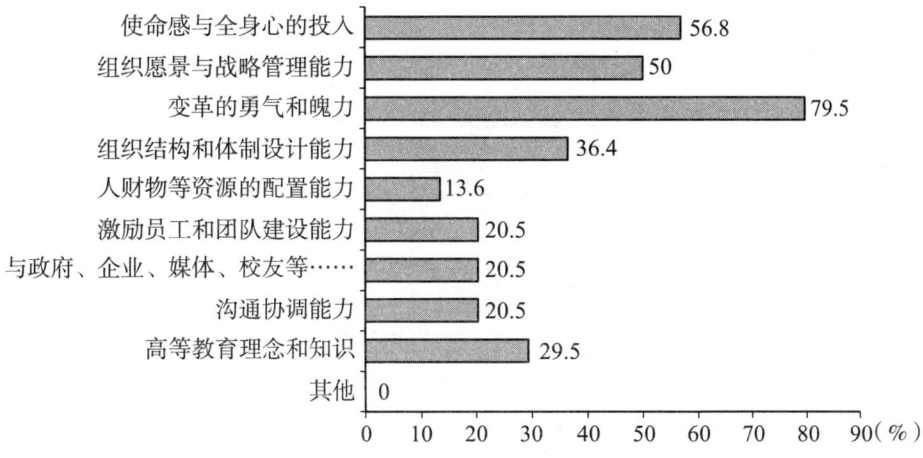

图 3-28　大学校长认为自己最需要提高的能力素养

(三)"专门的职业"状态的数据与分析

"专门的职业"强调的是大学校长职业的规范性，主要体现为职业权力的规范性、遴选、考核、薪酬、任期等制度的规范性。

职业权力。规范的权力是大学校长专业化的基本属性，但只有17%的校长认为学校实际拥有的办学自主权比较大，47.8%的校长认为学校实际拥有的自主权一般，34.8%的校长认为学校实际拥有的办学自主权较少，如图3-29所示。其中最缺乏的自主权是副校长人选的举荐权（56.5%），学位点的自主设置权（54.3%），学科、专业的设置权（47.8%），学生自主录取权（41.3%），中层行政干部的任免权（33.3%），薪酬设计的自主权（31.1%），教师职称评定与聘任权（20%），教学、科研领域的自主财务权（20%），课程体系的自主设置权（17.8%），如图3-30所示。

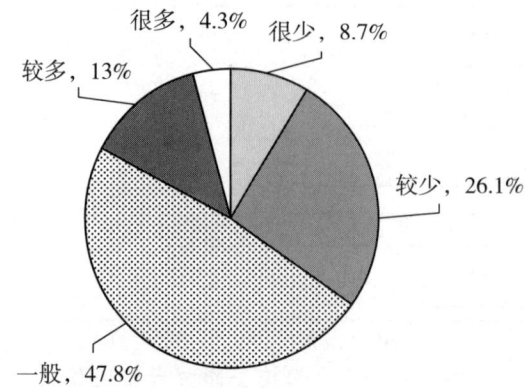

图3-29　大学校长对拥有办学自主权的看法

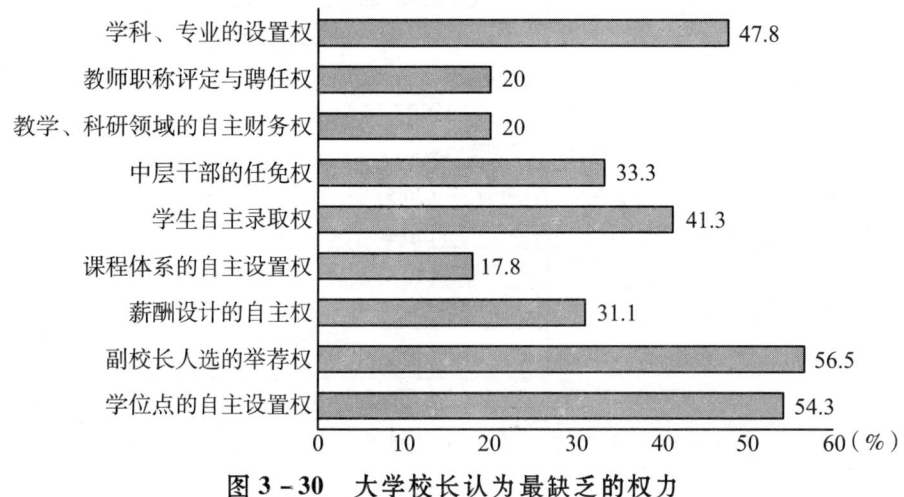

图3-30　大学校长认为最缺乏的权力

选择学校实际拥有办学自主权很少的校长全部集中在54~60岁这一年龄段；选择学校拥有办学自主权很多的校长只有两位，年龄分布恰好在两头，一位47岁，一位65岁；觉得自主权很少的校长全部选择继续从事学术工作；具有留学经历的校长中21.4%认为自主权很少，50%认为自主权一般，21.4%认为自主权较多，有1人认为自主权很多。

在《高等教育法》赋予大学校长的各项职权中，校长认为在治校过程中最需要强化的职权是拟定发展规划，制订具体规章制度和年度工作计划并组织实施（64.4%）、推荐副校长人选（53.3%）、拟订内部组织机构的设置方案（40%）、任免内部组织机构的负责人（40%），如图3-31所示。

遴选制度。科学的遴选制度是大学校长专业化的前提。一直以来，中国大学校长都是由政府任命。2011年底，教育部首次在东北师范大学、西南财经大学开展面向海内外公开选拔部属高校校长试点。2012年12月又启动了北京科技大学、北京中医药大学、中国药科大学三所直属高校校长的公开选拔工作。对教育部面向海内外公开选拔直属学校（东北师范大学、西南财经大学）校长的态度，59.5%的校长持赞成意见，希望加大力度，尽快推广，但也有31.9%的校长认为有待观察或没有实质作用。

47.8%的校长认为校长遴选的初始提名权应由"学校专门成立的遴选委员会"更具合理性，位列选项第一；26.1%的校长选择遴选的初始提名权应交给"政府专门成立的遴选委员会"。57.1%的校长认为"全球公开竞聘"方式产生校长最好，选择"校内民主直选"的比例为21.9%，只有2.9%的校长选择沿用应由"上级组织命令"的方式产生校长。年龄越小，选择"校内民主直选"方式的校长越多，60岁以上的校长无人选择该方式，56~60岁校长中有7.7%、51~55岁校长中有27.3%、50岁以下校长中有62.5%认为"校内民主直选"方式产生校长最好；选择"校内民主直选"方式产生校长的全部拥有海外高校留学学位。

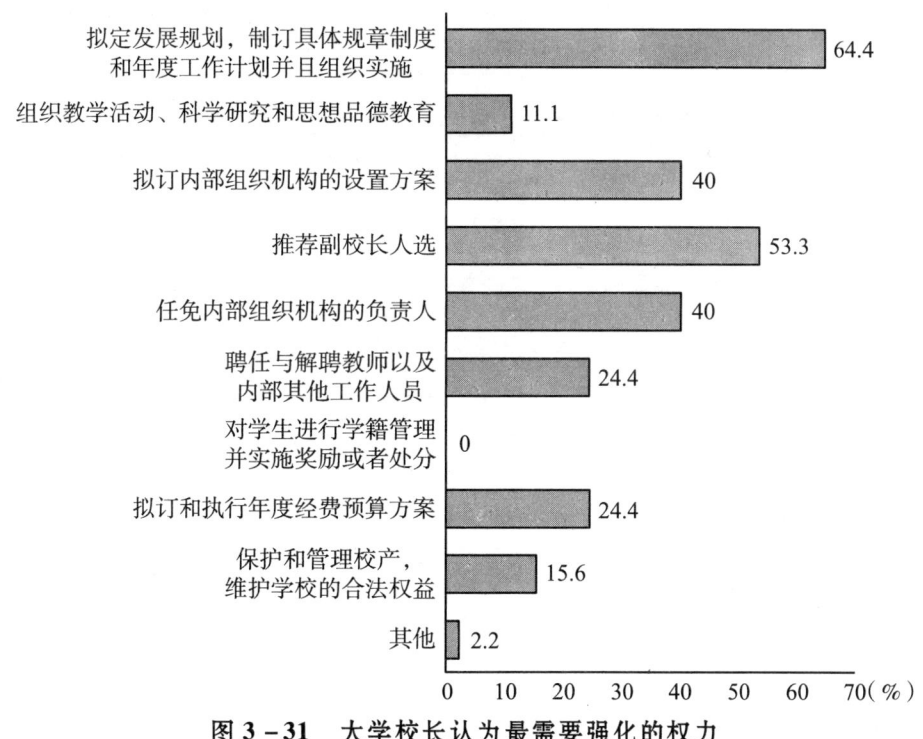

图3-31　大学校长认为最需要强化的权力

考核制度。有效的考核制度是大学校长专业化的保障。51.1%的校长认为现有考核制度对大学校长工作不太能够起到有效的导向功能。35.6%的校长认为大学校长的考核权应交给学校专门成立的遴选委员会，位列选项第一；28.9%的校长选择校长的考核权应交给"政府专门成立的考核委员会"。

校长们认为对大学校长的考核主要应侧重在以下方面，将大学愿景形成战略规划和目标方向（91.5%），学校管理体制与机制的改革与创新（89.4%），学校学科建设、人才培养、社会服务等领域取得的显著成绩（83%）等，如图3-32 所示。

薪酬制度。中国大学校长实际年收入平均 17.34 万元，10 万元以下的占 23.7%，15 万元以下的占 47.4%。54.8%的校长表示不满意，希望合理的年薪均值为 47.36 万元。随着年龄的增长，大学校长对实际年收入的不满意率越来越高，50 岁以下校长的不满意率是 50%，希望的合理年薪均值是 39.4 万元；50~60 岁校长的不满意率为 56.7%，希望的合理年薪均值是 49.2 万元；60 岁以上的校长不满意率为 66.7%，希望的年薪均值为 52.5 万元。具有海外留学经历的校长不满意率为 46.2%，希望合理的年薪均值为 60 万元。

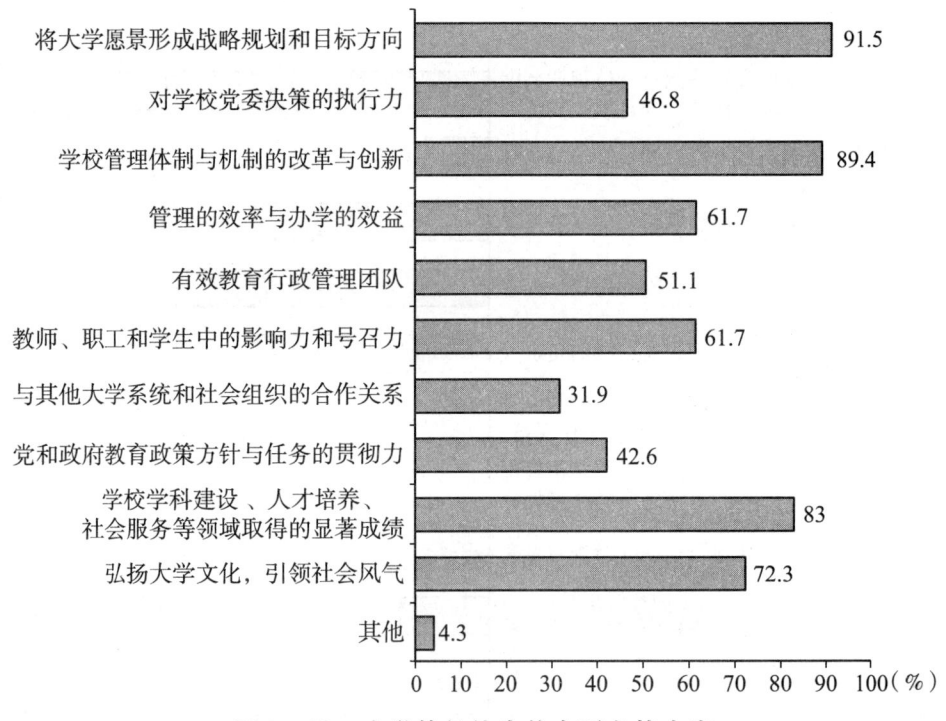

图 3-32　大学校长认为的主要考核内容

任期制度。现任大学校长平均担任校长时间为 4.6 年。根据"211 工程"大学部分已退休的校长抽样统计，平均任期为 7.5 年。

二、我国大学校长专业化发展的矛盾冲突

（一）理想追求与现实制度的矛盾

大学校长普遍的理想追求是成为教育家，但是在现有制度下，却只有 1/3 的校长认为自己实际扮演的是教育家角色。调查发现，大学校长实际扮演角色异常分散多样，选择政策执行者占 23.4%、变革领导者占 14.9%、学问家占 10.6%、政治家占 4.3%，经营管理者、召集协调者、维持服务者各占 2.1%。

在实际工作中，一方面，大部分校长把更多的精力放在了岗位之外的事务上；另一方面，在履行职责时忙于大量的事务性工作、仪式类活动。调查中，2013 年，校长们召开校内事务布置类会议平均 4.8 次，其中最多的校长召开了 38 次；陪同领导检查调研、与政府合作交流平均 6.6 次，其中最多的校长达 40 次；出席各类仪式类活动平均 7.4 次，其中最多的校长达 60 次。即使是自己认为实际扮演的是"教育家"角色的校长中，也有 83.3% 继续从事原学术工作，有 40% 花费了 1/4 以上的精力在学术研究上，55.6% 不愿意放弃学术工作担任职业化的校长。

阻碍中国大学校长成长为教育家的因素很多，主要是制度和体制环境。调查显示，47.8% 的校长认为学校实际拥有的自主权一般，34.8% 的校长认为学校实际拥有的办学自主权少。继续从事学术工作的校长中，花费一半精力从事学术工作的校长全都认为学校实际拥有的办学自主权较少；花费 1/4 精力从事学术工作的校长有 84.7% 认为学校实际拥有的办学自主权较少。我国部分大学存在党政关系不和谐现象的原因主要是职责边界不清晰（76.1%）、治校理念与工作方法不一致（56.5%）、制度框架的先天性缺陷（45.7%），如图 3-33 所示。在党委领导下的校长负责制中，78.7% 的校长希望，书记与校长的配备模式倾向于校长是教育家（主导学校的发展），党委书记是学校决策的召集人。校长们认为，自己的办学理念没有得到体现的主要障碍来自于学校传统习惯（62.9%）、校内领导体制（57.1%）、办学资源配置方式（28.6%）、上级党政部门（25.7%）、副校长及行政管理团队（22.9%）、社会氛围（20%），如图 3-34 所示。

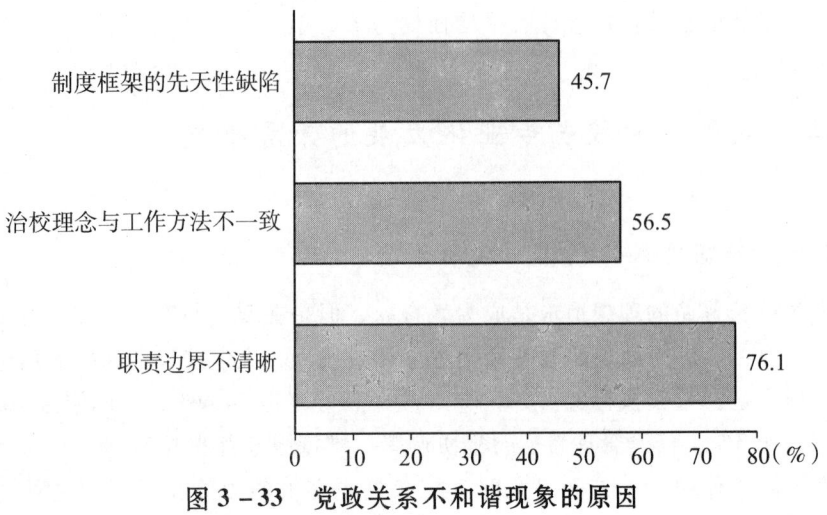

图 3-33 党政关系不和谐现象的原因

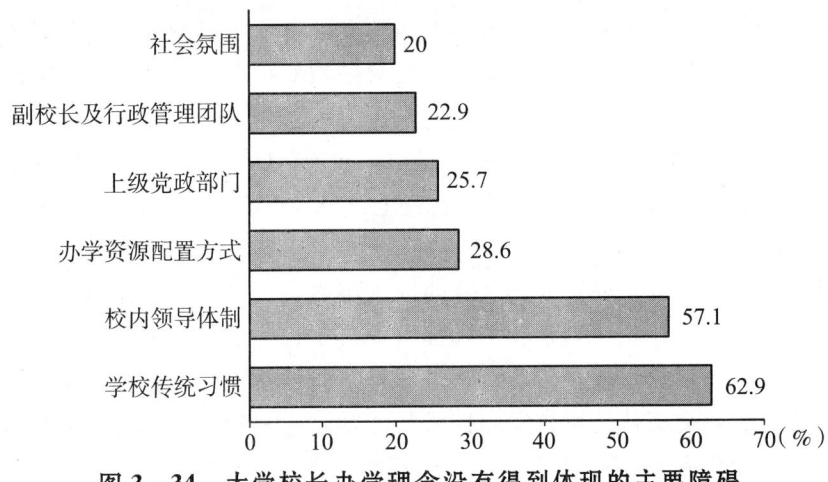

图 3-34 大学校长办学理念没有得到体现的主要障碍

(二) 专业化要求与个人学术发展的冲突

当前,大学校长对专业化发展问题还比较困惑,一方面认为大学校长岗位责任重大,事务繁忙,需要用整个的心去做整个的校长;另一方面又对目前制度环境下成为职业校长持观望态度,不愿放弃原学术研究工作。调查中,1/3 的校长赞成任期内不申报新科研课题,不带新研究生,不报奖,不申请院士,1/3 的校长明确表示不赞成,还有 1/3 的校长持有待观察的态度。大学校长对于目前"大学校长把更多精力放在了大学管理之外的事务"的判断:45.7% 同意这一判断,其中 19.6% 同意,并认为应出台职业化制度规范校长行为;26.1% 同意,但在现行的体制下,没必要大惊小怪,属正常现象;还有 43.5% 的校长对这一判断不完全同意，认为这只是个别现象，如图 3-35 所示。78.7% 的校长赞成打破大学校长一般由院士出任的惯例，但现任大学校长中却有 87% 继续从事原学术研究工作，从事原学术研究工作所占精力占 1/4 以上的有 43.2%，占一半精力的有 8.1%。校长信息跟踪调查显示，47.3% 的校长在任期间有学术类获奖，平均为 1.6 项。84.7% 校长在任期间发表学术论著，平均为 32.5 篇（部），其中最多的校长发表 325 篇（部）；100 篇（部）以上的占 9.2%；10 篇（部）以上的校长占 46.7%。现有 34 位校长是两院院士，占 26%；另有 2 位俄罗斯工程院院士；其中 14 人是担任校长后获评两院院士的，占院士校长的 41.2%。59.1% 的校长表示不愿放弃原有学术工作，成为职业化的大学校长；有 86.7% 的大学校长离任后最希望回到学科从事学术工作。

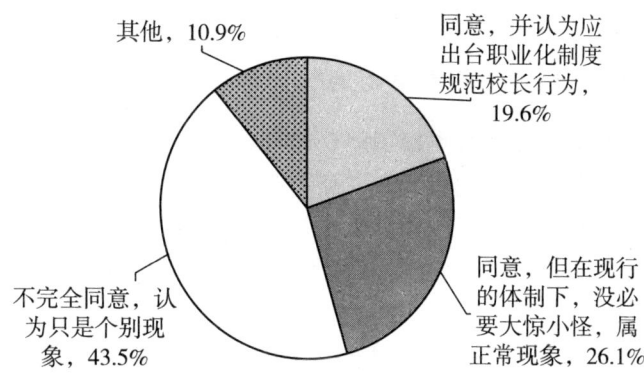

图 3-35 大学校长对"把更多的精力放在了大学管理之外的事务"的判断

（三）职业理想与工作动力的困惑

中国大学现任校长的职业理想非常不稳固，工作动力也主要来自于个人精神层面的责任和满足，制度激励和保障体系缺乏有效作用。调查发现，57.1% 的校长认为担任大学校长这一职务不是他的职业理想；如果大学校长岗位实行自由竞聘，38.5% 则表示不会参加。校长工作的压力并非来自组织与制度性的目标要求，而主要来源于自我期待（54.5%）；对自己缓解角色冲突影响最大的因素也是靠自我内心的平衡、修养的提高（73.9%）、教职员工的理解（60.9%），而非组织和制度的有效保障，如图 3-36 所示。大学校长认为工作动力因素中社会责任、成就感、职业荣誉、挑战性"很重要"；在当前状态下，职务晋升、学术发展、薪酬待遇对校长工作动力来说并"不重要"。在实际工作中，大学校长把更多精力放在了大学管理之外的事务，87% 的现任大学校长继续从事原学术研究工作；59.1% 的校长不愿放弃原有学术工作，担任专业化的校长。

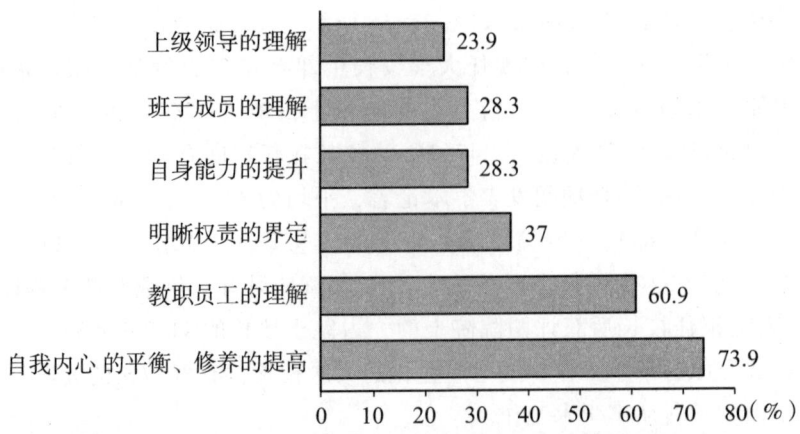

图3-36 大学校长对自己缓解角色冲突影响最大的因素

(四) 体制传统对变革愿望制约

现有体制使得具有强烈变革愿望的校长缺乏勇气和魄力去实施变革,其办学理念的体现也遭遇传统习惯的阻碍。调查发现,中国大学校长具有强烈的变革愿望,他们认为校长岗位最重要的领导工作是战略规划(80.4%),投入精力最多的工作也是战略规划(63%),认为目前大学校长最需要提高的素质是变革的勇气和魄力(79.5%)。他们认为工作中最主要的困难是内部体制与机制的不适应(54.3%);自己的办学理念没有得到体现的主要障碍来自于学校传统习惯(62.9%)、校内领导体制(57.1%)、办学资源配置方式(28.6%)、上级党政部门(25.7%)、副校长及行政管理团队(22.9%)、社会氛围(20%);认为部分大学存在党政关系不和谐现象的原因主要是职责边界不清晰(76.1%),治校理念与工作方法不一致(56.5%),制度框架的先天性缺陷(45.7%);在《高等教育法》赋予大学校长的各项职权中,校长认为在治校过程中最需要强化的职权是拟定发展规划,制订具体规章制度和年度工作计划并组织实施(64.4%)、推荐副校长人选(53.3%)、拟订内部组织机构的设置方案(40%)、任免内部组织机构的负责人(40%),见图3-37所示。

(五) 自我评价与社会期待的落差

大学校长各项素质自我评价普遍比较高,但是学校党委书记、中层干部、教授们对校长的评价却相应的要低很多。如"使命感与全身心投入"校长自我评价优秀率为97.5%,而书记对其评价为85.7%、中层干部为83%、教授为89.2%;"组织战略与愿景管理能力"校长评价优秀率为90.9%,书记评价优秀率为78.6%、中层干部为75.2%、教授评价则为66.3%;"沟通协调能力"校长自我

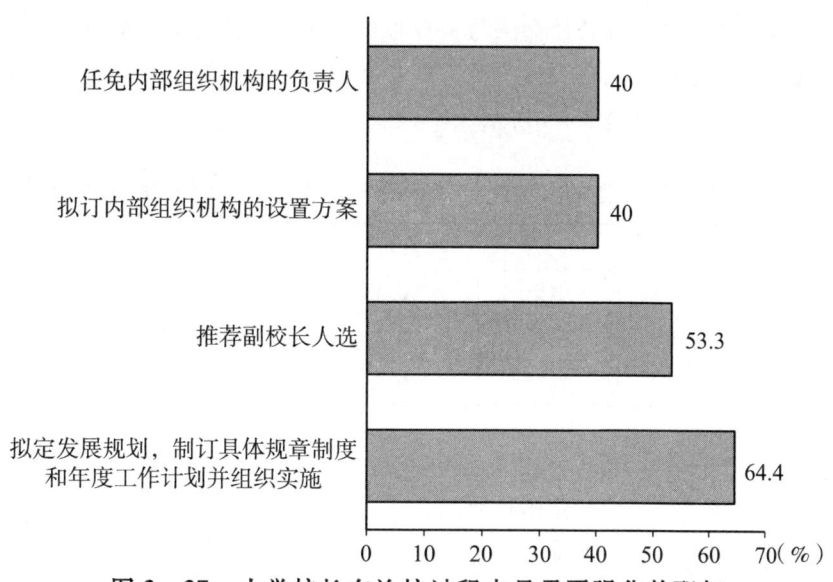

图 3-37 大学校长在治校过程中最需要强化的职权

评价优秀率为 90.9%、书记评价为 76.2%、中层干部为 74.1%、教授为 64.6%；"变革的勇气和魄力"校长自我评价优秀率为 86.4%，书记评价为 81%、中层干部为 70.5%、教授评价仅为 59.1%，如图 3-38 所示。近年来，我国大学校长也备受公众的关注和质疑，成为高等教育领域中与高考招生、学术腐败并驾齐驱的网络炒作热点，成为继影视明星、领导干部之后又一备受舆论瞩目的焦点。公众对大学校长也有着更高的期待。

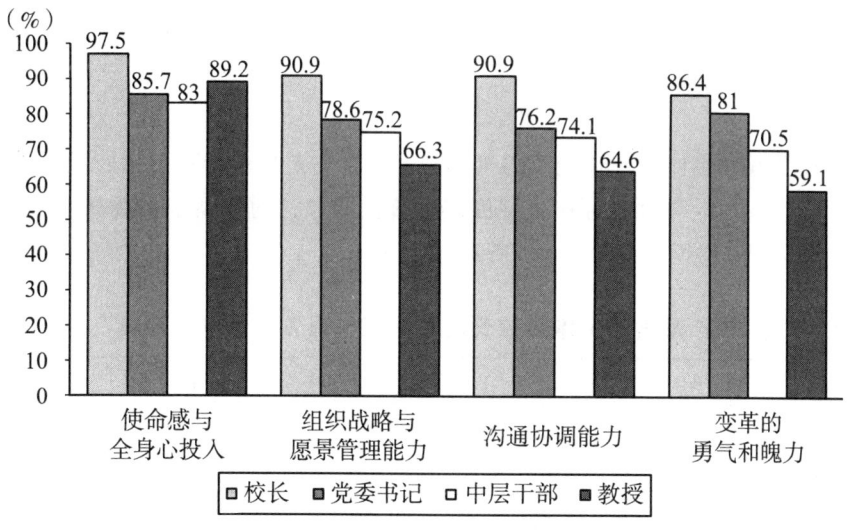

图 3-38 大学校长、党委书记、中层干部、教授对校长的评价

校长及其他主体对校长使命感与全身心投入评价方差检验结果显示：校长对于使命感与全身心的投入自我评价显著高于书记、中层、教授对于其的评价，均值差均在 0.4 以上，如表 3-5 所示。

表 3-5　　校长及其他主体对校长使命感与全身心投入评价方差检验

	I	J	均值差（I-J）	标准误	显著性
Tamhane	校长	书记	0.438*	0.128	0.006
		中层	0.426*	0.077	0.000
		教授	0.759*	0.082	0.000

注：*：P<0.05。

校长及其他主体对校长组织战略与愿景管理能力评价方差检验结果显示：在组织战略与愿景管理能力选项上，校长与书记、中层的评价无显著性差异，均值要高于书记和中层。校长与教授的评价有显著性差异，均值差为 0.303，如表 3-6 所示。

表 3-6　　校长及其他主体对校长组织战略与愿景管理能力评价方差检验

	I	J	均值差（I-J）	标准误	显著性
Tamhane	校长	书记	0.126	0.146	0.949
		中层	0.055	0.088	0.990
		教授	0.303*	0.090	0.007

注：*：P<0.05。

校长及其他主体对校长变革勇气和魄力评价方差检验结果显示：校长在变革勇气和魄力选项上与教授对其的评价有显著性差异，均值高于教授 0.456。与书记、中层无显著差异，如表 3-7 所示。

表 3-7　　校长及其他主体对校长变革勇气和魄力评价方差检验

	I	J	均值差（I-J）	标准误	显著性
Tamhane	校长	书记	0.161	0.158	0.892
		中层	0.159	0.111	0.638
		教授	0.456*	0.114	0.001

注：*：P<0.05。

校长及其他主体对校长人财物资源配置能力评价方差检验结果显示：在人财物资源配置能力上，校长的自我评价要显著高于教授对其的评价，均值差为0.343。而校长与书记、中层无显著差异，如表3-8所示。

表3-8　　　校长及其他主体对校长人财物资源配置能力评价方差检验

	I	J	均值差（I-J）	标准误	显著性
Tamhane	校长	书记	0.039	0.146	1.000
		中层	0.080	0.107	0.975
		教授	0.343*	0.109	0.014

注：*：P<0.05。

校长及其他主体对校长激励员工和团队建设能力评价方差检验结果显示：激励员工和团队建设能力上，校长自我评价要显著高于教授，与书记、中层的评价无显著差异，如表3-9所示。

表3-9　　　校长及其他主体对校长激励员工和
团队建设能力评价方差检验

	I	J	均值差（I-J）	标准误	显著性
Tamhane	校长	书记	0.205	0.154	0.709
		中层	0.138	0.104	0.713
		教授	0.340*	0.106	0.011

注：*：P<0.05。

校长及其他主体对校长沟通协调能力评价方差检验结果显示：在校长的沟通协调能力评价上，校长和教授对其的评价存在显著差异，均值差为0.287，如表3-10所示。

表3-10　　校长及其他主体对校长沟通协调能力评价方差检验

	I	J	均值差（I-J）	标准误	显著性
Tamhane	校长	书记	0.256	0.155	0.475
		中层	0.088	0.089	0.909
		教授	0.287*	0.093	0.016

注：*：P<0.05。

（六）社会责任与薪酬待遇的不匹配

大学校长工作责任重大，社会关注度和期待要求都非常高。合理的薪酬体系是大学校长专业化的重要标志，也是其基本保障。校长的薪酬标准过低，会导致校长的精力投入不足,职业意识低下,校长的办学热情也会受到影响。调查中,校长们也认为社会责任、成就感、职业荣誉、挑战性是工作的主要动力,职务晋升、学术发展、薪酬待遇等并不是很重要。但是即便是这样,他们对自己薪酬待遇远低于在同等社会阶层的状态非常不满意。中国大学校长实际年收入平均17.34万元,10万元以下的占23.7%,15万元以下的占47.4%。54.8%的校长表示不满意,希望合理的年薪均值为47.36万元。

(七)能力要求与培训成效的差距

大学管理工作的日益社会化、复杂化对校长能力素养提出了越来越高的专业化要求,如果缺乏系统科学、专业化的培训,中国大学很难走上理性科学发展之路,很难推动其内涵式发展。校长们利用业余时间阅读教育理论类书籍,订阅和发表大学管理研究文章的刊物主要集中在具有政府管理背景的《中国高等教育》《学位与研究生教育》两本杂志上,其他教育研究类核心期刊则很少有人关注。校长们的办学治校的能力素养主要得益于多岗位锻炼(82.6%)、边干边学(52.2%)、个人体悟(50%)、看书学习(37%)、他人的成功经验(23.9%)、前任的言传身教(15.2%),而政府的专门培训获得认可的比例相当低,只有15.2%,如图3-39所示。大学校长认为目前最需要提高的素质变革的勇气和魄力(79.5%)、使命感与全身心的投入(56.8%)、组织愿景与战略管理能力(50%)、组织结构和体制机制设计能力(36.4%)、高等教育理念和知识(29.5%)、激励员工和团队建设能力(20.5%)、与政府、企业、媒体、校友等建立合作伙伴关系能力(20.5%)、沟通协调能力(20.5%)、人财物等资源的配置能力(13.6%)。我们目前的校长培训体系,显然难以满足校长专业化发展的需求。

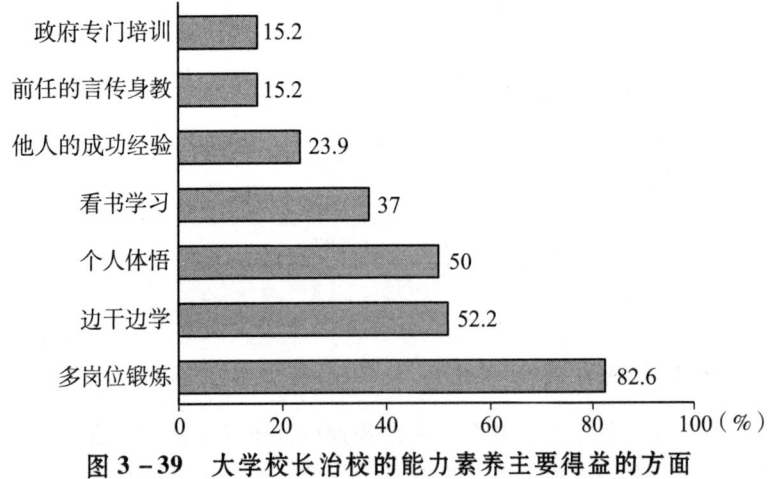

图3-39 大学校长治校的能力素养主要得益的方面

(八) 压力来源与遴选考核的错位

科学的遴选考核机制是大学校长职业化发展的"指挥棒"、"动力源"。调查发现，大学校长的压力主要来源前三位的自我期待（54.5%）、教师（52.3%）、学生（38.6%），说明大学校长主要是为师生服务，对学校和师生负责，无论是遴选还是考核，所在学校都应该是主体。

调查中，47.8%的校长也认为校长遴选的初始提名权应由学校专门成立的遴选委员会更具合理性。57.1%的校长认为"全球公开竞聘"方式产生校长最好，只有2.9%的校长选择沿用应由"上级组织命令"的方式产生校长。对教育部面向海内外公开选拔两所直属学校（东北师范大学、西南财经大学）校长的态度，59.5%的校长持赞成意见，希望加大力度，尽快推广。

对于现在的考核方式如图3-40所示，51.1%的校长认为对大学校长工作不太能够起到有效的导向功能，35.6%的校长认为大学校长的考核权应交给学校专门成立的遴选委员会。校长们认为对大学校长的考核主要应侧重在以下方面，将大学愿景形成战略规划和目标方向（91.5%），学校管理体制与机制的改革与创新（89.4%），学校学科建设、人才培养、社会服务等领域取得的显著成绩（83%），弘扬大学文化，引领社会风气（72.3%），教师、职工和学生中的影响力与号召力（61.7%），管理的效率与办学的效益（61.7%），有效驾驭行政管理团队（51.1%），对学校党委决策的执行力（46.8%），党和政府教育政策方针与任务的贯彻力（42.6%），与其他大学系统和社会组织的合作关系（31.9%）。

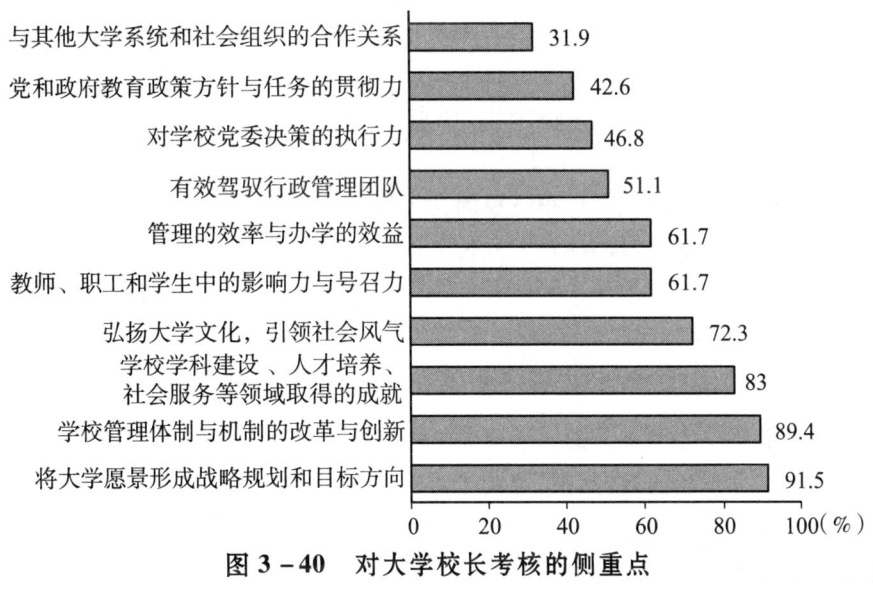

图3-40 对大学校长考核的侧重点

三、我国大学校长专业化发展的问题成因

完善中国特色现代大学制度进程中，在坚持"中国特色"的前提下，"校长负责"无法真正实现，专业化水平难以提升，究其根本原因在于缺乏系统有效的的制度保障。

（一）缺乏职业激励与荣誉制度，难以成为"能专心的事业"

校长专业化，动力是前提。中国大学校长是一个高层次的精英人才群体，具有远大的精神追求、一流的学术素养、高超的管理能力，他们对大学和自身的发展充满着期望和憧憬，但是当前的职业激励制度和环境却无法有效地调动其"负责的动力"，使其专心，用"整个的心做整个的校长"。几乎所有大学校长都具有成为教育家的职业理想，但是现实中由于制度保障等原因，只有1/3认为自己是教育家。半数以上的大学校长认为担任这一职务不是他的职业理想，如果自由竞聘，38.5%则表示不会参加。59.1%的校长不愿放弃原有学术工作，成为职业化的大学校长；87%继续从事原学术研究工作；60.7%的校长不赞成对在校长任期内不申报新科研课题，不带新研究生，不报奖，不申请院士；大批校长具有学术兼职，半数以上的校长花费1/4以上的时间在原学术工作上；26.1%校长认为在现行的体制下，"大学校长把更多精力放在了大学管理之外的事务"，没必要大惊小怪，属正常现象。大学校长工作动力因素中，社会责任、成就感、职业荣誉、挑战性等被认为是"很重要"的，薪酬待遇、职务晋升、社会地位、学术发展等因素被认为"不重要"，但大学教授们却认为对大学校长具有较大吸引力是社会地位（64.8%）、职业荣誉（50.2%）、成就感（44.2%）等因素。

现任大学校长的职业理想很不稳固，工作动力仅靠责任感与自我要求。多数不愿放弃学术研究，全身心地投入校长工作。推进大学校长专业化，亟待建立职业激励与荣誉制度。

（二）缺乏能力标准与培训制度，难以成为"有专长的从业"

校长专业化，能力是关键。中国大学校长虽然出身名校，拥有一流的学术素养，但是大部分校长的教育背景是理工科，缺乏管理学、教育学相关知识储备。他们虽然经历了多个管理岗位的锻炼，但是缺乏科学、系统、有效的理论指导，仅靠个人实践体悟。大学校长办学治校的能力素养主要得益于多岗位锻炼、边干

边学、个人体悟、看书学习、他人的成功经验、前任的言传身教，而政府系统培训的认可度很低，仅为15.2%。他们平时利用业余时间阅读教育理论类书籍，但订阅教育类刊物主要集中在《中国高等教育》（88.6%）、《学位与研究生教育》（63.6%）两本，其他教育类核心期刊如《高等教育研究》（15.9%）、《比较教育研究》（13.6%）、《高等工程教育研究》（11.4%）、《教育发展研究》（9.1%）、《教育研究》（6.8%）极少阅读，大部分校长是不看的。任校长期间发表教育类论著数量也很少，平均为5.7篇（部），年人均不到1篇，与从事学术业务类论著的数量相比，差距巨大。校长们发表过大学管理研究文章的刊物也主要集中在《中国高等教育》（88.6%）、《中国高教研究》（40.5%）、《学位与研究生教育》（29.7%）三本刊物上；其他核心刊物如《教育研究》（16.2%）、《高等工程教育研究》（16.2%）、《比较教育研究》（5.4%）、《高等教育研究》（2.8%）、《教育发展研究》（2.7%）很少发表。

校长们认为目前最需要提高变革的勇气和魄力（79.5%）、使命感与全身心的投入（56.8%）、组织愿景与战略管理能力（50%）、组织结构和体制机制设计能力（36.4%）、高等教育理念和知识（29.5%）、激励员工和团队建设能力（20.5%）、与政府、企业、媒体、校友等建立合作伙伴关系能力（20.5%）、沟通协调能力（20.5%）、人财物等资源的配置能力（13.6%）等素质。

大学校长工作复杂，责任重大，虽然自我评价各项素质很优秀，但与专业化要求、社会期待仍有较大差距；校长们的治校能力素养基本上得益于实践锻炼和个人体悟，缺乏科学理论指导和系统培训。推进大学校长专业化，亟待建立能力标准和培训制度体系。

（三）缺乏职权规范与保障制度，难以成为"专门的职业"

校长专业化，职业规范是保障。首先，应明确大学校长的职责和权力边界。47.8%的校长认为学校实际拥有的自主权一般，34.8%的校长认为学校实际拥有的办学自主权少；其中最缺乏的自主权是副校长人选的举荐权（56.5%），学位点的自主设置权（54.3%），学科、专业的设置权（47.8%），学生自主录取权（41.3%），中层行政干部的任免权（33.3%），薪酬设计的自主权（31.1%），教师职称评定与聘任权（20%），课程体系的自主设置权（17.8%），如图3-41所示。校长们认为自己的办学理念没有得到体现的主要障碍来自于学校传统习惯（62.9%）、校内领导体制（57.1%）、办学资源配置方式（28.6%）、上级党政部门（25.7%）、副校长及行政管理团队（22.9%）、社会氛围（20%）。校长们认为部分大学存在党政关系不和谐现象的原因主要是职责边界不清晰（76.1%）、治校理念与工作方法不一致（56.5%）、制度框架的先天性缺陷（45.7%）。在

《高等教育法》赋予大学校长的各项职权中,校长认为在治校过程中最需要强化的职权是拟定发展规划,制订具体规章制度和年度工作计划并组织实施(64.4%)、推荐副校长人选(53.3%)、拟订内部组织机构的设置方案(40%)、任免内部组织机构的负责人(40%)。其次,应将遴选、考核的权力回归大学本身,要建立基于学校发展的遴选、考核制度。需要什么样的校长,校长工作表现怎么样,最清楚的应该是大学自身。最后,应建立明确和公开的薪酬和职业保障制度。大学校长依照自身的能力素质和工作责任,获得社会地位和责任压力相当的薪酬是理所当然的,是必须的。

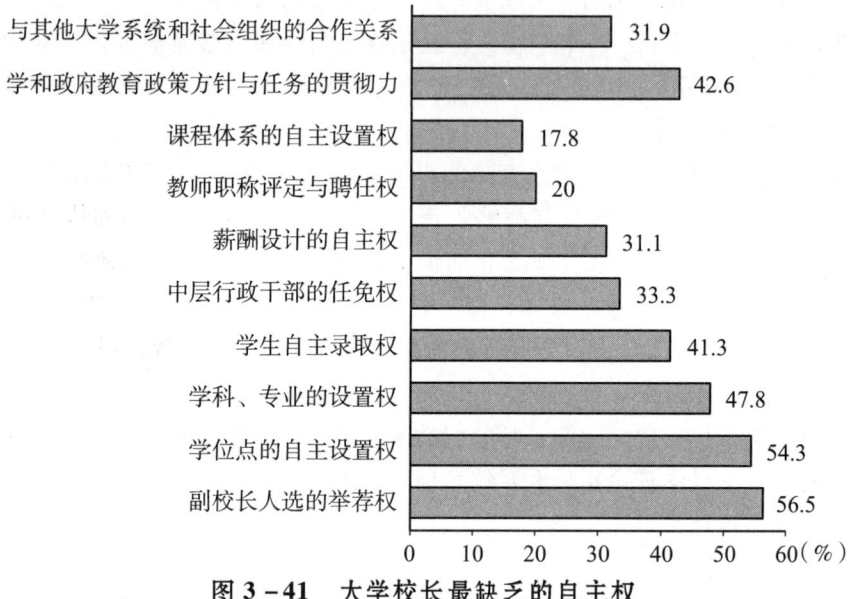

图3-41　大学校长最缺乏的自主权

当前大学校长与书记职权边界不清,缺乏应有的自主权;学校传统习惯阻力大,上级政府部门、副校长及行政管理团队、社会氛围等没有形成应有的支持合力,遴选、考核机制缺乏有效导向,薪酬过低,造成大学校长理想与现实的巨大差距。推进大学校长管理专业化,亟待建立职权规范和保障制度。

第四章

我国大学校长管理专业化进程中的政府责任

在"两体三维"理论中,政府是推进大学校长管理专业化的重要主体,是专业化制度的供给者和政策的保障者。在实施高等教育从精英化向大众化转变的一系列政策后的十年,政府重新审视和应对高等教育改革和大学发展中的问题,并通过出台更加系统的政策进行修正。然而,在现实层面,大学校长作为大学内、外部实现良好治理的关键节点,政府对于大学校长的管理始终未能建立清晰的政策框架,对其选育留用缺乏专业化设计,导致了大学校长管理制度上的缺失。对于这一问题的讨论必须跳出高等教育的视角,从政府责任和政策层面来进行研究。我们选择通过政策文本进行分析,是基于两个方面的原因:一方面,特定阶段的价值取向和政府行政理念都沉淀在具体的政策当中,政策文件不仅是政府是否作为的有力凭证,也是政府责任的客观体现;另一方面,政策文本的梳理本身就是呈现中国大学校长制度历史发展的重要工作。

政策通常被认为是指国家法律,政府制定的规章、行政命令,还包括政府首脑的指示等。学界对政策的界定颇有争议,托马斯·戴伊(Thomas E. Anderson)曾断言,"凡是政府决定做的或不做的事情就是公共政策"。① 詹姆斯·安德森(James E. Anderson)认为,"政策是一个有目的的活动过程,而这些活动是由一个或一批行为者,为处理某一问题或有关事务而采取的";"公共政策是由政府机

---

① Thomas R. Dye. understanding Public Policy (6th ed.), Englewood Cliffs, N. J.: Prentice – Hall Inc., 1987: 2.

关或政府官员制定的政策"。① 美国学者戴维·伊斯顿认为政策是政治系统权威性决定的输出,其本质就在于价值分配。② 基于以上看法,我们可以认为政策一般是权威性主体在特定价值选择基础上所采取的行为,其目的在于处理特定的公共问题。

第一节 我国大学校长管理专业化的政策变迁

中国大学兼有公共部门和社会机构的双重性质,但一直以来,大学校长并未被作为独立的人事政策对象而受到关注,特定时期出台的一些政策也缺乏连续性,因此对大学校长管理专业化政策进行分析实际上非常困难,只能按照相关性开展对大学校长政策的梳理和分析。从政策变迁的一般规律来看,政策是社会经济、政治和文化等在某一领域综合影响的结果,它能够敏锐地感应社会过程的变化性和多样性。当政策被制定、修改或废除时,它也记录了组织面对内部或外部压力时所做出的反应,其演变反映着所在领域社会结构和组织的变迁。③ 这一判断为我们分析大学校长管理专业化的政策变迁提供了思路,我们可以从影响大学校长的关联因素出发,理解大学校长管理专业化政策变迁的内在逻辑。

一、大学校长管理专业化政策变迁的两个逻辑

要讨论大学校长管理专业政策的变迁,必须要分析支撑其变迁的内在逻辑。从大学校长的特殊身份来看,影响大学校长管理专业化政策变迁有两个逻辑:一个是符合大学组织的特性;一个是符合党管干部原则。

(一)大学校长管理专业化政策变迁的组织逻辑

大学校长首先是大学组织的首长,是大学组织的最高行政长官,代表大学组织的学术形象。政府是大学的举办者同时也是管理者。作为举办者的政府和作为办学者的大学之间的组织关系决定了政府应当如何管理校长,即政府对校长管理政策的变化受到政府与大学组织动态关系的影响——大学组织社会地位的变化与

---

① [美]詹姆斯·E·安德森著,唐亮译:《公共决策》,华夏出版社1990年版。
② [美]戴维·伊斯顿著:《政治生活的系统分析》,华夏出版社1999年版。
③ 涂端午:《教育政策文本分析及其应用》,载《复旦教育论坛》2009年第5期。

国家高等教育政策的变化保持一致。新中国成立以后，大学被定位为实施高等教育的事业单位，虽然在办学上受到政府的控制和各种干预，但始终被作为专业性的社会机构，仍然比较独立。在 1998 年颁布的《中华人民共和国高等教育法》中确立了大学的法人地位，明确赋予了大学自主办学的七项基本权力，这实际上隐含了大学校长管理专业化政策变迁的一条根本性逻辑，即对大学校长管理的制度安排要符合大学组织的基本特性，尊重高等教育基本规律。

以大学校长的选任为例，政府遴选大学校长一般侧重考察学术背景和学术能力。在我们对"211"大学的调查中发现，校长普遍具有优秀的学历背景，拥有博士学位的校长占比高达 89.4%，甚至超越了美国大学校长 84% 的博士学位比例。不仅如此，校长大都出身于名校，在他们的学士、硕士、博士学位中至少有一个是"211"大学或海外名校。而且，校长们普遍具有较高的学术影响力。针对"211"大学校长的调查结果显示，校长所在学科是国家重点学科的占 18.3%，所在学科位列国务院学位委员会学科排行榜中列前 100 位的有 109 个，占 85.9%，平均位次为 17 位，他们都是这些重点学科的负责人，毫无疑问在国内他们是所在学科领域的权威专家。其中 99.8% 的校长拥有教授职称，90.8% 的校长是博士生导师，占总数 1/4 的大学校长是中国科学院和中国工程院院士。

（二）大学校长管理专业化政策变迁的干部逻辑

大学校长是被纳入党管干部序列，被作为政治家培养的基本对象，党对干部管理的政策直接规定了包括大学校长在内的所有被纳入干部序列的行政机关与各行各业党政人才的选育留用的基本制度安排，是大学校长管理专业化政策变迁内在依据。从现实层面来看，一方面，大学校长享受一定的政治待遇和行政序列级别，目前中国有 32 所高校行政级别为副部级，即所谓的"副部级高校"，校长由中央组织部任命而非教育部任命。另一方面，对大学校长按照党管干部的形式进行评价和考核。1979 年中共中央组织部颁布《关于实行干部考核制度的意见》（以下简称《意见》），要求高校党委以《意见》为依据，确立干部考核制度。[①] 考核的内容包括"德、能、勤、绩、廉"，德主要是考核干部的政治立场和思想品质；能主要是考核干部的业务、技术、管理水平，工作效率和文化程度；勤主要是考核干部的工作态度和事业心；绩主要是考核干部的工作成绩；廉即廉洁自律情况。对任期内的校长和副校长，"重点考核能否坚持四项基本原则和社会主义办学方向以及履行岗位责任的实绩"[②]。到目前为止，大学校长仍然按照这一

[①] 鲁晓琴：《高等学校领导干部考核方法初探》，载《河南大学学报》1987 年第 4 期。
[②] 《高等学校校长任期制试行办法》，1987 年 3 月 28 日。

制度进行考核。

二、大学校长管理专业化政策阶段划分依据

从大学校长管理专业化变迁的两个逻辑来看，对于大学校长管理专业化政策的阶段划分也受到两个方面的影响，一个是不同历史时期政府对高等教育的认识和态度，其最直接的呈现方式是高等教育政策变化。第二个是干部制度的变化，由于党管干部的原则，每一时期干部制度的变化都直接影响到对校长的管理工作。

（一）新中国成立后高等教育政策的阶段划分

在理论上，大学校长管理专业化政策是高等教育政策的一部分，而高等教育政策变化与高等教育的发展阶段是一致的，但对于新中国成立后我国高等教育发展阶段的划分学者们各持己见。2001年顾明远先生在《中国高等教育传统的演变和形成》中以改革开放为分界线，将新中国成立后的高等教育发展划分为两个阶段。新中国成立六十年时期，在回顾和反思高等教育发展的基础上，学者从不同的角度进行了划分，分别有三阶段论、四阶段和五阶段论，见表4-1。

总的来看，对高等教育发展阶段的划分有两个最受关注的节点或事件：一个是"文革"时期，一个是高等教育扩招，在这两个节点前后高等教育政策发生了很大变化，影响了中国高等教育的发展轨迹，因此将这两个节点作为政策划分界限比较合理。更为重要的是，高等教育政策本身是具有目的性的，政府在制定政策时的价值取向规定了政策的目的、任务和内容。"文革"结束前，高等教育政策的政治色彩十分浓厚，如1958年，中共中央、国务院发布《关于教育工作的指示》，强调"教育为无产阶级政治服务，教育与生产劳动相结合"的教育工作方针。在"文化大革命"期间，高等教育更是演变成了阶级斗争的工具。这一阶段政府对高等教育采取直接生产、计划供应和行政命令等威权性管理。1978年以后，随着社会主义市场经济体制的逐步确立，高等教育被赋予了更多的经济功能，政策的经济价值取向日益彰显。政府对高等教育的管理采取更多如向市场开放、成本分担、资源重组、经营产业等经济手段。1999年中国高等教育开启大众化进程，高等教育的社会属性更加明确，不再仅仅强调教育促进经济社会发展的"工具性价值"，更加强调教育促进人的发展的"本体性价值"，更加强调为人民服务、让人民满意（褚宏启，2008）。高等教育成为社会成员追求个人价值、获得社会利益、实现社会流动的有效通道，由此高等教育从政治（政府）或经济（市场）领域剥离出来，成为既非公益亦非营利的"第三部门"。

表4-1　　　　新中国成立后中国高等教育发展阶段的划分

	划分依据或观测点	各阶段时间	阶段任务
三阶段论	价值取向与工具选择①	1949~20世纪70年代末	政治价值取向
		20世纪80年代初~90年代末	经济价值取向
		新世纪以来	社会价值取向
	教育政策的价值取向②	1949~1978年	一元价值取向（政治中心价值取向）
		1990~1997年	二元价值取向（政治中心价值取向和经济中心价值取向）
		1998年至今	三元价值取向（个人价值取向、社会价值取向、知识价值取向）
	行政体制改革③	1949~1977年	初步探索与曲折发展时期
		1978~1991年	全面恢复与探索时期
		1992年至今	全面推进与进一步完善时期
	发展与成绩④	1949~1977年	奠基时期
		1978~1998年	振兴时期
		1999年至今	高等教育大发展时期
四阶段论	历程与成就⑤	1949~1967年	探索阶段
		1966~1977年	停滞破坏阶段
		1978~1998年	恢复发展阶段
		1999~2009年	快速发展阶段
五阶段论	教育管理政策变迁⑥	1949~1966年	初步形成阶段
		1966~1984年	悲惨遭遇与调整恢复阶段
		1985~1991年	全面展开阶段
		1992~1997年	深化发展阶段
		1998~2009年	深刻变革阶段

注：①金世斌：《价值取向与工具选择：新中国高等教育政策的嬗变与逻辑》，载《江苏高教》2013年第1期。

②徐红等：《中国高等教育价值取向60年嬗变：教育政策的视角》，载《中国高教研究》2010年第5期。

③陈立鹏等：《我国高等教育行政管理体制改革60年：回顾与思考》，载《国家行政学院学报》2009年第9期。

④王胜今、赵俊芳：《中国高等教育60年历程》，载《现代教育科学》2009年第2期。

⑤巩在暖等：《中国高等教育60年发展历程与成就》，载《高等农业教育》2010年第2期。

⑥张立军：《新中国高等教育管理政策的60年历程》，载《河北师范大学学报》（教育科学版）2010年第10期。

(二) 新中国成立后党的干部人事制度的发展

党管干部的思想由毛泽东在 1938 年党的六届六中全会上提出，新中国成立前处于初创和探索阶段。新中国成立后党的干部人事制度依据不同阶段的特点可以划分为四个阶段：干部人事制度成长时期（1949~1966 年）、干部人事制度停滞时期（1966~1978 年）、干部人事制度改革探索时期（1978~2000 年）、干部人事制度整体推进时期（2000 年至今）①，见表 4-2。这样的划分同样涉及两个重要节点，一个是"文革"，一个是 2000 年中共中央办公厅《深化干部人事制度改革纲要》的颁布，启动了 21 世纪干部人事制度改革。

表 4-2　新中国成立后党的干部人事制度发展阶段划分

	阶段特点	具体时间	重要政策和事件	核心内容
成长时期 1949~1966 年	规范化和人治化并存	1953 年	中共中央《关于加强干部管理工作的决定》	党管干部原则做出明确规定
		1955 年 8 月	国务院《关于国家机关工作人员全部实行工资制和改行货币工资制的命令》	统一报酬制度
		1955 年 12 月	国务院《国家机关工作人员退休处理暂行规定》	
		1956 年	党的"八大"	培养又红又专的领导人才
		1957 年 10 月	《国务院关于国家行政机关工作人员的奖惩暂行规定》	
		1957 年 9 月	《国务院任免行政人员办法》	
		1957 年 12 月	《县级以上人民委员会任免国家机关工作人员条例》	
		1962 年	邓小平强调党要管党，一管党员，二管干部	采取选举、委任和考任等多种形式
停滞时期 1966~1978 年	一元化领导，混乱状态	整个时期	服从极左政治	干部调配任用以人划线、以派划线，随意性很大

---

① 李炜冰：《我国干部人事制度的历史发展和价值取向》，载《扬州大学学报》（人文社会科学版）2010 年第 7 期。

续表

	阶段特点	具体时间	重要政策和事件	核心内容
改革探索时期 1978~2000年	"四化"标准，推行干部选拔任用的规范化、制度化、法制化	1978年12月	党的十一届三中全会	革命化、年轻化、知识化、专业化的方针，并从废除干部领导职务终身制
		1980年	《党和国家领导制度改革》	要制定各个行业提升干部和使用人才的新要求、新方法。考试合格就录用
		1982年	《关于建立老干部退休制度的决定》	干部退（离）休开始形成制度
		1984年	下管两级，变成原则上下管一级	企事业单位，有了较多的用人自主权
		1986年	《关于调整不胜任现职的领导干部职务几个问题的通知》	打破职务能升不能降；试行了"试用期制"
		1987年10月	党的十三大	干部分类管理、建立国家公务员制度、将竞争机制引入干部人事管理
		1989年6月	党的十四届四中全会	干部制度改革的四项原则
		1990年	中共中央颁布了《关于实行党和国家机关领导干部交流制度的决定》	后备干部培养，党政领导干部交流
		1995年2月	《党政领导干部选拔任用工作暂行条例》《国家公务员暂行条例》《中国共产党机关工作者暂行条例》《中华人民共和国检察员暂行条例》《中华人民共和国审判员暂行条例》	干部选拔任用工作的规范化、制度化、法制化建设
		1996年6月21日	江泽民建党75周年讲话《努力建设高素质的干部队伍》	党的干部政治业务素质的五条标准

续表

阶段特点		具体时间	重要政策和事件	核心内容
整体推进时期2000年至今	推行科学化、民主化、制度化	2000年6月	《深化干部人事制度改革纲要》	21世纪干部人事制度改革的总纲,制定了党政干部、国有企业、事业单位三大类人员改革的目标任务
		2002年7月	《党政领导干部选拔任用工作条例》	
		2003年12月	《中国共产党党内监督条例(试行)》	
		2004年2月	《2004~2008年全国党政领导班子建设规划纲要》	
		2004年4月	《公开选拔党政领导干部工作暂行规定》《党政机关竞争上岗工作暂行规定》《党的地方委员会全体会议对下一级党委、政府领导班子正职拟任人选和推荐人选表决办法》《党政领导干部辞职暂行规定》《关于党政领导干部辞职从事经营活动有关问题的意见》等5个文件	加上此前中央纪委和中央组织部联合下发的《关于对党政领导干部在企业兼职进行清理的通知》,通称"5+1"文件
		2005年9月	查处"跑官要官"、"买官卖官"和防止干部"带病提拔"的11条措施	
		2006年1月	《干部教育培训工作条例(试行)》《中华人民共和国公务员法》	干部人事管理第一部带有总章程性质的法律
		2006年2月	《关于对党员领导干部进行诫勉谈话和函询的暂行办法》《关于党员领导干部述职述廉的暂行规定》	

续表

阶段特点		具体时间	重要政策和事件	核心内容
整体推进时期2000年至今	推行科学化、民主化、制度化	2006年7月	《体现科学发展观要求的地方党政领导班子和领导干部综合考核评价试行办法》	
		2006年8月	《党政领导干部职务任期暂行规定》《党政领导干部交流工作规定》《党政领导干部任职回避暂行规定》	
		2009年10月	《关于建立促进科学发展的党政领导班子和领导干部考核评价机制的意见》	
		2012年	党的十八大	选人用人"五湖四海、任人唯贤"

从时间节点上来看，我国高等教育政策发展和干部人事制度的发展在阶段划分上是比较一致的，都是中国社会的整体发展以及国家治理重点变化的客观反映，大学校长管理专业化政策的变迁也应当符合这一客观事实，我们也将"文革"和进入21世纪作为划分其变迁的基本节点。

三、大学校长管理专业化政策的体系、内容和时间序列

（一）大学校长管理专业化政策体系

如前文所述，大学校长并非被作为独立的人事政策对象，大学校长管理专业化政策只能是直接或间接的规定及影响大学校长管理专业化形成与发展的一系列政策总和，在形式上表现为由国家层面制定的保证高等教育有序发展的一系列法律、法令、办法、规程、规定、决定、批示、指示、条例、通知、意见等各种文本形式的总和（不包含领导人的讲话）。在内容上既包括起到直接作用的影响大学校长的政策，也包括起到间接作用的高等教育政策和干部政策。根据对大学校长管理专业化的形成和发展的具体作用，可以将相关政策分为宏观、中观和核心三个层

次,见图4-1。其中,宏观政策是指基于国家层面的、全局性的决定高等教育发展方向的基本政策,由全国人大、中共中央、国务院层面制订;中观政策是指次于总政策,基于学校层面的关乎学校内部领导体制等各方面的政策;核心政策是指直接针对大学校长制定的具体政策,包括大学校长的选拔、培训、考核等内容。

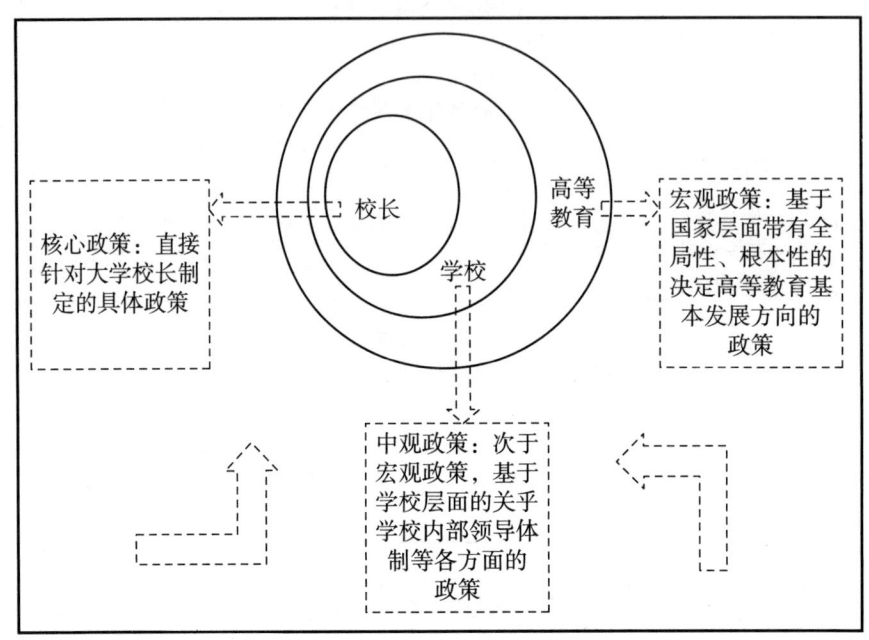

图4-1 政策体系的构成

(二)大学校长管理专业化政策的选择与统计分析

1. 大学校长管理专业化政策的选择。以新中国成立以来中央政府针对大学校长、高等学校乃至整个高等教育制定的政策为研究对象,为保证政策搜集的完整性和可靠性,在政策文本的选取上遵循两个步骤:一是在明确制定大学校长相关政策的有关部门的基础上,确定政策样本的主要来源与渠道。根据我国2000年7月1日施行的《立法法》及2002年1月1日施行的《行政法规制定程序条例》,行政法规均由国务院发布。因此,本书将教育部作为文本信息的主要来源渠道。同时,按照政策变迁的干部逻辑,将中共中央组织部作为了文本信息的次要渠道。政策文本主要来源包括教育部研究室所编的《中华人民共和国现行高等教育法规汇编》、国家教育委员会所编的《中华人民共和国现行教育法规汇编》、原国家教委人事司所编的《高校领导班子建设工作文件汇编》以及教育部、组织部等部门网站。二是依照对大学校长管理专业化核心概念的解读,按照宏观、中观、微观三个层次进行分析,对搜集的政策进行进一步筛选,提升样本的信度。

在筛选过程中，将与大学校长个人密切相关的政策归为核心政策，将与大学校长间接相关的高等教育政策归类为中观政策，最后，把《高等教育法》《国家中长期教育改革和发展规划纲要（2010~2020）》等带有全局性、战略性的法规政策作为宏观政策。最终共收集从1949年至今的64条政策作为研究样本，其中核心政策27条，中观层面的政策26条，宏观层面的政策11条。

2. 大学校长管理专业化政策的统计分析。

首先，改革开放以来，我国大学校长相关政策的颁布数量总体呈现增长趋势。

从64份大学校长相关政策文本数据的统计（表4-3和图4-2）来看，自新中国成立后至1978年，近30年时间内政府制定并颁发相关政策数共计8项，以1978年为转折点，但在这一节点时段上大学校长相关的政策并不多，这实际上反映了国家重大转型对高等教育和大学发展影响的滞后性，因此在1978年之后总体呈现振荡式增长趋势，在1984~1988年政策颁布的频率迅速升高，这一周期一直延续至20世纪90年代，从1991~1996年密集颁布政策16项；在跨入21世纪的节点时段上则有显著不同，由于高等教育大众化的启动，对大学校长管理产生非常直接的影响，因此在1998~2002年出现了相关政策的密集性发布。随着2010年教育中长期发展纲要的发布，高等教育进入改革深化阶段，这是大学校长相关政策发布的高峰。

表4-3　我国大学校长相关政策颁布数量统计（1950~2014年）

年份	发文数	年份	发文数	年份	发文数	年份	发文数	年份	发文数
1950	3	1963	1	1976	0	1989	0	2002	4
1951	0	1964	0	1977	0	1990	0	2003	1
1952	1	1965	0	1978	1	1991	3	2004	1
1953	1	1966	0	1979	0	1992	0	2005	2
1954	1	1967	0	1980	1	1993	0	2006	0
1955	0	1968	0	1981	0	1994	3	2007	2
1956	0	1969	0	1982	1	1995	4	2008	0
1957	0	1970	0	1983	0	1996	4	2009	0
1958	0	1971	0	1984	1	1997	0	2010	2
1959	0	1972	0	1985	2	1998	5	2011	0
1960	0	1973	0	1986	2	1999	2	2012	1
1961	1	1974	0	1987	4	2000	0	2013	2
1962	0	1975	0	1988	1	2001	1	2014	4

资料来源：根据政府相关部门网站及相关法律法规汇编等整理统计而成。

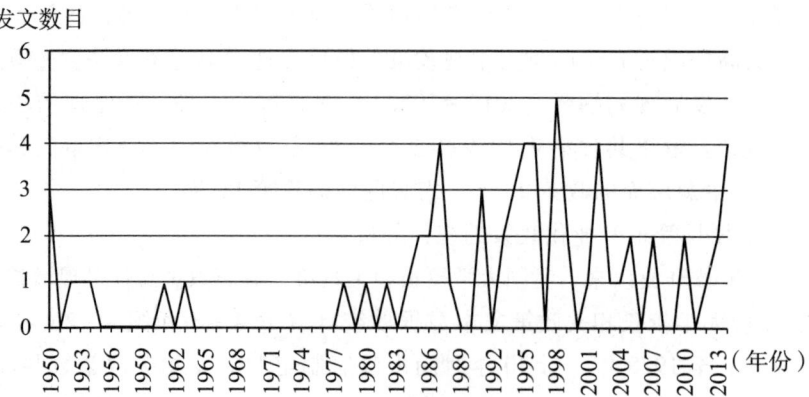

图 4-2　我国大学校长相关政策文本年度颁发数量折线图（1950~2014 年）

其次，教育部是制定大学校长管理专业化政策的核心主体。

从 64 项政策的发文机构来看，大致可分为三个层次：以全国人大和中共中央为最高层次；其次是国务院；第三层次是国务院各部委及直属机构。据表 4-4 统计可知，由全国人大或中共中央颁布且实施的具有最高法律效力的政策文本共 14 项，占总政策数 21.88%；由国务院（政务院）颁布的有 4 项，占总政策的 6.25%；由教育部（国家教育委员会）或其他权威主体颁布的政策 38 项，占 59.38%；由两个及以上部门联合颁发的共 8 项，占 12.51%。在大学校长管理专业化政策文件制定上，教育部（国家教育委员会）是制定大学校长管理专业化政策的核心主体。

表 4-4　1949~2014 年大学校长相关政策颁布主体统计

	发文机构	政策数量	所占百分比（%）
单一部门	全国人大	2	3.13
	中共中央	12	18.75
	国务院（政务院）	4	6.25
	教育部（原国家教委）	38	59.38
联合颁发	两个部门	6	9.38
	三个部门	2	3.13
合计		64	100

再其次，大学校长管理专业化政策的内容分布不均。

经过对核心政策和中观政策（共 53 项）内容的梳理，发现自新中国成立以来，政府政策都是围绕大学校长的思想政治、专业知识和管理能力、校长主要职能职责、团队的沟通协作、选拔任免、考核几个方面进行。由表 4-5 统计可知，在明确大学校长主要职能职责方面,政府显得尤为重视,有 26 项政策涉及此内容,占总政策数的 28.57%,而在校长与其他部门沟通协作,尤其是党政交流方面的政策并不多,只有 8 项,占总政策的 8.79%。

表 4-5   1949~2014 年大学校长相关政策主要内容统计

主要内容	政策数	所占百分比(%)
思想政治	12	13.19
专业知识和管理能力	16	17.58
沟通协作	8	8.79
选拔任免	17	18.68
考核	12	13.19
职能职责	26	28.57
合计	91	100

注:此处总政策数 91 项,一方面是因为部分政策包含了多项内容,另一方面是由于宏观政策内容较为笼统,很难做区分,为了保证数据的准确性,因此被摒除在外。

3. 大学校长管理专业化政策的时间序列。根据大学校长管理专业化政策发展的两个节点,以及大学校长相关政策的初步统计和政策发布在时间上的特点,大学校长管理专业化政策的发展可以按照"大节点,小高峰"的方式进行划分,见表 4-6。

第一阶段:1949~1977 年,专业化管理大学校长的探索期。

时间跨度 30 年的探索期分为两段,第一段是从新中国成立后到 1966 年"文化大革命"启动,第二段是"文化大革命"开始至 1978 年。第一阶段共制定并颁发与大学校长相关的政策(不包括宏观政策)共 8 项,其中涉及大学校长的选拔、任免的就有 4 项,涉及校长职能、工作的 3 项,思想建设的有 2 项。在新中国成立初期,国内形势尚不稳定,各方面人才紧缺,政府对大学校长的管理主要集中在选拔上,对校长的管理也仅仅集中在思想建设和明确职责上。在选拔任免上,1950 年,政务院连续颁发《各大行政区高等学校管理暂行办法》和《关于高等学校领导关系问题的决定》,并在 1953 年进行修订,明确了大学校长、副校长主要由各大行政区最高行政机关提名,经中央教育部同意后,由部呈经政务院提请中央人民政府委员会任免,权力由中央政府高度集中。在管理上,除了对大学校长的职能简单规定外主抓思想建设,1952 年,中共中央针对当时的大学校长、教师存在政治、思想问题,从而颁布了《关于在高等学校中批判资产阶级思想和清理"中层"的指示》,紧接着 1954 年高等教育部又颁发《关于高等学校总务工作的指示》,强调要加强政治思想教育。第二阶段制定的政策为零,高等教育被当作政治工具,大学全方位遭受到巨大破坏,大学校长管理专业化处于停滞阶段。

表 4-6　1949~2014 年大学校长相关政策汇总

序号	阶段	特征	年份	政策名称	制定机构	政策类型
1	探索期 1949~1977 年	大行政区政府提名，中央政府任免	1950	《各大行政区高等学校管理暂行办法》	政务院	中观
2			1950	《关于高等学校领导关系问题的决定》	政务院	中观
3			1950	《第一次全国高等教育会议的报告》	教育部	宏观
4			1952	《关于在高等学校中批判资产阶级思想和清理"中层"的指示》	中共中央	核心
5			1953	《关于修订高等学校领导关系的决定》	政务院	中观
6			1954	《高等教育部关于高等学校总务工作的指示》	高等教育部	中观
7			1961	《关于讨论和试行教育部直属高等学校暂行工作条例》	中共中央	中观
8			1963	《中共中央、国务院对高等学校领导、管理问题两个文件的批示》	中共中央、国务院	中观
9	形成期 1978~1999 年	懂专业，会管理	1978	《全国重点高等学校暂行工作条例》	教育部	中观
10			1980	《关于加强高等学校领导班子建设的意见》	中央组织部、教育部党组	核心
11		校务管理方式	1982	《关于中央党政机关干部教育工作的决定》	中共中央、国务院	核心
12			1984	《关于高等学校试行设立校务委员会的通知》	教育部党组	中观

续表

序号	阶段	特征	年份	政策名称	制定机构	政策类型
13	形成期 1978~1999年	任免、任期、思想政治工作、处理好师生关系	1985	《中共中央关于教育体制改革的决定》	中共中央	宏观
14			1985	《全国普通高等学校人员编制的试行办法》	国家教委	核心
15			1986	《高等教育管理职责暂行规定》	国家教委	中观
16			1986	《普通高等学校设置暂行条例》	国家教委	中观
17			1987	《普通高等学校招生暂行条例》	国家教委	中观
18			1987	《关于高等学校各级领导干部任免的实施办法》	国家教委	核心
19			1987	《高等学校校长任期制试行办法》	国家教委	核心
20			1987	《关于改进和加强高等学校思想政治工作的决定》	中共中央	核心
21			1988	《高等学校教材工作规程》（试行）	国家教委	中观
22			1991	《关于加强和改进高等学校马克思主义理论教育的若干意见》	国家教委	中观
23			1991	《关于高等学校党政领导干部深入师生做好工作的几点意见》	国家教委党组	核心

续表

序号	阶段	特征	年份	政策名称	制定机构	政策类型
24	形成期 1978~1999年	熟悉教育规律，有一定的学术水平，主要的领导和管理精力和精力，双肩挑要求 2/3 时间和精力	1991	《关于进一步加强高等学校领导班子建设的通知》	中央组织部、国家教委党组	核心
25			1993	《关于中央部门所属普通高等学校深化领导管理体制改革的若干意见》	国家教委、国务院学位委员会	中观
26			1993	《关于国家教委直属高校领导干部管理工作若干问题的通知》	中央组织部、国家教委党组	核心
27			1994	《关于中国教育改革和发展纲要的实施意见》	国务院	宏观
28			1994	《关于加强党的建设几个重大问题的决定》	中共中央	核心
29			1994	《国家教委直属高校推举校长的规定》（试行）	国家教委	核心
30		考核、培训	1995	《中华人民共和国教育法》	全国人大	宏观
31			1995	《关于深化高等教育体制改革的若干意见》	国家教委	宏观
32			1995	《党政领导干部选拔任用工作暂行条例》	中共中央	核心
33			1995	《关于加强高等学校领导班子建设工作的若干意见》	中央组织部、中央宣传部、国家教委党组	核心
34			1996	《关于对教育行政干部进行教育政策法规培训的意见》	国家教委	核心
35			1996	《国家教委直属高校领导班子届中考核工作暂行办法》	国家教委	核心
36			1996	《中国共产党普通高等学校基层组织工作条例》	中共中央	中观
37			1996	《关于"九五"期间加强高等学校干部培训工作的意见》	国家教委党组	核心
38			1998	《面向21世纪教育振兴行动计划》	教育部	宏观

续表

序号	阶段	特征	年份	政策名称	制定机构	政策类型
39	形成期 1978~1999年	确立法人代表身份，明确基本权利和义务	1998	《中华人民共和国高等教育法》	全国人大	宏观
40			1998	《关于高等学校干部培训工作的实施意见》	教育部党组	核心
41			1998	《普通高等学校党建工作基本标准》	中央组织部、中央宣传部、国家教委党组	核心
42			1999	《关于实施中华人民共和国高等教育法若干问题的意见》	教育部	中观
43			1999	《关于加强教育督导与评估工作的意见》	教育部	中观
44	快速发展期 2000年至今	廉洁、管理规范	2001	《全国教育干部培训"十五"规划》	教育部党组	核心
45			2002	《普通高等学校图书馆规程》（修订）	教育部	中观
46			2002	《高等学校出版社管理办法》	教育部	中观
47			2002	《关于加强和改进高等学校哲学社会科学学报工作的意见》	教育部	中观
48			2002	《关于当前加强高等学校学历证书规范管理的通知》	教育部	中观
49			2003	《高等学校重点实验室建设与管理暂行办法》	教育部	中观
50			2004	《关于部属高校党员领导干部廉洁自律的"六不准"规定》	教育部党组	核心
51			2005	《关于进一步加强高等学校本科教学工作的若干意见》	教育部	中观
52			2005	《国家外国专家局高等学校学科创新引智计划"十一五"规划（2006~2010）》	教育部	中观
53			2007	《关于加快研究型大学建设增强高等学校自主创新能力的若干意见》	教育部	中观
54			2007	《国家教育事业发展"十一五"规划纲要》	教育部	宏观

续表

序号	阶段	特征	年份	政策名称	制定机构	政策类型
55	快速发展期 2000年至今	依法落实党委、校长职权，完善大学校长选拔任用	2010	《中国共产党普通高校基层组织工作条例》	中共中央	核心
56			2010	《国家中长期教育改革和发展规划纲要（2010~2020）》	中共中央政治局	宏观
57			2012	《关于全面提高高等教育质量的若干意见》	教育部	宏观
58			2013	《关于进一步加强直属高等学校领导班子建设的若干意见》	教育部党组	核心
59			2013	《中共中央关于全面深化改革若干重大问题的决定》	中共中央	宏观
60			2014	《党政领导干部选拔任用工作条例》	中共中央	核心
61			2014	《关于高等学校领导班子及领导干部深入解决"四风"突出问题的有关规定》	教育部	核心
62			2014	《关于坚持和完善普通高等学校党委领导下的校长负责制的实施意见》	中共中央	核心
63			2014	《高等学校学术委员会规程》	教育部	中观
64			2014	《教育部高等学校章程核准工作规程》	教育部	中观

第二阶段：1978～1999年，专业化管理大学校长的形成期

1978～1999年这20年时间，是我国高等教育领域发展的迅猛时期，仅大学校长的相关政策就36项，其中核心政策和中观政策共29项。经梳理发现，在这一阶段，我国大学校长管理政策内容逐渐丰富，从选拔、任免、培训、考核到思想政治建设、职能职责规定和集体领导，逐渐显现出专业化管理的雏形。由图4-3可知，这一阶段政策的重点依然放在大学校长的选拔任免、职能职责明确上，此外还开始重视对大学校长的培训和考核工作，这是大学校长队伍专业化的一个重要标志。以中央组织部、教育部党组颁布的《关于加强高等学校领导班子建设的意见》、中央组织部、原国家教委党组颁布的《关于进一步加强高等学校领导班子建设的通知》、中共中央颁发的《关于加强党的建设几个重大问题的决定》以及中央组织部、中央宣传部、原国家教委党组联合颁发的《关于加强高等学校领导班子建设工作的若干意见》最为核心。

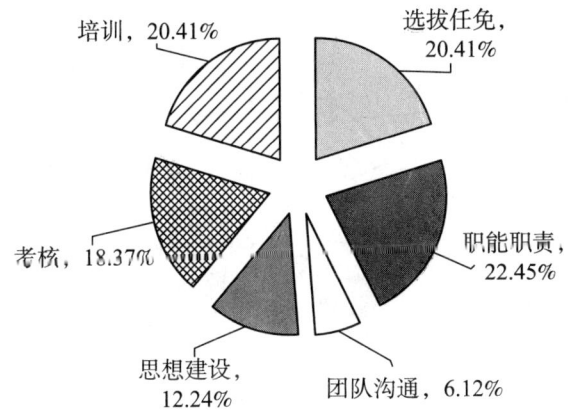

图4-3　1979～1999年政策主要内容分布

1980年，中央组织部、教育部党组颁发《关于加强高等学校领导班子建设的意见》明确指出，要"提高领导班子的科学文化水平，在高等学校担任领导工作的同志，应当努力不断提高政治思想水平、科学文化水平和管理高等学校的业务能力"，"今后提升为正副书记、正副校院长的同志，其中分管教学或科研工作的，必须懂专业，会管理"，且"领导班子中，党政干部要明确分工"，"进行必要的交流"。1991年，中央组织部、国家教委党组，颁发《关于进一步加强高等学校领导班子建设的通知》，在原来的基础上更加明确并有针对性地提出："校长应该具有正确的办学指导思想，熟悉教育规律和教学、科研与行政管理工作，有一定的学术水平"，"将主要时间和精力用于学校的领导和管理工作，兼任部分教学、科研工作的同志，至少应以2/3的时间和精力从事领导工作，并减少校外学术活动和社会兼职"。从政策文本的内容看，对大学校长的专业要求已经十分明

确,围绕对大学校长专业化管理的框架已经初步形成。

第三阶段:2000年至今,专业化管理大学校长的快速发展期。

自进入21世纪以来,15年时间制定并颁布政策20项,从政策内容上看,主要在于明确大学校长的职能和权力,20项政策中有12项政策都涉及这一内容,而在选拔任免方面的政策明显减少,只有3项政策(如图4-4)。2010年,《国家中长期教育改革和发展规划纲要(2010~2020)》,确立了建立中国特色现代大学制度这一战略性任务,以大学章程为载体,以治理变革为突破口,提出要"明确政府管理权限和职责","依法落实党委、校长职权,完善大学校长选拔任用办法"。2011年,教育部将"完善中国特色现代大学制度进程中的大学校长管理专业化研究"列入哲学社会科学的重大攻关项目,同年年底,首次在西南财经大学、东北师范大学公开选拔大学校长。2012年12月,又启动了北京科技大学、北京中医药大学、中国药科大学公开选聘校长工作,实现了我国大学校长管理专业化的实质性进步。

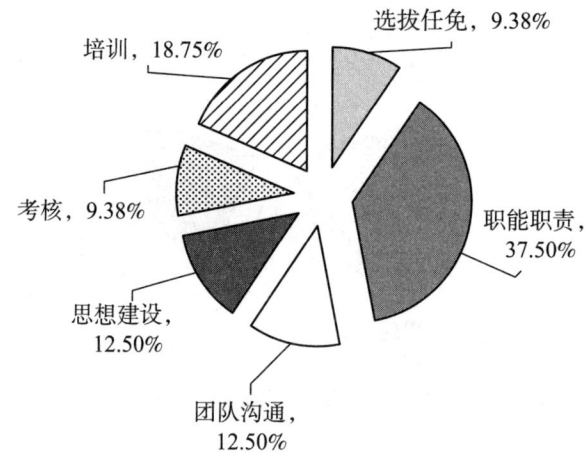

图4-4 2000~2014年政策主要内容分布

2013年,教育部在《关于进一步加强直属高等学校领导班子建设的若干意见》中又提出了新要求:要加强思想政治建设,加强党政廉政建设;要深化干部选拔任用制度的改革,形成年龄、性格、经历、专长等各方面互补的合理人员结构;要坚持和完善党委领导下的校长负责制,提高领导班子解决问题的能力,强化政治意识、大局意识和团结意识;要强化培养培训,提高领导干部的素质和能力;要完善考核机制,完善考核内容和方法,强化考核结果的运用;要健全管理监督机制,从严管理干部。截至目前,这是针对大学领导班子管理的最为全面、具体的政策文本,在当前全面深化改革的新形势下,此文件的出台可谓恰逢其时。

2014年，对大学校长的关注度再次提升，有关大学校长的各项政策相继出台。1月，中共中央出台了《党政领导干部选拔任用工作条例》，对领导干部的选拔任用、考察、酝酿、任职、提名、公开选拔、交流等方面做了非常详细的规定。5月，教育部出台了《高等学校领导班子及领导干部深入解决"四风"突出问题的有关规定》。10月，中央又出台了《关于坚持和完善普通高等学校党委领导下的校长负责制的实施意见》。到这一阶段，如何专业化管理大学校长，特别是在大学校长的遴选、能力要求等方面进行了专业化的改革尝试，从推动大学校长管理专业化的角度来看，核心政策内容逐渐呈现具体化趋势，可操作性逐步增强。

第二节 我国政府在大学校长管理专业化进程中的责任分析

一般而言，政府责任包含主观责任和客观责任两个方面[①]，主观责任是公共职业道德的反映，是由信仰、价值观等一些内部力量所驱使的特定行为；客观责任则有职责和义务两种形式，政府在履行职责的同时必须承担职权范围内的行为后果，义务则是道义上的以契约形式规定的或法律确定的任务内容。[②] 有学者指出政府责任作为政府机关对公民必须履行的法定职责，它包括政府依法主动尽职和及时对公民的请求做出负责的反应（俞可平，2008）。简言之，"责任"可以被理解为一种"分内应该做的事"。正是从这个角度，我们认为对于推动中国大学校长管理专业化而言，有必要讨论政府做了哪些分内事，哪些分内事没有做，以及还要多少分内事必须要做。

一、精英国家化视角下的大学校长管理专业化

（一）全能主义政治背景下的精英国家化

全能主义政治是20世纪中国政治的一个明显特色，指的是"政治机构的权

[①] [美]特里·L·库珀著，张秀琴译：《行政伦理学：实现行政责任的途径》，中国人民大学出版社2001年版。

[②] 黎明：《公共管理学》，高等教育出版社2003年版。

力可以随时地无限制地侵入和控制社会每一个阶层和每一个领域的指导思想。"①全能主义政治指的是以这一指导思想为基础的政治社会,其最终目标是通过社会成员之间的相互监督,实现国家对社会的绝对控制②,全能主义政治通过相互监督控制所有社会成员,从而实现对全部社会成员的国家化。有学者指出,"1949年新中国成立后,由于各种主客观原因,政治运动高潮迭起,传统的全能主义政治不仅未能铲除,反而被强化。"③ 一直到"文化大革命"的"政治挂帅"就把这种全能主义政治推到了顶峰。

在全能主义政治背景下,国家为了实现对精英的动员以发挥其积极作用,并且为了使其活动能更符合新政权所要求的规范,开始"通过对精英的职业的掌控、身份和地位的提升、待遇的改善、思想的同化等方式,将精英纳入国家的体制中,使之高度政治化和意识形态化,从而为国家的政治目标服务。"④ 这就是所谓的精英国家化。精英国家化的途径和模式有多种,通过干部制度实现精英国家化是最重要的方式之一,它是国家对精英进行管理的制度。在精英国家化的过程中,为了满足对具有一定的知识和技能干部的需要,国家将大量进步知识分子吸收为干部,以借助于其接受的教育,及其所具有的国家建设所需的知识和技能为政治目的服务。

(二) 精英国家化视角下的干部管理

精英国家化的目标是吸纳所有的社会精英,并实现对精英的控制,它是以全能主义政治为基础的,因而也是全能主义政治的一部分。逻辑上看,国家既需要精英参与管理和建设国家,同时又要尽量防备精英与国家政权机制之间出现难以弥补的裂痕。因此最大限度地将精英吸纳进国家体制,给予其优厚待遇,使其与国家合作。这反映在干部管理上显现出一个非常重要的特征,就是强调忠诚。精英国家化强调精英对党和国家的忠诚,不能忠诚于党和国家的精英就丧失了进入干部队伍以及获得提拔的资格。较早对中国干部制度进行研究的吉拉斯(1985)认为,干部群体依靠对党的忠诚获得较大的权力,从而不依靠生产资料所有权即能获得与普通人不一样的阶级地位,成为新阶级。有学者指出,社会成员想要被

---

① 邹谠:《二十世纪中国政治:从宏观历史与微观行动的角度看》,牛津大学出版社1994年版,第3页。
② 郭坚刚、席晓勤:《全能主义政治在中国的兴起、高潮及其未来》,载《浙江学刊》2003年第5期。
③ 席晓勤、郭坚刚:《全能主义政治与后全能主义社会的国家构建》,载《中共浙江省委党校学报》2003年第4期。
④ 余洋:《从精英国家化到国家精英化:我国干部录用制度的历史考察》,载《社会》2010年第6期。

录用为干部,必须首先要表明其对党、国家及社会主义制度的忠心,即宣誓忠诚,才具备成为干部的最基本条件。在成为干部以后,他们也必须不断地表明自己对国家的忠诚,才能继续保有自己的干部身份并可能获得继续晋升的机会。国家对干部在这一方面的要求,从1949年至今从未有过根本的改变①。国家往往通过政治审查来了解干部候选人的忠诚情况,党员身份往往成为表明干部候选人忠诚度的符号。除此之外,精英国家化使干部拥有比精英自身更高的社会地位和政治地位,至少是待遇优越,毕竟纳入体制内更容易获得保障因而更具有安全感。

(三) 大学校长管理中的政府全能与无限责任

将大学校长纳入干部管理体系是精英国家化的一个重要举措,最初在新中国成立初期就已经开始将原来并不属于国民党直接控制的机构中的知识分子,如大学、中小学和一般新闻机构的知识分子,国家采取"包下来"的政策。所谓"包下来"主要包括以下几点:除特殊情况外,教师均予以保留原位;其他各文化部门的知识分子也大都留在原单位继续工作,其中一部分还被任命为负责人;对于大量失业的知识分子,政府都尽量安排他们工作或予以培训保证生活。在政治上,也给予许多知识分子代表人物以相应的政治地位。②

这种包下来的政策延续到对大学校长的管理中就表现为政府全能和无限责任。一是明确对纳入到干部序列中的大学校长的基本要求。即"又红又专","红"指的是必须表明其对党、国家及社会主义制度的忠心,"专"指的是有专业能力,会做学问,能管好大学。先红后专强调的是两者的顺序,这是前提。二是纳入干部序列后的大学校长的一切事务由政府包办,全面控制。不仅仅是在什么学校工作,任期长短,采取什么样的工作方式等职务性事务,还有政治前途、经济待遇、医疗保障、退休与离职等个人事务都由政府按照所在干部序列的标准提供。三是被纳入干部序列后的大学校长作为体制内成员,其政治问题、经济问题、职务问题、专业问题都不仅仅被当作个人问题,同样会被追究为政府责任。在大学校长的管理上,政府采用一元化管理,承担的是无限责任。实际上,这不仅仅容易导致校长个体卸责导致低效率(因政府全能,个人无法发挥超出标准的作用,干得多反而容易出问题,遵循不出事的逻辑就会更少的承担责任),而且校长的升迁、考核、评价实质上是自上而下的,主要由政府上级决定,"群众公认"常常成了一句空话。结果导致师生对校长进行监督的效力减小,校长更倾向

---

① 余洋:《从精英国家化到国家精英化:我国干部录用制度的历史考察》,载《社会》2010年第6期。

② 房列曙:《中国历史上的人才选拔制度》,人民出版社2005年版,第83页。

于对上负责而不是对下负责，想方设法"创新"，千方百计"改革"，而不是扎根学校实际，真正造福学校。

二、大学校长管理专业化进程的政府责任审视

不管站在何种立场，都无法否认政府在推动专业化管理大学校长方面所做出的努力，在不同阶段，无论政府是有意还是无意，结果表明政府在大学校长的管理上专业化趋势越来越明显。在这过程中，我们必须理性评价政府所做的分内事，也必须认识到政府所做的过分事，最重要的是要发现政府仍未做好的分内事。评价政府的作为或不作为都可以通过政策进行分析，下面，我们通过前文中选定和梳理的大学校长管理专业化政策来呈现和评价政府责任。

（一）大学校长管理专业化政策的扎根分析

扎根理论是质性研究方法进行理论构建时的常用方法，主要从数据着手建立理论，经过反复归纳和演绎加以验证，最终将大量原始资料浓缩、转化为概念以致形成理论。因此，一方面，扎根理论强调运用分析、比较、归纳等方法，概括出新的概念与范畴，分析概念间的联系，最终形成理论；另一方面，也强调新理论的建构，从经验资料中抽象出新的理论元素。

用扎根理论来归纳、分析材料的主要方法就是逐级编码。编码（coding）是指将收集到的原始资料进行分析、归类并赋予概念的过程，通过一级编码（开放式编码）、二级编码（关联式编码）和三级编码（选择式编码）的操作程序完成。在一级编码过程中，主要是发现概念类属，可以是对初始资料进行逐字分析和逐行分析，也可以把整片文件对为对象进行分析；二级编码是在一级编码的基础上再度整合，以新的、更清晰、更整合的方式组织起来，达到初步概念化与抽象化的目的；三级编码是指在已有概念类属中经分析以后选择一个"核心类属"，将分析集中到那些与核心类属有关的码号上面。[①]

本书不是完全使用扎根理论进行的独立研究，只是借用这种方法客观的反映政府在大学校长管理专业化进程中所体现的各方面的责任。在所研究的64条政策中，为保证研究结果的可靠性与准确性，我们选取了除11条宏观政策外的其他政策作为扎根研究对象并就其政策文本内容逐级编码。表4-7和表4-8是对大学校长管理专业化核心和中观政策文本的编码过程。

---

① 文军、蒋逸民：《质性研究概论》，北京大学出版社2010年版，第232~238页。

表 4-7　　　　　　　　政策文本的一级编码（节选）

时间	文件名称	政策文本内容（a_i）
1987 年	《关于高等学校各级领导干部任免的实施办法》	高等学校党委正副书记和正副校长的职数一般为 5~7 人 a_{28}；实行双重领导、以中央各部门为主管理的高等学校，其党委正副书记、正副校长……的任免，由主管部门在充分考虑地方党委意见的基础上决定审批 a_{29}；实行校长负责制的学校，行政系统处（系）级以上领导干部的任免，……由校长提名…… a_{30}
1987 年	《高等学校校长任期制试行办法》	高等学校的校长、副校长，均实行任期制 a_{31}；对任期内的校长、副校长，……上级主管部门每 2 年进行 1 次全面考核 a_{32}
1987 年	《关于改进和加强高等学校思想政治工作的决定》	高等学校的领导干部不仅应有较高的专业和知识水平 a_{33}；而且应有较高的思想政治水平 a_{34}
1988 年	《高等学校教材工作规程》（试行）	高等学校教材工作，应由一位校（院）长分工主管 a_{35}；学校要把教材工作列入议事日程…… a_{36}
1991 年	《关于加强和改进高等学校马克思主义理论教育的若干意见》	高等学校的党政领导要把搞好马克思主义理论教育作为自己的重要职责…… a_{37}；要指定一名具有马克思主义理论修养和懂得教育规律的党委书记或校长主管理论教育工作 a_{38}；学校党委或校长应……汇报马克思主义理论教育工作情况 a_{39}
1991 年	《关于高等学校党政领导干部深入师生做好工作的几点意见》	党政领导干部要年把深入师生，做深入细致的思想工作列入工作日程…… a_{40}；建立党政领导干部深入课堂听课制度 a_{41}
1991 年	《关于进一步加强高等学校领导班子建设的通知》	党委书记和校长，必须具有较高的马克思主义理论水平…… a_{42}；校长应该具有正确的办学指导思想，熟悉教育规律和教学、科研与行政管理工作，有一定的学术水平 a_{43}；行政领导班子成员的知识、专业结构，要尽可能适应本学校主要学科门类的需要 a_{44}；领导成员的年龄应…… a_{45}；切实加强领导班子的思想作风建设 a_{46}；健全培训制度……充分重视和加强领导班子考核工作 a_{47}

续表

时间	文件名称	政策文本内容（a_i）
1993年	《关于中央部门所属普通高等学校深化领导管理体制改革的若干意见》	中央部门对所属高等学校的管理，要把……转变为主要运用立法的、经济的和必要的行政手段，进行宏观管理a_{48}；要保证高等教育的社会主义方向……a_{49}；逐步扩大学校办学自主权……a_{50}
1993年	《关于国家教委直属高校领导干部管理工作若干问题的通知》	国家教委直属高校校级领导干部的任免和管理，由国家教委党组负责a_{51}；学校党委书记、校（院）长由国家教委人事司考察、提名，……a_{52}；国家教委直属高校实行行政领导班子整体任期制度，逐步实现党政领导干部岗位轮换任职a_{53}；干部考核……a_{54}
1994年	《关于加强党的建设几个重大问题的决定》	必须全面提高现有领导干部的素质……a_{55}；高级干部……不仅要努力成为有知识、懂业务、胜任本职工作的内行a_{56}，而且首先要努力成为忠诚于马克思主义、坚持走有中国特色社会主义道路、会治党治国的政治家a_{57}；制定切实可行的教育和培训规划……a_{58}；严格执行干部离退休制度，认真做好离退休干部工作a_{59}；加快党政领导干部选拔任用等重要制度的改革，扩大选拔任用领导干部工作中的民主a_{60}

表4-8　　　　　　　政策文本的二级编码（节选）

部分政策资料（a_i）	概念化（A_i）
……	……较高的思想政治水平 A_3；马克思主义理论水平 A_4；思想作风建设 A_5；走中国特色社会主义道路 A_6；政治家 A_7
应有较高的思想政治水平 a_{34}	
党委书记和校长，必须具有较高的马克思主义理论水平……a_{42}；切实加强领导班子的思想作风建设 a_{46}	
必须全面提高现有领导干部的素质……a_{55}；要努力成为忠诚于马克思主义、坚持走有中国特色社会主义道路、会治党治国的政治家 a_{57}	
……	

续表

部分政策资料（a_i）	概念化（A_i）
……	……人数 A_{16}；配备素质高能力高的校长 A_{17}；任期制 A_{18}；配备领导班子的专业结构 A_{19}；年龄呈梯次配备 A_{20}；党政领导干部岗位轮换任职 A_{21}；离退休制度 A_{22}；选拔任用制度 A_{23}；任职条件 A_{24}；推举机构 A_{25}；推举程序 A_{26}……
高等学校党委正副书记和正副校长的职数一般为 5~7 人 a_{28}；实行双重领导、以中央各部门为主管理的高等学校，党委正副书记、正副校长和纪律检查委员会书记的任免…… a_{29}	
高等学校的校长、副校长，均实行任期制 a_{31}	
领导成员的年龄应形成梯次配备 a_{45}	
国家教委直属高校校级领导干部的任免和管理，由国家教委党组负责 a_{51}；学校党委书记、校（院）长由国家教委人事司考察、提名…… a_{52}；国家教委直属高校实行行政领导班子整体任期制度，逐步实现党政领导干部岗位轮换任职 a_{53}	
严格执行干部离退休制度…… a_{59}；加快党政领导干部选拔任用等重要制度的改革…… a_{60}	
校长任职条件：能全面执行党的基本路线和教育方针…… a_{61}。推举机构：…… a_{62}。推举程序：…… a_{63}	
……	
……	……提名副校长和中层 A_{37}；招生工作 A_{38}；教材工作 A_{39}；马克思理论教育 A_{40}；人才培养 A_{41}；人事、财务、基建等工作 A_{42}；向上级主管部门汇报工作 A_{43}……
实行校长负责制的学校，行政系统处（系）级以上领导干部的任免，应在广泛听取群众意见的基础上，由校长提名…… a_{30}	
高等学校教材工作，应由一位校（院）长分工主管 a_{35}	
高等学校的党政领导要把搞好马克思主义理论教育作为自己的重要职责…… a_{37}；要指定一名具有马克思主义理论修养和懂得教育规律的党委书记或校长主管理论教育工作 a_{38}；学校党委或校长应……汇报马克思主义理论教育工作情况 a_{39}	
党政领导干部要年把深入师生，做深入细致的思想工作列入工作日程…… a_{40}	
……	

续表

部分政策资料（a_i）	概念化（A_i）
……	……加强培训，健全校长培训制度 A_{50}；较高的专业和知识水平 A_{51}；懂科研，有学术地位 A_{52}；熟悉教育规律 A_{53}；领导能力 A_{54}；善于治校治教 A_{55}；……
高等学校的领导干部应有较高的专业和知识水平 a_{33}	
校长应该具有正确的办学指导思想，熟悉教育规律和教学、科研与行政管理工作，有一定的学术水平 a_{43}；健全培训制度…… a_{47}	
高级干部特别是省部以上党政主要领导干部不仅要努力成为有知识、懂业务、胜任本职工作的内行 a_{56}；……分期分批对县以上党政领导干部进行培训，并对学习情况认真考核 a_{58}	
努力提高领导干部素质，……懂得办学规律，善于治校治教，有较强的组织、协调和领导能力 a_{65}	
……	
……	……深入师生 A_{61}……
建立党政领导干部深入课堂听课制度 a_{41}	
……	
……	……加强考核 A_{66}；民主评议 A_{67}……
对任期内的校长、副校长，学校每一二年进行1次民主评议，上级主管部门每2年进行1次全面考核 a_{32}	
充分重视和加强领导班子考核工作 a_{47}	
认真做好干部考核工作 a_{54}	
……	

根据表4-8的二级编码，将表4-7中一级编码中的材料进一步概括、归类，形成新的概念，通过政策文本将大学校长管理专业化进程中的思想政治建设、提名、选拔、任免、考核、培训等各个方面逐一排列，并进一步范畴化，得到更为抽象的三级编码：校长的职责和权力、沟通与协作、思想政治及作风建设、选拔与任免、培训以及考核六个方面。结合政府责任，将政府在大学校长管理专业化进程中体现的具体责任整合为六个方面：明确职能权力、加强沟通协作、加强思想建设、完善考核机制、规范选拔任免以及提升能力素质。

（二）对政府专业化管理大学校长的责任分析

1. 加强思想建设。自新中国成立以来，加强大学校长的思想政治建设工作始终是中央与政府各部门常抓不懈的重要任务，无论是在选拔条件上还是在各种培训中，抑或是考核评价时，思想政治建设都是重中之重。

新中国成立初期，中央政府颁布了《关于在高等学校中批判资产阶级思想和清理"中层"的指示》，随后又颁布《中共中央、国务院对高等学校领导、管理问题两个文件的批示》（1963）、《关于加强高等学校领导班子建设的意见》（1980）等等，无一不强调高校领导班子的政治思想问题。1983 年，中央专门制定并颁布《关于改进和加强高等学校思想政治工作的决定》，要求高校领导班子不仅要具备管理上较高的专业水平，更要在思想政治上有崇高的认识和觉悟。随后，又强调"高级党政干部首先要努力成为忠诚于马克思主义、坚持走中国特色社会主义道路、会治党治国的政治家"。在校长的任职条件中，也无一不将政治思想摆在首要条件。

从各项政策文本分析，政府对大学校长思想方面的要求主要涉及三个方面：首先要具备较高的马克思主义理论水平，坚持社会主义办学方向；其次要改进作风，深入群众，实事求是，发扬艰苦奋斗的精神以及勤俭节约的办学风格；最后要做好廉政建设，保持思想的先进性和纯洁性，尤其是在学术资源配置、人事选拔等方面公平公正。

2. 规范选拔任免。第一，校长年龄结构合理化。关于大学校长的年龄情况，早在 1980 年，中央组织部和教育部联合发文，规定大学校长的平均年龄要降至 55 岁左右。1991 年，为全面贯彻党的干部的"四化"方针，保证高校领导班子的相对稳定性和工作的连续性，《关于进一步加强高等学校领导班子建设的通知》再次强调，领导成员的年龄应由 55 岁左右、50 岁左右和 45 岁左右构成，呈现梯次结构。1994 年，原国家教委规定其直属高校校长的初任年龄一般在 56 岁以下。随着政府管理大学校长经验的累积，近年来，教育部颁布了《关于进一步加强直属高等学校领导班子建设的若干意见》，将校长的最高初任年龄放宽至 58 岁。调查显示（截至 2014 年底），"211"大学校长普遍比较年轻，平均年龄为 54.6 岁，与美国校长（61 岁）相比，年轻了 6 岁，其中 50 岁以下的占 17.8%，51～60 岁的占 71.1%，61～65 岁的占 11.1%。"211"大学校长初任校长时的平均年龄为 49.6 岁，美国 50% 以上的校长是在 60 岁以后才担任校长一职的。数据显示最年轻的大学校长仅 47 岁，而最年长的有 65 岁（华中科技大学原校长李培根，2014 年 3 月已退休）。和 20 世纪相比，大学校长的年龄呈现了年轻化的趋势。例如：在 1951～2000 年近 50 年时间中，北京大学前后 8 位校长平均年龄 58.75 岁；清华大学前后 6 位校长平均年龄 56.15 岁。①

第二，校长教育背景专业化。我国教育主管部门多次在政策中提到，选拔任

---

① 刘秀丽、张君辉：《中外大学校长任期比较研究及启示》，载《外国教育研究》2007 年第 12 期。

用大学校长时，要求校长应当具有较高的科学技术和文化水平，尤其是在1994年颁布的《国家教委直属高校推举校长的规定》中指出，校长的任职条件之一就是"具有高级专业技术职务，原则上应该是教授（或相当于教授），有一定的学术地位"。在此一系列政策的规范和引导之下，大学校长的队伍也日趋专业化。以"211"大学为例，校长的受教育水平普遍较高，从毕业院校和学科背景来看，中国大学校长大都出身于名校，拥有的学士、硕士、博士学位中至少有一个出自"211大学"或海外名校；拥有博士学位的比例高达89.4%，高于美国大学校长84%的博士学位比例；除此之外，校长的学科背景也是决定校长任职的一项重要因素，62%的中国大学校长拥有理工科博士学位，而针对不同类型的高校，校长们的专业背景也呈现一定的规律性，如：北京中医药大学的校长是医学博士，中国政法大学的校长是法学博士，上海外国语大学的校长是文学（法语）博士，等等。

第三，选择校长从直接任命向公开化转变。目前大学校长选拔制度主要还是沿用普通公务员的晋升办法，以任命为主。然而，既然校长工作是一项专业，那么在选拔上应当引入竞争机制，对专业能力进行公平考核，择优选取。为此，教育部自2011年开始公开招聘大学校长，连续在五所大学进行试点工作，引起社会各界的广泛关注。这是政府深化人事制度改革的探索，也是从遴选制度上体现专业化管理的一项重大尝试，为一直以来盼望制度改革的人士带来了新的期待。

3. 明确职能权力。随着高等教育大众化的推进，大学组织日渐庞大和复杂，精英教育阶段那种松散式的管理已经难以适应大学自身发展的需要，迫切要求政府专业化管理大学校长，应该进一步明确和丰富大学校长的职能，使得大学内部的行政权力的合法性不断增强，行政管理的专业化程度不断提高。

在我国，公办高校实行党委领导下的校长负责制，党委如何领导、校长如何负责却一直是困扰学界和政府的难题。校长负责制赋予了大学校长基本的管理权力，包括学校内部的人事任免权、经济权、组织变革权等。《高等教育法》将校长的职能与权力归纳为六个方面：①拟定发展规划，制定具体规章制度和年度工作计划并组织实施；②组织教学活动、科学研究和思想品德教育；③拟订内部组织机构的设置方案，推荐副校长人选，任免内部组织机构的负责人；④聘任与解聘教师以及内部其他工作人员，对学生进行学籍管理并实施奖励或者处分；⑤拟订和执行年度经费预算方案，保护和管理校产，维护学校的合法权益；⑥章程规定的其他职权。

自此以后，政府就学校内部的各项具体行政管理内容，从操作层面上逐步丰富校长的职能。在拟定发展规划上，教育部规定校长制定并提出本届任期内的具体工作规划，由校党委讨论通过后向全校宣布；在教学、科研上，要求党政正职作为教学质量的第一责任人，要统筹学校的各项工作，全力以赴做好教学工作；在组织建设和管理上，校长要做好学校的人事管理、财务管理、基建管理、后勤管理，等等。2011年，教育部颁布31号令，要求公立大学要完成大学章程的起草、审议、修订以及核准、备案等工作，章程的内容要明确校长作为学校法定代表人和主要行政负责人，全面负责教学、科研等工作，规范校长办公会议的具体组成、基本职责、议事规则等内容。

2014年10月，《关于坚持和完善普通高等学校党委领导下的校长负责制的实施意见》将校长职能进一步具体化，从原来的六项职能细化为十大更具操作性的工作。主要丰富了以下几方面内容：一是人才管理方面，要组织和实施学校人才发展规划，做好师资队伍建设；二是组织开展教学、科研活动，创新人才培养机制，为地方经济社会发展提供智力支持；三是要做好学校安全稳定和后勤保障工作；四是代表学校与外界开展交流合作；五是向学校党委、教职员工报告工作。

4. 提升能力素质。为适应高等教育新形势的变化，中央一再强调要有步骤地改革领导机构和干部制度，加强干部的教育和培训，实现干部队伍的革命化、年轻化、知识化和专业化。显然，把高等学校的领导班子建设成为政治上、业务上强有力的工作班子是我国政府多年来努力的目标。本书所涉及的校长的能力素质专指校长的业务技能素质和文化知识素质，业务技能还包括了科学管理的能力、决策判断的能力、周密组织的能力、内部协调的能力、知人善用的能力以及指挥控制的能力等等。

20世纪80年代，中央颁布《关于加强高等学校领导班子建设的意见》《关于中央党政机关干部教育工作的决定》《高等学校校长任期制试行办法》以及《关于改进和加强高等学校思想政治工作的决定》，一再强调要提高党政领导班子思想政治水平、专业知识水平、科学文化水平和领导管理水平等。强调新提升的大学校长，管教学管科研的要懂专业、会管理；管党政管后勤的要有文化、受过高等教育。在任职后，也要充分利用学校有利条件有计划地学习、提高，学政治、学教育、学科学文化、学管理，努力成为本职内行。对于兼搞学术工作的校长任期届满后，要安排时间进行学习和进修。

1994年9月28日，中共第十四届中央委员会第四次全体会议通过《关于加强党的建设几个重大问题的决定》，指出，高级党政干部应该具有坚定的政治信念、开阔的国际视野，较强的领导能力，宽广的胸襟等等。1996年6月12日，国家决定就教育政策法规对教育行政干部进行重点培训，以更新业务知识，提高执行国家教育政策法规的能力。1998年，培训任务进一步得到落实，开展了校级领导干部理论进修班和短期专题研讨班，围绕各高校工作面临的具体问题进行专题学习、研讨和交流。2013 年，政府开始切实把校长教育培训情况作为选拔任用的重要依据。

5. 加强沟通协作。大学内部权力系统之间的沟通与合作并不是简单意义上的权力分工，也不是单纯的权力分立，而是权力主体在实际运行中既相对分离又相互配合。党委领导下的校长负责制是我国现行的高等教育领导体制，党委行使政党权力引导办学，校长代表行政权力管理大学，两种不同的权力在办学过程中难免产生摩擦，加强校长与党委及其他校内人员、组织的沟通与协作，政府责无旁贷。其责任范围涉及到以下两个方面：规范校长与其他党委领导班子成员的分工协作；加强校长与学生会、教职工代表大会等学校内部各类组织的联系，建立校长与教师、学生的沟通制度。

第一，党政间的沟通与合作。在学校领导体制方面，政府以 60 多年实践经验证明了"党委领导下的校长负责制"是一条适合我国国情的正确道路。1961年，教育部"高教六十条"出台，规定了教育部直属高等学校的领导制度是"党委领导下的以校长为首的校务委员会负责制"，在此基础上，1978 年将其修改为"党委领导下的校长分工负责制"，"学校的教学、科学研究、后勤工作中的重大问题，一定要经过党委讨论。党委做出决定后，由校长负责组织执行"。1980 年 12 月，为了克服党政不分，以党代政的倾向，中共中央组织部、教育部发出《关于加强高等学校领导班子建设的意见》，要求党政分开、明确分工。1985 年 5 月颁布《中共中央关于教育体制改革的决定》，规定"学校逐步实行校长负责制……党组织要从过去那种包揽一切的状态中解脱出来，把自己的精力集中到加强党的建设和加强思想政治工作上来"。直到 1989 年，受东欧剧变、苏联解体等重大国际事件影响，加强党的领导又被提到重要位置，至此，"党委领导下的校长负责制"初步形成。

第二，与校内师生、组织的交流与联系。在与学校内部人员、组织沟通协调方面，政府同样极为重视。1991 年原国家教委专门颁布《关于高等学校党政领导干部深入师生做好工作的几点意见》，明确要求要建立党政干部深入课堂听课制度，每年至少要听 30 学时的课程；建立接待师生来访制度，每月或每周安排专门时间接待来访师生；建立走访师生宿舍和食堂制度，掌握师生的思想动态及生活问题；加强与学生会、工会等的联系。2014 年，教育部在《关于高等学校领导班子及领导干部深入解决"四风"突出问题的有关规定》也强调，校长要密切联系师生，强化服务意识。

6. 完善考核机制。随着高等教育体制改革的不断深入，大学办学从完全受命于政府逐步过渡到实行自主办学，开始独立面向社会对高等教育、对人才和科研成果及其他智力服务的需求。大学校长作为大学行政事务的最高负责人，自然对其工作提出了更高的要求，教学质量的好坏、科研成果的多少都成为评价校长工作好坏的重要标准。而大学校长是否适合继续留任或者提拔任用事实上都需要一个客观的参照标准，即对大学校长的工作进行客观公正的评价与考核。但是，由于大学工作的特殊性，校长的工作成绩往往不能简单地通过定量的指标反映出来，如何科学、直接、客观地反映校长的工作成绩和履职能力是教育主管部门多年来一直力图解决的难题。

改革开放以来，《高等学校校长任期制试行办法》（1987）、《关于进一步加强高等学校领导班子建设的通知》（1991）、《关于国家教委直属高校领导干部管理工作若干问题的通知》（1993）等政策文件的相继出台，纷纷要求完善大学校长的考核评价机制。要求考核大学校长在德、能、勤、绩诸方面的表现，重点考核其能否坚持四项基本原则和社会主义办学方向以及履行岗位责任的实绩。考核结果要归入档案，作为校长奖惩、晋级、任免等的重要依据。1996 年，原国家教委针对高校领导班子的考核工作专门颁发了《国家教委直属高校领导班子届中考核工作暂行办法》，对考核内容作了进一步补充和细化，对考核的程序也做了明确的规定和强调。2013 年，又将管理精力的投入、工作作风等因素列入考核范围，进一步完善考核测评指标体系，目前已经形成"德、能、勤、绩、廉"的五维评价体系。同时，在考核方法上也做了改善，采用平时考核与定期考核相结合的方式，定量考核与定性考核相结合的办法，客观、全面、准确地评价校长工作。

三、越位与缺位：大学校长管理专业化进程的政府责任困境

（一）大学校长的不专业和不专心

前文研究表明，大学校长管理专业化的最终结果往往表现在三个方面：一是大学校长成为专门的职业；二是大学校长要有专长；三是大学校长是能专心的事业。[①] 然而，在对"211"大学校长的调查中，我们发现大学校长存在着不专职、不专心、不专长问题。大学校长并非都对治理大学抱有浓厚兴趣，也并非都能全身心投入，这与处于学术盛年期的大学校长仍具有较强的学术抱负和学术能力有关，更重要的是是否具备高度专业化的治校知识和技能并未与"当好校长"联系起来。

首先，大学校长职业理想不稳固。调查发现，中国大学现任校长的职业理想

---

① 宣勇等：《大学校长管理专业化研究的价值与基本问题》，载《复旦教育论坛》2013 年第 11 期。

非常不稳固，有57.1%的校长认为担任大学校长这一职务不是他的职业理想，如果大学校长岗位实行自由竞聘，38.5%的校长表示不会继续担任这所学校校长。不会继续留任的校长中，50岁以下的占20%，51~55岁的占40%，56~60岁的占40%。

其次，大学校长未能全身心治校。调查发现，现任大学校长中有87%继续从事原学术研究工作，从事原学术研究工作所占精力占1/4以上的有51.3%，其中占一半精力的有8.1%。91.6%的大学校长拥有学术兼职，平均学术兼职6.05项；47.3%的校长在任期间有学术类获奖，平均为1.6项；84.7%校长在任期间发表学术论著，平均为32.5篇（部），其中发论文最多的校长达到325篇（部），发论文100篇（部）以上9.2%；10篇（部）以上的校长46.6%。

最后，大学校长缺乏专门的治校训练。研究发现，大学校长中63%是理工科出身，人文社科出身的校长仅占37%，其中管理学背景的校长占10.9%，教育学背景的校长仅占4.3%。远远低于美国大学校长中拥有教育学或高等教育学背景的37%的比例。由于缺少教育和管理领域的学术训练，大学校长较少在国内有影响的教育研究性学术刊物发表学术论文，如在《教育研究》上发表论文的校长为12.8%，在《高等教育研究》《教育发展研究》上发表论文的校长仅有2.1%。此外，国内尚未专门开展对大学校长的应知应会等进行专门的培训，对于治校能力，只有15.2%大学校长认为得益于政府的培训，50%的校长认为来源于个人体悟。这表明，政府在专业化管理大学校长中存在着缺位与越位的现象。

（二）政府责任的缺位与越位

实现大学校长管理的专业化需要一系列外部制度作为支持。根据人力资源理论，大学校长的管理制度应该包括：校长的资格认证制度、职责制度、选拔聘任制度、培训制度、考核制度、激励制度等。由于各种原因，政府在责任的履行上依然不到位，主要表现在以下几个方面。

1. 校长资格认证制度尚未形成。资格认证制度是行政机关按照国家针对某一特定职业专门制定的技能标准或者任职资格条件，对劳动者的职业准入资格进行客观、科学评价从而授予相应的职业资格证书的制度。本书提出政府要建立大学校长资格认证制度不仅基于人力资源理论，更是有一定的法律依据。1993年2月13日，中共中央、国务院发布的《中国教育改革和发展纲要》提出："专业性、技术性较强的岗位，应在获得岗位资格证书后上岗"。1993年11月，党的十四届三中全会通过的《中共中央关于建立社会主义市场经济体制若干问题的决定》再次强调要改革劳动人事以及干部选拔制度，制定各类职业的资格标准和录入标准，实行学历文凭和职业资格证书制度。

大学校长的资格认证是校长管理专业化的基本前提，是政府对专门从事高等教育管理的校长的基本要求，是步入校长岗位的必要条件。我国多数大学校长都是经验型的管理者，他们很多都没有与高等教育相关的学习背景和证明校长胜任能力的资格证书，正如前文所述，我国112所"211"大学的校长中有64.2%都是理工科出身，基于学术上的成就成为教学上的领导者，多以管理学科、学院的经验来治理一所大学。这种笼统的校长任职基本要求不仅大大减低了校长的专业特征，还给后续的考核和激励等工作带来了诸多问题。由于大学校长这一职业的高度综合性，它的资格认证内容涉及十分广泛，不仅要考虑校长人选的学历水平、学习或培训背景，还要考核其思想政治表现、领导管理能力、教育教学水平、身体素质、心理素质条件、个性特征等各方面以及其他与大学校长工作相关的方方面面。因此，政府应尽快制定好校长的资格认证制度，设定好专业化的准入"门槛"，为专业化校长打好坚实的基础。

2. 专业化的校长培训制度尚未建立。大学校长多数出自教师队伍，其职业道路与医生、律师大不相同，并非起始于系统的学历教育，而是更多地依赖于自己的经验积累和自我探索，这是琐碎、浅显、有限的。因此，科学系统的职业培训就成了校长专业化的必经之路。校长的培训是以一定的教育理念为指导，通过培训课程和手段对受训者进行教育，以期提高校长的专业素养的过程。在国外，校长培训又被称为校长的专业成长，是通过妥善规划和落实的学校领导培训措施或方案，培养高品质的学校领导人才。①

校长的培训主要分为岗前和职后两种基本形式，从实际操作上看校长到岗后的培训更受教育主管部门重视。本书之前论述政府在提升校长能力素质时多次提到各种关于校长培训的政策，显然校长的培训早已引起政府重视，并已经采取措施。但是，现行的培训机制并不完善，主要表现在：第一，培训内容碎片化，没有针对性和连贯性，尚未构成科学、完整的知识体系；第二，培训形式单一化，主要采取僵化的单向灌输模式，培训效果很难保证；第三，培训课程过于理论化，部分校长认为培训课程集中在理论层面，与实际的教育管理工作相脱节；第四，培训质量评估形式化，培训并未引起校长们的足够重视。大学校长们认为，他们办学治校的能力素养主要得益于多岗位锻炼、边干边学、个人体悟、看书学习、他人的成功经验、前任的言传身教，而政府系统培训的效果认可度很低，仅为15.2%。

校长培训是校长专业化过程的重要组成部分，为此政府有责任构建一套完整的培训机制，包括培训的组织机构、培训基地的建设与选择、培训经费的投入与

---

① 褚宏启：《走向校长专业化》，上海教育出版社2009年版，第177页。

开支、培训的内容和方式、师资队伍的来源、培训质量评估等方面内容。一方面要为校长们创造更多的培训机会,设计科学、完整的培训内容,结合实际工作,提升培训效果;另一方面也要不断探索新的培训模式,让校长们主动参与到培训过程中,借助培训中的交流挖掘高等教育管理中出现的共性问题。

3. 专业化的校长激励机制未成体系。高等教育位于我国教育体系的顶层,决定了高等学校的经营和管理必然成为一项复杂的系统工程。不仅要求学校管理者全身心投入学校管理工作,更需要发挥其潜在的最大能力。有学者认为,激励可以促进大学校长成为一门专心的事业,能吸引和留住校长,充分发挥他们的能力,激发他们的创造性,使之勇于尝试新的办学理念、治理手段、教学内容和培养模式。因此,将激励机制纳入到大学校长专业化进程,是实现大学校长专业化的重要保障,也是大学校长自我实现的需要,精神满足的需要,物质渴望的需要。

大学校长的激励是一个根据校长专业成长而不断激发校长动机的心理过程。主要包括精神激励和物质激励两个方面。精神激励主要是通过考核评价对卓有建树的校长给予相应的荣誉称号,或者提供晋升机会以示肯定,使其获得精神上的慰藉和自豪。物质激励是指对有重要贡献的校长予以物质奖励,如授予奖金,提升薪资水平等。因此,在制度设计上通常体现为大学校长的薪酬制度和晋升制度。人力资本理论也认为,一个人的人力资本含量越高,劳动产出率也就越高,在劳动力市场中得到的报酬也应该越高。那么,在目前越来越复杂的高等教育发展形势下,激发大学校长们的最大潜力已成为了政府主管部门不可推卸的责任。

结合实际,我国目前还没有建立起专门的大学校长薪酬体系,校长工资待遇一般是按照行政级别或者执行教师职业技术职务工资标准制定。在实际运行中,大学校长的薪资所得与需要承担的职责并不匹配。从国内看,在对"211"大学校长们进行问卷访谈时发现,校长薪酬的平均水平为一年17.34万元,他们预期的合理年薪为47.36万元,相差甚远。从国外看,大学校长的薪酬水平明显高于其他职业。有研究表明,2013年,全美公立大学校长薪酬的中位数为47.9万美元,而总统奥巴马的年薪为40万美元,其中公立大学校长中薪酬排名第一的俄亥俄州立大学校长戈登·吉(E. Gordon Gee),高达605.8万美元。[①] 2012年,澳大利亚公立大学校长的平均年薪将近80万澳元,其中位列排行榜前三甲的大学校长收入甚至超过时任澳大利亚总理的2倍(后者年薪约为50万澳元)。[②] 相比之下,我国校长的薪酬水平明显偏低,这也是部分校长的精力投入不足,职业

---

① 赵映川:《年薪制:大学校长职业化的薪酬制度重建》,载《中国高等教育研究》2015年第08期。
② 俞婷婕:《澳大利亚大学校长的角色定位与个人特征——基于"八校联盟"的分析》,载《复旦教育论坛》2012年第03期。

意识低下的重要原因。因此，建立合理的大学校长激励制度，调整薪酬水平是我国政府急需履行的职责。

4. 尚未建立专业化的校长考核机制。改进高校校长的考核工作是当下我国建立现代大学制度的重要内容。目前，我国大学校长的考核机制还处于探索阶段，在考核内容、考核程序、考核形式上还存在许多问题，很大程度上制约着我国建设世界一流大学的宏伟目标，从现代大学制度的理论框架来探求和构建考核制度是政府的当务之急。一方面，这是我国高等教育体制改革的现实需要，随着高校自主权的下放，学校在自主招生、教育经费使用、学校机构设置、中层干部及教职工聘用等方面的权力越来越多，校长作为学校行政一把手，权力也迅速增大，考核是监督和制约权力的一种手段和方法。另一方面，健全、科学的考核机制是建设中国特色现代大学制度的重要组成部分，为我国各类高校在激烈的世界高等教育竞争中提供了有力的高校领导人才支持。

大学校长的考核是指根据一定标准和程序，采用定性和定量相结合的分析方式对校长在一定阶段内工作业绩做出客观、科学评判的过程。完整的考核机制包含了考核主体的组建、考核方法的选择、考核程序的制定、考核指标的确立以及考核结果的运用等几个方面。将考核结果应用于校长薪酬福利的调整、职位升迁等人事管理环节是校长考核制度的关键领域和组成要件，实质上也是体现绩效考核权威性、现实性与价值性的管理举措。一项数据表明，在美国，超过五成的高校董事会将校长的考核结果应用于薪酬调整与续签上。

当下，我国大学校长考核仍未建立专业化的考核制度：一方面，校长考核的内容和形式不能体现大学校长工作的专业化。首先，我国大学校长的考核内容虽然包括了德、能、勤、绩、廉五个完整的方面，但比较笼统，缺乏具体、明确、可操作的标准。再加上不同大学的性质、发展阶段和发展目标的差异，大学校长的考核指标不能相同。而且校长是否有作为并不能以如此简单、片面的方式体现出来，高校的改革和发展是个漫长的过程，需要时间证明。因此，现行考核方式对部分敢于革新的校长并不公平。其次，我国大学校长绩效考核机制基本沿用了党政干部、公务员考核的基本做法，考核的内容和形式单一，并不符合大学校长高度复杂性的职业特点，从而导致考核形同虚设，在校长薪酬调整、职位升迁等方面缺少实际参考价值。另一方面，大学校长考核主体比较单一，在校长考核过程中起决定作用的仍只有上级主管部门（组织部门），虽然能够较好的从党的干部任用角度考察大学校长，但从大学校长工作的特点和国际经验来看，仍需要了解和擅长评价校长治校水平和能力的社会力量和专门机构作为重要的主体参与到对大学校长的考核当中。

5. 在选拔任免上，制度上的缺位导致了实践中的越位。在我国，大学不仅被视作是学术机构,从事科学研究,更被奉为培养国家栋梁的具有上层建筑与意识形态性质的教育机构。因此,政府历来重视对大学的领导与管理,尤其是对大学领导班子的选拔任免上,主要由上级行政部门直接委任,导致最后校长只能对"上级部门"负责的尴尬局面。2010 年,《国家中长期教育改革和发展规划纲要(2010~2020)》提出,要"完善大学校长选拔任用办法",由此,开始公开选拔大学校长的试点工作。但需要指出的是,在现实语境下,无论是教育领导体制或是行政管理体制,都决定了改革的"不彻底性"。

根据教育部《公开选拔直属高校校长试点工作方案》,公开选拔校长分为报名、职业素养综合评估、面试、组织考察、决定任职人选五个阶段。大致分为三轮筛选:首先是确定面试对象。组建大学校长遴选委员会,由遴选委员会主任、副主任对报名人员的能力素质进行综合评估,选出 3~5 名面试人员。在此过程中,遴选委员会的主任是由教育部分管高等教育的部领导担任,副主任由带有行政级别的其他高校党委书记、校长或高校干部担任。其次是确定考察人选。以竞职演讲和考官提问相结合的方式进行面试,随后在教师干部代表和学生代表中进行民意测验,经遴选委员会主任、副主任与面试者面谈后,将综合面试、民意测验、面谈结果,按照 1:2 的比例确定考察对象。最后由教育部党组讨论决定校长人选。从整个遴选过程看,主要决定权依然归于教育主管部门,学校师生虽有参与但是并不能对结果产生影响。校长"难以对学校忠诚"、"难以对师生负责"的现实依然得不到改变。

在对"211"大学校长的调查中,仅有 21.3% 的校长在职期间,对于班子中的副校长遴选被征询过意见,这与《高等教育法》规定不符。根据《高等教育法》,大学校长具有拟订内部组织机构设置方案,推荐副校长人选,任免内部组织机构负责人的基本权力。然而,副校长依然由上级主管部门直接任命,导致出现副校长不配合校长工作,行政领导班子不一条心的问题。

第三节 完善大学校长管理专业化中的政府责任

党的十八届三中全会,中共中央已明确提出国家治理转型的要求,在教育领域也明确提出将教育治理体系和治理能力现代化作为深化教育综合改革的总目标。这对于进一步完善政府对大学校长的专业化管理提出了要求。从政府专业化管理大学校长政策的发展实际来看,我国大学校长管理专业化经历了探索期、形成期和快速发展期,应当抓住机遇进入成熟稳定期,提高我国大学校长专业化水平，加快推进中国特色现代大学制度的完善。

一、从管理到治理：大学校长管理专业化进程中的政府责任转变

随着国家和社会的发展，政府宏观政策制定的价值取向由政治价值取向逐步转向对政治、经济、社会价值取向的兼顾。然而大学校长管理专业化的政策仍然迟滞于这种变化。

20世纪末，在经济发展迅猛，民众需求旺盛和改革开放的背景下，政府通过系列政策开启了高等教育大众化进程。政策推动大学发生巨变，大学规模由小到大，学科从单一到综合，功能从以教学为主到教学、科研和社会服务多元并重，大学逐渐介入到社会活动的中心。然而，大学备受社会关注的同时也开始受到全方位的质疑，甚至犹如被吹大的怪胎而不被接纳。或许是早就意识到，大学办的好不好不只是大学自身的问题，在频繁指责大学的同时，人们逐渐认识到政府管理大学的诸多不当之处，其核心问题在于政府对高等教育管得过死。时任教育部长袁贵仁在2014年全国教育工作会议上的讲话中明确提出"深化教育领域综合改革，加快推进教育治理体系和治理能力现代化"，并指出，教育工作中的问题："原因有很多，究其根本，不在学生、不在教师，也主要不在书记校长，而在教育管理部门，在于我们的管理理念落后、管理体制落后，以及由此带来的管理方式落后、管理能力落后：例如，政府、学校、社会之间的关系没有理顺，政府缺位、越位、错位的现象时有发生，制约了学校办学的积极性、社会参与的积极性；不同层级政府之间教育权责交叉，上级部门管得过多过细过于简单，制约了基层因地制宜创造性开展工作；管理方式单一，习惯于用分数管学生、用升学率管教师，制约了学生的创造性、教师的创造性，等等。"这些问题，对教育行政部门如何从全能政府，无限责任政府向有限责任政府转变提出了要求。

加快推进教育治理体系和治理能力现代化的背景下，应当从治理的视角来审视政府在大学校长管理专业化中的责任。

首先，治理视角下政府专业化管理大学校长的角色应当由具体操控者、全面监控者向标准提供者、有效监督者转变，追求公共利益最大化。

任何组织的责任通常与这个组织在社会生活中所担任的角色和作用是相关的。治理视角下的政府角色既不是无为而治的"守夜人"，也不是追求个人利益最大化的"经济人"，更不是无所不能的"中心人"，而是追求办学效益的最大化，即大学是以公共利益最大化为目标的"社会人"。所谓"社会人"，即政府

不再是凌驾于社会之上的统治者，而是处于社会之中的治理者，它不再是唯一的权力中心，而是社会多元治理结构中的一元，与市场和公民社会之间是一种平等互助的合作伙伴关系。在公共事务管理方面，政府不再是划桨，而是掌舵，不是"教练员"和"运动员"，而是"裁判"，更应该具有透明性、合法性、责任性、法制性、回应性和有效性，将办学效益最大化作为最终目标。同样的，在专业化管理校长的过程中，政府也应该不再是校长资源的唯一提供者，校长管理的具体操控者，保姆型的全面监控者，不再是事无巨细、宏观微观全管理的全能者，而是为大学选择合适大学校长的标准提供者，对大学校长能否依法、合规公开遴选并全身心对大学负责的有效监督者。政府应当注重立法、政策引导和经济资助方面的宏观调控，将微观事务交由学校和社会，将资源配置交由市场机制，由直接、微观的管理者转变为间接、宏观的监督者、调控者和服务者，满足不同利益主体的需求，满足不同学校发展的实际需要。以这种方式，政府实现从无限责任向有限责任的转变。

其次，政府由单中心的权力拥有者向多中心的权力共享者转变。在专业化管理大学校长的过程中，政府必须打破传统体制下单中心的权力拥有者，向多中心的权力共享者转变[1]。为实现这个转变，就必须重构政府手中的权力。一方面要不断弱化和转化政府手中的管理权。要不断弱化政府管理大学校长的权力。政府的有限理性决定了政府并非是无所不能，必须将部分权力转化和让渡给学校和社会专门机构。如在大学校长选拔时，政府提供标准，但选拔的具体操作事项和初始提名权交给学校，选拔的过程政府作为利益代表表达利益诉求；在对大学校长培训时，政府提供标准或审查标准是否合法合规，标准由大学行业学会组织提供，具体的培训过程交给市场；在校长的薪酬上，由学校按照市场机制提供，政府依法进行监管监督，起到依法规范和监督市场的作用。另一方面特别需要强调的是，为避免形成政府管理的"权力性真空"，还要不断加强和集中政府手中的部分权力，特别是对大学校长管理上的标准确定权，审查权和依法监督权。

二、多中心治理模式下的政府专业化管理大学校长的责任

多中心治理指的是多方面的多个中心，包括治理空间的多中心、治理主体的

---

[1] 郑扬波：《试论当下我国民办高等教育发展过程中的政府责任－基于治理的视角》，载《继续教育研究》2010 年第 11 期。

多中心、治理方式的多中心和权力向度上的多中心①。即在空间上有国家—社会—市场多维空间，在治理主体上，既可以是公共部门，也可以是私人部门，还可以是二者的合作。运用在大学校长的管理上，管理主体并不只有政府一个公共权力中心，还可以是大学、相关社会组织。在治理方式上，管制和控制色彩将减少，强调的是各相关主体的参与、合作。在权力向度上，"不再是监督，而是合同包工；不再是政府集权，而是权力分散；不再是由国家计划管理，而是社会、市场协同供给；不再是政府垄断，而是根据市场原则的管理；不再是由政府'指导'，而是由政府和私营部门合作"。②

多中心治理理论在于打破单一秩序，打破了过去单中心治理体制中的最高权威指令链条和权力体系，形成"政府—市场—社会第三部门"三维一体的多中心权力网络格局，实现对大学校长的共同管理。犹如制度经济学认为的那样，任何组织都是由有关的利益参与者所达成的一种契约。随着社会的发展与高等教育投资主体的多元化，高校事实上已经成为一个利益相关者组织，其利益主体包括政府、社会团体、办学者、管理者、学生、用人单位等，这些个人或组织对高校活动产生差异性的影响力，并对高校管理结果存在着多元的利益期待。大学校长是链接大学内、外部治理的节点，一个只有政府单一满意的大学校长在社会效率上是极其低下的，也是对其他多元利益主体的不公平。因此，在多中心治理模式下，对于大学应该选择什么样的校长，每个利益主体都有参与权与发言权，而且相互影响、相互作用，就产生了利益制衡，更有动机和条件采取合作行动，更好地提高大学校长专业化的水平。

从多中心治理的角度来看，政府在专业化管理大学校长上承担的责任非常重大：一是，向学校下放一部分校长管理的权力。随着社会资源分布状态的改变和政府职能的转变，政府不再独家垄断管理权力，大学的办学自主权得到进一步扩大，大学与社会联系越来越紧密，政府对大学校长的管理应当逐步以学校为中心，积极倡导大学通过章程规范大学校长的管理，引导社会其他力量参与管理大学事务，使大学办学从封闭走向开放。二是，尽快建立系统的专业化管理大学校长的法治性文件。法治是治理理论的核心概念之一，市场经济是法制经济，在转型时期，政府职能转变涉及到政府、大学和社会各方面利益的重新调整和分配，需要法制来加强、促进、保障和规范多方利益主体的行为。一方面，需要在学校章程中明确学校管理大学校长条款，另一方面，政府要将选育留用等专业化管理大学校长的标准、程序和要以法律、法规的形成明确下来。三是，培育市场力

---

① 龙献忠、胡颖：《论高等教育多中心治理视野下的政府责任》，载《现代大学教育》2007年第1期。
② 俞可平：《治理与善治引论》，载《马克思主义与现实》1995年第5期第58页。

量，使大学校长遴选从点兵选将到市场竞争。在政府垄断服务的情况下，政府在支配稀缺的高等教育资源时，主要是通过行政分配而不是通过市场竞争来进行的。对不同的高校，政府是依据学校级别和校长身份，按照安排干部的规律进行随机配置的。理论上，级别高的学校配置的校长的级别和能力越强，跟学校的实际需要较难实现合理匹配，往往需要磨合。从政府管理角度来看，不同学校的校长岗位属于稀缺资源，难免有人置公共利益于不顾，利用管理者身份和管理环节"寻租"，为个人谋取私利，这样容易导致个别大学校长过于迎合政府主管部门的意图而放弃大学自身的长远利益。在向学校下放部分校长管理权力的同时，政府必须要建立公平竞选大学校长的理想环境，使不同类型的大学和不同类型的大学校长在享有平等竞争的基础上实现自由选择。四是，扶持教育中介组织，使政府对大学校长的管理从直接走向间接。发达国家的政府并不直接管理大学，而是实行间接管理，常常是在政府与大学之间建立一个"缓冲器"或"减压阀"，即各种各样的教育中介组织。如英国的高等教育基金会、日本的中央审议会、意大利的教授委员会、美国的卡内基高等教育委员会和大学问的基准协会等。现在，这些教育中介组织在协调政府与大学的关系方面扮演着越来越重要的角色。政府应逐步把本应由教育中介组织承担的职能从政府的行政职能中剥离出来，使政府对校长的管理由直接管理转变为间接管理。

三、完善大学校长管理专业化的政府责任实现路径

中国高等教育改革与发展过程中，虽然政策工具由单一向多元化转变，但政策工具箱仍不够丰富[①]。而政策工具是联结政策目标和政策执行最重要的环节，良好的政策目标必须选择适当的政策工具。在转变政府职能，下放高校自主权力的趋势下，应建构合理的政策工具箱完善政府专业化管理大学的责任，减少过去采用较多的行政命令、管制、限额等方式，利用法律、市场工具，逐步提高大学校长管理专业化水平。

（一）法律工具

建立和完善政府专业化管理大学校长的法律体系，建议制定《高等学校领导人员管理办法》将大学校长的遴选办法、大学校长标准、大学校长培训体系等规范化，法制化。细化大学校长的法人代表责任，明确大学校长的治校责任，尤其是厘清大学校长和党委的关系。对于大学校长管理中学校的权力和责任，政府的

---

① 张端鸿：《中国高等教育改革与发展的政策工具分析》，载《复旦高等教育论坛》2013 第 11 期。

权力和责任，社会或相关第三方参与的方式和权力等建立明确的法律法规和具体的实施条例给予说明。在法律制定和出台的过程中，政府要充分体现治理理论所要求的透明性、责任性和回应性。

（二）市场工具

与社会主义市场经济体制相适应，积极拓展市场工具的应用。虽然中国高等教育改革主要是国家政策所主导和推动，但更多的是对中国的市场经济改革的一种回应，因而"市场"在推动高等教育改革进程中的角色亦不可忽视。政府在管理大学校长过程中，可逐步将部分非核心的管理责任交给市场。一是在控制任命程序的基础上，将对大学校长的评估、初始候选校长提名等交给市场，通过市场的竞争逻辑使优秀的大学校长人选脱颖而出；二是在控制考核标准的基础上，将对大学校长的考核过程交给市场，由市场机制区分校长类型、层次和水平；三是在公开透明的基础上，将对大学校长的待遇和薪酬交给市场，由市场根据实际确定一个符合人力资源市场状况的合理薪酬。

（三）规劝工具

规劝工具在我国高等教育改革中一直发挥着先导的作用。在改革之前总有理念问题需要厘清，改革之中也总要修正理念才能推行相关政策。规劝工具并不一定体现在政策文件之中，它是政府推行政策的一个态度，这种态度可以是直接倡议的，也可以是默许的。在长期的行政化管理模式下，在大学领导班子和政府行政部门已经形成稳定的信念和价值观，其中的部分信念和价值观会阻碍大学校长管理专业化的进一步改进完善。因此，要利用政府官员的讲话，特别是国家领导人的讲话建立中央政府和地方政府的共同话语，形成合理的政策导向。

（四）符号工具

将合理的做法进行概念化，形成一个具有导向型的政府符号。比如改革开放以来市场化的理念不断深入，正是政府不断倡导高等教育市场化这个符号的结果。通过不断树立和倡导市场化这一符号，致使人们比较容易接受高等教育产品属性的特点，改变学生上学由国家包下来的做法，逐步实施收费制度，打破了高等教育是纯公共物品的理念。在大学校长管理专业化的推进过程中，应将专业化管理大学校长符号化，使政府管理部门和大学领导班子都树立和接受这样的理念。

（五）问责工具

对管理大学校长过程中的责任主体进行程序化问责，包括政府在承担标准提供者、有效监督者等方面的责任，大学在遴选大学校长，校长业绩考核等方面的责任。然而，目前在大学校长管理专业化的过程中，各个主体承担的责任不是非常明确，因此，政府在大学校长的管理上建立问责机制对于推动大学校长专业化具有直接的保障作用。可以将大学校长管理的问责主体分为两类：同体问责和异体问责。同体问责主要是高等教育中的党委组织、上级领导部门、学校教职员工、学生等；异体问责主要包括处于高等教育系统之外的权力机关、社会团体、公众、新闻媒体等。

第五章

大学校长管理专业化的中美比较与借鉴

高等教育现代化的实质是为了参与高等教育的国际竞争,是若干所大学追赶并达到世界一流大学水平、建成高等教育强国的过程,事实上也是一个高等教育国际化的过程。中国高等教育治理体系与治理能力现代化的过程也是一个向先进国家学习的过程。共同治理作为"美国高等教育推向全球的最有价值的出口"①,奠定了美国高等教育在世界超一流的地位,是支撑美国高等教育的核心价值观,也是保障美国大学充满生机和活力的制度源泉。一些发达国家如英国、德国和日本,近年来也纷纷效尤美国大学的治理模式进行改革,以提升大学的学术实力和学科水平。因此,美国的高等教育共同治理的体系是我们在现代化过程中的重要参照系。就美国而言,从最初殖民地时期创建9所学院到如今成为拥有最多世界一流大学数量的高等教育强国,大学校长这一被称为"美国高等教育巨人"的群体在美国的高等教育发展史上发挥了巨大的作用,如今,这一群体依然在延续着前辈的力量继续推动着美国高等教育的发展。校长群体的职业行为是以制度支撑为基础的,美国已经在大学内外部建立了成熟的校长专业化的制度保障体系,这一制度保障体系使校长能够在治校中获得"专心事业"的"动力"、"专门职业"的"权力"、"专长从业"的"能力"。对中美大学校长职业特征的比较以及美国大学校长管理专业化的制度体系的研究,目的是希望能够从国际化

---

① Pitre P E, et al., The Globalization of Shared Governance: Implications of the International Study of Higher Education Governance (ISHEG), [2008-10-21]. http://ednet.kku.ac.th/~edad/research_globalization%20governance.pdf.

的视角来反省我国现代大学制度内部治理体制的优缺点,从而推动具有中国特色现代大学制度下大学校长管理专业化体制的改革与发展。

第一节 中美大学校长管理专业化特征差异

2011年,美国教育委员会(American Council of Education,ACE)发布了《2012美国大学校长研究报告》。ACE在2011年组织了针对大学校长的调查,向3 318位大学校长和首席执行官寄送了调查问卷,最终回收了1 662位校长的调查结果。该项调查的内容主要包括:大学校长的个人特征和信息统计;校长特征和校长职务的改变;不同类型大学校长的不同特征;校长的学术和专业经历;校长遴选的调查、录用过程以及新上任校长的经历等。2013年,国家教育部重大招标项目"完善中国特色现代大学制度进程中的大学校长管理专业化研究"课题组对"211"大学校长、书记、中层干部、教授开展问卷调查研究,以了解中国大学校长管理专业化的状况。此外,课题组还运用网络跟踪法对中国"211"大学校长2012～2014这两年的日常活动和履职情况进行数据搜集、整理、统计、分析。本部分以这三项调查数据为基础,从大学校长基本特征、职业路径和职业行为等三个方面展开对中美大学校长的比较研究。

一、中美大学校长基本特征差异比较

大学校长的基本特征是指大学校长群体的可观测特征,这些特征包括:年龄、性别、婚姻状况、宗教信仰、受教育程度等。大学作为社会中"多元化巨型"[①]组织,其管理呈现出个性特点之外,也与其他组织具有共性之处,因此,对中美大学校长的基本特征进行比较分析,是进一步对其管理专业化所呈现出的差异分析的基础。

总体来看,中国大学校长以获得学士学位以上的已婚男性占大多数,美国大学校长以获得学士学位以上的具有宗教信仰的已婚白人男性占多数。

(一)从性别分布来看

中美大学校长均以男性为主,但是,美国女性担任大学校长的比例明显高于

---

① [美]克拉克·克尔:《大学的功用》,江西教育出版社2001年版,前言。

中国。在 2011 年 ACE 的调查中，美国大学校长中男性占 73.6%，女性占 26.4%，女性所占比例比 2006 年提高了 3.4%。现任中国大学校长男性占 95.6%。

（二）从年龄分布来看

中国大学校长任职平均年龄低于美国大学校长。我国大学现任校长的平均年龄为 54.6 岁，其中 50 岁以下的占 17.8%，51～60 岁的占 71.1%，61～65 岁的占 11.1%。根据 ACE 调查统计，美国大学校长平均任职年龄为 61 岁。美国常青藤大学现任校长平均年龄 64.4 岁。

（三）从受教育状况来看

中美大学校长大多获得了学士以上学位，中国"211"大学校长获得博士学位的人数比例高于美国大学校长。美国大学校长中，获得学士学位的人数占 84%，获得硕士学位的人数占 69.9%，获得哲学或教育学博士学位的人数占 76.8%。根据本课题组的调查统计来看，中国被调查的大学校长全部都是中国"211"大学或海外名校出身。我国大学校长拥有博士学位的比例高达 89.4%，是拥有高学历的专业人才。

（四）从学科背景来看

美国大学校长获得人文社科学位的比例较大，而中国大学校长具有理工科背景的比例较大。在美国，38% 的大学校长获得的最高学位与教育领域相关，与人文学科相关的比例为 14%，与社会科学相关的比例为 12%，宗教或神学领域所获得学位人数所占比例为 7%，法学、医学、商学领域所获得学位人数比例共占 15%，在理工科领域获得学位的人数比例为 11%。在中国"211"大学中，63% 的大学校长理工科出身，人文社科出身的校长 37%，其中管理学背景的校长 10.9%，教育学背景的校长占 4.3%。

二、中美大学校长职业路径差异比较

在人力资源管理科学中，职业发展路径又叫职业生涯发展通道，是组织实施职业生涯规划和个人实现职业目标的阶梯和通道。大学校长的职业发展路径是职业校长的发展通道，建立在大学校长职业化的前提之上。因此，校长职业路径是一个动态的能够呈现校长职业发展路线的过程，涵盖校长在职业生涯发展过程中所担任的职位、所接受过的职业培训以及被选任为校长的过程等。美国已经形成了成熟的大学校长职业市场，而中国的大学校长则被纳入官员体制内进行管理，所以两国的大学校长职业发展路径体现出明显的差异性。

（一）从担任现职的前任职位来看

中国大学校长来源相对单一，主要来源于高等教育机构；美国大学校长来源相对多元，虽然大多来源也为高等教育机构，但也有部分来自于政府、非营利机构和企业。在本课题组调查的112所中国"211"大学的校长中，60位校长为本校副职提拔，4位校长为本校党委书记转任，占48.9%；30位校长由他校副职提拔，占22.9%；15人为政府部门调任，占11.5%，其中教育部、教育厅干部最多，有4位；11人为他校校长转任，占8.4%；3人为科研机构负责人转任，占2.3%。2011年，美国校长中的79.6%的校长来源于高等教育领域，其中，以教务长和首席行政官为主，19.5%的校长之前即是校长或首席执行官，34%的校长曾做过教务长，11.4%的校长来自于非高等教育领域，其中，之前担任政府政务官的占2%，之前在私人企业任职的占1.9%，之前在非营利机构任职的占1.9%。需要特别指出的是，2011年，美国校长中从未担任过教职工职位的人数比例占30.4%。

（二）从身兼学术及行政工作"两肩挑"的情况来看

中国大学校长学术与行政"两肩挑"的现象很普遍，美国大学校长则大多专心于校长行政管理工作。中国"211"大学校长中，除大连海事学院校长从政府调任没有教授职称外，其余校长都有教授职称，119位校长是博士生导师。中国"211"大学现任校长中有87%继续从事原学术研究工作，从事原学术研究工作占精力1/4以上的有51.3%，其中占一半精力的有8.1%。91.6%的大学校长拥有学术兼职，平均学术兼职6.05项；47.3%的校长在任期间有学术类获奖，平均为1.6项；84.7%的校长在任期间发表过学术论著，平均为32.5篇（部），其中100篇（部）以上9.2%；10篇（部）以上46.6%；未查到有业务类论著的校长仅有15.3%。在ACE的调查中，在"身兼学术及行政工作年数"的调查项中，按照0年到大于20年进行年数调查，其中，0年也就是没有同时兼任学术及行政工作的校长最多，占52.4%；兼任3~5年的，占15.8%；相应的，在"任全职行政人员年数"的调查中，从0年到20年以上的选择中，任20年以上全职行政职位的人数比例最大，占38.1%，其次是任11~15年的人数比例，占15.2%，没有担任过全职行政职位的占10.4%。

（三）从校长卸职后的职业选择来看

中国"211"大学校长有两大去向，一为进入政界、二为"转战"其他高校担任校长或书记；美国大学校长中很多校长"功成身退"，即退休未任其他职位的占多数，未退休者大多选择继续在其他高等教育机构担任校长或高级行政管理职务。据不完全统计，自2000年以来卸任的校长履历，中国"211"大学卸职校长共有49名校长卸任后，曾担任党政机关、军队、科协、人大、政协等部门领导干部；还有一部分校长被任命到其他高校担任校长或书记职务；另有小部分卸职校长选择留在高校从事学术研究工作，不再担任行政职务。2011年，美国41%的校长退休且未任他职，在校长卸职后的选择所占比例最大；17.7%的校长卸职后选择担任其他院校校长，所占比例排在第二位；另外，6.1%的卸职校长选择到更高级别的院校/系统中担任非校长的高级管理职位，8.1%的卸职校长选择从事非高等教育领域的工作。

（四）从担任本校校长前的职业道路来看

中国大学校长大部分为本校提拔，职业流动性弱，来源地比较集中；美国大学校长大多为外部引入，来源地多元，来源机构也具有多样性。中国"211"大学中，60位校长为本校副职提拔，4位校长为本校党委书记转任，占48.9%；30位校长由他校副职提拔，占22.9%；15人为政府部门调任，占11.5%，其中教育部、教育厅干部最多，有4位；11人为他校校长转任，占8.4%；3人为科研机构负责人转任，占2.3%。2011年，美国校长任本校校长前换过一两个院校工作的人数比例占33.3%，之前换过三个或更多院校工作的人数比例占31.8%，之前在同一院校任职的人数比例占16.7%，之前在高等教育与非高等教育领域均工作过的人数比例占7.4%，之前几乎或完全没有在高等教育领域工作过的人数比例占10.8%。

三、中美大学校长职业行为差异比较

（一）从职位事务的重要性来看

中国"211"大学校长认为最重要的工作是战略规划（80.4%）、人才引进与培养（71.7%）、学科专业建设（45.7%）；美国大学校长认为最重要的工作是预算/财务管理（58%）、筹集资金（47%）、社区关系（23%）、战略规划（22%）。

（二）从职位事务的挑战性程度来看

中国"211"大学校长认为面临的最主要的挑战是内部体制与机制的不适（54.3%）、人才引进与培养（50%）、资金筹措（50%）、办学理念的冲突（34.8%）；美国公立大学的校长把与立法者和政策制定者之间的关系视为最大的挑战（69%），紧跟其后的是教工（50%），之后是行政系统和国家协调委员会（43%）。

（三）从对职务事务投入精力程度来看

中国"211"大学校长投入精力最多的是战略规划、学科与专业建设、人才引进与培养；美国大学校长最花精力的是预算/财务管理、资金筹集、政府关系。中国"211"大学校长投入精力最多的工作是战略规划（63%）、学科与专业建设（54.3%）、人才引进与培养（54.3%）、学校内部体制改革（50%）。美国公立博士学位授予院校校长在进行校务管理时，认为花费时间最多的事务排在前三位的分别是预算/财务管理（57.5%）、资金筹集（53.8%）、政府关系（26.2%）。

（四）从给校长带来压力的来源来看

中国"211"大学校长认为主要的压力来源是自我期待（54.5%）、教师（52.3%）、学生（38.6%）、上级部门（33.3%）；美国大学校长认为在他们从事管理工作时，带给他们最大挑战的群体排在前三位的分别是教工（56.2%）、立法者/政策制定者（50.8%）、办公系统/国家协调委员会（45.5%）。

（五）从从事其他活动来看

中国大学校长大多从事原学术研究，美国大学校长也从事撰写文章、授课等活动，但是从事原学术研究者较少。在中国"211"大学中，87%的现任校长继续从事原学术研究工作；继续从事原学术研究工作占精力的1/4以上的有43.2%，占一半精力的有8.1%；59.1%的校长表示不愿放弃原有学术工作，成为专职大学校长。部分美国大学校长在进行管理工作之余，也会从事其他的活动，如撰写学术文章、教授课程、进行学术研究等，例如，24%的博士学位授予院校校长和公立专业院校（包括职业院校）的校长撰写与原学科相关的业务类论著，31%的公立院校的校长进行独立授课。其中，进行学术研究的选项结果所占比例最小，仅为18.2%。

（六）从发表论著内容来看

中国"211"大学校长发表论文大多为业务类论著，高等教育管理类较少；美国大学校长发表论著一半以上为高等教育管理类论著，业务类论著较少。中国"211"大学校长任校长期间业务类论著数平均为32.5篇（部），100篇（部）以上的有12人，占9.2%，10篇（部）以上的校长有61人，占46.6%，未查到有业务类论著的校长有20人，占15.3%；任校长期间教育类论著数平均为5.7篇（部），10篇（部）以上的校长有31人，占23.7%，未查到发表教育类论著的校长有43人，32.8%。美国有65.5%的公立院校的校长撰写的文章与高等教育管理问题相关，24%的博士学位授予院校校长和公立专业院校（包括职业院校）的校长发表的是业务类论著。

（七）从社会兼职情况来看

中美大学校长通常会在社会上兼任其他职务。美国大学校长所兼职务大多集中在非营利机构，其他分布于教育机构、公私营企业以及政府部门等，中国大学校长所兼职务多集中于政府部门。中国"211"大学中，有5人曾担任中共中央党代会代表，占3.8%；21人曾担任全国人大代表，占16%；13人曾担任全国政协委员占9.9%；上海交通大学校长张杰担任中国共产党第17届、18届中央委员会候补委员，5人担任全国人大常委，3人曾任全国政协常委。26人曾任省人大代表，占19.8%；2人担任省委候补委员。美国89%的大学校长在学校以外兼有其他职务。其中，在非营利机构（例如基金会、博物馆或其他协会）兼任职务的比例最大，公立博士授予院校校长此项兼职比例为81.9%，公立硕士学位授予院校此项兼职比例为83.5%，公立学士学位授予院校此项兼职比例为91.9%。其次，在专业组织/高等教育组织/协会等机构兼职的比例也比较高，公立博士学位授予院校、公立硕士学位授予院校、公立学士学位授予院校、校长此项兼职的比例分别为51.4%、49.6%、45.9%。美国大学校长兼职的其他部门包括经济发展局、公有企业、私有企业、其他高等院校、学前教育或初等教育院校等。

（八）从薪酬待遇来看

与社会总体平均收入水平相比，美国大学校长平均收入水平位于高层，而中国大学校长平均收入偏低，处于中上水平。中国"211"大学校长实际年收入平均17.34万元，10万元以下的占23.7%，15万元以下的占47.4%。54.8%的校长表示不满意，希望合理的年薪均值为47.36万元。在2014年，《高等教育纪事》（Chronicle of Higher Education）对美国公立大学校长薪酬进行了统计，① 从区间分布来看，公立大学校长的收入大多位于50万~30万美元之间，在2012年，美国中间家庭年收入为64 053美元，由此可见，美国大学校长属于绝对的高收入阶层。

根据对中美大学校长职业特征的比较，可以得出以下几个主要结论。

第一，中国大学校长的教育背景大部分是理工科，缺乏管理学、教育学知识储备；美国大学校长学科背景大部分是人文社会科学，有相当一部分的校长的学科背景与教育学相关。这说明美国大学校长的遴选更加注重"大学为本"，注重校长对大学发展规律的认知与理解。

第二，中国大学校长任现职前基本上是高校的校领导，大部分为本校提拔，职业流动性弱，来源地比较集中；职业流动的基本方向体现为两种情况，一为在同等类型和层次的学校间的横向流动，一为从高层次学校到低层次学校的纵向流动。美国研究型大学校长的来源呈现多元化的趋势，校长的选拔范围宽泛。具有校长经历和校外行政官员经历等亮点经历的美国研究型大学校长职业流动的选择范围更广。

第三，中国大学校长年薪较低，大多数校长对目前年薪状况不满意，希望提高年薪；美国大学校长年薪较高，平均收入处于高收入水平，福利、保险等待遇较为优渥。美国已经形成较为成熟的大学校长职业化市场，校长作为学校的最高行政执行官能够获得与其工作重要性与强度相匹配的劳动报酬，这也有利于大学校长全身心地投入学校的管理工作。

第四，中国大学校长身兼学术及行政工作"两肩挑"的情况很普遍，美国大学校长大多能专心于行政管理工作；中国大学校长大多继续从事原学术研究工作，不能专心大学校长管理事务。就目前来看，基本不愿放弃学术研究成为职业化的大学校长。美国大学校长也有少数校长出于个人爱好，在不影响主职管理工作的前提下从事授课、撰写文章的工作，但极少数校长会从事专门的学术研究。

第五，中国大学校长治校能力主要得益于多岗位锻炼、边干边学积累经验和个人体悟，培训的有效性认可度很低。美国大学校长相对注重培训的职业助推功能，有一半以上校长参加过相关培训。根据大学的层次类别及学校发展阶段，以及校长的不同职业发展阶段（后备校长、新任校长和在任校长）建立分层分类的课程体系和培养模式，满足不同大学校长培训实际需求。预备校长阶段，依据校长候选人的任职标准进行有针对性的培训，使培训对象能够在较短时间内达到或

---

① The Chronicle of Higher Education. *Executive Compensation at Public Colleges*, 2013 Fiscal Year, [2014 - 01 - 12]. http：//chronicle.com/article/Executive - Compensation-at/146519/#id = table.

满足竞选校长的候选人资格；新任校长阶段，依据校长任职的应知应会对新校长进行针对性培训，使新校长能够更快进入校长角色；在任校长的培训，侧重问题导向，依据校长现实遇到的问题和高校发展要求对校长进行补充性培训。

第二节 美国大学校长管理专业化的制度保障

一、州政府对大学校长管理专业化的制度规定

校长管理专业化制度作为美国高等教育管理体制中的微观管理制度，根植于美国整个高等教育管理系统之中。根据伯顿·克拉克的观点，美国高等教育管理模式"综合了教授控制、院校董事管理和行政控制等形式"，"相比较之下，权力最弱的是政府层次"[1]。政府对大学的弱控制体现在两个层面——联邦政府的间接干预和州政府的宏观管理。美国是一个联邦制国家，独立后的宪法规定："凡本宪法未规定而又非各州所禁止的事权，皆归属各州或人民。"因此，根据宪法规定，联邦政府高等教育管理权限全面下放，将该权限给予了各州政府。这也与美国独特的高等教育发展史密切相关，美国立国之初，多任总统试图建立能够为联邦政府控制的国立大学，但是议案均遭否决。"创办国立大学的失败，使美国高等教育'排除了约束性的中央力量'，'引入市场思考和市场机制'，构成了以州为中心的美国高等教育管理体制。"[2] 因此，政府对大学校长的管理主要体现在州级政府层面，州政府主要从两个途径对公立大学进行管理与控制：立法、设立高教管理董事会，州政府对州公立大学校长的管理也体现在这两个关键环节中。

（一）各州州政府通过设置高等教育协调与管理机构对州公立高等教育机构进行管理或协调

由于各州政治环境与高等教育管理方式的不同，不同的州的高等教育管理机构的职责也不尽相同，美国州一级建立的高等教育协调与管理机构大体分为两

---

[1] ［美］伯顿·R·克拉克：《高等教育系统——学术组织的跨国研究》，杭州大学出版社1994年版，第141～142页。

[2] 洪源渤：《共同治理——论大学法人治理结构》，科学出版社2005年版，第154页。

类，见表 5-1 所示。州管理委员会（statewide governing board）和州协调委员会（statewide coordinating board），州协调委员会又可以细分为管理性协调委员会（regulatory coordinating board）和咨询性协调委员会（advisory coordinating board）。顾名思义，州管理委员对公立大学的管理与控制度较强，其在本州公立大学的一些重要事项上都具有决策权力，如大学的定位、预算、人事政策、资源分配、校长任免等。相对的，州协调委员会对本州公立大学的管理功能弱，其作用主要在于在州政府和公立大学之间进行咨询、规划、服务、协调等作用，管理性协调委员会比咨询性协调委员会的管理职能稍强一些，在大学事务中的某些领域"如批准预算等方面具有最终决定权，但在其他领域则无权否决大学董事会的决定"[①]。

表 5-1　　美国州一级高等教育管理与协调机构分布

机构的类型	采用相关管理机构的州数量	采用相关管理机构的州
无委员会	3	特拉华　内布拉斯加　佛蒙特
咨询性协调委员会	7	密歇根　华盛顿　加利福尼亚　明尼苏达 阿肯色　马里兰　阿拉巴马
管理性协调委员会	17	密苏里　康涅狄格　路易斯安那　新泽西 纽约　印第安纳　宾夕法尼亚　南卡罗来纳 科罗拉多　肯塔基　伊利诺伊　俄亥俄 田纳西　得克萨斯　弗吉尼亚　新墨西哥 俄克拉荷马
统一管理委员会	23	亚利桑那　佛罗里达　爱荷华　堪萨斯　夏威夷 密西西比　威斯康星　爱达荷　蒙大拿　内华达 北达科他　罗德岛　西弗吉尼亚　阿拉斯加 佐治亚　南达科他　新罕布什尔　俄勒冈 怀俄明　马萨诸塞　北卡罗来纳　犹他　缅因

资料来源：E. C. Wallenfeldt（1983）．"American Higher Education"，*Westport*：*Greenwood Press*，pp. 33-34. 载谷贤林：《美国研究型大学管理——国家、市场和学术权力的平衡与制约》，教育科学出版社 2008 年版，第 144 页。

在对大学校长的管理权上，只有州管理委员会具有任命、评价大学校长的权力，协调性委员会不具有此项权力，该权力由大学董事会行使，见表 5-2 所示。

---

① 谷贤林：《美国研究型大学管理——国家、市场和学术权力的平衡与制约》，教育科学出版社 2008 年版，第 145 页。

表 5-2　　　　不同类型高等教育管理与协调机构
管理大学董事会和校长的权力

	是否有权管理董事会	是否有权任命校长	是否有权评价校长
咨询性协调委员会	无	无	无
管理性协调委员会	某些领域有	无	无
统一管理委员会	有	有	有

(二) 部分州通过教育立法明确任命州立大学校长权力的归属

美国的教育立法权和行政管理权主要在各州，美国各州宪法一般都规定了州政府在教育事务中的自主决策和管理权力。州议会审议通过本州教育法案，州教育行政部门制定行政规章、负责执行这些法律，公立大学根据州法律和教育行政部门规章制定学校章程，自主管理学校事务。① 1642 年，马萨诸塞州出台了美国自殖民地开始的历史上的第一个教育法令——《马萨诸塞州教育法令》，该法令的出台标志着殖民地州政府对教育监督管理责任的开始。自此开始，从殖民地时期一直到建国后，美国各州都逐渐开始进行教育立法。州教育立法会遵循联邦教育法的原则，制定细化条款，内容涉及本州教育的方方面面，相对较为系统、稳定，具有强制性。

对州政府来讲，对州立大学校长的管理属于微观管理体制中的一个环节，各州包括建立统一管理委员会的州会将对州立大学校长管理的权力交给大学董事会。有的州会在立法中明确阐明，有的州在立法中并没有明确提出，但是在州立大学章程中会进行明确规定。根据对美国各州教育立法的查阅，发现美国各州虽然均有教育立法，而且各式各样、不尽相同，但是总的来看，各州教育立法的范式大体相似。各州均有普通法 (General Law)，对教育事务的法律规定包含在该法中，单独列一部分，教育立法部分包含从幼儿教育到成人教育的所有法律规定，其中，当然包含高等教育部分。各州所设立的州立高等院校（包括大学和大专，universities and colleges）会分别单列在关于高等教育立法那部分内容中，在每个州立大学中，会有关于该校董事会设立及其职责的详细规定，其中部分州该项条款内容包括对校长的任命及授权。美国州一级关于大学的立法体例如图 5-1 所示。

---

① 张维平、马立武:《美国教育法研究》，中国法制出版社 2004 年版，第 2 页。

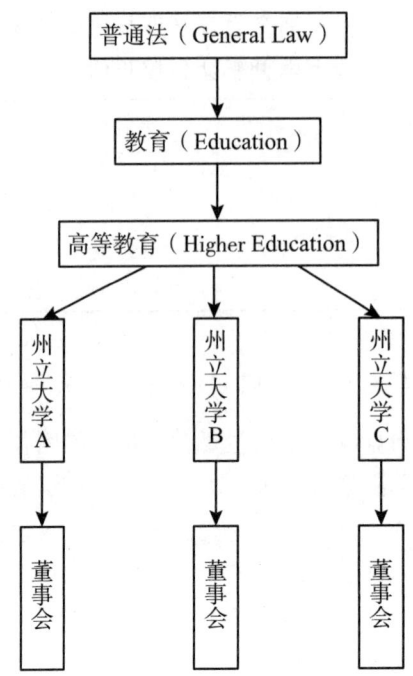

图 5-1 美国州一级关于大学的立法体例

案例：内华达州关于州立大学校长管理工作的立法

内华达州（Nevada）是美国西部的一个州，北接俄勒冈州和爱达荷州，东接犹他州，东南邻亚利桑那州，西南与加利福尼亚州接壤。2010 年全州面积为 286 297 平方公里，在 50 州内列第 7 位，人口 270 万人。首府卡森城（Carson city）。内华达州有一所大学——内华达大学（University of Nevada，州立）、一所学院——内华达山学院（Sierra Nevada College，私立）、五所社区/文理学院——南内华达社区学院（Community College of Southern Nevada，州立）、大盆地学院（Great Basin College，州立）、特拉基草原学院（Truckee Meadows Community College，州立）、西内华达学院（Western Nevada Community College，州立）、深泉学院（Deep Spring College，私立）。

内华达州的主要法典是内华达修订法（Nevada Revised Statutes），该法是内华达州总法，下设 59 个部分（title），几乎囊括了该州的方方面面的事项，如州立法机构（State Legislative Department）、州行政机构（State Executive Department）、市和镇（Cities and Towns）、公共土地（Public Lands）、图书馆/博物馆/历史保护文物（Libraries; Museums; Historic Preservation）等。其中，教育（Education）单列一部分，属于第 34 部分，教育部分又包括 19 章（chapter），这 19 章涵盖了该州教育的方方面面，如公共教学系统（System of Public Instruction）、

考试/课程/标准/毕业（Examinations, Courses, Standards and Graduation）、小学生（Pupils）、学校财产（School Property）等。其中，该部分第396章是"内华达高等教育系统（Nevada System of Higher Education）"，该章包括44条、246款，这些条款对内华达州高等教育系统的行政机构、人事、财政、大学基金、大学财产、学生、学费、学位等方面进行了非常详尽的说明和规定。"董事会（Board of Regents）"和"人事（Personnel）"作为专门的条，这两条的内容与大学校长管理密切相关。以下对相关条款内容进行列举。①

NRS 396.040：董事会由该州法定的各个选区的登记在册的选举者选举出来的13个当选者组成。

NRS 396.110：董事会的职责是"董事会的自我管理"以及"对内华达州高等教育系统的管理"。

NRS 396.210：董事会在与教工进行商讨之后，应该任命内华达大学系统的校长（Chancellor of the System）；校长的毕业学位应该由与美国大学协会（Association of American Universities）成员大学相当水平的学校授予。

NRS 396.230 董事会应该决定内华达大学系统的校长的薪酬。

NRS 396.230 董事会应该规定内华达大学系统的校长和其他此类行政人员（such other officers）的职责。

NRS 396.240 当内华达大学系统的校长和其他此类行政人员认为需要或者董事会认为有必要的时候，校长和其他此类行政人员应该向董事会进行汇报。

二、美国大学校长管理专业化制度保障体系分析

（一）美国大学校长管理专业化之核心制度——董事会制

美国大学的内部治理结构经过历史上的借鉴、融合后具有鲜明的本土化特征。如中世纪的学者行会自治，便是美国移植了16世纪牛津和剑桥大学以行会为基础的学术法人自治制度，同时采用加尔文教派外行管理教会的大学的理念和英国的信托制度，从而形成了美国大学和学院独特的"法人——董事会制度结构"的模式②。

美国大学领导体制实行"董事会制"，各个学校建立了"董事会—总校校

---

① Nevada System of Higher Education，［2014 - 05 - 10］. http：//www.leg.state.nv.us/NRS/NRS - 396.html#NRS396Sec020.

② 和震：《美国大学自治模式的形成》，载张斌贤、李子江：《大学：自由、自治与控制》，北京师范大学出版社2005年版，第169页。

长—分校校长—教务长"（多校区大学）或者"董事会—校长—教务长"（单校区大学）的职权等级框架，这一职权等级框架明确界定了每个职权机构的职权，使得各个职权机构之间权责明晰、权责对称。在这一制度下，不论公立大学还是私立大学，学校最高权力机构是"董事会"。"美国高校董事会是主要由校外人士组成的合议体治理机构，是高校的法定代表机构和最高决策权威，其首要治理责任是选拔和监督校长，以及确保高校的财务状况能够满足进行高质量教学和学术研究的需要。它是致力于维护高校与外部利益相关者（如公民、捐赠者、股东等）以及内部管理层之间关系的治理结构的保护机制，也是一种内在的监督机制。"① 这一制度以大学法人制度为基础，"主要由外行组成的董事会是一项具有美国特色的制度，它明显不同于欧洲通常由教育部和教师行会控制高等教育的做法。"② 美国高等教育多样化的特点同样体现在其董事会制度上，单就每个州对其州立大学的董事会的称谓上便可管窥一二。"board of trustees"、"board of governors"、"board of regents"是几种较为常见的用法，其中，"board of trustees"是使用最广泛的。而"board of curators"、"board of visitors"、"board of managers"、"board of fellows"、"board of directors"等各种称谓也被各高校所使用。称谓的多样性反映了董事会的多样性，不同类型的高校的董事会的组成、功能等方面也有区别，但是总的来说，董事会是学校的最高管理实体（governing body），拥有大学利益和相关事务的最终决策权。美国卡内基高教委员会的报告——《高等教育治理：六个优先考虑的问题》（1973）中指出，构成最佳董事会的功能有：保有和解释"信托"（trust）；在社区和大学之间起到"缓冲器"的作用；它是行政人员、教师和学生之间发生争端的最终仲裁者；它是大学的"变革代理人"，决定何时允许和鼓励进行何种变革；对高校财政状况负有基本责任；最重要的是，它负责大学治理（governance）——即它不再事无巨细地介入治理；负责聘用和解雇校长以及其他主要领导、设计管理结构③。

美国大学董事会是法定的美国大学利益掌控群体，在法理上，他们对于大学的全权所有是通过全民信托的方式实现的。作为公民的被信托者全权处理大学所有，并有义务使之符合大学发展的利益，进而实现公民信托义务，实现为公共利益服务的目的。依照大学董事会被赋权力的法律效力分为州宪法权力董事会和州法规权力董事会。前者包括密歇根大学、夏威夷大学、加州大学等董事会，而后者则以纽约

---

① 王绽蕊：《美国高校董事会制度：结构、功能与效率研究》，高等教育出版社 2010 年版，第 33~34 页。
② Ronald G, Ehrenberg. 2004. Governing Academic. Ithaca：Cornell University Press. P. 9.
③ 王绽蕊：《美国高校董事会制度：结构，功能与效率研究》，高等教育出版社 2010 年版，第 32 页。

州立大学和新泽西技术学院等大学或学院的董事会为代表。以加州大学董事会为例，其权力由加州宪法规定和确立。加州宪法第四条第九款（Article IX, Section 9 of the California Constitution）规定了加州大学是由 26 名董事共同组成的董事会①。

此外在加州宪法第九条第九款第一项中规定：加州大学应该组成一个公共信托，由现存的名为"加州大学董事会"的法人全权组织、控制和管理，而且只有在确保资金安全和遵照大学捐赠规定方面服从必要的立法控制……第六项规定：加州大学董事会应该被授予法定权利（legal title），以及管理和处置大学财产的权力。为了大学的利益及运行，通过购买或是接受捐赠、礼物遗产馈赠或其他方式，或采用其他任何方式，董事会应该有权接受和拥有各种动产和不动产。但是出售大学的不动产应该根据法定的竞标程序进行。上述法人还应保有有效管理公共信托所需的所有权力，包括起诉和被起诉的权力、使用印章的权力，有权将其权力或功能授予其委员会或大学教师或其他人员，只要这种做法是明智的。根据 1862 年 7 月 2 日通过的议会法案及其后续修正案，董事会应该得到所有通过土地出售获得的资金。大学的管理应该完全独立于各种政治和教派的影响……②而纽约州立大学则是通过州教育法的相关规定，确立其法人地位和权力。纽约州立法机关在 1948 年根据纽约州教育法第 8 条第 352 款的规定成立纽约州立大学，在该教育法第 8 条第 353 款中还明确规定该州立大学的治理应由一个董事会负责，并且所有法人权力（corporate powers）都应由该董事会拥有③。

（二）美国大学校长管理专业化之遴选制度

大学校长的遴选是美国大学董事会对校长进行管理的核心制度，因为其他校长管理制度如校长薪酬制度、校长评价制度是遴选制度的具体内容和延伸。对一所大学来说，校长是其核心人物，很多时候，校长的好坏决定了一所大学发展的成败，因此，美国各大学非常重视对校长的遴选工作，校长的遴选也是大学董事会的主要职责之一。经过长期的实践，美国大学已经形成了非常完善、系统的大学校长遴选机制，以下从遴选主体、遴选程序和遴选标准三个方面进行阐述。

1. 遴选主体。在美国，对大学校长进行遴选的主体机构是董事会及其领导下的遴选委员会。校长的遴选是各大学宪章赋予校董事会的基本权利也是其必须履行的基本职责，一旦现任校长任期将满或提出辞职或由于其他原因出现校长空

---

① University of California. Board of Regents - Bylaws, [2014 - 06 - 08] http://regents.universityofcalifornia.edu/.
② California Constitution, [201 - 06 - 10]. http://www.leginfo.ca.gov/.const/.article_9.
③ New York State Legislature, [2016 - 06 - 15]. http://public.leginfo.state.ny.us/lawssrch.cgi? NVLWO.

缺，校董事会就要主持校长遴选的工作，但并不是直接由董事会完成，而是它授权组成的遴选委员会来完成的。遴选委员会只负责选拔候选人，对校董事会负责，最终的决定权属于校董事会。①

遴选委员会的构成非常明显地体现了美国大学内部共同治理理念，一位新校长的遴选过程几乎需要学校内任何一个利益相关群体的参与，包括董事会、学术委员会、校友、学生、教工等，以确保能够选择一位与大学发展战略相匹配的校长。因此，遴选委员会的人数大多为十几名到二十几名，一般由校董事会成员、教师代表、职工代表以及校友代表组成，有的学校的遴选委员会的人员构成还包括学生代表、社区代表。遴选委员会的主要工作职责包括两个方面：对候选人的搜寻和筛选。

案例： 加州大学（University of California）《董事会政策7101：大学总校校长任命政策》（Regents Policy 7101: Policy on Appointment of the President of the University）详细规定了校长的遴选程序：（1）由董事会主席任命特殊委员会（Special Committee），该委员会考虑候选人问题并向董事会推荐可任命人选。除了由董事会主席指派的六位成员之外，根据Bylaw 10.4的要求，该委员会还必须包括：大学校友会主席、学生会主席、董事会主席和董事会前主席。该委员会主席和副主席均由董事会指派。（2）特别委员会主席邀请学术委员会（Academic Council）任命一个学术顾问委员会（Academic Advisory Committee）帮助特殊委员会遴选候选人，该顾问委员会最多不能超过13个成员，包括学术委员会主席、10个分校区至少一位代表。（3）特别委员会要与学校的不同团体进行广泛地协商，包括学术顾问委员会、分校校长、实验室主任、副校长、学生、教工和校友。为了促进协商，需要任命各个团体的咨询委员会，如由加州大学学生联合会（Chairman of the University of California Student Association）任命的学生咨询委员会（student advisory committee）、加州大学教工集合委员会（Council of UC Staff Assemblies）主席任命的教工咨询委员会（staff advisory committee）、由校友联合会（Alumni Association）主席任命的校友咨询委员会（alumni advisory committee）等。特别委员会与这些咨询委员会之间的协商事关两个方面：（1）审查经董事会审批同意的遴选标准；（2）在搜寻末期，向各咨询委员会成员介绍被提名者。（3）在候选人搜寻之初，特别委员会会与董事会商讨遴选标准并获得董事会的同意，并会与董事会讨论潜在的候选人。

资料来源：王晓音：《美国公立研究型大学校长遴选机制研究——基于利益相关者的分析视角》，四川师范大学2014年硕士学位论文，第12页。

---

① 王晓音：《美国公立研究型大学校长遴选机制研究——基于利益相关者的分析视角》，四川师范大学2014年硕士学位论文，第12页。

2. 遴选程序。遴选委员会成立之后的第一项工作就是确定新校长的任职资格。美国并没有统一的大学校长职业标准，不同类型的学校以及处于不同发展阶段的学校对校长的能力需求是不同的，因此，每所学校大校长遴选的条件都是不同的。遴选委员会需要根据本校战略发展需要，结合各利益相关者的意见，提出新校长的任职资格，而这一任职资格将成为招聘广告中的遴选条件。

第二步，当新校长的任职资格确定之后，就是发布招聘公告，搜寻候选人。当遴选委员会提案的新校长任职资格经校董会审查并同意之后，校董会就会在美国著名的高等教育报纸、杂志、本校网页或网络媒体上公开发布校长招聘公告。事实上，美国各大学的校长招聘公告更像是一种信息告知，因为在这个环节，遴选委员会不会被动等待，而是会主动地做大量的搜寻候选人的工作。在搜寻候选人工作的过程中，有的遴选委员会会与猎头公司进行合作，使候选人的搜寻与筛选工作更加高效和专业。如加州大学伯克利分校在2013年校长遴选过程中便与猎头公司史宾沙公司（Spencer Stuart）进行了合作。初期搜寻阶段相当于海选阶段，遴选委员会通常会写信给知名校友、社会贤达以及其他兄弟院校的高层领导等，请他们推荐合适人选，也可能会锁定理想候选人，主动写信邀请这些候选人参选。

第三步，筛选候选人。对候选人的筛选过程大致经历了一个"海选—初选—中选—精选—终选"的过程。上述第二步就是海选阶段，遴选委员会广发征询信，获得第一批入选候选人名单。例如，哈佛大学第27任校长遴选委员会曾发出邮件30万封，得到回应1 200封；康奈尔大学第11任校长遴选委员会发出20万封征询信函，得到回应约1 000封。最终，进入哈佛大学第27任校长和康奈尔大学第11任校长候选人一批名单的大约都在500人左右。① 接下来，进入初选阶段，该阶段主要对海选阶段的候选人的个人简历和相关文件材料进行初步筛选，将不合格的应聘者剔除掉，得到大概20~30个"可能候选人"（plausible）。对这些候选人的筛选就是中选阶段，在中选阶段，遴选委员会通过打电话、突然访问，派人对候选人的个人品质、公共关系甚至夫妻关系通过访谈、问询等方式进行实地考察，经过筛选，将名单缩小到5~15个，这个名单被称为"最终名单"（final list）。事实上，最终名单上的候选人还要接受最终的筛选——精选。精选阶段的筛选方式主要是面谈，面谈主题围绕候选人对学校的办学理念、筹款能力、领导能力等方面展开，主要考察候选人的理解力、应变力、论辩力等个人素质与能力。精选阶段会将候选人范围缩小到5~8人。最后，进入终选阶段，遴选委员会邀请这5~8人来校做正式访问，让候选人与即将离任校长、学校高层

---

① 韩骏：《美东著名大学校长的任命》，载《世界教育信息》2004年第4期。

领导、师生群体等进行交流。一方面，使候选人对学校的情况能够获得全面和较为深入地了解；另一方面，也是使学校各利益群体能够对候选人进行了解并提出意见。这其实也是个双向选择的过程。校园访问之后，遴选委员会收集与候选人交流的各团体意见，并与候选人再度联络确认其是否还愿意应聘，最终确定1~3人名单提交校董事会决定。

第四步，确定最终人选。校董事会在听取候选人选拔的整体情况和流程，以及最终提交候选人的考察过程和详细情况汇报之后开会进行表决，在慎重考虑的基础上通过董事投票或董事会主席任命的方式最终确定学校的校长人选。

第五步，发布校长聘任公告，举办新校长就职典礼。确定校长最终人选后，校董事会会马上通过本校网页和新闻媒体等公布校长人选。之后，学校举办新校长就职典礼，这看似是一个程序性仪式，然而，这一环节的意义对新校长和学校来说都意义重大。新校长在就职典礼上发表就职演说，向校内外各界人士传达自己的愿景、治校理念、对学校原有文化传统的继承与变革、信心与决心，而这些也展示了学校未来的发展前景和战略目标。

3. 遴选标准。如上所述，美国并没有统一的大学校长职业标准，不同类型的学校以及处于不同发展阶段的学校对校长的能力需求是不同的，因此，每所学校大校长遴选标准都是不同的。但总的来看，各大学对新校长的选拔主要是从个人品质、学术背景、职业背景、教育素养和行政管理能力等几个方面来制定资格要求。鉴于此，本课题收集了15所大学校长招聘广告。这些大学主要包括加州理工学院、惠顿学院、田纳西州立大学、杜克大学等高校。对这15所大学校长招聘广告中所规定的校长能力素质进行了归纳总结，见表5-3所示。

表5-3　　　　　　　　　美国大学校长遴选标准

一级指标	二级指标	具体内容	频数	占比
个人特征	精力与热情	为大学使命和愿景的精力和热情，活力与信念	6	40
	亲和力	拥有强大亲和力，并对大学使命、基本假设、核心信念和传统予以承诺	5	33.3
	积极领导	在大学社区里愿意采取积极的领导作用	2	13.3
	诚信与职业道德	无可挑剔的诚信与职业道德	6	40
	了解群体需求	对大学公共和私人团体，大学社区，包括学生、教师和职工、校友和其他支持者的需要和关切的了解	4	26.7
	校长职业认同	对于担任该所大学校长的天职具备深刻感受	1	6.7

续表

一级指标	二级指标	具体内容	频数	占比
学术视野	学术高标准	致力于学习、教学和学术卓越的最高标准	6	40
	大学理念认同	对于大学的传统、使命、共同治理承诺表示理解、尊重与欣赏	14	93.3
	关心校内群体	与教师、学生、职员和校友进行有效互动并尊重和支持他们	7	46.7
	致力于教育	致力于本科生、研究生和职业教育	4	26.7
	了解高等教育	深刻了解高等教育现状及其全球发展趋势,欣赏高等教育不断变化的性质	12	80
	富有远见	远见卓识,能够想象高等教育的未来并制定战略,成功驾驭未来。并激发他人信心,分享和服务于大学愿景(战略思想家)	10	66.7
	改革的勇气魄力	高等教育热心探险家,他能意识到重要的国家议题,并对大学在这些领域促成变革的作用表示赞赏	2	13.3
	创造性	有视野、激发创造力和可持续未来的创新型领导	5	33.3
领导风格	服务精神	是一个具有服务精神的领袖,能够领导、激励和鼓舞追随者	2	13.3
	亲善友好	谦虚,平易近人,善于倾听,具有幽默感	4	26.7
	关怀体贴	关心下属,贴心温暖,给人以力量和持久性	2	13.3
	透明协作	建立和维护透明、协作、共同治理的文化,促进合作透明、包容交叉的协同作用	7	46.7
	善于沟通	具备卓越的沟通技巧,能够令人信服的向他人阐明大学价值与独特性	2	13.3
	兼容并包	致力于种族、民族、经济和性别的多样化,促进各级机构的多样性	12	80
	善于联合	将所有选民意见形成可操作的共识,具有激励和启发学生、教师、职员、家长、校友、摄政者和外部利益相关者的能力	5	33.3
	奉献精神	具备以发展终身教育和积极奉献社会为承诺、以学生为中心的领导者	2	13.3

续表

一级指标	二级指标	具体内容	频数	占比
知识与专业能力	募捐能力	能够激励、说服所有选民支持机构，积极培育现有和扩大新的慈善资源（将会扩大慈善资源、充满活力的和有说服力的筹款者）	10	66.7
	团队建设能力	建立一个强有力的领导团队来协同管理一个大而复杂的学术机构	8	53.3
	沟通与协作能力	与大学理事会、董事会、不同选民进行有效沟通与工作的能力	12	80
	协调能力	具有领导一个由多样成分组成的复杂组织的能力	10	66.7
	培养人才能力	鼓励和培育优秀人才的能力	1	6.7
	人际交往能力	优秀的人际交往能力和亲和力	7	46.7
	决策能力	拥有能在决策中善于倾听和涉及他人的敏锐能力的强大决策技能	4	26.7
	培育关系能力	在代表组织在地方、国家和国际水平时具备培养强大的外部关系的能力	11	73.3
	代表能力	能够充当组织的公共形象和发表组织声音的能力	4	26.7
	组织推动力	具备旗开得胜和推动组织前进的能力	2	13.3
	号召力	能够从事激励和联合大学、广泛社会和世界的能力	4	26.7
	鼓舞力	具备在公众中鼓舞和建立信心的能力	7	46.7
	文化建设能力	展示出一种能够在整个学院和其所有选区的各个方面建立和保持沟通文化的能力，显示出一个以促进开放交流、共同愿景和相互尊重为原则来培育社区的持续承诺	5	33.3
	变革能力	具备政治敏锐性，通过战略决策实现变革的能力	3	20
	财务管理能力	理解和管理财务的能力	8	53.3
	获取支持能力	能够从机构使命、质量和方向的支持者中获取支持的能力	7	46.7
	资源整合力	具备金融智慧的人，他能够在创造性的思考增长机会时将愿望与有限的资源进行配合，从而领导大学	7	46.7
	判断力	具备良好的判断力	7	46.7
	财务知识	财务知识渊博	7	46.7

续表

一级指标	二级指标	具体内容	频数	占比
工作经历	学术/专业成就	具备最高学历（2 所），具备在高等教育背景下的学术和专业成就	6	40
	学术管理经历	具有学术管理的成功经验，或者具有成功扮演一个具备理解和欣赏高等教育机构的性质和目标的行政领导的经验	2	13.3
	协调工作经验	与地方、州和联邦各级民选官员、同级组织进行有效工作的经验	2	13.3
	金融管理经验	具备成功管理复杂且具挑战性的金融环境的经验	5	33.3
	组织管理经验	在管理复杂组织、聘请人才、和培养各级企业的主动性和成就上具有成功经验	5	33.3
	工作背景	具备在共同治理环境下的工作经验，能够有效工作	2	13.3
	团队建设经验	建立一个强有力的领导团队来管理一个大而复杂的学术机构，并与不同的选民进行有效的工作	1	6.7
	协同工作经验	具备在管理机构通过协同方法工作的经验	3	20
	培育选区关系	培育与学术、政治、商业和其他有关选区的战略关系的经验	2	13.3
	创业与财务管理	具备包括良好的商业判断、能胜任行政预算、学籍管理、学生发展、理解和管理财务的行政领导经验	2	13.3
	沟通表达	具有包括有效沟通、通过书面和演讲表达复杂思想能力的成功经验	1	6.7
	募捐经验	热心的募捐者，具备建设慈善事业积极文化的经验	2	13.3
	组织领导经验	领导和管理大型、复杂组织的经验	7	46.7

（三）美国大学校长管理专业化之薪资、福利、保险制度

美国大学校长薪资补偿是校长职业保障的最主要也是最重要的方面，高额的工资和福利以及激励计划使大学校长努力实现战略目标，高额的薪资补偿需要校

长的时间和精力的大量投入，也促使大学校长更倾向于专心投入到本职工作中去，而无暇兼顾学术和多头兼职以获取经济回报，因为相对于兼顾学术的力不从心和多头兼职可能造成每年履职评估不力和董事会的否定而造成的巨大损失，专职做好校长工作无疑是"经济人"的理性选择。

1. 美国大学校长薪资、福利、保险待遇现状。

（1）薪资水平现状。美国大学校长职业的薪酬保障，主要是美国大学董事会在同大学校长的协议或者合同中确认的薪酬福利补偿（compensation），包括基本工资（basic salary）和激励薪资补偿（incentive compensation）以及额外的奖金（bonus）。

2014 年美国《高等教育年鉴》（Chronicle of Higher Education）① 对 2013 财务年期间美国公立大学校长薪酬（Executive Compensation at Public Colleges, 2013 Fiscal Year）进行了统计，并按照校长总收入水平对美国 255 所大学进行排名，其中，排在第 1 位的是俄亥俄州立大学（The Ohio State University）校长吉（E. Gordon Gee），他在 2013 年的总收入（Total compensation）为 6 057 615 美元，基本报酬（Base pay）为 851 303 美元；排在第 255 位的是路易斯安那州立大学（Louisiana State University）的校长亚历山大（F. King Alexander），他在 2013 年的总酬劳（Total compensation）为 14 684 美元。如表 5-4 所示，在 255 位公立大学校长的收入排名中，年度总酬金在 200 万美元以上的有 1 位，占 0.3%；100 万美元以上的为 9 位，占 3.5%；70 万~100 万美元的有 17 位，占 6.6%；50 万~70 万美元之间的有 59 位，占 23%；40 万~50 万美元之间的有 51 位，占 20%；30 万~40 万美元之间的有 69 位，占 27%；20 万~30 万美元之间的有 25 位，占 9.8%；10 万~20 万美元之间的有 19 位，占 7.5%；10 万美元以下的有 6 位，占 2.3%。从区间分布来看，公立大学校长的收入大多位于 30 万~50 万美元之间。

在 2012 年，美国家庭年均收入中等水平为 64 053 美元，在较高收入水平标准的定义中，美国中产阶级家庭的年收入为 32.9 万~64 万美元左右的区间范围内。若按照后者为参考标准，可以看出，美国公立大学校长的年收入水平普遍至少是中产阶级的范围，并且至少有相当 10% 的大学校长超过了中产阶级的水平达到高产收入阶层；而若按前者来作为参照，那么 90% 美国公立大学校长的年收入水平都远远高于中产收入水平，是实实在在的高收入。

---

① The Chronicle of Higher Education, [2014-01-02]. Executive Compensation at Public Colleges, 2013 Fiscal Year, http://chronicle.com/article/Executive-Compensation-at/146519/#id=table.

表 5-4　　美国 2013 年大学校长年度总酬金分布　　　　单位：美元

酬金分布区间	区间分布人数	分布占比
200 万以上	1 位	0.3%
100 万以上	9 位	3.5%
70 万~100 万	17 位	6.6%
50 万~70 万	59 位	23%
40 万~50 万	51 位	20%
30 万~40 万	69 位	27%
20 万~30 万	25 位	9.8%
10 万~20 万	19 位	7.5%
10 万以下	6 位	2.3%

上述已经就美国大学校长薪资收入水平和美国一般意义上的中产阶级做了比较，也把大学校长薪资在佛罗里达州的顶级大学中做了同行业同地域的呈现和分析，得出的结果是美国大学校长的薪资十分可观。众所周知，一所大学的学术研究和教学是大学的价值所在，那么学术研究和教学人员的价值体现，也就是薪资水平和大学校长相比有何区别和差距，下面就大学校长薪资和同一州内学术研究和教学人员的薪资水平进行比较呈现和分析。

如表 5-5 所示，同样是在佛罗里达州顶级大学的教职人员依照职称等级的高低，从教师、助理教授、副教授到正教授薪资收入依次递增，平均薪资分别为大约 5 万美元、6 万美元、7 万美元和 10 万美元，按照前述的中产阶级薪资水平基准的较低标准（64 053 美元）可以将助理教授、副教授以及正教授归入中产阶级的收入水平。与此相比，大学校长薪资的平均基本工资就达到了 37 万美元，可以说学术人员的薪资和大学校长薪资之间的差距是悬殊的。

表 5-5　　2013 年美国佛罗里达州顶级大学教师薪资汇总[151]　　单位：美元

大学	正教授	副教授	助理教授	教师
佛罗里达大学（UF）	122 500	81 100	71 000	缺失 NA
南佛罗里达大学圣彼得堡校区（USF St. Petersburg）	119 400	77 800	56 300	51 400
佛罗里达中央大学（UCF）	118 100	81 600	67 400	47 900
佛罗里达国际大学（FIU）	117 300	88 100	76 500	56 300

续表

大学	正教授	副教授	助理教授	教师
佛罗里达州立大学（FSU）	109 400	76 700	77 100	34 100
南佛罗里达大学（USF）	108 100	78 500	67 100	44 400
南佛罗里达大学（USF）	103 500	87 900	67 700	56 700
佛罗里达大西洋大学（FAU）	96 700	71 900	66 100	47 500
佛罗里达湾岸大学（FGCU）	95 700	70 200	61 700	45 000
北佛罗里达大学（UNF）	94 600	67 100	58 500	45 800
西佛罗里达大学（UWF）	92 200	67 700	60 900	47 300
新佛罗里达学院（New College）	84 600	67 200	54 700	缺失 NA

（2）福利待遇现状。美国大学校长的福利保障主要包括与大学校长身份相符的交通、住房官邸、配偶休假旅行、商务费用等方面的合理费用支出补贴以及俱乐部会员资格、延迟福利支付以及功成身退后的终身教职承诺等方面。州立大学校长的五年期合同通常包括，州雇员退休计划援助（state employee retirement plan contributions）、大学服务范围外的大学校长与配偶旅行费用支出（travel expenses for spouses outside university service areas）以及一年期带薪休假（a paid sabbatical），前提是校长在任期满后转岗仍在学校任终身教职。

以美国佛罗里达州各大学校长福利为例，如表 5-6 所示。

表 5-6　　　　美国佛罗里达州顶级大学校长福利汇总　　　　单位：美元

校长	大学	福利内容	校长	大学	福利内容
马克·罗森博格（Mark Rosenberg）	佛罗里达国际大学（Florida International University, FIU）	被要求住在校内的"校长之家"；每年10 500美元的交通补贴（car allowance）；终身教职承诺（tenured professorship）	约翰·德拉尼（John Delaney）	北佛罗里达大学（University of North Florida, UNF）	汽车；每年4万8千美元住房补贴；卸任校长后到某个学术、科研或者政策中心就职每年5 000美元身体健康检查补贴（executive physical）

续表

校长	大学	福利内容	校长	大学	福利内容
朱迪·简沙夫特（Judy Genshaft）	南佛罗里达大学（University of South Florida, USF）	在完成到2016年的合同的基础上每年获得留任激励奖金（Retention stipend）10万美元；汽车；在坦帕棕榈乡村俱乐部（Tampa Palms Country Club）和大学俱乐部的会员资格；终身教职承诺；被要求住在校内的"校长之家"	玛丽·简·桑德斯（Mary Jane Saunders）	佛罗里达大西洋大学（Florida Atlantic University, FAU）	终身教职承诺；每三年一辆新汽车；被要求住在校内的"校长之家"
约翰·希特（John Hitt）	佛罗里达中央大学（University of Central Florida, UCF）	汽车；每月4 000美元交通费用；茵特拉肯俱乐部以及柑橘乡村俱乐部会员资格；被要求住在校内的"校长之家"	威尔森·布兰德肖（Wilson Bradshaw）	佛罗里达湾岸大学（Florida Gulf Coast University, FGCU）	汽车；每年50 000美元住房补贴以及终身教职承诺
艾瑞·贝伦（Eric Barron）	佛罗里达州立大学（Florida State University, FSU）	汽车；被要求住在校内的"校长之家"；终身教职承诺	朱迪思·本斯（Judith Bense）	西佛罗里达大学（University of West Florida, UWF）	终身教职承诺；每年14 000美元交通补贴；每年24 000美元的住房补贴
伯纳德·梅琴（Bernard Machen）	佛罗里达大学（University of Florida, UF）	汽车和住房以及终身教职承诺	多那尔·奥谢尔（Donal O'Shea）	新佛罗里达学院（New College, NC）	每年30 000美元住房补贴；每年5 000美元交通补贴；终身教职承诺

通过表5-6的汇总可知，美国佛罗里达州大学校长的福利保障内容十分丰富，体现在衣食住行的各个方面，甚至有不少大学校长参加了不止一个乡村俱乐

部，如南佛罗里达大学校长获得在坦帕棕榈乡村俱乐部（Tampa Palms Country Club）和大学俱乐部的会员资格的福利，而佛罗里达中央大学校长则能拥有两个乡村俱乐部的会员资格的福利。必须承认，大学校长是高强度的专职工作，特别是如今美国大学校长的资金筹措能力要求越来越被看重，而州政府对大学的投入又有逐年减少的趋势，使得大学甚至是州立大学也感到大学发展的资金压力越来越大。而乡村俱乐部是娱乐设施众多的休闲运动场所，可能在校长工作之余为大学校长缓解压力起到积极作用。此外，在交通方面，大学校长的福利中还普遍包括大学为校长提供轿车作为交通工具或者提供每年数额在 5 000 ~ 15 000 美元的交通补贴；而在住房方面，这些佛罗里达州立大学校长能够获得 30 000 ~ 50 000 美元的住房补贴。另外值得注意的是大学校长大部分被要求住在校内专门提供的"校长之家"，而"校长之家"的清洁、装修和翻新也由学校负责。这样，一方面可以使大学校长的住房得到保障，住房问题得到解决，同时可以让大学校长的行踪更容易被大学董事会所掌握，而大学校长作为大学形象的代表，其生活作风也能够在一定的大学环境的监督下。更重要的是，大学校长必须住在校内能够使得校长和大学的关系更加紧密，也使得大学校长有更多的时间待在大学内，有利于大学事务的监督和及时处理。

（3）保险保障现状。社会保险是社会保障制度的一个最重要的组成部分。社会保险（Social Insurance）是一种为丧失劳动能力、暂时失去劳动岗位或因健康原因造成损失的人口提供收入或补偿的一种社会和经济制度。社会保险的主要项目包括养老社会保险、医疗社会保险、失业保险、工伤保险、生育保险。

美国大学校长的保险保障是指，美国大学校长职业获得的社会保险，当大学校长在任职期间出现失业、身心伤害、疾病残疾甚至死亡时其本人或者遗产继承人所能获得的保险获赔保障。州立大学校长的五年期合同通常包括健康和人寿保险（health and life insurance）。具体的险种和提供的保险范围各州情况各异，以美国爱荷华大学的大学校长职业保险为例，包括人寿保险（Life Insurance）、长期残疾保险（Long‐Term Disability Insurance）、医药和牙科计划（Medical and Dental Programs）以及失业救济补偿（Unemployment Compensation）等多种社会救助和救济保险计划和项目。这种险种的提供和参保，能够为大学校长在职期间发生意外状况时在生理、心理和物质方面得到很好的保障，而这些对于保障大学校长没有后顾之忧而专注于本职工作有重要的基础性保障作用。

（4）退休保障现状。美国大学校长职业退休保障是指，在大学校长完成按照与董事会达成的合同或者协议中规定的任期和任务后，如期卸任或者无故被迫下台等状况下，美国大学校长可以获得退休补贴金并且可以获得在相关研究学科的终身教职身份，而且能够获得大学基金会的支持建立实验室和实验设施等，重新开始学术身份下的大学教职生活。此外，在大学校长卸任后转职到终身教职身份期间，大学校长必须完成身份、心态以及职业任务的充分调整和转换。卸任的大学校长能够立即享有长达一年的带薪休假，以实现身份转换的目的。而在此年休期间所获得的薪酬相当于校长任职期间基本工资的全额或者一定比例的数额。

以密歇根大学校长与董事会签订的合同为例①，当校长马克（Mark）于2019年6月30日或迟于该时间终止校长任期或者在2019年6月30日前被董事会无故终止校长聘任，在他结束作为校长聘任后将作为大学的终生教职人员，大学将为他提供一定的实验室空间以及高达两百万美元启动基金（start-up FUND）。此外，在校长去留悬而未决时，大学也应为校长支付相关的实验耗材和仓储费用。除引咎辞职、死亡或是残疾原因外，马克校长任期结束时，即2019年6月30日或连任至更迟后正常卸任，则有权立即获得一年期的休假。在此期间将继续获得公认的（通行的）基本工资以及大学福利（但不包括任何留任激励或者补偿）年休必须符合大学的年休政策。在完成年休之后，校长有责任顺利地从身份和责任上转换为终身教授职位。相应的工资和福利应与高级教职员相符。薪资补偿政策的调整以及相应条款可能在不同的时间发挥实际效用，但是该工资不应少于每年25万5千美元。倘若马克校长职位上连任到2019年6月30日。在年休后的第一年期间他的工资将不会少于校长基本工资的50%。更重要的是，如果他在2019年6月30日之前，被董事会无故终止聘任，则他在年休假后的第一年内工资将和校长的基本工资相同。这些退休或者卸任下台的保障措施和规定，能够使得大学校长没有后顾之忧地工作，并且在条件允许的情况下尽可能地为大学谋取更多的利益和发展以实现更长时间的校长职位留任，从而实现自身利益最大化。

2. 美国大学校长薪资福利保险待遇的契约管理制度——合同制。

在美国，大学与校长之间签订的合同被称为雇佣协议（employment agreement）或者雇佣合同（employment contract），通过此合同，校长成为大学内部的成员，并接受董事会的领导和管理，当校长与学校之间出现劳动纠纷时，通过仲裁来解决。美国大学校长合同制可以被定义为，在符合州以及联邦法律的相关规定的前提下，大学董事会和大学校长之间缔结关于双方权、责、利等方面明确规定的，至少包括任期、薪资补偿、履职表现评价以及终止等条款的，具有法律约束效力的劳动关系的契约文件或约定。而大学董事会通过合同条款来激励和约束校长实现管理的制度。一份比较合理完备的合同关键在于权责明晰，应明确地回答大学校长是什么，应该做什么，可以得到什么等问题。能够很好地约束董事会

---

① *The Regents of the University of Michigan*，[2014 - 05 - 20]. http：//media.mlive.com/annarbornews_impact/other/SchlisselEmploymentContract.pdf.

和校长双方,特别是对相对弱势的作为代理人的校长形成很好的职业保障。如若不然,大学校长很可能因为缺乏必要的职业安全保障和稳定性而无法很好地为大学利益奋斗,并且也容易与董事会产生分歧和不必要的矛盾。在构建大学校长薪酬、福利、保险待遇保障机制的系统中,校外的专门合同专家和校长薪资顾问在其中扮演了非常重要的作用,在大学校长遴选后,当选校长和大学董事会之间进行谈判,校长薪资合同专家就要对大学校长的履历和相关资历进行行业比较和分析,并且参考其各方面的校长职业素质和潜力为大学校长草拟合同,供校长和董事会进行谈判。达成一致后对合同条款进行调整最终通过董事会议生效。该合同具有规范和法律效力,因此是大学校长职业保障的关键因素之一。而大学校长薪资合同的好坏,专家和律师的建议是影响重大的,在此方面大学董事会需要听取律师和专家的建议。

美国大学校长合同制管理的形式有两种,一种是有书面合同制管理,另一种是无书面合同制管理。这两种大学校长合同制管理在形式和含义上有所区别,更重要的是能否为大学校长提供比较完善的职业保障。

(1) 书面合同制管理。书面合同制主要指大学董事会通过正式的书面合同、任命信等书面方式雇佣校长,并制定具体的条文约束双方权责利关系。由于美国不同的州、不同的大学的历史传统和法律体系差异较大,所以美国大学校长和大学董事会在签订正式书面合同的过程中也存在较大差异。

第一,书面合同主要规定校长的职责与义务。总体来看,书面合同规定详细、完备,可为校长提供可靠的职业保障。通常,合同内容包括职位规定、校长薪资福利、约束等。职位规定主要对大学校长的职务职责、任职行为规范等进行规定。校长薪资福利详细阐明大学校长在职期间所享受的各种福利待遇和职业保障,其中包括薪资、退休金、健康保险、休假、住房、费用补助(合理的交通、商务律师费等)、卸职后职业保障等。约束条款主要规定校长在任期间不能利用职权之便谋取私利。

第二,书面合同具体、翔实,具可操作性。合同是一种社会契约,在协商一致同意的前提下进行缔结,形成具有法律约束力的社会关系。约束力的层次是递进关系,高层次包含低层次[①]。正式的书面合同协议形成的法律约束力无疑比口头协议等非书面合同形式的约定要大得多。并且书面文本本身也是约束力的直接法律证据。这种约束力为形成大学校长职业保障提供了法律的依据。例如,密歇根大学董事会和校长之间的合同条款从多个方面对大学校长进行了约束和激励,在大学校长根据规定履行好本职工作后,董事会也必须按照合同的规定履行相应

---

① 赵晓光:《略论合同约束力的层次性》,载《渤海大学学报》(哲学社会科学版) 2006 年第 3 期。

的法律义务，为大学校长提供约定好的职业保障。

案例：密歇根大学校长合同部分规定

关于角色投入：校长必须把绝大多数的时间和精力投入到校长工作中，并且要作出最大的努力、以最好的技能和能力使学校的利益最大化，必须用胜任的专业化的方式完成职责，并且和大学的其他雇员以合作和专业的方式共事。

关于言行纪律：校长在任期内的行为举止和规范必须与保持和提高学校以及校长办公室的尊严和名誉相一致，所发表的演讲和出版的文章要符合大学政策。

关于校长兼职：校长可在一个营利性质公司/慈善/学术委员会任职，但是必须事先经过董事会批准，这些活动在总体上不会影响到校长履行职责。如果在任何时候董事会证明校长在任何这样的组织提供服务而影响其责任履行或者是与大学职位不一致，校长必须在合理的可能限度内尽快从该组织辞职。

回避原则：如果校长在某个与密歇根大学有商务往来的实体委员会就职，必须迅速地以书面形式向董事会披露此信息并采取符合大学政策的合宜步骤来要求在相关事务中撤换自己。

关于学术：在教学方面，即使校长对教学十分渴望也最多只能教授一门课程。

资料来源：The Regents of the University of Michigan，[2014 - 05 - 20]. http://media.mlive.com/annarbornews_impact/other/SchlisselEmploymentContract.pdf.

翔实规范的合同条款从各方面对大学校长的任职活动进行规范和约束，使得大学校长的活动被很好地限制在本职工作上，而摒弃掉影响大学校长有效引领大学发展的时间和精力投入。密歇根大学校长的书面正式合同比较详尽细致地对双方的权责利进行了约束和规范，且合同规定的任期较长，而一般合同的期限在3～5年，这从侧面说明了董事会对大学校长的信心和诚意。美国大学校长和董事会之间的正式雇佣合同在充分体现了董事会的要求既对大学校长达成了物质和精神的激励，同时也可有效对校长的行为进行规范和约束。合同文本的详尽规范程度，规范的完善程度在很大程度上决定了大学校长能否在法定的合理范围内行使权力以及在出现争端或者冲突时按照规定进行操作，实现权利伸张，落实大学校长的职业保障。

然而，并非所有校长都能获得此种待遇和保障。即使是有书面合同，也有完简、优劣程度迥异的差距。例如，勒夫顿（Lester A. Lefton）是肯特州立大学（Kent State University）的校长，保有一份长达12页的合同并附有8页他的延迟薪资的细节。但是另一些合同，包括科罗拉多大学柏德分校（University of Colorado at Boulder）校长以及密苏里大学圣路易斯分校（University of Missouri at

St. Louis）校长只有来自大学董事会的聘任简信[①]。合同的条款越详实意味着在出现矛盾和问题时有章可循的可能性和可靠性越大。可想而知，仅有来自大学董事会发出的简信的大学校长所能得到的职业保障是不稳定的和缺乏可靠性的。书面合同的校长尚且有存在如此情况，无书面合同校长的状况不免让人产生一些担忧。

（2）无书面合同制管理的发展状况及原因分析。无书面合同制主要指大学董事会只通过非正式、非书面性的方式，如"口头协议"和"握手言和"等形式雇佣校长进行管理的形式。一般认为，大学校长肯定持有雇佣合同，但是实际上并非如此。书面合同在二三十年前的美国也并没有那么常见。即使在近年，没有书面合同的校长数量仍然很多。正如图 5 - 2 所示，1984 年在所有大学和学院中，只有 49% 的校长有正式雇佣合同；1997 年拥有正式书面合同的大学校长数比例上升到 68%；而到了 2006 年这一比例达到 72%。可以看出，总体上校长拥有正式书面合同的比例在逐步上升，这也显示出一部分大学董事会慢慢明白了正式书面合同的重要作用，特别是在吸引优秀校长方面。但是仍然有很多大学董事会没有意识到这一点，或者对此心存顾虑。

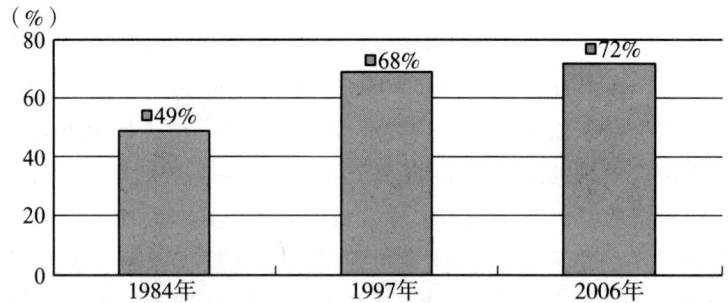

图 5 - 2　1984 年、1997 年和 2006 年美国大学校长正式书面合同保有比例

资料来源：Wallin D. L. 2007. *The CEO Contract*：*A Guide for Presidents and Boards*. American Association of Community Colleges，pp. 13 - 14.

较之美国大学校长合同的保有量来讲，无书面合同的大学校长确实相对较少。但是由于这种无合同状况对于大学校长职业保障来讲是一种潜在的威胁，无书面合同意味着协定的约束力有限，并且没有实质有效的证据能够形成有力的证明，在出现权利侵害或者纠纷时很难保障大学校长争取合理正当的约定利益。而形成并长期存在无书面合同的原因很多，大致有如下几种情况：第一种情况，对于任职历史长久的校长来说，有一个比较特殊的原因，那就是在其任职开始时，

---

① Paul Fain. *Many College Presidents Lack Written Employment Contracts*，［2015 - 01 - 13］. The Chronicle of Higher Education，http：//chronicle. com/weekly/v54/i12/12b00501. htm.

与董事会签合同这种做法并非像近年那么常见，而这种状况一直持续而没有变化。路易斯安那工业大学（Louisiana Tech University）的校长雷诺（Daniel D. Reneau），在此类协议还不常见的十年多以前开始受雇，他从1987年开始做校长①。第二种情况，一些董事会认为只有口头协议才是必需的，不愿与大学校长签订书面合同。第三种情况是，尽管分校校长作为系统的内部的高级行政人员，但是在更大的大学系统中董事会只和总校长签订合同，而分校长对总校长和董事会负责。第四种情况，在有些州中，法律中有特殊规定不允许签订该类合同，同时，有些董事会更愿意薪资福利补偿的细节置于大众监督的视野之外。第五种情况，有些大学董事会和校长之间只有雇佣生效起始时间而终止时间则是开放性的，董事会决定校长的终止时间②。

（四）美国大学校长管理之评价制度

与任命机制一样，美国大学总校校长的评价由董事会行使职权，分校校长的评价由总校校长行使职权。以麻州大学为例，根据《麻州大学高级行政管理人员检查与评估政策》（University of Massachusetts Policy on the Review and Evaluation of Senior Administrators）规定，董事会在总校校长初任2~3年后（之后为每5年评估一次）对总校校长工作进行评估，董事会主席任命一个校长评价委员会，该委员会由董事会分委员会各派一位成员与校外顾问组成，委员会负责收集评价信息，评价信息来自分校校长、董事会分委员会主席、针对每个分校区的管理部门（duly-constituted campus-wide governance bodies on each of the campuses），校长提交自我评价或者述职报告。根据这些信息，评价委员会起草一份报告，对校长的工作进行评价与建议，该报告最终提交董事会之前要与总校校长进行讨论。最终报告一式两份，一份给董事会，一份给总校校长。分校校长的评价机制与总校校长大体相似，其评价负责人为总校校长。对总校校长和分校校长的评价标准与最初的任命要求一致。

美国的大学校长职业保障是由大学董事会提供的，包括以薪资福利为主要构成的物质保障和职业培训以及名誉确认等多方面。在确定职业保障的内容和要求后，大学校长在履职期间有董事会授权的专门委员会，负责对大学校长的履职表现进行年例评估和评价报送董事会审批，以确认大学校长的奖金和约定薪酬的支付，这种支付大多以延迟支付的形式出现。这种专门的委员会以不同的名称和权

---

① Paul Fain. *Many College Presidents Lack Written Employment Contracts*, [2015-01-13]. The Chronicle of Higher Education, http://chronicle.com/weekly/v54/i12/12b00501.htm.

② Wallin D. L. 2007. *The CEO Contract: A Guide for Presidents and Boards.* American Association of Community Colleges, pp. 13-14.

力范围出现，主要或者专门负责大学校长的薪资评价和向董事会报送评估并提供建议。由于专门委员会是大学董事会的特设下属机构，其对于大学校长履职表现的评价在很大程度上将影响到大学校长是否能够得到大学董事会的认可以及薪酬福利的享受，所有这类专门委员会的构成和具体规定的研究就显得重要而关键。

1. 大学校长评价制度的管理机构。不同大学的校长评估委员会成员构成和数量是不一样的，但是有一定的共同点。例如明尼苏达大学董事会行政补偿与管理转型离职委员会的领导人员中，董事理查德·比森（Richard Beeson）担任委员会主席，董事约翰·弗罗比纽斯（John Frobenius）院长约翰森（Johnson）也在该委员会任职，同时还有若干咨询评价人员共同组成了该委员会[①]。

马里兰大学的大学校长评估委员会由大学组织和薪资补偿委员会（Committee on Organization and Compensation）负责，其成员由10人组成，包括正副主席由董事会成员担任以及一名当然成员和一名工作人员外，其余6人是财物审计战略校长绩效考核方面的专业人员[②]。而纽约州立大学董事会下设的行政委员会与其组织职责和职能相适应，由董事会董事麦考（H. Carl McCall）担任该行政委员会主席，另外有7名专业人士成员负责校长评价、战略规划、法律等方面的专业意见，此外还有2名负责联络的工作人员[③]。

宾州州立大学则规定其薪资补偿委员会的构成必须包括董事会副主席、前任董事会主席、金融、商务和资本委员会主席，人力资源附属委员会主席以及大约一名由董事会主席任命的成员，此外还包括若干当然成员（the ex-officio members）[④]。大学董事会普遍授权下设大学校长评价相关的委员会，但是具体来看，在不同的州不同的大学甚至在同一州的不同大学，大学校长评价委员会的名称是不同的。克拉门森大学（Clemson University）的校长评价委员会称为薪资补偿委员会（The Compensation Committee）；马里兰大学的校长评价委员会则称为机构和薪资补偿委员会（Committee on Organization and Compensation）；而罗格斯—新泽西州立大学则把该委员会定名为行政补偿委员会（Committee on Executive Compensation）；明尼苏达大学董事会则授权成立专门的行政补偿和管理转型离职委

---

① University of Minnesota. *Board of Regents committee begins review of executive compensation and administrative transitional leave policies on April* 26, [2015-01-16]. http: //discover. umn. edu/news/vision-leadership/board-regents-committee-begins-review-executive-compensation-and

② University of Maryland. *Board of Regents Standing Committees/Workgroups*, [2015-02-03]. http: //www. usmh. usmd. edu/regents/committee/.

③ The State University of New York. *About the Board of Trustees*, [2015-02-04] http: //www. suny. edu/about/leadership/board-of-trustees/committees.

④ Penn State University. *Board of Trustees*, [2015-02-05] http: //www. psu. edu/trustees/charter. html.

员会（The Special Committee on Executive Compensation and Administrative Transitional Leaves）。

尽管不同大学设立的大学校长评价评估委员会的形态名称和全部职能职责不尽相同，但是有些特征大体是相似的，例如，委员会中大多包括3~7名领导，5~8名的咨询、人力资源等多个方面专业评估人员，2~4名联络或工作人员，构成美国大学董事会常务的大学校长评价委员会，主要负责大学校长薪资福利的年审和考核工作。

2. 大学校长评估委员会的职责。大学校长评价委员会主要负责大学评价校长的任职表现，通过一系列的指标的考察，如每年战略目标的执行情况、预算的落实情况，包括学校重大比赛成就学校排名招生和筹资情况等方面，来为董事会提供关于校长薪资福利补偿（Compensation）计划的投票决议以及建议。以明尼苏达大学董事会为例，授权成立专门的行政补偿和管理转型离职委员会（The Special Committee on Executive Compensation and Administrative Transitional Leaves）负责。主要负责如下四个方面：第一，树立原则以指导行政补偿和转型离职政策的评价，同时要求管理者提出同这些原则相一致的政策修正计划以供该委员会参详考虑；第二，审查现有的与行政补偿与管理转型离职相关的董事会和行政管理政策以及与此相当体系中的实践；第三，与行政管理者一同改进计划和建议来强化董事会的监管同时为这些事务提供清晰的指导；第四，在全体董事会议上向董事会报告委员会建议[1]。

在此方面，纽约州立大学系统董事会的大学校长评价授权是赋予行政委员会（The Executive Committee）进行的，该委员会的目的：行政委员会被授权决定和执行除学位授予或者解雇职员董事会管辖范围内的任何事务，同时这些决定和行动必须是董事会的决定和行动并在下一次董事会议上向董事会报告，委员会的管理是为了在必要时就如下方面向全体董事会评议和提供建议：第一，董事会议关于董事会的行动以及董事会治理所涉事务；第二，分校长和行政官员的评议和补偿；第三，董事会运行和成员事务；第四，纽约州立大学战略规划权；第五，大学法律事务；第六，校长的评议和补偿[2]。

而宾夕法尼亚州立大学（The Pennsylvania State University，PSU）的大学校长评估委员会是专门委员会，称为薪酬补偿委员会（Committee on Compensa-

---

[1] University of Minnesota. *Board of Regents committee begins review of executive compensation and administrative transitional leave policies on April 26*，[2015-01-16]. http：//discover.umn.edu/news/vision-leadership/board-regents-committee-begins-reviw-executive-compensation-and.

[2] The State University of New York. *Executive Committee Charter*，[2015-02-04]. http：//www.suny.edu/media/suny/content-assets/documents/boardoftrustees/Executive-Committee-Charter.pdf.

tion），其组织职责在宾州州立大学的议事规程（standing orders）中做出明确规定，在如下所涉及事务方面补偿委员会应向董事会提供参考和报告或者建议：第一，行政薪资补偿设置的哲学依据和战略发生变化；第二，在行政薪资补偿和福利项目以及政策发生重大改变；第三，每年审查和批准校长的个人目标和可观测表现以及每年包括工资和激励补偿在内的薪资补偿（如果适用）；第四，任何由薪资补偿委员会自行决定的额外的、与董事会相关的项目和行动①。

不同大学的校长评估委员会职责都有所区别，但也明显看出，美国大学普遍把校长薪资福利的评估相关事务作为主要或者专门组成部分和要求。

3. 大学校长评价的机制运行。大学校长评价委员会主要由若干董事成员形成委员会的领导和权威，由董事会授权若干权力，由与组织权力范围相适应的多名专业成员向董事会提供建议和评价以供董事会对相关决议进行参考。同时，也可以窥见大学校长职业保障紧密联系的校长薪资福利补偿是通过专业人士的专业评价和建议，并通过董事会投票得出决议后对外公开决议。该委员会的存在是大学校长职业保障机制中的关键一环，委员会领导的监督和有效管理以及专业评估人员合理评价都在很大程度上影响董事会对大学校长职业保障的态度和决策。其运作路径可以被简化为：大学董事会授权—委员会进行跟踪调查和数据分析评价—反馈评估建议给大学董事会进行投票表决。

通过对美国大学董事会的类型以及大学董事会下设常务委员会的探析，可以对美国大学校长职业保障的提供主体和重要评价组织有较为清楚的认识。这两者构成了美国大学校长职业保障机制的必要和主要部分，将两者的不同类型和情况进行综合归总并把大学校长置入其中就能形成关于美国大学董事会和大学校长之间关于职业保障的机制形态的不同类型。

具体地说，根据前述不同的大学董事会类型和大学董事会下设大学校长评价委员会的不同类型相对应，形成了不同形式的大学校长职业保障管理构架和运行机制。

综上所述，可以看到美国大学校长职业保障机制的运行逻辑和基本构成，又由大学董事会的不同形式和类型以及大学评价委员会的异同最终形成了大学校长职业保障机制的模式。

（五）美国大学校长管理专业化之职权制度

1. 权威法规中大学校长的身份规定。

（1）州立法对大学校长的身份规定。诚然，"美国教育立法及行政管理权主

---

① Penn State University. *Board of Trustees*，[2015-02-05]. http：//www.psu.edu/trustees/charter.html.

要在地方①",故又查阅了美国的州立宪法,在州立宪法中确有关于高等教育的相关规定。首先,以德克萨斯州宪法和法规(Texas Constitution and Statutes)为例。在该律例中,对大学系统中首席执行官和董事会有明文规定。第 65.16 节系统中心管理办公室和执行官(Sec. 65.16. system central administration office; executive officer.)中对校长即首席执行官这样规定:首席执行官在董事会的政策下负责大学系统的综合管理,并且为董事会提出关于大学系统组织方面的建议,同时首席行政官的任命依照体系中的每部分制度。同时,分章 C 部分也对董事会的权力和职责(SUBCHAPTER C. POWERS AND DUTIES OF BOARD)有所规定,涉及大学管理系统的机构管理、学位授予、颁布和实施规章制度、学生数量、课程、捐款礼物、财政等,最后提出董事会的权力或职责可下放给某个委员会、官员、雇员或其他代理董事会。

其次,以北卡罗来纳州立法(North Carolina Enacted Legislation)为例,该法案中的高等教育部分对北卡罗来纳州立大学的总校校长和分校校长的职权做了相关规定。其中,该法案中的第 116 章第 14 条规定,"董事会应该选举北卡罗来纳大学的校长。校长应为大学的首席行政官(The chief administrative officer)"。此外,对总校校长其他方面的权力也进行了规定。第 116 章第 34 条对分校校长的职权进行了明确规定。[1]

此外,有些州立大学被称为"宪法性大学(Constitutional University)",例如密歇根大学。在密歇根州立宪法第八条中规定"大学校长由大学董事会选任,大学校长是大学的首席执行官,并作为董事会无表决权的当然成员出席董事会会议。"②

(2)大学章程中美国大学校长的职责。"章程"一词,在英文文献中称之为"Charter"、"Statues"、"Legislation"、"Bylaws"、"Ordinance"、"Organic-law"等。但几个词之间的解释略有不同,"Charter"从特许状发展而来;"Statues of University"为大学规章;"Legislation"也用于章程;"Bylaws of University"为大学章程;"Ordinance of University"为大学条例。

在密歇根大学董事会章程(The Bylaws of the University of Michigan Board of Regents)第二章第 2 节中规定"除了大学章程(bylaws)另有规定的职责和职能外,大学校长作为固有的首席执行官(Chief executive),将行使与密歇根州法律和大学章程一致的职权,包括但不限于以下内容:对教学和科研项目的普遍监督;图书馆、博物馆和其他配套服务;支持教职员工的常规福利;大学的管理与

---

① 张维平、马立武:《美国教育法研究》,中国法制出版社 2005 年版,第 2 页。
② *Michigan Constitution* (2014). Art 8.

财政福利；保持所有学生的健康、勤奋与秩序；校长也是大学评议会和每个自治学院的成员。大学行政长官（The executive officers of the University）的构成包括校长、两个分校校长和副校长，而他们都在校长指导的总体方向下履行职责。[①]

犹他州立大学董事会章程[②]规定犹他州法律为董事会提供了四个具体职责：促进机构和社区之间的交流；协助融资和发展项目的计划、实施和执行旨在补充慈善机构的拨款；保持并加强校友和社区对该机构（institution）传统和目标的认同；选择荣誉学位的接受者。

此外，美国中西部一所公立大学的细则将董事会与校长的职责这样规定："董事会应制定大学的政策，但应当在其总体监督下，按本细则和条例的规定，让校长及行政、教授组织来贯彻执行这些政策。"同时"校长应当是大学各系、各部门的首席执行官，学校一切利益的监护、委托由校长执行。校长可以在董事会通过的大政方针范围内，自由地行使职权。"[③]

2. 多重身份视角下美国大学校长的职责划分。

美国大学校长职责的多样性来源于其职务身份的多重性，我们从大学校长多重身份的四个方面分别来细化美国大学校长的职责考查。为此，本研究统计了美国20所州立大学，考虑到研究中的地域变量，故界定为四个地域，分别为东北部、南部、西部和中西部。美国大学样本区域分布情况如表5-7所示。

表5-7　　　　　美国大学校长身份调查学校区域分布情况

地域	东北部	南部	西部	中西部
样本数量	3	5	8	4
样本所在州	宾夕法尼亚州	弗吉尼亚州	加利福尼亚州	密歇根州
	佛蒙特州	北卡罗来纳州	华盛顿州	威斯康星州
	马萨诸塞州	佐治亚州	犹他州	伊利诺伊州
		德克萨斯州		内布拉斯加州

在完成20所美国大学取样后，同样地将大学校长职务分为校内学术、校内行政、校外学术、校外行政和社会职务五类。时间为2012年1月1日~2013年12月31日，由于人事变更，其中一所大学有三位校长，一所大学有两位校长。故确认产生23位校长，即最终样本。之后，通过网络资料搜索的方式确定各位

[①] University of Michigan. *The Bylaws of the University of Michigan Board of Regents*，[2016-10-01]. http://www.regents.umich.edu/bylaws/.
[②] Utah State University. *Board of Trustees*，[2016-08-10]. http://www.usu.edu/trustees/bylaws/.
[③] 王晓平：《美国公立高校董事会简介》，载《中国高教研究》1994年第1期。

校长在任时的兼职情况和社会活动情况。

（1）法律职务身份下美国大学校长的职责。美国大学校长作为校内首席执行官（chief executive），是最高的行政长官，由董事会从全国范围选择选合适人员担任，受董事会的任免、质询①。在美国大学相关规章中也有规定，如美国密歇根州立大学、北卡罗来纳州立法等均在相关规章中规定校长为首席执行官，对所管理职责内的事务负责。

首先，以得克萨斯州宪法和法规（Texas Constitution and Statutes）为例。在该律例中，对大学系统中首席执行官和董事会有明文规定。第65.16节系统中心管理办公室和执行官（Sec. 65.16. SYSTEM CENTRAL ADMINISTRATION OFFICE; EXECUTIVE OFFICER.）中对校长即首席执行官这样规定：首席执行官在董事会的政策下负责大学系统的综合管理，并且为董事会提出关于大学系统组织方面的建议，同时首席行政官的任命依照体系中的每部分制度施行②。同时，分章C部分也对董事会的权力和职责（SUBCHAPTER C. POWERS AND DUTIES OF BOARD）有所规定，涉及大学管理系统的机构管理、学位授予、颁布和实施规章制度、学生数量、课程、捐款礼物、财政等，最后提出董事会的权力或职责可下放给某个委员会、官员、雇员或其他代理董事会。

其次，在北卡罗来纳州立法（North Carolina Enacted Legislation）中的高等教育部分对北卡罗来纳州立大学的校长和分校校长做了相关规定。其中，该法案第116章第14条规定了总校校长的职责：董事会应该选举北卡罗来纳大学的校长。校长应为大学的首席行政官（The chief administrative officer）。此外，对校长其他方面的权力也有规定。由董事会批准，校长可以建立和取消就业岗位；校长应当接受普通基金拨款；校长应当在授权的额外权力下，与国家人力资源的审计和咨询办公室主任（the State Auditor and the Director of the Office of State Human Resources）确定管理人员和内部财务控制以及持续性成功的管理等。该法案第116章第34条规定了分校校长的职责：（a）分校校长应当在校长的指导方向下，管理和执行最高制度，完全践行当中的职权。他应当对实施的政策理事会和董事会负责。每年6月30日他要向理事会和董事会准备一份关于前一年制度运作的详细报告。（b）分校校长的职责应当包括出席所有董事会的会议，对董事会保持充分了解制度及其运作的需要负责。（c）分校校长的职责应当包括保证让校长和校长理事会充分了解有关机构的业务和需求。根据要求，应提供与校长授予的或理事会与该机构有关的事项。（d）分校校长应在理事会和董事会的政策规定下，

---

① 冯卓琳：《研究型大学校长：战略领导·职业管理·职业发展》，上海交通大学出版社2011年版，第96页。
② Texas Constitution and Statute，[2015-04-10]. http://www.statutes.legis.state.tx.us/? link = ED.

对机构内的人员任命和教育发展计划提出建设。[2]

此外，有些州立大学被称为"宪法性大学（Constitutional University）"，例如密歇根大学。在密歇根州立宪法第八条中规定"大学校长由大学董事会选任，大学校长是大学的首席执行官，并作为董事会无表决权的当然成员出席董事会会议。"

（2）行政职务身份下美国大学校长的职责。

第一，美国部分大学校长（样本中人数比例约为30.43%）会成为董事会的代理人和当然成员。美国大学校长受董事会委托，向其负责。公立大学的董事会一般由8～15人组成，董事会成员由州政府任命或由公众选举产生，董事最多任职2届。董事会主要职责包括：①制定大学行政、财务政策方针；②选聘、任命校长；③制定、审批、修订大学章程、长期教育规划并监督实施；④拥有应该上报的所有事项的最终审判权；⑤处理学校的财产、财政及人际和校际关系等有关重大事宜，确保大学运行的资金来源；⑥根据校长举荐任命教师及管理人员；⑦不介入学校日常事务的管理①。

大学校长作为董事会代理人和当然成员，是没有表决权的纯粹的执行者，职责为执行董事会制度的大学行政和财务政策方针、大学章程、长期教育规划等。负责全面行政事务，向董事会提出一般行政管理人员的任命建议；提出学校总的学术政策，在学术事务方面起协调和推动作用；提出学校预算并监督实施；负责学生事务②。

第二，美国部分大学校长（样本中人数比例约为17.39%）会担任校长委员会和行政委员会委员等。美国公立大学行政委员会的主要职责是聘任学校主管、处理学校财务、签订协议或契约以及授权处理大学规章的重要行政事务。③ 此外如校长咨询会、校长委员会、设施资源委员会成员等。作为权力组织的一员共同履行治理大学的职责，涉及主管聘任、财务、契约协议、规章等行政事务。作为行政委员会一员的校长，职责便是执行行政委员会的决议。

第三，美国部分大学校长（样本中人数比例约占17.39%）会成为校内学术评议会成员。校长的职责是执行评议会关于人事和学术领域的决策。有着双重的成员身份的校长，通常仅有执行权，没有决策权。通常评议会的主要职责是确定学生录取标准和学位标准、决定课程计划、确定校历、确定学校教学设施的试用、确定教师和研究人员聘任与晋升等人事政策。学术评议会则负责审议学术事务与提供学校发展的建议。

---

①② 李福华：《大学治理的理论基础与组织架构》，教育科学出版社2008年版，第181页。
③ 王晓平：《美国公立高校董事会简介》，载《中国高教研究》1994年第1期。

在密歇根大学章程第四章中对评议会（The university senate）的权力这样规定："大学评议会人员由所有具有教授性质（教授、副教授和助理教授）的职员、行政官员、院系院长构成。会议每年不少于一次，人员74人，任期3年。评议会有权来考虑学校的整体利益；董事会的任何行动在公布30天内应由评议会同意；有权来考虑学校的整体利益；董事会的任何行动在公布30天内应由评议会同意；就学校的任何政策事务，校长在实施之前都要有评议会的建议和咨询。"

第四，美国部分大学校长（样本中人数比例约为13.04%）为校内具体行政事项组织负责人。如医学研究生政策研究联合负责人、专责小组负责人、学术计划和行政审查中心委员会负责人，约占总体职务身份数4.35%。有此职务身份的校长对该组织负责，职责包括制定战略规划、管理日常事务等。

第五，美国部分大学校长（样本中人数比例约为26.09%）为和高教无关的校外行政委员会成员。如州执行委员会成员、国家创新和创业咨询理事会的联合主席、全国执行委员会会长、国家科学委员会、国家竞争委员会、公共及土地审批大学协会（APLU）的政府关系委员会联合主席、市委员会主席、监督委员会。奖章提名评审委员会等，约占总体职务身份数的9.25%。组织不同所承担的职责也不尽相同，多数以参考咨询、监督、评审为职责。

第六，美国部分大学校长（样本中人数比例约为8.70%）为行政类高教组织成员。如高等教育领导摄政主席、国家安全——高等教育咨询委员会成员等。虽然为行政类职务，但是美国大学校长的职责主要为高等教育政策提供咨询建议。

（3）学术职务身份下美国大学校长的职责。

第一，美国部分大学校长为（荣誉、客座）教授、院士（人数比例约为17.39%，院士约为4.35%）。美国校长虽为教授，但上任后基本不带学生，兼职任课较少，院士的比例更少。据白春礼院士所言，美国科学院院士①具有二项职责：第一，应当为其所在领域的年轻科学家们做出表率；第二，有责任为联邦政府和各州政府提供广泛政策咨询，以增加美国公共政策制定过程中的科学性②。

第二，美国部分大学校长（约占总人数的30.43%）为学者、研究员。作为工程院、艺术与科学院成员、研究员、律师基金会研究员等身份，需要在该领域

---

① 美国的院士只是一种学术荣誉，表明获得者在学术界得到了广泛的认可，并不代替具有最高学术的称号。也不具有经济和行政意义，更不会改变当选者的社会地位和物质待遇。院士们每年还须交纳200美元的会费。如果3年不交会费，就转为名誉退休院士，不再有选举权和被选举权。此外，院士也没有任何特权既不能更快提升职称，也得不到任何资助。如果在学术上没有新的进展，甚至不被相关单位续约。

② 潘希、白春礼：《院士责任重大使命光荣》，载《中国科学报》2012年6月12日。

有所建树，完成相应学术任务，具有学术职责。

第三，美国部分大学校长（人数比例约为65.22%）为某学术类组织成员。如国家科学进步协会成员、科学联盟成员、外交关系委员会成员、神学院长老会成员、法律协会成员、机械工程学会、国外研究院院士、工程项目董事会主席。比例约占总职务身份数量26.77%。作为某学术团体成员，同样具有学术职责，需要承担该团体的部分研究工作或咨询工作。

（4）社会职务身份下美国大学校长的职责。

第一，美国部分大学校长为高教类社会组织成员（人数比例约为43.47%）。在美国高等教育领域，校长在校外的组织任职包括核心地位的"六大组织"（Big Six）、高等教育咨询委员会、高等教育领导摄政主席。高校研究协会校长委员会主席、美国高校协会、大学体育协会、美国高校本科教育协会成员等，约占总体职务身份数的23.62%。不同的高教组织担任不同的职务，但其职责都与高等教育息息相关，无形中影响着高等教育发展。例如校长处于"六大组织"（美国教育理事会、美国大学联合会、美国社区学院协会、全国州立和赠地学院协会、美国州立学院与大学协会、全国独立学院与大学协会）中，代表不同的院校利益，联合起来可影响国会委员会以及政府部门对高等教育主要议题。

第二，美国部分大学校长（人数比例约为39.13%）有商业类职务。据样本分析，商业类职务基本集中于公司董事会董事、治理委员会委员、商会董事会、创新校园发展公司董事会主席，多为创始人、主席。公司性质以科技公司为主，教育和营销公司为辅。商业职务身份在美国校长社会职务身份中所占比例最大，约占总体职务身份数9.45%。需要校长履行商业组织相应的职责，管理公司重大事务和决策或为公司发展咨询建议。一方面在某些州立宪法和章程中鼓励大学建立私立、非盈利的公司，目的在于支持高校机构和大学系统；另一方面若是校长个人在上任之前参与创立公司，上任后会将股权转移，如北卡罗来纳州立大学的校长。附北卡罗来纳大学州立宪法，对建立公司的规定如下："§116-30.20：建立私立、非营利的公司。北卡罗来纳大学董事会鼓励设立私立、非营利性企业以支持北卡罗来纳大学的组成机构和大学系统。北卡罗来纳大学的校长和分校长的组成机构可能指派员工协助建立和运行一个非营利组织，会形成可用的公司办公空间、设备、用品和其他相关资源，提供公司的唯一目的是支持北卡罗来纳大学一个或多个组成机构。"

第三，美国部分大学校长（人数比例约为26.09%）为咨询成员、项目顾问。如联邦法典修订项目顾问、儿童医院、保健中心和剧场咨询委员会成员、科学顾问委员会，约占总体职务身份数7.87%。此类社会职务多是校长公共责任的体现，为政府及社会提供咨询建议。

第四,美国部分大学校长(样本中人数比例约为17.39%)为基金委员会成员。如绿化地球科学基金会、化学遗产基金会、基金董事会成员、福特基金会理事、律师基金会成员。委员会为咨询、审议机构,约占总体职务身份数4.72%。其职责通常涉及审议发展规划、年度工作计划、财务报告、工作报告及其他重大事项。

第五,美国部分大学校长(样本中人数比例约为17.39%)具有其他社会职务身份。如外校大学全国委员会成员、社区组织与当地的董事会、监事会成员,约占总体职务身份数5.51%。主要职责为当地组织提出监督意见和建议,对工作机构实行民主评议和民主监督。

(六) 行业协会在大学校长管理专业化中的职业规范保障

美国是一个协会组织发达的国家,"各种不同年龄、不同条件、不同性格的美国人都在不断地组成各种协会"①。因此,美国存在各式各样的协会,种类繁多、数量庞大。在高等教育领域,也存在着大量的协会,这些协会或显性或隐性地对美国高等教育的发展发挥着巨大的作用。在大学校长管理专业化中,某些协会在职业准入、利益保障、职业培训等方面发挥了不小的作用。

1. 与美国大学校长管理化相关的行业/专业协会。根据美国学者金(King)的划分,美国高等教育协会可以分为三类:核心协会、专业或卫星协会以及其他各种地方组织的小协会。核心协会是指对美国高等教育政策与发展具有明显影响力,能够为其他专业或地方协会传播观点、表达立场的协会组织。目前,在美国,有六家高等教育协会处于核心地位,被称为"大六"(Big Six),它们分别是:美国教育理事会(American Council on Education,ACE)、美国大学协会(Association of American Universities,AAU)、美国社区学院协会(American Association of Community Colleges,AACC)、全国州立和赠地学院协会(National Association of State and University Land-Grand Colleges,NASULGC)、美国州立学院与大学协会(American Association of State Colleges and Universities,AASCU)、全国独立学院与大学协会(the National Association of Independent Colleges and Universities,NAICU);专业或卫星协会通常不关注教育的大政方针,而主要是关心自己圈子内的一些政策事件,其特点是"除非为他们自己成员的特殊利益,他们更愿意让一些大的协会为其代言。"② 此类协会包括很多,如全国学生资助管理者协

---

① Alex De Tocqueville. 1999. *Democracy in America*, vol. II *The Social Influence of Democracy*. Beijing: China Social Science Publishing House, P. 27.
② Parsons Michael. 1997. *Power and Politics: Federal Higher Education Policy Making in the 1990's*. New York: State University of New York Press, P. 72.

会（the National Association of Student Financial Aid Administrators，NASFAA）。第三类高等教育协会指一些地方的单一学院系统的，或为私人企业服务的单个高校的协会，如纽约州立大学协会、哈佛大学组织等。因为第三种类型影响较小，而且与大学校长管理相关的协会主要集中于前两类里，因此，本研究主要以前两类相关协会对大学校长管理专业化的影响的研究为主。在这诸多协会中，与美国大学校长管理专业化相关的协会主要有美国州立大学与学院协会、美国教育理事会、美国大学董事会协会。

（1）美国州立大学与学院协会（AASCU）。美国州立大学与学院协会位于美国华盛顿特区，是一个全国性、非政府性质高等教育协会，由美国境内400多所公立大学、学院和高等教育机构所组成，该协会的成员院校共有在校生670万人。协会的主要目标是：促进了解和支持高等教育和有特殊贡献的成员大学和学院；分析公共政策，支持它所服务的成员和学生；提供政策指导和项目支持，以加强教学质量，促进教育改革；为机构领导特别是校长们创造专业发展机会。

（2）美国教育理事会（ACE）。美国教育理事会成立于1918年，成员包括全美各类大学院校、与高等教育有关的协会、组织和公司在内的1 800多个机构，是美国高等教育领域成员最多、规模最大、最具影响力的社团组织，也被称为"协会的协会"。该理事会现有的成员中，高等教育机构有1 613家，占成员总数的89%，全国性和地方性协会有135家，占总数的7%，各种合作伙伴有83家，占总数的4%。① ACE坚信强大的高等教育系统和教育机会均等是民主社会的基石，协会通过发展领导力，为重要议题进行审议，推动着美国乃至全世界高等教育和成人教育的发展，被视为高教协会的核心和整个高等教育的代言人。

（3）美国大学董事会协会（AGB）。美国大学董事会协会，是根据哥伦比亚特区法于1921年成立的一个自治机构，协会总部设在华盛顿，并在哥伦比亚特区却和美国的其他地方设有许多分部。AGB是由一些大学董事会主席、执行董事长、行政管理人员发起成立的。截至2007年，经过鉴定认可的团体会员达到1 218个，个体会员35 180个。AGB的目标是提升高校董事会和大学的质量和成功；为高等教育和董事会服务；为团体成员单位的质量做出回应；AGB与其他组织、团体保持着友好合作伙伴关系。②

2. 行业协会主要通过多种渠道推进校长管理专业化水平的提升。

（1）为新任校长提供培训项目。有的协会专门为刚刚担任大学校长一职的人提供入职早期的必要培训，包括需要具备的高教知识，需要注意的行为规范，需

---

① 邵常盈：《美国高等教育六大核心协会之功能分析》，复旦大学2007年硕士学位论文，第5页。
② 甘永涛：《大学董事会协会：影响美国大学治理的重要力量》，载《高等工程教育研究》2009年第6期。

要处理的主要事务等方面的集中提醒和训练。例如，ACE 机构新任校长项目的目的是努力确保新任校长在动荡和不确定的环境中获得长期的成功。该项目为新任校长任期的前3年服务，是一个为期9个月的包括三次面对面会议以及一系列虚拟活动的培训计划。每次会议由国内专家、经验丰富的校长和其他专家以交互式的形式进行，以微型案例研究为研讨主题，并强调会员之间的交流。通过该项目的培训为新任校长在以下几个方面获益：第一，新任校长在面临领导力挑战时所应具备的知识和经验。第二，获得处理高知名度、高曝光和难以预料的挑战和机遇的知识和技能。第三，在与媒体的有效合作方面的实用建议。第四，增加了对于如何评估和管理校园文化和变革过程的理解。第五，如何形成和管理高效的执行团队的建议。第六，来自多个领域的机构和学校的校长之间构建的广泛的专业网络。第七，低风险的方案实验测试机制[①]。

（2）为在任校长提供培训项目。有的协会为已经在任一段时间的大学校长开设的专门培训班或者专题研究和讨论项目，目的是让大学校长在有经验的前辈和其他领域经验丰富的领导和管理人员提供咨询和专题研讨，或者就某些热点的教育管理出现的问题和急需解决的问题进行分析和咨询建议。美国教育理事会的大学校长职业培训伙伴项目（Fellows Program）为大量美国大学校长职业候选人或者在任者提供了专业而富有成效的职业培训，在每一个圆桌会，都有 15~18 名校长（有时是其他的领导和专家）探讨当前的高等教育的热点问题和讨论在解决这些问题中校长的潜在角色和作用[②]。谈话内容成为大学管理者、董事会以及其他受众广泛传播的议题的基础。

（3）为大学校长的职业交流提供平台。美国大学校长董事会协会每年都会召开会议，会议代表大多为各大学和学院的董事会成员以及校长。在会议上，校长之间、校长与董事会成员之间会进行深入的交流，并就大学管理事务中的各种棘手问题发表看法、进行沟通。该协会在其网站上还专门开辟了校长专栏，该专栏分为十个议题，这些议题分别为"应对战略挑战"、"避免错误"、"合作性决策"、"与董事会合作性领导"、"提出愿景"、"与董事会合作"、"领导变革"、"战略性地组织董事会"、"领导环境"、"理解组织文化"[③]。这些议题通常会由在任的或已经卸职的经验丰富的大学校长们进行专题讨论，为校长们就学校管理事务中的核心问题的经验交流和思想碰撞搭建了良好的平台。

[①②] ACE. 2015. *ACE Institute for New Presidents*，[2015 – 03 – 11]. http：//www.acenet.edu/leadership/programs/Pages/ACE – Institute-for – New – Presidents.as px.

[③] Association of Governing Boards. 2015. *Presidents and Chancellors*，[2015 – 03 – 15]. http：//agb.org/agbu/presidents.

第三节 美国大学校长管理专业化的特点分析与启示

一、美国大学校长管理专业化的特点分析

（一）建立以立法为基础的宏观调控、充分放权的"政府－大学"治理模式

1. 在大学内外部构建了完整、详尽的立法体系。从大学外部来看，美国各州建立了详尽、具体、全面的高等教育法律体系，使州政府、大学的组织行为有法可依、依法办事，几乎所有的州都将州立大学校长任命的方式在州立法中做了明确规定。美国是一个法治国家，对社会中已经存在以及可能存在的问题都尽量从法律上进行规约，对教育事务也是如此。同时，美国也是一个联邦制国家，各个州具有独立的立法权，因此，各州都对包括高等教育在内的教育事务进行了立法。虽然各州对教育的立法有所不同，但都立法详尽、具体，尽可能清楚地规定所有可能存在的问题，就高等教育而言，各州的相关立法从几十页到上百页不等。各州的法律都明确规定了州立大学的组织架构、董事会的成员产生方式、董事会的职责等，清楚地规定了州立大学董事会成员的人数以及各利益相关群体的代表人数，有的州明确规定校长应该作为董事会的当然成员。如此细致入微地规定使大学在进行实际操作时就很清晰明了，而且可以有效地避免州长等政治力量的干预。

2. 从制度设计上保证政府对大学管理的充分放权行为。从行政管理角度来看，美国政府对大学以及大学校长管理实行充分放权的管理模式。布鲁贝克曾说"大学与政府之间的关系很微妙，大学既不能受政府过多的干预，又不能将命运全部托付给教授，这就像战争意义太重大，不能完全交给将军一样[①]。"美国政府对大学间接的控制管理模式被范富格特称为国家监督模式[②]。大学校长的管理是高等教育的一个微观管理环节，然而，因为大学校长又是大学治理中非常重要

---

① [美] 约翰·S·布鲁贝克：《高等教育哲学》，浙江教育出版社1987年版，第31～32页。
② [荷兰] 弗兰斯·F·范富格特：《国际高等教育政策比较研究》，浙江教育出版社2001年版，第414页。

的一个力量而无法被州政府所忽视,所以美国各州在立法中明确规定了州立大学校长的任命方式,其他的对大学校长的管理就交由外行董事会负责。美国州政府给予大学充分的自主权基于以下两个制度设计方面的原因。

(1) 建立成熟完善的法律体系是政府放权的基础。法制与人制是两个相对的概念,当一个社会没有构建完善的法律体系时,人制就会代替法律来管理社会。试想,如果各州建立的关于高等教育的立法粗略、模糊时,大学如何运行、董事会如何组建等诸多问题无法可依,州立大学不得不去寻求州公民的代理组织——州政府的意见,而州长等政治长官也自然而然地拥有了干涉大学事务的空间。

(2) 构建具有缓冲功能的外行董事会制度避免州政府对大学运行进行直接干涉。外行董事会制度形成的初衷便是确保董事会成为学校与社会发生联系的重要渠道。美国州立大学外行董事会成员的选择不尽相同,有的是根据立法由选民选举产生,有的是部分成员由州长任命,有的州将州长作为州立大学董事会的当然成员。州政府通过董事会实现对州立大学的要求与监督。从董事会的职责中可以管窥一二。首先,董事会的职能基本上是以确定州立大学的发展任务和目标、长期发展规划、公共服务职能等大学的整体发展战略为主,以确保州立大学的发展方向大致与州的需求一致。其次,董事会作为州立大学内部的最高权力机构,在保证州立大学的发展方向不偏离州的需求的基础上,也会全力推动大学的各方面的提升,并将大学在发展过程中的各种诉求反映给州政府。因此,外行董事会制度既保证了州立大学不会完全脱离州政府的管理与监督,又避免了州政府对大学事务的直接干预。

(二) 构建多主体参与的大学校长管理专业化体系

1. 建立了完善的校长管理体系。

(1) 在成熟的职业市场中对校长进行遴选。美国大学校长群体是一个职业精英阶层,享有很高的社会声誉以及高额的职业收入,作为"学术高管",这一群体已经逐渐形成了一个成熟的职业市场,各大学对新校长的遴选其实就是在这一职业市场中寻求最佳 CEO 的过程。美国大学校长职业市场化最为显著的一个表现便是猎头公司在各大学遴选过程中的参与,随着大学校长遴选的难度加大、重要性加强,各大学在遴选过程中借助猎头公司的力量的现象越来越普遍。

(2) 通过合同制约定校长的薪酬福利保险待遇。合同管理是指在保护劳动者实质平等的具有公法性质的劳动法规来对传统民法规范的雇佣关系进行调整的这部分雇佣关系就被称为劳动关系①。合同制管理方式对签订合同的双方均具有约束和保护功能，美国大学校长与董事会达成的合同或者协议以合同化的形式对双方的权利义务进行法律意义上的确认，实现大学董事会对大学校长的职业任期内形成从薪资福利到培训以及退休和其他补偿和补贴的比较完善的保障机制。就美国大学校长和董事会之间的合同化管理和职业保障的发展现状来看，其发展状态已经比较完善和成熟。但是，与美国高等教育多样化发展的特点一致，合同制管理在美国各大学的呈现也是多样性的，总体分书面合同制和无书面合同制，书面合同制又分详细书面制合同和粗略书面制合同。详细书面合同对大学校长以及学校的权利和义务进行清晰界定，更加有利于双方的职责履行与权利保护。如上文所述，1984年，在所有大学和学院校长中只有49%的人有正式雇佣合同，1997年拥有正式书面合同的人数比例上升到68%，到了2006年这一比例达到72%。可以看出，总体上校长拥有正式书面合同的比例在逐步上升，这也显示出一部分大学董事会慢慢明白了正式书面合同的重要作用，特别是在吸引优秀校长方面，如今合同制管理在美国已经成为大学校长管理专业化的一项重要制度保障。

（3）遴选、任命、职责划分与评价构成一个有机的制度体系。校长管理体系主要包括"遴选与任命—薪酬—职责—评价"这几个环节。对于一所学校来说，选择一个校长就意味着选择了学校的未来。因此，对校长的遴选的制度设计竭尽全力吸引学校所有利益相关者的参与，以确保选择一位合适的校长。遴选与任命之后的制度如薪酬制度、评价制度等都是遴选任命制度之后的延伸制度，在对新校长任命之初，给其多少薪酬、提供什么福利待遇、如何考核、其职责是什么都通过书面合同或者口头合同的契约方式进行了约定。对校长的评价以及激励也都是依据任命之初由学校董事会与校长双方所达成的协议中制定的校长履职要求来进行的。因此，遴选、任命、职责分配与评价构成一个有机的制度体系，不可分割，形成了成熟的校长管理专业化的制度保障。

2. 形成了多主体参与的校长管理专业化的共治机制。

（1）校内外各利益相关者主体均有代表参与校长管理专业化的整个过程。在美国，州立大学校长是一个很特别的角色，作为由州政府财政支持、代表州利益的庞大组织的最高行政执行官，却又完全不同于州内政务官的产生方式和政治属性；相反，其任命方式却与校内其他教职工相似，也就是说，校长的社会属性与教职工更加接近，更加独立于政治而具有独立性。但是，大学校长的工作却又要通过由州立法规定产生的外行董事会的领导来尽量保持与州的利益需求一致。如

---

① 王志超：《劳动关系与雇佣关系之区分》，http://old.chinacourt.org/html/article/201108/23/462426.shtml［2015-03-10］。

此复杂而又充满智慧的制度设计表明大学校长角色的特殊性、复杂性以及利益代表的多元性。大学是一个典型的利益相关者组织，其利益相关者包括教师、学生、行政员工、校友、政府、家长、捐助者和纳税人等，各利益相关者各有其自身的需要。对大学外部而言，州立大学校长作为三级代理人（州公民委托州政府，州政府委托董事会，董事会委托校长）要尽力维护州公民的利益；对大学内部而言，大学校长作为校内最高行政执行官，又要尽力实现学校各方的利益诉求。作为这诸多利益相关者主体的交叉点，大学校长既要能够实现大学的目标，又要能够维护各方利益。因此，州立大学校长管理专业化的每个制度环节都尽可能地吸收每个利益相关者群体的意见与建议。从遴选到评价等环节，董事会成员、教师、学生、校友等的代表都会参与其中。

（2）通过建立委员会实现多主体在大学校长管理专业化制度中的参与。在美国，根据各大学章程，在从遴选到评价的整个校长管理专业化的环节中，董事会需要设立长期的或者临时的委员会组织、管理整个过程，而委员会就成为校内各利益相关者参与大学校长管理专业化的载体。在遴选阶段，董事会会任命一个遴选委员会，例如，加州大学《董事会政策7102：分校校长任命政策》（*Regents Policy* 7102：*Policy on Appointment of Chancellors*）规定，总校校长负责分校校长候选人的搜索，董事会主席也会任命一个委员会向总校校长进行建议。该委员会成员包括董事会主席、董事会主席指派的5位董事、总校校长、总校校长指派的5位教职人员（faculty，其中一位必须是学术委员会的主席或副主席）、1位研究生、1位本科生、1位校友代表、1位基金会代表（a Foundation representative）、1位职员（staff）代表。在评价阶段，董事会会任命一个评价委员会，以麻州大学为例，根据《麻州大学高级行政管理人员检查与评估政策》（*University of Massachusetts Policy on the Review and Evaluation of Senior Administrators*）规定，董事会在总校校长初任2～3年后（之后为每5年评估一次）对总校校长工作进行评估，董事会主席任命一个校长评价委员会，该委员会由董事会分委员各派一位成员与校外顾问组成。

（三）发挥行业/专业协会在校长管理化中的辅助作用

从宏观共治理念来看，美国对大学校长的管理构建了"政府—学校—协会"三边共治的治理结构。美国是一个非政府组织极度发达的国家，各种协会包括高等教育协会层出不穷，有人将高等教育协会界定为"利益集团"，即协会是"由具有某些相同或相似利益诉求与立场的高校、个人组成的特殊群体"。① 在大学校长管理专业化的发展进程中,行业/专业协会也逐渐地通过各种方式参与到了这一进程中。

1. 相关行业/协会的建立与发展提供了宽松的空间。美国高等教育协会数量众多,种类繁多,可谓成千上万,这些协会组织在美国高等教育治理领域发挥着重要作用,在大学校长管理专业化中也起着一定的辅助作用。现在流行于全球的社会治理理念的核心是社会多主体参与共治,政府不再是单一管理主体,事实上,美国的协会成为了很重要的社会治理力量,影响力大的协会通过协商机制等方式影响政府的决策而发挥其治理作用。但是,协会建立的初衷并非为了影响政府的决策,而主要是保护本行业或本专业的利益而建立的松散型组织。如今,美国高等教育领域已经形成了非常庞大的协会系统,而与大学校长管理专业化相关的协会主要包括前面提及的美国州立大学与学院协会、美国教育理事会、美国大学董事会协会、美国独立学院与大学校长协会。

2. 相关行业/专业协会通过非强制性方式对大学校长管理专业化发挥助推作用。在美国州立大学与学院协会、美国教育理事会、美国大学董事会协会、美国独立学院与大学校长协会这四个协会中,除了美国独立学院与大学校长协会是以大学校长为核心主体之外,其他三个协会的主题并非校长。但是,随着这些协会的逐渐强大以及关注点逐渐增多,大学校长的管理逐渐地成为它们所关注的内容。对大学校长管理专业化而言,这些协会主要通过发布校长调研报告、提供培训项目、制定职责标准、开研讨会等方式发挥补充与辅助作用。如 ACE 自 1986 年开始陆续发布了 5 期美国大学校长研究报告,形成了较大的社会影响力;此外,ACE 所组织的校长培训项目也成为许多美国大学校长职业进步的阶梯。美国州立大学与学院协会会为州立大学新校长的遴选推荐名单。

二、美国大学校长管理专业化的经验借鉴

我国大学校长管理无法实现专业化并非源自大学校长本身,而是我国当前还没有形成大学校长职业化管理的体制机制。从政府对校长的管理体制来看,我国大学校长的管理(包括从任命到考核的整个环节)是参照政府官员的管理办法实施,但是,大学校长与政府官员的职业特点有极大的区别,这样的管理方式难以保障校长进行学校管理的自主、自觉与自律,从而产生无法全身心地进行大学管

---

① 周世厚:《利益集团与美国高等教育治理——联邦决策中的利益表达与整合》,中央编译社 2012 年版,第 104 页。

理工作等问题，难以做到大学管理工作的专业化。因此，我国政府应从"宏观—中观—微观"几个层次进行大学校长管理体制调整与转变，以提升我国大学校长的管理专业化水平，从而提升我国大学的办学水平。

首先，从宏观体制来看，政府应当成为大学校长管理专业化的制度供给者，创设大学校长职业化制度环境，构建大学校长职业化制度体系，为大学校长"用整个的心做整个的校长"提供动力源泉。因为，"若无职业化的制度环境，校长管理专业化也就不可能真正实现，大学治理能力的现代化也就失去最为有效的动力源泉。"① 由于职业化制度的缺失，校长的来源渠道单一，学校无法有效遴选与其发展战略相匹配的校长，校长无法获得与其职业责任及强度相匹配的劳动报酬，且其职业生涯发展前景无法得到有力保障，"相当一部分校长感觉校长岗位是无法让自己终身引为自豪的，而唯有保持学术的不间断，才可在不任校长后仍有立身之本。"② 因此，政府作为现代大学治理体系的顶层设计主体，应从宏观层面构建大学校长职业化制度体系，打通大学校长的职业流动渠道，通过职业市场实现"学校"与"校长"的双向选择，使校长获得与其职业能力相匹配的薪酬待遇，并能获得良好的职业生涯发展预期，以免除后顾之忧而心无旁骛地履行校长治校职责。

其次，从中观层面来看，在坚持中国特色的"党委领导下的校长负责制"下，厘清党委与校长的权责界限，明晰校长的治校权力，为校长有效履行治校职责提供制度保障。虽然"党委领导下的校长负责制"是中国特色现代大学制度的核心内容，但长期以来，大学党委和校长之间的权责并没有明确的合法化规定，直到2014年10月，中共中央办公厅发布了《关于坚持和完善普通高等学校党委领导下的校长负责制的实施意见》（以下简称《意见》），才明确规定了党委"是学校的领导核心……把握学校发展方向，决定学校重大问题，监督重大决议执行，支持校长依法独立负责地行使职权……"校长"是学校的法定代表人，在学校党委领导下，贯彻党的教育方针，组织实施学校党委有关决议，行使高等教育法等规定的各项职权，全面负责教学、科研、行政管理工作。"③ 党委和校长的职权从原则上得到了界定，《意见》还分别明确规定了党委和校长的各十项职权，这无疑是我国大学校长管理专业化制度建设中的一个重大进步。然而，在实践中，这一制度的最大问题是"双重领导"（即"党委书记"和"校长"）所带来

---

① 宣勇、钟伟军：《论我国大学治理能力现代化进程中的校长管理专业化》，载《高等教育研究》2014年第8期。

② 宣勇：《现代大学制度建设中的"中国特色"与大学校长的角色选择》，载《探索与争鸣》2013年第6期。

③ 中共中央办公厅：《关于坚持和完善普通高等学校党委领导下的校长负责制的实施意见》，2014年10月15日。

的困境,"高校党政关系是否和谐主要取决于党委书记与校长个人的大学理念、个性气质、领导风格、成长阅历等的契合程度",①"党委领导"和"校长负责"的职责权限依然模糊不清。究其原因,《意见》只是纲领性规定,而各个大学有其自身的特点,因此,学习欧美大学在本校《章程》中明确董事会和校长的权责划分以及议事流程,并调整党委委员的构成,或许可成为破冰之举。

最后,从微观层面来看,让大学校长具备治校的职业能力是实现校长管理专业化的基础。现代一流大学的组织特点是规模巨型、功能多元、构成复杂,"随着大学规模和内部组织结构的不断扩大,在面对一系列复杂的经济、社会和政治问题的同时治理一个如此复杂的机构难度可想而知。"② 因此,现代大学治理要求校长具备一流的专业素养和能力,作为大学治理中的核心行动者,一流的校长才有可能成就一流的大学。一流的大学校长不仅要具有科学的管理理念,而且要有科学的管理手段,具有高超的领导与协调能力、敏锐的判断力、缜密的逻辑思维能力、有力的执行力等,这些能力不仅来源于完善成熟的科学管理训练,也来源于职业实践经验。

---

① 宣勇、钟伟军:《论我国大学治理能力现代化进程中的校长管理专业化》,载《高等教育研究》2014年第8期。

② Duderstadt J. J. 2000. *A University for the 21 Century*. Ann Arbor: The University of Michigan Press, pp. 1 – 13.

第六章

治理体系现代化进程中我国大学校长的角色强化

在高等教育治理体系现代化进程中，大学校长以什么样的角色扮演发挥其作为核心利益相关者的作用，是一个值得重新思考的重要命题。角色"是传统戏曲中根据剧中人不同的性别、年龄、身份、性格等而划分的人物类型"①。角色理论的始祖米德没有给角色概念下定义。为了探讨角色概念的确切含义，许多心理学家、社会学家从不同角度下了数十种定义，大致有两种观点。一种是社会学观点，侧重于社会关系、社会规范、社会地位、社会身份的角度，如角色要按社会结构中为它规定的规范行事，"每个角色都有一套权利义务和行为规范体系"②；社会角色是指"与人的社会地位、身份相一致的一整套权利、义务和行为模式"③；"角色是对在一个群体内和社会中具有特定身份的人所期待的行为"④。另一种是社会心理学观点，侧重于个体行为、行为模式的角度：如"角色指与一定社会位置相联系的行为模式，是占有某一社会位置的人应有的行为表现"⑤；"某一角色，即是与某一特殊位置有关联的行为模式"⑥。因此，社会角色是指个人在社会关系中处于特定的社会地位，并符合社会期待的一套行为模式，也就是一定社会关系所决定的个体的特定地位、社会对个体的期待以及个体所扮

---

① 夏征农主编，辞海编纂委员会编：《辞海》，上海辞书出版社2002年版，第889页。
② 费孝通：《社会学概论》，天津人民出版社1984年版，第63页。
③ 《中国大百科全书社会学卷》，中国大百科全书出版社1991年版，第311页。
④ [美]戴维·波普诺：《社会学》（上），李强译，辽宁人民出版社1987年版，第153页。
⑤ 费穆宇：《社会心理学辞典》，河北人民出版社1988年版，第147页。
⑥ 林秉贤：《社会心理学》，群众出版社1985年版，第246页。

演的行为模式的综合表现。①"现代校长角色是指一个人在被任命为校长之后所具有的身份和地位,以及社会和校长本人对校长行为的期待"②。因此,校长角色是指位居校长职位的人在行使校长职权过程中所扮演的人物类型,包含居校长职位的人的社会地位,人们对居校长职位的人的角色期待和居校长职位的人在实践中所扮演的行为模式。

  角色的本质"在于人的社会性、人的一切社会关系的总和"③。在现实生活中,每个人都处在极其复杂的社会关系之中,总要扮演多种角色。默顿认为,一个地位发生数种社会关系时,应该用角色丛的名称代替角色的单名。④ "我们这里说的角色丛,其意思指处在某一特定社会地位的人们相互之间所形成的各种角色关系的总和。因此,……社会的某一个别地位所包含的不是一个角色而是一系列相互关联的角色,这使具有这个社会地位的人同其他各种不同的人联系起来"⑤。角色丛又被称为角色集、角色群、角色组。如前文所述,大学校长处在一个多元的利益主体关系网中,扮演了多重角色。克尔(1993)认为多元化巨型大学校长是"领导者、教育家、创新者、教导者、掌权人、信息灵通人士;又是官员、管理人、继承人、寻求一致的人、劝说者、瓶颈口"⑥。卡斯帕尔(2002)认为大学校长是"庞大组织的领导者、非常特殊情况下的首席执行官、理事会的理事、募捐者、教育家、学者、公众人物、社会工作者、群体的娱乐伙伴"⑦。多元角色可以划分为基本角色、派生角色和临时角色等,其中基本角色的重要性不言而喻。因此,我们所要讨论的是大学校长的基本角色。

第一节 历史:时代发展中的大学校长角色变迁

  "任何类型的大学都是遗传与环境的产物"⑧。从大学发展的历程看,某一时

---

① 奚从清:《角色论:个人与社会的互动》,浙江大学出版社2010年版,第6页。
② 陈孝彬:《教育管理学》,北京师范大学出版社1999年版,第212页。
③ 奚从清:《角色论:个人与社会的互动》,浙江大学出版社2010年版,第8页。
④ 同上书,第31页。
⑤ R. K. Merton and A. S. Kitt. 1950. Contributions to the theory of reference Group behavior. p. 56. Glencoe, Illinois: The Free Press.
⑥ [美]克拉克·克尔:《大学的功用》,陈学飞等译,江西教育出版社1993年版,第23页。
⑦ 教育部中外大学校长论坛领导小组:《中外大学校长论坛文集》,高等教育出版社2002年版,第124页。
⑧ [英]阿什比:《科技发达时代的大学教育》,滕大春、滕大生译,人民教育出版社1983年版,第7页。

期大学校长角色的形成与当时的国情即政治、经济、文化的变革息息相关。自1898年京师大学堂成立以来，我国大学的发展历经了一个多世纪。不同时期国情不同，大学的发展各异，大学校长的基本角色也不尽相同。程斯辉（2007）系统深入研究了近代大学校长的基本状况。陈志伟（2008）认为，从清末至今中国大学校长经历了"职官、教育家、政治家、经营者"的角色演变[①]。肖卫兵（2011）认为，中国近代国立大学校长在任职过程中面临着官员、长校人、教师、经费筹措者等角色的冲突[②]。陈运超（2009）认为，改革开放后大学校长的角色定位具有行政化、运行组织化和期待多元化等特点[③]。根据中国高等教育发展史，结合前人的研究成果，发现中国大学校长的基本角色大体经历了五个阶段：近代高等教育发轫时期的"崇尚西学的职官"、近代高等教育艰难发展时期的"学者出身的教育家"、社会主义高等教育起步和曲折发展阶段的"政治工作者"、高等教育恢复发展阶段的"学术专家"、高等教育快速发展阶段的"政治家和教育家"。

一、崇尚西学的职官
——近代高等教育发轫时期大学校长的角色（1898～1911年）

1840年鸦片战争失败后，中国逐渐沦为半殖民半封建社会。为了维护和延续晚清风雨飘摇的封建专制统治，以曾国藩、李鸿章、左宗棠、张之洞等为代表的洋务派认为，为图"自强"必须以"设立学堂为先"，才能"以作育人才为本"。因此开办了大量的洋务学堂，如京师同文馆（1862年）等。1895年10月2日，在康有为等维新派的努力下，光绪帝批准设立了天津中西学堂，其头等学堂是中国大学的先声，1903年更名为北洋大学堂；1898年7月4日，光绪帝又批准设立了京师大学堂，成为中国第一所近代新式综合性国立大学；1902年设立了山西大学堂。1907年（光绪三十三年），京师大学堂、北洋大学堂、山西大学堂的在校生人数分别为354人、296人和162人。[④]

毋庸置疑，这些大学堂都是清政府的附属机构，没有独立地位，其领导人均由清政府任命。一开始，大学堂的最高领导人是管学大臣。以京师大学堂为例，

---

① 陈志伟：《中国大学校长角色演变研究——以北京大学为例》，中南大学2008年硕士学位论文，第16页。

② 肖卫兵：《中国近代国立大学校长结构及其角色研究》，苏州大学2011年博士学位论文，第16页。

③ 陈运超：《改革开放30年来我国大学校长角色与制度的变迁与反思》，载《复旦教育论坛》，2009年第2期。

④ 中华民国教育部：《第一次中国教育年鉴（丙编·教育概况）》，开明书店出版社1935年版，第12页。

钦命首任管学大臣是孙家鼐，继任者是许景澄、张百熙。1904 年 1 月 13 日颁布《奏定大学堂章程》，规定大学堂不再由管学大臣兼理，专设总监督，即校长一人，"总监督受总理学务大臣之节制，总管全堂各分科大学事务，统率全学人员"①。《奏定大学堂章程》规定了大学总监督的定议权力：其一，"凡大学各学科有增减、更改之事，各教员次序及增减之事，通儒毕业奖励等差之事，或学务大臣及总监督有咨询之事，由总监督邀集分科监督、教务提调、正副教员、监学公同核议，由总监督定议"②；其二，"事关更改定章、必应具奏之事，有牵涉进士馆、译学馆、师范馆及他学堂之事，及学务大臣、总监督咨询之事，应由总监督邀集各监督、各教务提调、正教员、监学会议，并请学务大臣临堂监议，仍以总监督主持定议"③。

以京师大学堂为例，先后任总监督的分别是张亨嘉、曹广权（代理）、李家驹、朱益藩、刘廷深、柯劭忞（暂行署理）、劳乃宣等。④ 根据表 6-1，我们发现，他们均是来自于清政府的行政官员。因此，清政府时期大学校长的基本角色是职官。众所周知，维新派对京师大学堂等新式学堂的筹建功不可没。为满足清政府培养技术人才的需要，这些校长大多崇尚西学，坚持"中体西用"的办学宗旨，选择教师中西并用，聘请了丁韪良、吴汝纶等西学总教习。综上所述，清末我国高等教育发轫时期，大学校长的基本角色是崇尚西学的职官。

表 6-1　　　　　　　京师大学堂历任负责人一览表

姓名	任职时间	前（兼）任职务
孙家鼐	1898 年 7 月 ~ 1899 年 12 月	吏部尚书、协办大学士
许景澄	1899 年 12 月 ~ 1900 年 7 月	总理各国事务衙门大臣兼礼部左侍郎
张百熙	1902 年 1 月 ~ 1904 年 1 月	都察院左都御史、吏部尚书
张亨嘉	1904 年 2 月 ~ 1906 年 2 月	左副都御史、兵部侍郎，兼任进士馆监督
李家驹	1906 年 3 月 ~ 1907 年 7 月	学部右丞
朱益藩	1907 年 8 月 ~ 1908 年 1 月	湖南正主考、陕西学政、上书房官员
刘廷深	1908 年 1 月 ~ 1910 年 9 月	国史院编修官，陕西提学使，学部副大臣
劳乃宣	1911 年 12 月 ~ 1912 年 2 月	学部副大臣及代理大臣

资料来源：朱有瓛：《中国近代学制史料》，华东师范大学出版社 1986 年版，第 654 页。

---

① 璩鑫圭、唐良炎编：《中国近代教育史资料·学制演变》，上海教育出版社 1991 年版，第 387 页。
② 璩鑫圭、唐良炎编：《中国近代教育史资料·学制演变》，上海教育出版社 1991 年版，第 300 页。
③ 同②，第 394 页。
④ 王学珍、郭建荣：《京师大学堂历任负责人．北京大学史料（第一卷）（1898 ~ 1911）》，北京大学出版社 2000 年版，第 67 页。

二、学者出身的教育家
——近代高等教育艰难发展时期大学校长的角色（1912～1949年）

1912年，中华民国临时政府在南京成立，同年成立教育部。1912年10月，民国北京政府教育部颁布了《大学令》，明确规定："大学以教授高深学术、养成硕学闳才、应国家需要"为宗旨；"大学设校长一人，总辖大学全部事务"；同时规定"大学设评议会……校长为议长"①。1929年民国南京政府颁布的《大学组织法》明文规定："大学校长不得由官员兼任，大学校长一人综理校务，大学校长在任期间，除担任本校教课外，不得兼任他职"②。众所周知，1917年爆发的"五四"新文化运动使"民主"和"科学"等西方思想深入人心。同时民国时期战争不断、政局动荡，因此反而"迫使不同时期的统治者很难腾出手来对思想文化教育进行过多的控制。……这种环境使教育改革者有了一定的自由度和自主权，有利于教育改革者的创造性发挥"③。整体而言，民国时期的大学在一个相对比较自由的艰难环境中获得了快速发展：大学由1912年的4所增加到1947年的55所，其中国立大学31所；1947年专科以上在校生人数共计达到了155 036人。④ 历史证明，民国时期高等教育数量和质量的快速发展离不开这一时期教育家校长们的努力。

教育家是指在教育思想、理论和实践上有创见、有贡献、有影响的杰出人物⑤。众所周知，人们公认的民国时期的教育家校长俯拾皆是：北京大学的蔡元培、蒋梦麟和胡适，清华大学的梅贻琦，东南大学的郭秉文、南开大学的张伯苓、浙江大学的竺可桢、中央大学的罗家伦、复旦公学的马相伯、金陵大学的陈裕光、辅仁大学的陈垣、金陵女子大学的吴贻芳等等。表6-2展现了部分教育家校长的治校理念和办学思想，其中，蔡元培、蒋梦麟、张伯苓、梅贻琦等的治校理念与实践影响极其深远。民国时期这些教育家校长一直为后人所敬仰。

《大学组织法》还规定大学设立"研究院"，将大学的功能由"教学"拓展为"教学与科研"，目的旨在为了能让师生更好地研究高深学术和从事研究活

---

① 舒新城编：《中国近代教育史资料（中册）》，人民教育出版社1981年版，第640～650页。
② 潘懋元，刘海峰：《中国近代教育史资料汇编·高等教育》，上海教育出版社1993年版，第370页。
③ 程斯辉：《中国近代大学校长研究》，人民教育出版社2010年版，第459页。
④ 中华民国教育部：《第二次中国教育年鉴（第十四编）》，商务印书馆1948年版，第6页。
⑤ 顾明远编：《教育大辞典》，上海教育出版社1990年版，第235页。

动①。同时《大学组织法》规定:"大学研究院设院长一人,由校长兼任"。这无疑对校长的学术水平、科研素质提出了新的要求。如表 6-2 所示,这一时期的大学校长几乎都曾留学海外,学术地位较为突出,如:胡适是著名学者、竺可桢是著名的气象学家、罗家伦是著名的历史学家、熊庆来是著名的数学家等。这些学术成就斐然的大学校长,致力于大学的发展,在中国高等教育史上留下了浓墨重彩。综上所述,这一时期大学校长的基本角色是学者出身的教育家。

表 6-2　　民国时期部分大学校长的学科背景和教育思想

学校	校长	任职时间	学科背景	留学经历	教育思想
国立北京大学	蔡元培	1916.12~1927.8	教育学、美学	莱比锡大学、哥伦比亚大学	大学为研究高尚学问之地;思想自由,兼容并包;教授治校,民主管理;学术分校;培养人格健全、知识广博、文理兼通的人才
	蒋梦麟	1930.12~1945.9	教育学,师从杜威	加州大学、哥伦比亚大学	视教育为方法;营造学术中心;坚持"兼容并包、思想自由"的方针;"教授治学,学生求学,职员治事,校长治校"的管理方针;培养能够发展个性,养成健全的个人
	胡适	1945.9~1948.12	教育学,师从杜威	康奈尔大学、哥伦比亚大学	一国之大学,乃一国文学思想之中心;传播高深学术、研究高深学术、培养专门人才;争取学术独立;培养具有领袖资格的人
国立南开大学	张伯苓	1919~1948	教育学	哥伦比亚大学	"公""能"教育;提倡教育救国,注重理工科教育

---

① 邓小泉:《清末民国时期地方高校的历史变迁》,《河北师范大学学报》(教育科学版),2013 年第 1 期。

续表

学校	校长	任职时间	学科背景	留学经历	教育思想
国立中央大学	郭秉文	1919夏~1923春	教育学	乌斯特学院、哥伦比亚大学	应该力求达到四个"平衡",即通才与专才平衡,科学与人文平衡,师资与设备平衡,国内与国际平衡;"三育并举"的办学宗旨;大学自治;学术自由
	罗家伦	1932.8~1941.8	历史学,师从蔡元培	普林斯顿大学、哥伦比亚大学	创立民族文化的使命,成为复兴民族大业的参谋本部;诚、朴、雄、伟"的学风,确定"安定、充实、发展"的治校方略
国立清华大学	梅贻琦	1931.12~1948.12	电机工程、物理学	武斯特工学院	所谓大学者,非谓有大楼之谓也,有大师之谓也;通才教育;学术自由
国立浙江大学	竺可桢	1936.4~1949.5	气象学	伊利诺大学、哈佛大学	培养以天下为己任的领袖人才;求是精神
国立厦门大学	林文庆	1921.5~1937.7	医学	爱丁堡大学	"止于至善"的校训;培养学生"人人为仁人君子";提倡国学
国立云南大学	熊庆来	1937~1949	数学	格伦诺布尔大学、蒙彼利埃大学、马赛大学	"诚、正、敏、毅"的校训;慎选师资,提高学校地位;严格考试,提高学生素质;整饬校纪;充实设备;培养研究风气
私立金陵大学	陈裕光	1927~1949	化学家	哥伦比亚大学	教育是人类完满发展的工具;研究高深学术与培育闲专才,为大学之二大使命;"教学、研究、推广"三一制;民主治校
私立北平辅仁大学	陈垣	1929~1949	医学、国学		发展中国固有文化作为办学的宗旨和核心
私立金陵女子大学	吴贻芳	1928~1949	生物学	密执安大学	信、望、爱乃金女大之办学根基;人格教育

资料来源:根据相关的历史资料整理而得。

三、政治工作者
——社会主义高等教育起步和曲折发展阶段大学校长的角色（1949～1976年）

1949年10月，中华人民共和国成立，标志着中国进入了一个新的历史时期。高等教育领域开始了社会主义改造和调整。由于国际上美苏冷战、国内新旧政权交替、意识形态斗争激烈，使得新中国成立后很长一段时间都处在"政治挂帅"、"以阶级斗争为纲"的年代，"教育的政治化"特征明显。20世纪50年代初期的院系大调整、后期的"大跃进"和"人民公社"运动，60年代以后计划经济的再度强化以及十年"文革"，均以"政治需要"为根本。政府垄断了高等教育，高度集权、直接控制和管理大学事务，直接任命国家部门领导、行政干部出任大学校长，因此，高校管理必然以政治性为原则，校长角色也倾向于政治工作者。

1950年4月，教育部规定凡已由中央人民政府任命的高等学校，一律实行校长负责制，同年8月中华人民共和国教育部颁布的由政务院批准的《高等学校暂行规程》中正式确立了这一体制，并明确高校内实行党组制，即党组成员以行政负责人的身份贯彻党的教育方针、政策[①]。大学校长是由政府直接任命的，是党和政府的代表，扮演了政治工作者的角色。如1951年9月，北京大学校长马寅初扮演了政治工作者的角色，首先提出在北大教师中进行思想改造学习的计划，得到了毛泽东主席的肯定。

1958年9月，中共中央、国务院发布了《关于教育工作的指示》，明确指出："教育是为无产阶级的政治服务……必须由党来领导……在一切高等学校中，应当实行学校党委领导下的校务委员会负责制"[②]。1961年9月，中共中央批准下发了教育部起草的《中华人民共和国教育部直属高等学校暂行工作条例（草案）》即著名的"高校六十条"，其中规定：实行党委领导下的以校长为首的校务委员会负责制[③]。如表6-3所示，有不少的大学校长同时兼任学校的党委书记；同时，绝大多数大学校长曾担任或者同时兼任政府各部门的要职。"文化大革命"阶段，高等教育处于停滞状态，文化革命委员会等开始进驻大学；各级各类高校由1965年的434所减少到1972年的331所，其中撤销了中国人民大学等

---

① 李国均、王炳照编：《中国教育制度通史》（第八卷），山东教育出版社2004年版，第424页。
② 中共中央国务院：《关于教育工作的指示》，根据1958年9月20日《人民日报》刊用，转载自新华网：http: // news.xinhuanet.com/ziliao/2005 - 01/05/content_2419375.htm。
③ 中共中央文献研究室编：《建国以来重要文献选编（第十四册）》，中央文献出版社1997年版，第601～604页。

45 所大学。① 综上所述，这一时期大学校长的基本角色是政治工作者。

表 6 – 3　　　　　新中国成立后部分大学校长的任职情况

学校	校长	任职时间	其他身份
北京大学	马寅初	1951.06 ~ 1960.03	人口学家，全国人民代表大会常务委员会委员
	陆平	1960.03 ~ 1966.06	中共北京市委委员，兼任党委书记（1957.10 ~ 1966.6）
清华大学	蒋南翔	1952.11 ~ 1966.06	兼任党委书记（1956.5 ~ 1966.6），中共北京市高校党委第一书记、教育部副部长、高等教育部部长等职
浙江大学	沙文汉（兼）	1952.10 ~ 1953.01	时任浙江省省长
	霍士廉（兼）	1953.04 ~ 1958.04	时任浙江省委书记、副省长
	周荣鑫	1958.04 ~ 1962.03	
	陈伟达（兼）	1962.06 ~ 1968.04	时任浙江省委书记、副省长
天津大学	吴德	1952 ~ 1957	时任天津市市长（1952 ~ 1955）
	张国藩	1957 ~ 1966	物理学家，时任天津市副市长（1956 ~ 1958，1967）
北京师范大学	黎锦熙（校务委员会主席）	1949.05 ~ 1950.02	国学大师，政协委员、人大代表
	林砺儒	1950.02 ~ 1952.10	时任教育部中等教育司司长
	陈垣	1952.10 ~ 1971.06	历史学家，全国人民代表大会常务委员会委员
中国人民大学	吴玉章	1950.02 ~ 1966.12	革命家，中共中央委员、中央人民政府委员、全国人大、政协常委等
武汉大学	邬保良（校务委员会主任委员）	1949.08 ~ 1952.11	化学家，武汉市第一届人大代表
	李达	1952.11 ~ 1966.08	中央人民政府政务院文化教育委员会委员、中南军政委员会委员、文教委员会副主任等

---

① 刘光编：《新中国高等教育大事记（1949 ~ 1987）》，东北师范大学出版社 1990 年版，第 244，277，283 页。

续表

学校	校长	任职时间	其他身份
南开大学	杨石先	1957~1969	化学家，全国人大代表
吉林大学	吕振羽	1951.10~1955.05	历史学家，东北人民政府文化教育委员会副主任、全国人大代表
	匡亚明	1955.05~1963.05	作家，兼任党委书记，曾任中共华东局宣传部常务副部长
中国科技大学	郭沫若	1958.09~1978.06	文学家，中央人民政府委员、政务院副总理兼文化教育委员会主任、全国人民代表大会常务委员会副委员长等
哈尔滨工业大学	李昌	1953~1964	兼任党委书记，第八届中央委员会候补委员，全国人大代表等
复旦大学	张志让	1949.07~1952.09	法学家，政协委员、人大代表
	陈望道	1952.09~1966.12	语言学家，华东行政委员会委员，人大代表，上海市人民委员会委员，政治协商会议常务委员会委员，上海市政协副主席，民盟中央副主席等
南京大学	郭影秋	1957~1963	曾任云南省省长，书记处书记，兼任党委书记
	匡亚明	1963~1966	作家，兼任党委书记，曾任中共华东局宣传部常务副部长
山东大学	成仿吾	1958.08~1974.01	翻译学家，兼任党委书记，曾任东北师范大学校长兼党委书记

资料来源：根据各大学官网和其他网络资料整理而得。

四、学术专家
——高等教育恢复发展阶段大学校长的角色（1977~1989年）

"拨乱反正"结束了"文革"的极端年代，改革开放奏响了时代的新乐章。思想观念的解放、社会环境的安定、社会主义各项事业的快速发展，有力地促进了中国学术研究的繁荣，同时也带动了高等教育的恢复和蓬勃发展。1978~1989年，高等学校数由598所增加至1 075所，在校生人数由85.6万人增加到208.2

万人①。邓小平同志提出了"科学技术是第一生产力"和领导干部"四化"原则，重视知识在经济与社会发展中的重要性，强调大学的学术性和科学性。因此，这一时期任命大学校长时，非常看重大学校长的学术地位，类似于管理学中的"硬专家"管理阶段。如表6-4所示，20世纪80年代一些比较著名大学的校长，基本上都是来自于各个学科领域的专家，学术地位非常高，不少是"两院"的院士。不难看出，这一时期大学校长的基本角色倾向于学术专家。

表 6-4　　　　　改革开放后部分大学的校长身份情况

学校	校长	任职时间	其他身份
北京大学	周培源	1978.07~1981.03	力学和物理学奠基人之一，中科院院士，中国科学院副院长
	张龙翔	1981.05~1984.03	生物化学家
	丁石孙	1984.03~1989.08	数学家，民盟第五届中央常委、第六届中央副主席
清华大学	刘达	1978.06~1983.05	曾任东北农学院院长兼党委书记，林业部副部长，东北林学院党委书记兼院长，中国科技大学党委书记，国家标准计量局局长
	高景德	1983.05~1988.10	电机工程学家，1980年入选中国科学院院士，民盟中央第五、六、七届常委
浙江大学	钱三强（兼）	1979.02~1982.06	核物理学家，时任中科院副院长，1955年入选中科院院士
	杨士林	1982.06~1984.02	化学家
	韩祯祥	1984.02~1988.02	电工、电力系统及自动化专家，1999年入选中科院院士
天津大学	臧伯平	1977~1978	历任石家庄市市长，河北省建工局局长，第二机械工业部部长，北京航空学院党委第二书记
	李曙森	1978~1982	教育学家，第五届全国政协委员
	史绍熙	1982~1986	工程热物理学家，1980年入学中科院院士
	吴咏诗	1986~1993	电子学家，全国人民代表大会第七届代表

---

① 中华人民共和国国家统计局编：《中国统计年鉴（1997）》，统计局网站，http：//www.stats.gov.cn/tjsj/ndsj/information/nj97/R051A.END。

续表

学校	校长	任职时间	其他身份
北京师范大学	王梓坤	1984.05~1989.05	数学家，1991年入选中科院院士
中国人民大学	成仿吾	1978.07~1984.05	文学家，翻译学家，曾任东北师范大学和山东大学校长兼党委书记，1978.7~1983.6兼任党委书记
中国人民大学	袁宝华	1985.10~1991.11	曾任国家经委主任党组书记等，1985.9~1988.5兼任党组书记
武汉大学	庄果	1980.06~1981.06	1965年5月任武汉大学党委第一书记，1975年冬至1980年6月任武汉大学革委会副主任、党委委员，1981年8月任武汉大学党委书记
武汉大学	刘道玉	1981.07~1988.04	教育学家
武汉大学	齐民友	1988.04~1992.10	数学家
南开大学	滕维藻	1981.10~1986.01	经济学家，1982至1983年代理党委书记
南开大学	母国光	1986.01~1995.08	光学家，第七、八届全国人大代表，1991年入选中科院院士
吉林大学	唐敖庆	1978.07~1986.01	量子化学之父，理论化学家，1955年入选中科院院士
吉林大学	伍卓群	1986.01~1995.12	数学教授
中国科技大学	严济慈	1980.02~1984.09	物理学家，1955年入选中科院院士
中国科技大学	管惟炎	1985.04~1987.01	物理学家，中科院院士
中国科技大学	谷超豪	1988.02~1993.07	数学家，1980年入选中科院院士
哈尔滨工业大学	刘德本	1978~1980	
哈尔滨工业大学	黄文虎	1983~1985	力学家，1995年中国工程院院士
哈尔滨工业大学	杨士勤	1985~2002	材料加工工程、焊接技术与工程专家
复旦大学	苏步青	1978.07~1983.01	数学家，中国科学院院士
复旦大学	谢希德	1983.01~1988.11	固体物理学家
复旦大学	华中一	1988.11~1993.11	真空科学开拓者之一，1984年被人事部授予"中青年有突出贡献专家"称号

续表

学校	校长	任职时间	其他身份
南京大学	匡亚明	1978~1982	作家，校长兼党委书记
	郭令智（代）	1982~1984	地质学家，1993年入选中科院院士
	曲钦岳	1984~1997	天体物理学家，1980年中科院院士
中山大学	黄焕秋	1982.09~1984.06	教育学家，兼任党委书记
	李岳生	1984.06~1991.04	计算数学专家
上海交通大学	朱物华	1978~1980	电子学家，1955年当选为中科院学部委员
	范绪箕	1980~1984	力学家和航空教育家
	翁史烈	1984~1997	动力机械专家，1995年入选工程院院士
山东大学	吴富恒	1979.12~1984	教育学家
	邓从豪	1984.06~1986.11	理论化学家，1993年当选中科院院士
	潘承洞	1986.11~1997	数学家，1991年入选中科院院士

资料来源：根据各大学官网和其他网络资料整理而得。

从校内领导体制来看，大学校长的自主权开始逐步扩大。1978年教育部颁布《全国重点高等学校暂行工作条例》，规定高等学校的领导体制是党委领导下的校长分工负责制，取消原来的校务委员会，改为设立学术委员会[①]。即实行系党总支委员会或分党委领导下的系主任分工负责制，不设校务委员会。学校的教学、科学研究、后勤工作的重大问题一定要经党委会做出决定后由校长负责组织实施，校长的自主权较小。1985年《中共中央关于教育体制改革的决定》规定学校要逐步实行校长负责制，有条件的学校要设立由校长主持的校务委员会，作为审议机构，规定党委只起保证监督作用[②]。这意味着校长成为了大学真正的负责人，拥有了更大的自主权，自主决策和行政权力得到加强。当时部分大学校长大胆创新、勇于试验，加速了我国高等教育事业的发展。尽管如此，这一时期大学校长的主要任务仍是带领大学学术科研的发展，培养更多的科学技术人才，因此基本角色仍然是学术专家。

---

① 杨旭辉：《我国高校领导体制的演变及思考》，载《理工高教研究》，2002年第5期。
② 阎峻：《高等教育法视野下的我国现代大学治理结构研究》，安徽大学2011年硕士学位论文，第24页。

五、政治家与教育家
——高等教育快速发展阶段大学校长的角色（1990年至今）

1989年6月4日，爆发了全国性的学潮。邓小平指出："十年最大的失误是教育，这里主要是讲思想政治教育。"① 同年7月，《关于当前高等学校工作中几个问题的意见》明确指出："在今后一个相当长的时期，高等学校仍实行党委领导下的校长负责制。"② 1990年4月下发的《关于加强高等学校的党的建设的通知》明确规定：高等学校实行党委领导下的校长负责制，党委要发挥政治核心作用，坚持党管干部的原则，全面领导学校的思想政治工作，参与对教学、科研和行政工作重大问题的决策。1996年3月颁布的《中国共产党高等学校基层组织工作条例》和1998年8月颁布的《中华人民共和国高等教育法》都明确规定：国家举办的高等学校实行中国共产党高等学校基层委员会领导下的校长负责制。③

明确的校内领导体制一定程度上推动了高等教育的快速发展。高等教育毛入学率由1990年的3.45%上升至1998年的9.76%，普通高校在校生数由1990年的206.27万人增加到1998年的340.9万人④。为了满足人民群众日益增长的高等教育需求，同时为了提振内需、拉动经济发展，1999年高校进行了大规模扩招。短短三年后高等教育毛入学率达到了15%，普通高校由1998年的1022所达到了2002年的1396所，普通高校在校生数翻了两番，达到了903.4万人⑤，实现了从精英教育到大众化教育的跨越。高等教育大众化后，发展迅速：2014年高等教育毛入学率已达到37.5%，部分省份已突破50%；全国各类高等教育在学总规模已达到3559万人，其中普通高校在校生数2547万人⑥，位居世界第一。截至2015年5月21日，全国高等学校共计2845所，其中：普通高等学校2553所，成人高等学校292所⑦。伴随高等教育的跨越式发展，大学规模和结构

---

① 邓小平：《邓小平文选》（第三卷），人民出版社1993年版，第306页。
② 高玲曾主编：《高校党的建设》，长春出版社1992年版，第65页。
③ 《中华人民共和国高等教育法》（1998年8月29日第九届全国人民代表大会常务委员会第四次全体会议通过），教育部网站，http://www.moe.edu.cn/publicfiles/business/htmlfiles/moe/moe_619/200407/1311.html。
④ 中华人民共和国国家统计局编：《中国统计年鉴（1999年）》，统计局网站，http://www.stats.gov.cn/yearbook/indexC.htm。
⑤ 中华人民共和国国家统计局编：《中国统计年鉴（2003年）》，中国统计出版社2003年版，第718~719页。
⑥ 中华人民共和国教育部编：《2014年全国教育事业发展统计公报》，中国教育部网站，http://www.moe.gov.cn/jyb_xwfb/gzdt_gzdt/s5987/201507/t20150730_196698.html。
⑦ 《2015年全国高等学校名单》，《中国教育报》，2015年5月22日第1版。

日益复杂,大学校长也处在更加多元的利益格局之中,面临越来越多样化的问题和矛盾。因此,这一时期大学校长的基本角色已不再那么单一,而是日渐多元化。

从角色期待来看,党和政府最希望大学校长成为"社会主义的政治家和教育家"。1996 年江泽民总书记在接见四所交通大学负责人时指出:"办好高等学校,高校的领导是关键。高等学校的党委书记、校长应当努力使自己成为社会主义的政治家、教育家。"① 随后,中央和教育部其他领导李岚清、贺国强、陈至立、周济、袁贵仁等在多次会议和讲话中反复重申。因此,大学校长既要从讲政治的高度贯彻上级的指示,保证培养出具有高政治素质的毕业生,又要按照各校的实际,遵循教育规律,办好大学。② 同时,在我国公众的角色期待中,对大学校长的定位更多源自于西方大学校长独具个性的形象,抑或是民国时期大学校长们的教育家风范③。媒体调查发现,70.5%的公众认为作为"学校灵魂"的大学校长首先应该是一个教育家。④ 王洪才认为,在现代社会人们期待大学校长能够扮演四种基本的社会角色:一是作为学术利益的代言人,二是作为国家政策的执行者,三是作为学术组织的领导人,四是作为社会利益的主动反映者⑤。整体来看,教育学界强烈期待的理想的大学校长是一位教育家,同时应懂得管理,是懂教育、会管理的复合人才。校内各群体对大学校长也有不同期待:教职工希望校长是一位好管家,谋划教学科研发展的同时,也要关注教职工的衣食住行;学生们则希望校长是教育家:调查发现,51.2%的大学生心目中最希望大学校长成为教育家⑥;学生们还希望大学校长是一位知名学者,是一位好教授,能跟他们多沟通,多给他们上课、做讲座;行政人员希望校长能平衡好他们与教师之间的关系;教师们希望校长能重视学术权力;校园规模的扩大和校区的多元化让大学校长面临多校区的管理,要与当地社区、政府部门进行更多的互动和沟通;经费紧缺迫使大学校长重视校友基金会的作用……综上所述,大众化阶段的大学校长角色越来越多元化。然而,由于大学校长是由党和政府任命的,更多地接受党和政府

---

① 《努力成为社会主义政治家、教育家:高校领导班子和领导干部"三讲"教育综述》,人民网,http://www.people.com.cn/GB/channell/10/20000905/218725.html,2012 - 12 - 10。
② 陈运超:《改革开放 30 年来我国大学校长角色与制度的变迁与反思》,载《复旦教育论坛》,2009 年第 1 期。
③ 宣勇:《现代大学制度建设中的"中国特色"与大学校长的角色选择》,载《探索与争鸣》,2013 年第 6 期。
④ 《调查显示:70.5%的人希望大学校长首先是教育家》,中国青年报,转引自:新华网,http://education.news.cn/2008 - 11/18/content_10373359_1.htm。
⑤ 王洪才:《论现代大学校长的社会角色》,载《大学教育科学》,2006 年第 1 期。
⑥ 马俊杰等:《对大学校长角色和工作的期待:来自大学生的声音》,载《江淮论坛》2010 年第 5 期。

的考核评价,更多地向党和政府负责,校内各群体和社会公众对大学校长的影响几乎很小。因此总体来看,这一时期的大学校长被强烈期待成为政治家和教育家。

第二节 现状:大众化进程中的大学校长角色冲突

党委领导下的校长负责制确立后,我国高等教育实现了跨越式的发展,成为了世界高等教育大国。这充分说明这一校内领导体制的确立和实行,总体上是正确的,经得起历史考验的,也由此形成了现代大学制度的"中国模式"。然而在大众化进程中,我国高等教育也问题频出,出现了办学定位的趋同化、运行管理的行政化、大学精神的庸俗化[①]……大学校长作为大学的形象代表,屡次受到媒体公众的娱乐性关注和不满:网络神曲、"抨击美国教育"、"对领导媚笑"、"亿万富翁论"、"跪哭母亲"、开会玩牌、毕业典礼秀潮语……使大学校长形象备受争议,凸显了公众对于大学校长的种种不满。那么,我国公立大学校长究竟扮演了什么样的角色?面临了哪些角色冲突?造成角色冲突的原因又有哪些呢?

一、大学校长多元角色的实证分析

角色是社会关系的总和。大学校长在领导一所学校的发展过程中,要与多方主体发生关系,包括政府、党委成员、中层干部、教师、学生、校友和社会大众等。因此,大学校长处在多种关系之中,为多方利益主体负责,扮演了非常多元复杂的各种角色。课题组通过问卷调查等方法,拟从校长自身、党委书记、中层干部和普通教授等内部利益相关者角度,对"211工程"的大学校长的多元角色及其冲突进行研究。根据国内外学者的研究,问卷列出了11种角色:教育家、政治家、学问家、变革领导者、经营管理者、政策执行者、召集协调者、维持服务者、行政官员、社会名流、公共知识分子,以及一个"其他",供开放填写。结果如下。

(一)各群体对校长角色的期待较集中,但现实认同较分散

经过对各选项的有效占比结果进行简单加总后发现,各群体对大学校长的应

[①] 宣勇:《现代大学制度建设中的"中国特色"与大学校长的角色选择》,载《探索与争鸣》2013年第6期。

然角色期待都较实然角色认同要更加集中。如柱形图 6-1 所示，相对而言，校长对自己、书记对校长的应然角色期待的集中度要高于教授和中层干部对校长的应然角色期待；同时，所有的应然角色期待都比实然角色认同的集中度要高。这说明，在现实中，大学校长的角色扮演和定位，远比理想中的角色期待要更加的复杂和多元。

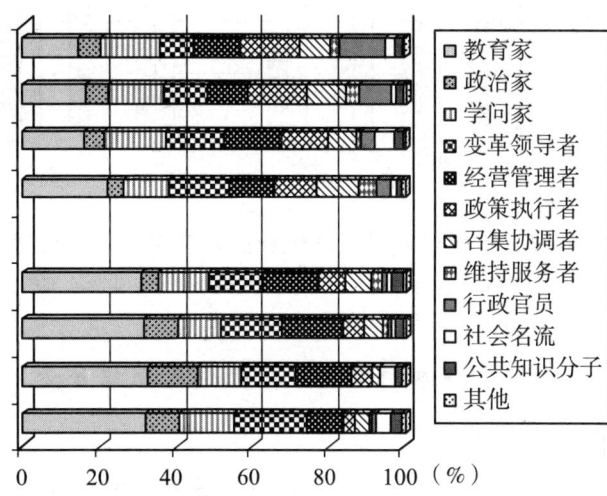

图 6-1　不同群体对校长的理想期待和现实认同中的各种角色的累计百分比

（二）各群体对大学校长成为教育家的理想期待远高于现实认同

调查发现，不同群体一致希望大学校长首先最应成为教育家。大学校长对自身首要角色为"教育家"的期待度最高，其有效占比高达 87.2%，简单加总后为 95.7%；85.7% 的党委书记、80.2% 的中层干部和 78.5% 的教授认为大学校长首先应该承担的角色是教育家，简单加总后的比例分别高达 97.6%、95.8% 和 93.1%。首要角色的有效占比数据显示，大学校长认为自己现实中扮演最多的首要角色确实是教育家，但有效占比仅有 38.3%；有 30% 的党委书记、28.8% 的中层干部和 24.6% 的教授认为现实中大学校长扮演的首要角色是教育家，均远远低于各群体对此的应然期待比例。如果把第一、第二、第三角色选择中的教育家角色进行简单加总，我们发现：校长自身和中层干部认为大学校长实际上扮演最多的角色确实是教育家，但比例分别只有 66.2% 和 50%，远远低于 95.7% 和 95.8% 的期待；同时，党委书记和教授们并不认为大学校长实际上扮演最多的是教育家的角色，而且其比例也远远低于期待，见图 6-2。

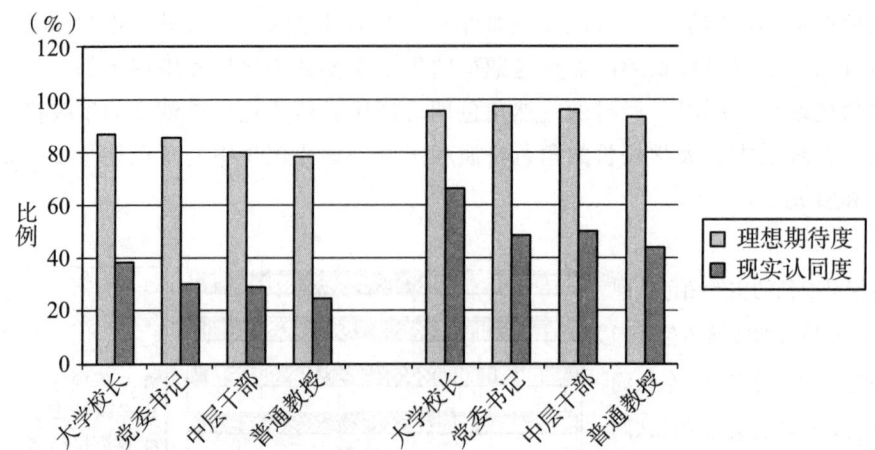

图 6-2 不同群体对大学校长的教育家角色的理想期待比例和现实认同比例

注：前八列为首要角色的有效占比数据，后八列为各角色的有效占比简单加总后的数据。

（三）各群体期待大学校长是变革领导者和经营管理者，但实际上却成为学问家和政策执行者

表 6-5 数据显示：对大学校长最应扮演的第二角色的选择中，除党委书记外，其他群体都认为应该是变革领导者；对最应扮演的第三角色的选择中，除校长自身外，各群体都认为应该是经营管理者。但现实的认同则不尽然，中层干部和教授都认为大学校长实际上的次要和第三角色最主要是政策执行者；而大学校长和党委书记则认为是经营管理者、变革领导者、召集协调者和学问家。

表 6-5　不同群体对校长的第二和第三角色的期待和认同

		大学校长	党委书记	中层干部	教授
理想期待	次要角色中的第一位	变革领导者，34%	政治家，38.1%	变革领导者，27.7%	变革领导者，24.2%
	第三角色的第一位	变革领导者，21.3%	经营管理者，33.3%	经营管理者，23.2%	经营管理者，17.5%
现实认同	次要角色中的第一位	变革领导者、经营管理者，19.1%	经营管理者，22.5%	政策执行者，16.4%	政策执行者，18.8%
	第三角色中的第一位	召集协调者，15.2%	变革领导者、学问家，18.4	政策执行者，14.7%	政策执行者，16.1%

如果对各角色的有效占比进行简单加总，同样发现：各群体除了期待大学校长最应该成为教育家之外，同时最期待大学校长能成为变革领导者和经营管理者。而表6-6则说明，各群体认为大学校长实际上所扮演的主要角色依次是教育家、学问家、政策执行者、经营管理者和变革领导者。变革领导者和经营管理者分别退居第五和第四位，认同度分别只有125.2%和149.9%，均低于理想中的期待度，变革领导者的有效占比落差更为明显；同时，学问家和政策执行者则分别上升至第二和第三位，认同度高达174.6%和164.3%，尤其是政策执行者的角色远超期待比例，见表6-7。

表6-6　　　　各群体认为校长最应该扮演的前五种角色　　　　单位：%

角色	大学校长	党委书记	中层干部	教授	合计
教育家	95.7	97.6	95.8	93.1	382.2
变革领导者	57.4	42.9	49.4	43.1	192.8
经营管理者	29.7	45.2	47.4	44.1	166.7
学问家	42.5	33.4	33.8	40.3	150
政治家	27.6	40.5	25.8		93.9
政策执行者				20.6	20.6

表6-7　　　　各群体认为校长实际上扮演的前五种角色　　　　单位：%

角色	大学校长	党委书记	中层干部	教授	合计
教育家	66.2	48.2	50	44	208.4
学问家	36.2	50.9	41.4	45.9	174.6
政策执行者	34.2	38	46	46.1	164.3
经营管理者	34.2	45.4	32.7	37.5	149.9
变革领导者	47	43.4	34.8		125.2
行政官员				35.2	35.3
召集协调者	34.3				34.3

（四）各群体期待大学校长成为公共知识分子，但实际上却更多是行政官员

2000年，中央明确21所大学的书记、校长享受副部级待遇。后来，又陆续递补了一些大学进入此行列。目前，我国享有副部级的国民教育系列大学已有

31 所①。除此之外，其他的部属和省属本科以上一般都是正厅级。数据显示：各群体对大学校长的公共知识分子角色的实际认同比例在所有角色中位居第十一位，低于其所期待的位次；对大学校长的行政官员角色的实际认同度在所有角色中位居第七，高于其所期待的位次。各群体中，超过30%的人希望大学校长能成为公共知识分子，在期待角色排行中位居第八位；而只有近1/4的人认可大学校长在实际上确实承担了公共知识分子角色，除"其他"外，倒数第一。同时，虽然大学校长认为行政官员应该是他们所承担的角色中最不重要的，但仍有10.8%的大学校长和10.3%的党委书记认为大学校长实际上扮演了行政官员的角色，远高于2.1%和0的期待比例。而在中层干部和教授眼中，大学校长的行政官员角色特征更加明显，24.2%的中层干部和35.2%的教授认为大学校长是行政官员，远高于1.3%和3.2%的期待比例，见表6-8。

表6-8　　不同群体对大学校长的公共知识分子和行政官员角色的期待、认同度及排序

		大学校长	党委书记	中层干部	教授	总和
公共知识分子	理想期待	8.5%（8）	4.8%（9）	7.6%（8）	9.7%（8）	30.6%（8）
	现实认同	4.3%（10）	7.8%（10）	6%（10）	6.6%（11）	24.7%（11）
行政官员	理想期待	2.1%（10）	0（—）	1.3%（11）	3.2%（11）	6.6%（11）
	现实认同	10.8%（9）	10.3%（9）	24.2%（7）	35.2%（5）	80.5%（7）

注：括号中的数据为相应的排序。

（五）大学校长主要职责包括战略规划、人才引进与培养、学科和专业建设

角色表现为具体的职责和工作。表6-9是校长自身、中层干部和教授们所期待和认同的大学校长最主要的三项工作。数据显示，无论是校长自身，还是中层干部和教授们，都认为大学校长最重要的首项工作应该是战略规划，其有效占比分别达到了80.4%、76.9%和71.5%；大学校长自身认为第二项最重要的工作应该是人才引进与培养，其有效占比达到了71.7%；中层干部和教授们则认为大学校长第二项最重要的工作应该是学科和专业建设，其有效占比分别为52.8%和62.4%。经简单加总发现，各方群体认为大学校长最应该承担的前五项工作依次是：战略规划、人才引进与培养、学科和专业建设、学校内部体制改革和争取

---

① 《我国现有的31所副部级高校》，中南在线 http://www.znonlinc.net/html/jiaoyu/2006/1003/1497.html。

政府支持。而实际上大学校长花费时间最多的前五项工作依次是战略规划、学科和专业建设、人才引进与培养、争取政府支持和学校内部体制改革。总体上，大学校长应该承担的工作和实际上花费时间最多的工作大体一致，但排序稍有不同。然而，实际上花费时间最多的前五项工作，除争取政府合作支持外，其他四项的有效占比都大大低于理想中的比例，尤其是战略规划的落差最大。这说明，本来各方希望大学校长能是一个引领学校发展的领导者，但实际上大学校长却成为了具体工作的管理者。

表6-9　不同群体期待中和实际上大学校长主要工作的有效占比　　单位：%

工作内容	期待中认为最重要的三项领导工作				实际上投入精力最多的三项工作			
	校长卷	中层干部卷	教授卷	简单加总	校长卷	中层干部卷	教授卷	简单加总
战略规划	80.4	76.9	71.5	228.8	63	46.3	42	151.3
学科、专业建设	45.7	52.8	62.4	160.9	54.3	55.3	54.9	164.5
人才引进与培养	71.7	45.8	50.2	167.7	54.3	38	34.7	127
学校内部体制改革	39.1	35.3	28.7	103.1	50	31.2	25.5	106.7
争取政府支持	15.2	27.2	25.2	67.6	28.3	40.8	42.2	111.3
社会合作	4.3	12.3	10.7	27.3	6.5	15.7	15.2	37.4
大众媒体沟通	0	1.4	1.5	2.9	2.1	3.9	2.3	8.3
校园基建	0	2.4	7	9.4	0	11	15.4	26.4
政府指令性工作	2.2	2	1.7	5.9	2.2	12.7	18.9	33.8
资金筹措	17.4	21.6	20	59	19.6	17.4	19.9	56.9
校园文化与学生成长	23.9	17.3	12.8	54	17.4	7.2	5.1	29.7
日常管理与安全稳定	0	2	3.5	5.5	4.3	11.6	15.2	31.1
其他	2.2	0.2	0.2	2.6	2.2	1.4	1.3	4.9

二、大学校长角色冲突的具体表现

社会学家波谱诺曾提出："在每一次高度结构化的社会互动中，社会都为人们提供了一个'剧本'，用以指导分配给不同社会成员的不同角色的扮演"，"在每一天的社会互动过程中，人们都扮演着许多不同的角色"，"当来自于这些角色的要求出现对立时,置身于其中的个人就处于了一种角色冲突的状态中"①。角色冲突是一种无法改变的常态。

(一) 大学校长本身集多种角色于一身

当今大学已是克拉克心目中的"城市",日益参与到社会经济活动中来,无时无刻都与政府、市场、社会发生各种关系,成为社会经济发展的参与者、推动者、引领者。在党委领导的校长负责制下,校长是法人代表,是党委集体决策中非常重要的一员,同时需要对党委的各种决策的执行负责。大学校长对一所大学的发展的作用不可估量。角色的本质在于人的社会性,是"人的一切社会关系的总和"②。在现实生活中,每个人都处在极其复杂的社会关系之中。"默顿认为,一个地位发生数种社会关系时,应该用角色丛的名称代替角色的单名"③。"我们这里说的角色丛,其意思指处在某一特定社会地位的人们相互之间所形成的各种角色关系的总和。因此,……社会的某一个别地位所包含的不是一个角色而是一系列相互关联的角色,这使具有这个社会地位的人同其他各种不同的人联系起来"④。因此,大学校长在领导和管理一所大学的过程中,代表大学与多方利益主体发生各种关系:从外部来看,要为政府(政党)、市场、社会大众、校友等负责;从内部来看,要与党委成员、行政班子、教职工、学生及其家长等发生关系。在此过程中,大学校长的职责和相应角色当然是极其复杂和多元的,集多种角色于一身,处在角色丛中。大学校长在不同程度上被期望成为教育家、变革领导者、经营管理者、学问家、政治家;实际上也确实或多或少地扮演了教育家、学问家、政策执行者、变革领导者、经营管理者、政治家、召集协调者等角色,甚至还扮演行政官员、维持服务者、社会名流、公共知识分子的角色。可以说,大学的复杂性决定了大学校长角色的多元性和复杂性。⑤

(二) 大学校长自身的多元角色间冲突明显

角色冲突"是指占有一定地位的个体与不相符的角色期望发生冲突的情境,

---

① [美]戴维·波普诺著:《社会学》,李强等译,中国人民大学出版社 2002 年版,第 97 页。
② 奚从清:《角色论:个人与社会的互动》,浙江大学出版社 2010 年版,第 8 页。
③ 转引自:奚从清:《角色论:个人与社会的互动》,浙江大学出版社 2010 年版,第 31 页。
④ R. K. Merton. 1957. "The Role Set: Problem in Sociological Theory", British Journal of Sociology, 8, P. 106.
⑤ 毛187青:《当前我国大学校长多元角色及其冲突的实证分析——基于"211 工程"大学的调查》,载《学术论坛》2014 年第 9 期。

也就是个体不能执行对角色提出的要求就会引起冲突的情境"①。角色冲突是一种无法改变的常态。格罗斯认为角色一致性的缺乏程度（即不一致）越高，角色地位占有者之间的冲突的潜在可能性就越大②。角色冲突主要有四种表现形式：一是角色内冲突；二是角色间冲突；三是角色混同；四是角色与人格的冲突。

调查发现，大学校长的每一个角色内部、不同角色之间都存在不同程度的冲突。在期待的角色中，各群体都认为大学校长最应该扮演的首要角色是教育家，但对于到底具备什么样的特质才算是教育家？教育家究竟应该做什么？其实每个人的认知和标准都是不一样的，也许正是如此才一定程度上导致了教育家的现实认同比例远低于理想期待比例。同时，各群体希望大学校长依次是变革领导者、经营管理者、学问家、政治家等。很显然，这些角色相对应的职责不尽相同。而实际上不同群体对大学校长的多种角色期待顺序也并不完全一致，如大学校长希望自己承担的次要角色中第一位是学问家，但党委书记认为应该是政治家，中层干部和教授们认为应该是变革领导者。因此必然导致大学校长的多元角色期待的冲突和混同，也就必然导致了现实中角色扮演的冲突和失败。其实，当个体面临同时需要去履行两种或两种以上的角色扮演的情况时，他就已经被置于不同角色期待的冲突情境之中，因为，完全满足不同角色期待的需要在现实中是不可能实现的。因此，个体在面对多重角色时，会根据自己的兴趣和目标来对不同角色期待的重要性进行判断、排序③。故此，除了教育家之外，大学校长实际上扮演最多的角色是学问家，而非变革领导者。调查发现，73.9%的大学校长认为可以通过自我内心的平衡和修养的提高来缓解角色冲突。

（三）期待中的理想角色与现实中的角色扮演相距甚远

角色是通过人们自己的和他人的期望和行动而建立起来的。角色期望是指"群体或个人对某种角色应该表现出的特定行为的期望"④。艾萨克认为有两类角色期望：一类是为"局外人"所有的期望；一类是角色充当者的自我期望⑤。角色扮演就是人们按照其特定的地位和所处的情境而表现出来的行为。特纳在《角色采择、角色立场和参照群体行为》中把角色扮演分为两大类别：一种是我们在实际上采取了他人角色立场（观点）的角色扮演，另一种是我们不采取他人角色

---

① 转引自：秦启文、周永康著：《角色学导论》，中国社会科学出版社2011年版，第115页。
② Howard S. Becker. 1958. "Explorations in Role Analysis: Studies of the School Superintendency Role by Neal Gross; Ward S. Mason; Alexander McEachern", *The Midwest Sociologist*, Vol. 20, No. 2, pp. 111 – 112.
③ 秦启文、周永康：《角色学导论》，中国社会科学出版社2011年版，第115页。
④ 秦启文、周永康：《角色学导论》，中国社会科学出版社2011年版，第91页。
⑤ ［美］艾伦·C·艾萨克：《政治学：范围与方法》，郑永年、胡谆、唐亮译，浙江人民出版社1987年版，第303~304页。

立场（观点）的角色扮演①。前者意味着现实中人们扮演的角色与他人和自我期待中的理想角色是接近的，后者则相反。

调查结果发现，大学校长自身、党委书记、中层干部、教授们都希望大学校长主要成为教育家、变革领导者和经营管理者，可是实际上，大家却认为大学校长最主要是在扮演教育家、学问家和政策执行者，而且对教育家角色的实际认同度远低于理想中的期待比例。调查数据显示，有87%的大学校长仍然在继续从事原学科的学术研究工作，说明大学校长对学问家的身份很看重。在"您在大学校长这一职位上投入精力最多的三项工作"的选择中，校长们选择最多的依次是校园基建、政府指令性工作和日常管理与安全稳定，这无疑印证了大学校长扮演的政策执行角色。此外，人们也希望大学校长能成为公共知识分子和社会名流，但现实中却更多的是召集协调者和维持服务者。同时，人们并不希望大学校长是行政官员，但实际上对于大学校长的行政官员角色的认同度是期待度的6倍之多。因此，总体上大学校长实际上扮演的角色与人们对他们的理想期待相距甚远。

（四）大学校长和党委书记的角色趋向同化，冲突明显

在大学组织中，大学校长和党委书记充当的社会角色主要是指组织角色，即作为组织成员所充当的角色。组织的角色说到底是对组织确定的角色地位的认同。② 大学校长和党委书记角色极其复杂多元，处于角色丛中，但是作为大学党委成员，其核心角色应该是领导一所大学的发展并对大学的发展负责。《中华人民共和国高等教育法》第三十九条和四十条分别规定了党委和校长的职责，总体上是清晰的。2014年10月15日，中共中央办公厅印发了《关于坚持和完善普通高等学校党委领导下的校长负责制的实施意见》（简称《意见》）进一步明确了高等学校党的委员会是学校的领导核心，党委统一领导学校工作，由党委书记主持党委全面工作，再次明确校长作为学校的法定代表人，在学校党委领导下全面负责教学、科研、行政管理工作。《意见》还明确了党委常委会议题由学校领导班子成员提出，党委书记确定。即便如此，人们对"党委领导下的校长负责制"中的党委领导和校长负责及其各自的职责规定的理解和认知并不完全相同，因此，仍有可能造成书记和校长的核心角色的不清、模糊，甚至交叉重叠，存在趋同化倾向。

调查发现，各群体最希望党委书记成为教育家、政治家、变革领导者和召集协调者。各群体认为实际上党委书记扮演最多的角色依次是政治家、召集协调

---

① R. H. Turner. 1956. "Role-taking, Role Standpoint, and Reference-group Behavior", *American Journal of Sociology*, Vol. 61, No. 4, pp. 316 – 328.

② 秦启文、周永康：《角色学导论》，中国社会科学出版社2011年版，第263页。

者、政策执行者和变革领导者。很显然，教育家和变革领导者成为大学校长和党委书记最核心的两个共同的角色期待，而政策执行者则成为大学校长和党委书记最共同的一个现实角色。这说明，各群体对于到底该由谁承担教育家或变革领导者的角色期待是不清晰的，政策执行者的角色实际上又该由谁扮演也是模糊的。可想而知，当大学校长和党委书记都希望自己是教育家和变革领导者，或都在扮演着政策执行者的角色时，他们之间的角色冲突就必然产生（见表6-10、6-11所示）。

表6-10　　　各群体认为书记最应该扮演的前五种角色　　　单位：%

角色	大学校长	党委书记	中层干部	教授	合计
教育家	78.2	88.1	69.8	55.3	291.4
政治家	76.1	69.1	64.7	49.5	259.4
变革领导者	45.6	64.2	51.5	44.2	205.5
召集协调者	50.1	16.7	34.6	42.9	144.3
政策执行者	28.3	16.7	38.6	32.6	116.2
经营管理者		21.4			21.4

表6-11　　　各群体认为书记实际上扮演的前五种角色　　　单位：%

角色	大学校长	党委书记	中层干部	教授	合计
政治家	71.9	45.3	49.9	48.1	215.2
召集协调者	48.4	42.8	45.8	43.3	180.3
政策执行者	50.3		50.7	49	150
变革领导者	26.4	57.1	33	31.1	147.6
教育家	41.4	52.3	40		133.7
行政官员				42.8	42.8
经营管理者		40.4			40.4

综上所述，我国公立大学校长面临以上四种主要的角色冲突，其中，大学校长本身的多元角色及多元角色之间造成的冲突具有普遍性，任何处在多元复杂的社会关系网中的个体都会面临这两种角色冲突，古今中外的大学校长无一例外。我国公立大学校长所面临的特有的角色冲突在于后两种，即理想期待和现实扮演的角色冲突以及大学校长和党委书记之间的冲突。从某种程度上来说，这两种角色冲突直接导致了大学校长角色扮演的失效和失败。那么，究竟是什么原因导致了大学校长的角色冲突呢？

三、大学校长角色冲突的主要原因

造成大学校长角色冲突的原因有很多。首先,多元角色间的不断转换必然导致角色丛和角色间的冲突;其次,核心角色期望的不清晰和不同理解,以及校长个体的努力程度造成了理想期待和现实扮演之间的角色冲突;最后,在中国特色的现代大学制度下更重要的是:"党委领导下的校长负责制"及对这一体制的不同解读导致了大学校长和党委书记之间的角色冲突。

(一) 不同角色之间的不断转换导致了角色冲突

大学校长处在多元的角色丛中,需要不断进行角色的转换。角色转换就是角色主体出于自身某种变化的需要,从某角色向其他角色转换的过程,是不同类型角色的变化。[①] 情境的改变是社会角色转换的依据,社会角色转换是情境变化的要求和表现。情境的改变,往往标志着人们社会关系的变化,引起个体在社会关系体系中所处位置的变更。不同的角色有不同的面具,不同的角色面具有不同的文本,不同的角色、面具、文本之间的频繁转换对人并不是一件轻松的事,[②] 无疑造成了角色冲突。

大学校长每天的工作都很繁忙,要频繁出席各种场合,参与各种活动。比如,开学初,大学校长可能刚刚参加了大学生新生典礼,接着很可能在校内召开校长办公会,随后有可能参加党委会,下午有可能出席学术会议,最后可能去政府相关部门争取资源。在这一天的活动中,大学校长必须完成多次角色转换:新生典礼上,大学校长更多的需要扮演学校形象代表、道德模范、引路人等角色;校长办公会更多的需要扮演行政主管,行政"一把手"的角色;党委会中,有可能兼任党委副书记,要扮演党委中的"二把手"角色,同时又代表学校行政提出和参与各种决策;出席学术会议可能需要扮演的是学者、公共知识分子和学校形象代言人等身份;到政府部门,则需要转换为学校利益代言人、政治家、行政官员、政策执行者等角色。角色转换之频繁,恰当转换之困难可见一斑。而在每一个场合中,最主要又该扮演哪一个角色也需要正确定位和恰当转换。这些无疑对大学校长的考验是巨大的,必然引起角色的严重冲突。

(二) 各方对大学校长核心角色的期望不同导致了角色期望本身不清晰

核心角色期望本身的不清晰会直接导致角色冲突。角色期望的模糊度越高,

---

① G. J. McAuliffe. 1993. "Constructive Development and Career Transition: Implications of Counseling", *Journal of Counseling and Development*, pp. 72, 23 – 28.

② 秦启文、周永康:《角色学导论》,中国社会科学出版社 2011 年版,第 59 页。

角色冲突越厉害，角色扮演越不成功。角色期望一般来自于剧本的期望、演员伙伴的期望和观众的期望。对于大学校长而言，其角色期望即来自于政府、党委、行政团队、中层干部、普通师生和社会大众。角色期望不清晰也可以称之为角色不清或角色模糊，指对一个角色的清晰的效果预期的不确定和缺乏，即当角色主体不明确自己分派到的角色职责时，角色不清就产生了。豪斯和里佐认为，角色不清是因为个人对行为结果了解不明确，缺乏预测能力，以致个人无法获得清晰的角色期望，或者出现期望不一致的情况①。角色模糊程度可以从四个方面来衡量：第一，对工作目标了解的程度；第二，对工作范围和职责了解的程度；第三，工作上遇到问题时，是否有明确的处理步骤；第四，是否有足够的信息来执行任务。②

党和政府对大学校长角色的期望体现在一些法律条文、条例、工作规定、领导人讲话中。1987年，《关于改进和加强高等学校思想政治工作的决定》指出：高等学校的"党委书记和校长，应当努力成为社会主义的教育家"。1996年3月28日，江泽民同志又提出"高校的党委书记、校长应该努力使自己成为社会主义的政治家、教育家"。1999年实行的《高等教育法》第三十条规定："高等学校的校长为高等学校的法定代表人。""法定代表人"是一个确定的法律概念，是指依照法律或法人组织章程规定，代表法人行使职权的负责人，是法人的法定代表人。如果一旦出现民事纠纷，校长作为法定代表人就必须负责，承担相应的责任。在2007年3月，国务院总理温家宝便在《政府工作报告》中提出，"要提倡教育家办学"。1996年和2010年修订的《中国共产党普通高等学校基层组织工作条例》中，条例第三条规定："高等学校实行党委领导下的校长负责制。高等学校党的委员会统一领导学校工作，支持校长按照《中华人民共和国高等教育法》的规定积极主动、独立负责地开展工作，保证教学、科研、行政管理等各项任务的完成。"而现实中，"上级主管部门把大学校长作为一级行政官员予以任命和管理，把大学校长作为理所当然的下属予以指使，把贯彻上级指示的力度作为衡量大学校长的满意度与忠诚度"③。因此，校长在党委领导下进行负责，更多地像个政策执行者和行政官员。而从一些媒体的报道和学者的研究中又发现，教职工、学生和民众对大学校长的期待总体上仍停留在民国时期的教育家上。很显然，不同群体对大学校长角色的不同期待，无疑引起了大学校长角色的冲突。

---

① House, R. J, Rizzo J. R.. 1972. "Role Conflict and Ambiguity as Critical Variables in a Model of Organizational Behavior", *Organizational Behavior and Human Performance*, 1972, 7, pp. 467–505.
② 秦启文、周永康：《角色学导论》，中国社会科学出版社2011年版，第275页。
③ 陈运超：《改革开放30年来我国大学校长角色与制度的变迁与反思》，载《复旦教育论坛》，2009年第1期。

（三）各方对同一角色的理解不同导致了角色冲突

即使明确了核心性的角色，但是如果对这一角色的界定和理解不同，那么也会引起角色的冲突。以教育家角色为例，到底什么是教育家，学者们对此的看法也是仁者见仁、智者见智的。《辞海》里把"家"定义为"经营某种行业，掌握某种专门学识、技能或从事某种专门活动的人，如商家，行家，专家，科学家"①，但却没有教育家这一词条。《牛津高级英汉双解词典》把教育家（educotionolist）释为 specialist in edueation，意为教育的专家。学界对教育家内涵的认识并未统一，大体有三。其一为侧重教育理论的，如英国学者德·朗特里对教育家的注解是："指教育领域中知名的研究者或理论家，和具有比教师威信更高的人。他过去可能是教师，现在不做教师，或者他根本就没有做过教师"②。其二为侧重教育实践的，如李钟善（1988）认为"教育家……是指那些既具有专业特长、并创造新知识、教好学生，又善于创造性地管理好学校，取得丰硕成果的学校管理的专门家"③。其三为理论与实践并重的，如眭依凡（2001）认为教育家"首先应当懂得教育教学规律，懂得人才成长和培养的规律，要对教育有一种执着的爱和忠诚；有独到的教育思想和系统的教育理论；有丰富的教育经验，能进行创造性实践；有较大的社会影响和较高的社会威望"④；如刘道玉（2003，2007）认为："教育家应当挚爱教育，潜心研究教育理论，勇于进行教育改革实验，提出具有独到见解的教育理论（或理念），发表或出版系统的或有代表性的教育论著"⑤。

教育家有水平层次之分。陶行知说："在教育界，有胆量创造的人，即是创造教育家；有胆量开辟的人，即是开辟教育家，都是第一流人物。"⑥周洪宇（2004）认为："一流教育家的四个标准：一要立志，树立远大的志向，人生要做一件大事；二是立功，必须有实践；三要立言，要有自己的理论，自己的见地；四要立德，人格要高尚。"⑦但每个人对教育家的理解不同，自然期望也不同，从而引起了角色冲突。我们认为，具备以下三"独"才能称为真正的一流教

---

① 夏征农主编，辞海编委会：《辞海（1999年版缩印珍藏本）》，上海辞书出版社2000年版，第1236页。
② ［英］德里克·朗特里：《西方教育词典》，上海译文出版社1988年版，第81页。
③ 李钟善：《关于"大学校长应当努力成为社会主义教育家"的几个问题》，载《辽宁高等教育研究》，1985年第2期。
④ 眭依凡：《一流大学校长必须是教育家》，载《求是》，2010年第20期。
⑤ 刘道玉：《大学校长必须是教育家》，载《中国地质大学学报》（社会科学版），2007年第5期。
⑥ 陶行知：《一流的教育家》，转引自《教育家》2012年第3期。
⑦ 周洪宇：《一流教育家的四个标准》，载《师道》2004年第10期。

育家：第一，要有独特的教育理念，拥有系统的教育理论；第二，要专注而持续地从事教育实践活动，形成独立的教育实践活动；第三，教育理念和思想在实践过程中能产生独有的效果，对社会、经济、文化等产生独有、明显的积极影响。回顾民国时期的教育家，无一不具备了上述三个特点。但是，如课题调查结果所示，当今称得上"教育家"的大学校长确实很少了。正如王洪才曾说："教育家基本上是一个尊称。"[①] 这样的尊称确实让不少大学校长可望不可及。

（四）大学校长自身的努力程度不一

一个人不会生来就能成为成功的大学校长，需要大学校长自身的不懈努力。以教育家校长为例，教育规律的掌握、教育理念的形成、治校理念的执行，不是一蹴而就、一朝一夕的事，需要相关人员在理论和实践中不断地学习和思考。通过网络信息搜集发现，目前"211工程"大学的校长虽然有着丰富的高校教学和管理经验，但其学科背景多为理工科，人文社科背景的只有37%，其中管理学占10.9%，教育学占4.3%。因此，大学校长自身的努力程度是其能否成为教育家的重要影响因素，可以从书籍的阅读、期刊的订阅和教育管理类文章的发表三个维度来考察。问卷调查发现，有65.2%和23.9%的大学校长阅读过教育管理类和校长治校经验类的书籍，但是这个比例总体而言还是比较低的。

调查还显示，在教育类期刊的订阅和发表情况方面，大学校长的比例也较低。38个希望自己首要角色是教育家的大学校长，订阅《中国高等教育》、《学位与研究生教育》和《中国高教研究》的分别有33人、25人和15人；订阅《高等教育研究》和《比较教育研究》的分别只有7人和5人；订阅《教育研究》、《教育发展研究》、《高等工程教育研究》的均只有3人。在所有的44个大学校长中，以上期刊的订阅比例也相差不多。33个希望自己首要角色是教育家的大学校长中，在《中国高等教育》《中国高教研究》和《学位与研究生教育》上发表过文章的分别有25人、13人和10人；有6人和4人在《教育研究》和《高等教育研究》上发过教育管理类文章；其他期刊的发表人数分别只有1~2人。通过网络信息搜集发现，131位"211"大学校长在任校长职务期间平均发表了32.5篇（部）业务类论著，但教育类论著平均只发表了5.7篇（部）；其中华中科技大学前校长李培根发表教育类论著最多，共计39篇（部）；10篇（部）以上的校长有31人，占23.7%；未查到发表教育类论著的校长有43人，占比高达32.8%，见表6-12所示。

[①] 王洪才：《何为教育家》，载《中国社会科学报》2012年2月8日。

表6-12 大学校长教育类期刊订阅和发表情况（人数和有效百分比）

		教育研究	高等教育研究	中国高等教育	学位与研究生教育	中国高教研究	教育发展研究	比较教育研究	高等工程教育研究	其他
订阅	期待自己首要角色是教育家（38人）	3/7.9%	7/18.2%	33/86.8%	25/65.8%	15/39.5%	3/7.9%	5/13.2%	3/7.9%	3/7.9%
	总计（44人）	3/6.8%	7/15.9%	39/88.6%	28/63.6%	18/40.9%	4/9.1%	6/13.6%	5/11.4%	3/6.8%
发表	期待自己首要角色是教育家（33人）	6/18.2%	1/3%	25/75.8%	10/30.3%	13/39.4%	1/3%	2/6.1%	4/12.1%	5/15.2%
	总计（37人）	6/16.2%	1/2.8%	28/75.7%	11/29.7%	15/40.5%	1/2.7%	2/5.4%	6/16.2%	6/16.2%

(五) 各群体对"党委领导下的校长负责制"的理解不同

角色是一种社会关系，而制度乃是维系社会、调整各种社会关系、保持社会稳定的重要的工具。大学制度就是关于大学管理或治理所形成的管理或治理框架、规则体系和制度安排。现代大学制度是现代社会的产物，一般说来，主要包括两大方面，一是宏观方面或者高等教育体制方面，主要涉及大学与政府的关系、大学与社会的关系、大学与大学的关系；二是微观方面或者说大学自身层面，主要涉及大学的内部治理结构，其核心是大学内部的学术权力与行政权力的关系。① 世界范围看，现代大学制度有普适性和一般性。但是"任何类型的大学都是遗传与环境的产物"②。那么，中国特色的现代大学制度是什么呢？用一句话表示就是，坚持中国共产党对大学的领导，政党权力主导中国大学的发展③。正如伯顿·克拉克在《高等教育系统》中指出的那样：党和政府的双重控制是共产主义模式的一个特征，是实施强有力政治权力的突出例子。因此，"党委领导下的校长负责制"这一校内领导体制是中国特色现代大学制度的集中体现。"党委领导下的校长负责制"规定了党委会是大学的领导决策力量，校长并非是决定大学发展方向与办学风格的最终决策者，党委的集体领导与党委书记的领导风格直接影响着校长个性的张扬与作用的发挥，校长难以成为一个大学办学的"精神领袖"。即使党政在办学理念、定位与道路选择一致的前提下，还存在着方法、政策、时机、轻重缓急的选择，具体操作层面的差异更容易导致决策与执行的脱节，容易导致党政关系的紧张④。调查显示，有57.1%的大学校长认为校内领导体制这一制度因素是其办学理念未得到充分体现的重要原因。因此，各方对"党委领导下的校长负责制"的理解不同，对大学校长的地位和权力的理解就会不同。领导的不负责，负责的不领导，这难免让当事人造成角色的混乱和冲突，见图6-3所示。

在实际运行中，"党委领导下的校长负责制"缺少具体的操作规范，为党政之间的决策与执行留下了较大的自由裁量空间。课题访谈中，北大前校长许智宏认为"如果……校长书记都很强势，那就肯定会出现问题"，"党委领导下的校长负责制"可能会演变成为"党委书记领导下的校长负责制"。2014年10月15日，中共中央办公厅印发了《关于坚持和完善普通高等学校党委领导下的校长负责制的实施意见》（简称《实施意见》），明确了高等学校党的委员会是学校的领导核心，履行党章等规定的各项职责，把握学校发展方向，决定学校重大问题，

---

① 张应强、蒋华林：《关于中国特色现代大学制度的理论认识》，载《教育研究》，2013年第11期。
② ［英］阿什比：《科技发达时代的大学教育》，滕大春等译，人民教育出版社1983年版，第7页。
③④ 宣勇：《现代大学制度建设中的"中国特色"与大学校长的角色选择》，载《探索与争鸣》2013年第6期。

监督重大决议执行，支持校长依法独立负责地行使职权，保证以人才培养为中心的各项任务完成。同时明确党委书记主持党委全面工作，负责组织党委重要活动，协调党委领导班子成员工作，督促检查党委决议贯彻落实，主动协调党委与校长之间的工作关系，支持校长开展工作，还明确规定了党委和校长的十项职权。但是在现实中，校长的职责和权力与作为党委班长的党委书记的职责和权力的边界仍然有交叉重叠，不同的人对此的理解也不尽相同。以人事权为例，既要坚持党管干部原则，由党委讨论决定学校内部组织机构的设置及其负责人的人选，同时又要由校长任免内部组织机构的负责人，如果决定的人不是校长预想任免的人，难免不造成党委和校长权力之间的冲突。

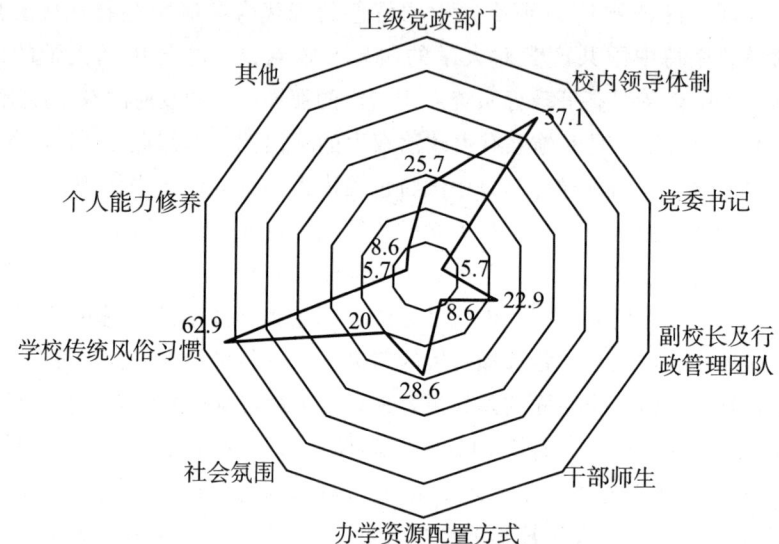

图 6-3　大学校长认为自己的办学理念未得到充分体现的原因

第三节　未来：国际化视野中的大学校长角色强化

现代大学脱胎于德国，发展于美国。从 1636 年建立哈佛大学开始，美国高等教育经历了将近四个世纪，获得了举世瞩目的成就。美国大学的发展得益于其现代大学治理的模式，这是美国"推向全球的最有价值的出口"①。美国大学治

---

①　PITRE P E, etc, *The Globalization of Shared Governance: Implications of the International Study of Higher Education Governance* (ISHEG), http://ednet.kku.ac.th/~edad/research_globalization%20governance.pdf, 2008-10-21.

理结构中，大学校长处于非常重要的关键环节，对美国高等教育的发展发挥了非常重要的作用。因此，我们着重研究美国大学校长在美国高等教育发展过程中的角色演变。

一、美国高等教育发展过程中大学校长的角色

李延成（2001）探讨了从 1636 年到 20 世纪 90 年代期间，五个不同阶段的大学校长角色演变。姜朝辉（2010）认为美国高等教育发展历程其实是美国大学校长职业的变迁史，大学校长职业发展先后经历了牧师兼职型校长、学者领导型校长、专家管理型校长、职业经理型校长四个时期。欧阳光华（2011）从美国大学治理结构视角认为，美国大学校长更多地扮演了行政者、企业家和政治家三种角色。全守杰等（2011）从外在动力的助推和内在动力的逻辑角度研究了美国大学校长角色的嬗变。根据美国历史和高等教育发展阶段，结合前人的研究，我们认为，美国大学校长的角色经历了以下四个阶段：董事会控制下的牧师（1636～1869 年）、学者型的教育改革家（1870～1944 年）、多元利益的协调者（1945～1974 年），善于经营的首席执行官（1975 年至今）。

（一）董事会控制下的牧师
——殖民地和建国时期大学校长的角色（1636～1869 年）

美国自 1636 年哈佛学院建立之始，殖民地学院的绝大多数是由教会创立的，具体如表 6-13 所示。总的来说，殖民地学院是由院外人士，即由牧师和地方法官组成的董事会进行管理。哈佛、威廉玛丽、布朗这三所学院有双重管理结构，外行董事会与由校友和教师成员组成的学院内部同行团体分享管理权力。其他六所学院的董事会拥有所有权力。董事会中唯一的学校代表就是校长，他也为董事会服务。从殖民地时期开始，校长就占支配地位——校长由董事会任命并只对董事会负责[①]。校长是教授会和董事会之间的联络员，并对学校各方面的事务负责。

宗教组织对董事会成员构成的影响是很明显的。有些学院章程就规定董事会成员必须来自某些宗教教派，但是还有一些学院的章程要求学院仍掌控在创建学院的教派手中。其中有三所学院的章程明确规定校长必须是某特定宗教教派的成员。因此，殖民地时期的校长基本都由牧师兼任，即在担任校长的同时也兼任牧师。美国九大殖民地学院的首任校长无一不是教会人士，而且有些也是当地教会的领袖人物。比如，圣公会建立的威廉和玛丽学院，其首任校长就是弗吉尼亚的

---

① ［美］科恩：《美国高等教育通史》，李子江译，北京大学出版社 2010 年版，第 36 页。

圣公会领袖,其培养目标,根据创办者的宣称,是"为教会提供虔奉宗教的受过教育的具有良好学问和举止的青年,也在印第安人中传播基督教"①。罗得岛学院特许状规定校长必须是浸礼会教徒。费城学院院长也是圣公会教士。女王学院获得的特许状也规定院长必须是荷兰归正教教徒②。1870年前,哈佛大学共有20位校长,具有牧师背景的达到了16位,比例高达80%。这个时期耶鲁大学的校长也全部都是教会人士。1754年,耶鲁校长克拉普(Thomas Clap)称"学院是牧师的团体,旨在训练从事牧师工作的人",见表6-13。③

表6-13　　　　　　　殖民地时期9所大学及所属教会

原名	现用名	建立年份	所属教会
哈佛学院	哈佛大学	1636	清教徒
威廉玛丽学院	威廉玛丽学院	1693	英国国教
耶鲁学院	耶鲁大学	1701	公理会
费城学院	宾夕法尼亚大学	1740	无派系
新泽西学院	普林斯顿大学	1746	长老会
国王学院	哥伦比亚大学	1754	英国国教
罗德岛学院	布朗大学	1765	浸礼教
皇后学院	罗格斯新泽西州立大学	1766	荷兰改宗教会
达特茅斯学院	达特茅斯学院	1769	公理会

这一时期的校长不仅负责整个学校的行政管理,还肩负着许多其他职责,其中最重要的是繁重的教学任务。通常校长还要主持每天的礼拜仪式和每个星期日的布道。在没有专门的招生人员以前,校长通常要负责保存学生的档案,不少校长还兼任学校的图书管理员。除此之外,校长还必须不断寻找机会,筹集资金和处理学校具体的行政事务。很明显,即使是在学生数量不多的情况下,校长的职位也是一项十分耗费时间和精力的工作。总体来说,这一时期的校长是在董事会的全面控制下负责这个学校的基本运作,但其主要角色仍是牧师。

校长越来越被看成董事会的代表,而不是教师队伍中的"一员"。很多校长也继续教课,但是他们更多的时间都用来筹集资金和处理各种社会关系。因为几乎所有的管理权都集中在校长身上,所以其他所有的学院行政管理人员也都归校长管理。特罗总结说:"校长和学院行政管理人员的主要作用在于追求学院的自

---

①③　贺国庆:《德国和美国大学发达史》,人民教育出版社1998年版,第85页。
②　王廷芳:《美国高等教育史学》,福建教育出版社1995年版,第61~68页。

身利益，而董事会可以保证学院能够广泛适应社会的需要，积极应对生源市场和就业市场的变化，而不仅仅是为了满足州政府或专业组织自身的利益。"（Trow，1988，P.15）在教授看来，校长是董事会的代言人和代表，而不是教师团体的领袖。①

总之，在殖民地时期建立起来的学院管理模式就这样固定下来，这种管理模式通过自行选举或州议会任命的方式组成的董事会执拿学院管理大权。

（二）学者型的教育改革家
——工业化转型时期大学校长的角色（1870～1944年）

19世纪中叶后，尤其1862年《莫雷尔赠地法案》颁布后，美国高等教育无论从数量上，还是办学的层次上都实现了大的跨越。这段时间可以称得上是美国高等教育发展史上的第一个黄金时期，也被称为美国高等教育史上大学校长的巨人时代。据相关资料记载，美国大学校长历史上最伟大的10位校长，这个时期就占了7位。总的来说，在早期的学院向现代大学转型以及新兴研究型大学的出现，校长都是由具有很高学术声望的学者担任。随着大学的发展，校长角色已经完全转变成了一个全职的管理者②，全面负责学校的行政事务，并且绝大多数校长拥有自己的成熟的教育理念，并付诸行动，推动了教育变革。有人在1907年就评价说："早期学术型的、有学识、性格温和的领导，已经屈从于自信的、锐意进取且性格激烈的领导"③。

此时期，仍有不少大学规定大学校长必须具有宗教背景。比如，即便到了19世纪末，耶鲁大学的宪章仍然明文规定董事会成员和校长必须是居住在康涅狄格的公理会牧师④。而普林斯顿大学这个时期的5任校长，有4位都具有牧师背景，要么出身于牧师家庭，要么从事相关神学教学，要么本身就是牧师。在教会大学，无疑更是要求大学校长具有宗教背景。尽管如此，总体来说，美国大学校长中牧师比例逐渐减少。1860年，大学校长中有过宗教背景的达90%；而到了1933年，只有12%的大学校长具有类似的背景⑤。艾略特是哈佛大学第一个非牧师的校长；耶鲁大学的第一个非牧师的校长是1899年的亚瑟·特文宁·哈德利；普林斯顿的非牧师校长则是1902年的伍尔威尔逊（Woodrow Wilson）。

---

① ［美］科恩：《美国高等教育通史》，李子江译，北京大学出版社2010年版，第79页。
② Cowley. 1980. *President*, *Professors*, *Trustees*, San Francisco: Jossey-Bass Publishers, P.61.
③ Lawrence R Veysey. 1965. *The Emergence of The American University*, Chicago: The University of Chicago Press, P327.
④ 舸昕：《从哈佛到斯坦福》，东方出版社1999年版，第113页。
⑤ Johns Brubacher, Willis Rudy. 1958. *Higher Education in Transition: An American History* (1636～1956), New York: Harper & Row Publishers, P.351.

此时期多数大学校长是学者出身的。如 1869～1909 年担任哈佛大学校长的年仅 35 岁的艾略特（Charles William Eliot）是化学家；1909～1933 年担任哈佛大学校长的阿伯特·洛厄尔（Abbott L. Lowell）是教授，律师，历史学家；1933～1953 年担任哈佛大学校长的詹姆斯·科南特（James B. Conant）是毕业于哈佛大学化学系，是化学系教授、系主任。1891 年成立的芝加哥大学第一任校长哈珀（William Rainey Harper），19 岁在耶鲁大学获得博士学位，长期在职鲁从事希伯来语言的研究和教学；1889 年成立的克拉克大学校长霍尔来自霍普金斯大学，曾两度留学德国，是著名的心理学家和教育家；1904 年任威斯康星大学校长的范海斯是地质学教授，出版过《地质学论文集》《自然资源保护》等著作，还担任过美国地质学会（the Geological Society of America）的主席（1907）和全国科学学会（the National Academy of Sciences）的主席（1915）。

据美国高等教育专家考利（W. H. Cowley）的考证，这个时期从事教学的校长寥寥无几。艾略特是第一位不授课，以全部心思精神去支持学校行政的哈佛校长，怀特只是临时担任了一门历史科目的教学，赫钦斯（R. M. Hutchins）、阿德雷（Adler）以及科南特（James Conant）只参与为数不多的研讨会，只有哈拍（Harper）是个精力狂人，在他担任校长的同时，其教学任务甚至还超出了一般的专业老师。但总的来说，这个时期的校长的工作重心都已经转移到行政事务上来了①。1899～1921 年任耶鲁大学校长的亚瑟·戒尼·哈德利（Arthur Twining Hadley）曾回忆说：他的前任校长，在 1886～1899 年间任职的蒂莫西·德怀特（Timothy Dwight）在任职前就明文规定不从事教职。

这一时期的大学校长具有自己的教育理念，积极付诸行动，推动学校发展。如艾略特的选课制，成功引领了哈佛大学由传统学院向现代大学转变；洛厄尔的导师制；康奈尔大学首任校长怀特早年毕业于耶鲁，访问过许多欧洲著名的大学，如牛津大学、剑桥大学、巴黎大学和柏林大学，受塔潘的高等教育思想的影响，实行了康奈尔计划，使得这所大学成为美国 19 世纪高等教育的典范；威斯康星大学校长范海斯为威斯康星大学制定了一个广泛的改革计划，旨在使大学更好地为社会服务即后来闻名于美国乃至整个世界的"威斯康星理念"；1875～1901 年任霍普金斯大学校长的吉尔曼（Gilman），他接受了德国办大学的观念，并结合当时美国的国情，在霍布金斯建立了堪称当时美国第一流的大学研究院。

此外，这一时期的大学校长还扮演着社会倡导者的角色，通过精彩的公众演说、明细的文字以及熟练的政治才能说服他们的同事和公众分享并在财务上支持他们的大学理念，而最终的目的就是一个，即建立类似于欧洲尤其德国的研究型

---

① Cowley. 1980. *President*, *Professors*, *Trustees*, San Francisco：Jossey - Bass Publishers, P. 52.

的大学①。由此筹款在这个时期更显得重要和迫切，许多校长都把相当多的精力放在了筹款上。比如，哥伦比亚大学的校长塞斯·劳（Seth Low）在职期间，其中一年多时间从校友处募捐的资金超过了1890年以前所有募捐的总和②。1909年任加州大学校长的惠勒十分专断严厉，但他又十分尊重学术自由，与加大董事会合作无间，与州议会也保持着良好的关系，终使加大获得长足的发展。

总之，这一时期的大学校长有着共同的特征。其一，他们基本都是学者出身。其二，能力强的校长是教育革新家，他们通过实施新的教学计划把小型学院转变为初具规模的大学。其三，许多校长有明确的办学目标，任职时间长，从而能够保证他们实现办学目标。

（三）多元利益的协调者
——高等教育大众化阶段大学校长的角色（1945~1974年）

第二次世界大战，是美国历史上的一个重大转折点。经过战争，美国的政治、经济、军事和科技实力得到了迅猛的扩充，一跃成为整个西方资本主义世界的霸主。这一时期的高等教育也得到了前所未有的巨大发展。

1944年通过的《军人权利法案》使得大批退伍军人进入高等学校，不仅使大量由于战争失去受教育机会的青年得到了高等教育，为战后美国培养了成千上万的各种专门人才，而且也极大地促进了高等教育的发展和高等教育观念上的许多重大变化，为后来美国高等教育的进一步扩大奠定了基础。

1957年苏联发射第一颗人造地球卫星的成功，极大地震动了美国朝野。人们意识到人才和教育的重要性。著名学者莫非（F. D. Murphy）在美国教育理事会的年会上曾指出："这个小球带给美国人的信息……是在二十世纪的后半叶，没有任何事物比得上经过训练和教育的人才主要。"哈佛大学校长柯南特等人也明确指出：苏联在技术上的突破，正是因为苏联建立了能够培养苏联技术优势所需要的教育制度，并呼吁彻底改造美国的教育制度。1958年《国防教育法》的颁布是联邦政府在高等教育事业中发挥新作用的分界点、里程碑，进一步推动了高等教育的发展。

按照马丁·特罗的高等教育三阶段理论，美国高等教育在1953~1954年开始步入大众化阶段，当时的毛入学率约在14.7%~16.2%之间。此后，高等学校学生人数不断增长，到1968年，高等教育毛入学率达到了30.4%③。1970年毛

---

① Cowley. 1980. *President*, *Professors*, *Trustees*, San Francisco：Jossey – Bass Publishers，P. 64.
② Frederick Rudolph. 1962. *The American University and College*：*A history*，New York：Knopf，P. 42.
③ 陈学飞：《美国高等教育发展史》，四川大学出版社1989年版，第161页。

入学率达到了49.4%①。世界银行数据显示，1971年高等教育毛入学率为47%，1974年49%，1975年为51%②。依据马丁·特罗三阶段理论，在1945~1970年间，美国迅速实现了高等教育由精英阶段到大众化的转移。高等教育的黄金发展带来了大学规模的日益扩大、结构的日益复杂、功能的日益深化。大学校长作为学校的领导者，不得不与多重利益主体发生更为密切的关系，并在多种利益冲突中找到平衡点。

在大学内部，教师、学生和管理人员权力的上升弱化了大学校长的权威。这一时期，由于教师工会制度和教师集体谈判活动使得大学教授的权力在上升。据卡耐基委员会1978年的调查，58%的大学校长认为自1969年以来，教授对于学校政策和运营的影响持续增强。③ 学生权力运动使得学生越来越多地参与学校管理。据1969年对875所高校的一项调查发现，88.3%的院校允许学生代表至少参加学校一个管理决策机构的工作，其中2.7%的院校给予学生在学校董事会议上的表决权；41%允许学生作为处理诸如教师选任、提升、任期的委员会的观察员。④ 1971年美国高等教育理事会的调查发现，全国14%的高等学校董事会中有学生代表。同时，行政管理人员数量也开始急剧增加，各领域的管理专家开始出现，如财务专家、人事管理专家、校方与教师工会谈判专家、管理信息专家，等等。由于教师、学生和各种管理专家的权力的不断上升，使得校长的权利不断分散和弱化。尤其是20世纪70年代以来高等教育学校内外环境的新变化，严重威胁到校长所拥有的权力，许多校长被各种各样的矛盾和危机包围。首先是高等学校面临财政危机和生源危机。危机时期的大学领导比发展时期的大学领导要难当很多。其次是20世纪60年代的学生运动和70年代的教师集体谈判运动削弱了校长的权威。第三是高等学校组织管理理论的影响，20世纪70年代以来，美国一些最有影响的高等教育组织和管理方面的理论家多次论述学校和大学实际上是难以控制的，如詹姆斯马奇等人曾强调，学习与大学组织是以模糊的目标、技术和不断变化的参与者为特征的"典型的有组织的无政府状态"。

在大学外部，大学校长不得不周旋于政府、企业和社会之间。此时期，强有力的州高等教育体系的发展和州的集权，使许多州立大学校长陷入了中间管理者的两难境地。即使是私立院校，也存在着强大的外部压力集团和束缚校长行动的

---

① 《国际统计年鉴1995年》，统计局网站，http://www.stats.gov.cn/ztjc/ztsj/gjsj/1995/200203/t20020327_53704.html
② 《世界银行》，世界银行网站，http://databank.worldbank.org/Data/Views/reports/tableview.aspx
③ 陈学飞：《美国高等教育发展史》，四川大学出版社1989年版，第197页。
④ 陈学飞：《美国高等教育发展史》，四川大学出版社1989年版，第201页。

巨大财政困难。正如戴维·科恩等人在《美国大学的校长》一书指出的那样：学院组织的日益复杂和外部压力的不断增强已经导致了产生一代在很大程度上是礼仪性的而不是实施真正领导的校长。① 另外，在社会服务方面，尤其是研究型大学与企业界的联系大大加强，形成了以"硅谷"为代表的工业园区，大学校长与企业为代表的市场的关系日益密切。

前加利福尼亚大学校长克拉克·科尔 1963 年在哈佛大学讲演中对大学校长角色的描述："在美国，人们期望大学校长成为学生的朋友，教员的同事，校友的忠实伙伴，董事会的杰出的管理者，公众演说家，同基金会和联邦机构打交道的精明的谈判人，同州议会交往的政治家，工业、劳动和农业界的朋友，同捐赠人交涉富有辩才的外交家，教育的优胜者，各专业（尤其法律和医学）的支持者，新闻发布人，自身领域的学者，州和国家的公仆，同时也是戏剧和足球的热心者，体面的绅士，一位好丈夫和父亲，教会积极的会员"②。1972 年，克拉克·科尔再次论述了大学校长需要扮演的四种角色：一是作为调解人，他要解决各种矛盾和纠纷，即"学校内外各种群体与机构关于过去、未来、现在的各种价值的中心协调者"；二是作为发起人，他要推动学校的各项工作；三是作为斗士，他要为自由和质量战斗；四是作为形象的创造者，他要为大学创造一个良好的社会形象。③ Warren G. Bennis 在 *The Learning Ivory Tower* 中提出了 11 种起作用的校长岗位模式，其中也认为大学校长扮演着协调者的角色，协调着大学内外部各种利益群体的关系。④

（四）善于经营的首席执行官
——普及化阶段大学校长的角色（1975 年至今）

20 世纪 70 年代开始出现的经济滞胀使得美国政府对高等教育的财政支持力度逐年下降。尤其是 1980 年里根政府上台后，开始大幅度削减联邦政府的教育支出，减少联防有关教育的规章条例；与此同时，里根政府发起了一场旨在改善公立学校教育质量的教育调查和改革运动。大学所面临的财政危机和各种矛盾日益加剧。

美国大学校长协会的研究报告认为，在进入 20 世纪 80 年代以后美国大学校长的角色构成主要包括以下八个方面：一是作为高等教育未来的计划者；二是作

---

① K. P. Mortimer &T. R. McConnell. 1982. *Sharing Authority Effectively*，San Francisco：Jossey – Bass Publishers，P. 213.
② ［美］克拉克·克尔：《大学的功用》，陈学飞等译，江西教育出版社 1993 年版，第 19 页。
③ 同②，第 101 页。
④ Warren G. Bennis. 1973. *The Leaning Ivory Tower*，San Francisco：Jossey – Bass Publishers，P. 87.

为学校任务和目标的把持者；三是作为学校质量的控制者；四是作为学校公共关系的建筑师；五是社会公共政策的参与者；六是董事会的教师；七是作为教授们的领袖；八是作为学生的辅导者。报告进一步指出，在20世纪90年代以后，大学校长的角色还在不断地变迁，面临着角色分离、角色多元、角色冲突等困难和进行角色整合的任务[①]。在北京召开的中外大学校长论坛上，斯坦福大学荣誉校长卡斯珀尔教授对当今美国大学校长扮演的角色概括为九种：一是大学校长，作为一个庞大机构的领导人；二是一个特殊的首席执行官；三是大学理事会成员；四是募捐；五是教育家；六是学者；七是公众人物；八是社会工作者；九是娱乐的伙伴[②]。艾莉森·F·理查德（2004）认为，大学校长角色包括"教育家、大学文化的创造者、继承者和传播者、优秀科研人员的保护者"。

领导力研究方向专家、罗林斯学院院长雷塔·伯恩斯坦恩（Rita Bornstein）在2001～2002年度的南部大学会议（Southern University Conference）上讲述：大学校长的特征一直随着时代变化而发生改变，道德教育家、学院革新者、知识界领袖、教育改革家、政治家；在20世纪最后几年，在财政预算锐减的前提下，还开始成为大学或学院的建设者（institution builders）。在学院现实的生活中，大学校长被期望成为学术领袖、财务管家、筹资者，还有公共知识分子、社会领导（civil leader）及经济发展的拉拉队长（economic development cheerleader）等角色[③]。

大学的规模越大，看起来越像公司企业。大学校长的遴选很少着重他们的学术成就，而更着重他们管理大型企业的能力。1997年，当加利福尼亚州立大学系统准备选任一名新校长时，竞选条件不再强调学术资质。董事会把有关学术资质的条件——"候选人必须具有卓越的学术成就，在学术界享有很高的专业威望……具有丰富学术经历的正教授"。一位董事会成员指出"具有企业管理经验并不是一个附加条件，而是一个必不可少的条件"（Wallace，1997，P. A18）。其中作为企业家而言，校长被期待发展和拓展市场，以给院校的发展提供必需的资源。筹集资金可能是这个角色最常见的工作（Altbach, P. G., Berdahl, R. O., Gumport, P. J., 2007）[④]。

---

① 李延成：《美国大学校长角色之变迁：辉煌的历史，困惑的现状与不确定的未来》，载《世界高等教育：改革与发展趋势》，国家高级教育行政学院2002年，第116~121页。

② 教育部中外大学校长论坛领导小组：《中外大学校长论坛论文集》，高等教育出版社2002年版，第104~114页。

③ Rita Bornstein. 2002. Redefining presidential in the 21st century, *The Presidency*. Fall 2002, 5 (3), pp. 16–19.

④ [美] 迈克尔·D·科恩，詹姆斯·G·马奇：《大学校长及其领导艺术：美国大学校长研究》，郝瑜主译，中国海洋大学出版社2006年版。

此外，大学校长除了致力于经济活动及学校的财政筹款外，他扮演的仍然还有社会道德模范的角色，同时还得继续起着保持大学理念及其文化传统的"守护者"的作用。① 美国学者 James Johnson Duderstadt 在 *A University for the 21ˢᵗ Century* 认为大学的 CEO（校长）与企业的首席执行官略有不同，企业的 CEO 主要对股东负责，而大学的 CEO 却要为大学中的所有事情负责——至少是对所有的麻烦负责。② 总的来说，大学校长在这一时期的角色容易多元和复杂，其中非常重要的职责之一是筹集资金，大学校长作为首席执行官，要善于经营大学，使大学得到更好的发展。

总的来说，经过近四个世纪的发展，美国高等教育体系已非常成熟，基本形成了"代表校外利益集团的董事会领导下的校长负责制"。校长作为行政主管，全面负责大学行政管理的各方面事务。此外，结合美国和中国高等教育发展过程来看，两国的大学校长基本角色演变历程极其相似：从本质上看，中国清末的"职官"和建国初期的"政治工作者"类似于美国殖民地和建国初期的"董事会控制下的牧师"；民国时期的"学者出身的教育家"类似于美国工业化转型时期的"学者型的教育改革家"；而改革开放之后的"学术专家"和"政治家和教育家"类似与美国大众化阶段的"多元利益的协调者"，是各方利益的代表和协调者。而中国大学校长更多地代表的是主办者的利益。

二、首席执行官：章程和遴选中的美国大学校长角色

美国大学一般都有大学章程，并按章程办学。在章程中，一般都明确规定大学校长的角色和基本职责。进入 21 世纪以来，世界高等教育面临了新的挑战和机遇。美国大学都希望招聘一些什么样的大学校长呢？因此，根据各个大学的章程和高等教育纪事网站所发布的大学校长招聘信息，可以归纳整理出当前英美各大学校长的基本角色和主要职责。

（一）章程中美国大学校长的角色规定

世界一流大学都通过大学相关规章、规定等法律文件形式对大学校长的职责和角色予以了规定，这些法律文件主要是大学章程（By-law or Articles of Corporation）、大学条例（Ordinance）、大学规程（Statutes）等。为了更好地了解国外大

---

① Myles. Brand. 2002. The Engaged President Changing Times, Unchanging Principles, *The Presidency*, Fall 2002, 5（3），P. 5.

② ［美］詹姆斯·杜德斯达：《21 世纪的大学》，刘彤等译，北京大学出版社 2005 年版，序言。

学对于大学校长职责的规定，本文收集了美国49所大学的章程（By-law of university）及其相关条例，其中公立27所，私立22所，包括哥伦比亚大学、芝加哥大学、卡耐基梅隆大学、加州理工学院、康奈尔大学、密歇根州立大学等世界著名高校。通过对49所大学的章程及其相关条例，我们可以从中窥探当前美国大学校长所要扮演的主要角色，见表6-14。

表6-14　　　　　　　　章程规定的美国大学校长角色

扮演的角色	大学章程及条例内容摘要	典型代表	有明确规定的章程数量		所占比例（%）
			公立	私立	
首席执行官（CEO）	The president is the Chief Executive Officer of the institution.	卡内基·梅隆大学	19	21	81.6
大学代言人	The president presides at all academic functions, whenever present, and represents the University before the public.	普林斯顿大学	4	5	18.4
协调者	The President shall consult with the faculty … consult with the student body	宾夕法尼亚州立大学	12	9	42.9

此外，通过对这49所大学章程的总结归纳，可以归纳整理出美国大学校长的主要职责，具体如表6-15：

从表6-15中可以看出，美国大学校长应该主要承担着大学筹款、预算与财政管理、处理校内外各种关系、校园建设、大学发展规划、校内学术和师资建设等诸多事宜。

（二）遴选信息中美国大学校长的角色描述

课题组搜集了2014年4月到2015年3月高等教育纪事网站上所有的大学校长招聘信息，共计164份，其中，公立学校的有95份，私立学校的有69份。通过对招聘信息中有关大学校长的角色、职责和能力的表述，提炼相关关键词，发现美国大学校长的角色主要如表6-16所示。

表6-15 章程中美国大学校长的主要职责

职责	筹款	资金运作与管理				维持和发展关系				学生事务			校园建设		规划			其他			
职责明细		预算财政管理	改善资本	运行成本	投资创业	社区关系	治理关系	治理委员会关系	媒体公众关系	招生管理	学生生活与行为问题	学生学习的责任与管理	校园	校园国际化	技术规划	战略规划	责任/评价	学术问题（包括课程变动等）	师资问题	危机管理	风险管理/法律问题

表 6-16　招聘信息中美国大学校长主要角色的表述分布情况　　单位：份

角色表述	CEO/行政主管	领导者	沟通者	代言人	社会活动家	劝说者	演说者
私立	22	53	43	9	1	1	6
公立	53	72	62	12	1	4	8
共计	75	125	105	21	2	5	14

在164份招聘信息中，明确提出大学校长是学校的首席执行官（CEO）或行政主管，全面负责学校的招生、人事、教职工、财务预算、募捐、利益沟通协调等工作的学校有75份，占比45.7%；指出大学校长是学校的领导者（leader）的学校有125份，占比76.2%，其中指出愿景式领导的有50份、企业家式领导的有19份、变革型领导的有8份、合作式领导有25份、和服务型领导的有11份；明确指出大学校长是沟通者，要和多方利益主体进行沟通，保持良好关系的学校有105份，占比64%；明确指出大学校长是学校代言人的有21份、演说者的有14份、社会活动家和劝说者各2份和5份。

相应的角色对应相应的职责和工作。高等教育纪事网站上发布的招聘信息，绝大多数都会明确指出大学校长应该承担的职责和工作。从164份招聘信息来看，美国大学校长主要应该承担的职责和工作如表6-17所示。

从表6-17中可以看出，各个大学希望校长应该承担的职责和工作，排在第一位的是资金筹集，占比达到64.6%；排在第二位的是处理各种内外关系，和董事会成员、教职工、学生、社区、政府和企业等进行沟通，保持良好的关系，占比达64%；排在第三位的是财务预算和管理，占比达62.8%；排在第四位的是坚守并传播大学的传统和使命，占比57.3%；排在第五位的是招生和学生教学方面的事务，占比为54.9%；接下来是战略规划、向董事会和评议会负责并做报告、资源获取和配置、教职工和人事管理方面的工作。

（三）美国大学校长实际上扮演最多的角色

那么在现实中，美国大学校长主要扮演了什么角色呢？如前所述，不同角色，有不同的职责和义务。因此，我们可以通过了解美国大学校长实际上承担的职责和工作来了解他们扮演的角色。那么，美国大学校长实际上主要做些什么工作、承担什么职责呢？依据美国教育委员会（ACE）2012年公布的一些数据，我们可以发现美国大学校长日常花费时间最多的十项工作如表6-18所示。

表6-17 招聘信息中美国大学校长主要职责表述的分布情况

单位：份

职责	向董事会/评议会报告	大学使命传统的坚守/传播	战略规划	组织架构/团队建设	教职工/人事管理	财务预算/管理	资金筹集	招生/学生事务	资源获取/配置	内外关系	资本运营	校园扩张	国际化
私立	23	45	27	13	18	38	50	30	27	43	2	1	3
公立	42	49	44	19	45	65	56	60	37	62	2	1	3
共计	65	94	71	32	63	103	106	90	64	105	4	2	6

表 6-18　　美国大学校长日常花费时间最多的工作领域

领域	公立百分比	私立百分比	平均百分比
预算/财务管理	60.5	55	57.9
资金筹集	33.8	66.2	47
社区关系	32.1	12.3	22.7
战略规划	16.9	28.5	22.2
人事问题	26.5	15.9	21.6
理事会关系	17.9	24.7	20.7
招生管理	13	25.7	19.6
教工问题	16.6	13.1	15
与政府关系	22.3	2.6	13.1
资本运营	15	10.4	12.6
学术问题	8.5	14.7	12.2

可见，美国大学校长在日常的大学管理过程中，占用时间最多的三大领域是：预算/财务管理、资金筹集、社区关系。公立学校和私立学校的主要不同之处在于募集资金、社区关系和政府关系。私立院校校长过度依赖私人捐赠，因此 2/3 的校长认为花费时间最多的工作之一是募集资金，而只有 1/3 的公立学校校长认为他们把时间花费在了资金筹集方面。这说明一方面来自政府的拨款逐步减少的同时，公立大学校长也开始积极筹集资金。但是，由于政府拨款在学校经费中的比重仍然比较大，所以，22.3% 的公立大学校长认为他们在花时间与政府处理关系，而只有 2.6% 的私立院校校长认为他们把时间花费在了与政府关系处理上花费的时间。此外，33.8% 的公立大学校长认为他们在社区关系方面花费了大量时间，而只有 12.3% 的私立大学校长认为他们把时间花费在了社区关系处理上。

美国大学校长自己有最喜欢做哪些工作呢？最喜欢的工作也就意味着这些工作是他们最愿意做的，也是认为最有成就感的，即可以理解为大学校长自己对校长职位的一种期待。具体见表 6-19。

表 6-19　　美国大学校长最喜欢的工作领域　　　　单位：%

领域	公立百分比	私立百分比	平均百分比
社区关系	47.8	25.8	37.2
战略规划	30	43.1	36.4
资金筹集	27.9	47.5	35.4

续表

领域	公立百分比	私立百分比	平均百分比
学术问题	29.5	32.2	31.1
资本运营	28.8	28.1	27.5

美国公私立大学校长最喜欢的工作不尽相同。在公立院校中，社区关系的处理是校长最希望和最喜欢的工作，对资金筹集工作的喜爱程度只排在第五；然而私立院校校长对此的排序则完全相反，他们最喜欢做资金筹集工作，对处理社区关系的喜好程度只排在第五。此外，私立院校校长也很希望并喜欢自己做些战略规划的工作，比例达到了43.1%，但公立院校校长对战略规划的喜欢比例只有30%。

CEO是西方企业界在20世纪60年代进行公司治理结构改革，实行企业所有权和经营权分离的产物。Dalton（1985）认为CEO是企业中负责日常经营管理的最高级管理人员，又称作行政总裁，行政主管。① CEO向董事会负责，往往是董事会的成员之一，是企业权力中心中最具影响的人物，拥有该企业组织内部最终的执行经营管理决策的权力。一般而言，其主要管理职责包括：（1）对企业的所有重大经营运作事项进行决策，包括对财务、经营方向、业务范围的增减等；（2）参与董事会的决策，执行董事会的决议；（3）主持企业的日常业务活动；（4）对外签订合同或处理业务；（5）任免企业的高层管理人员；（6）定期向董事会报告业务情况，提交年度报告；（7）建立、巩固或变更企业文化，以及企业的团队建设等。根据CEO的职责，我们发现：无论是从章程还是招聘信息中看，就理想期待而言，美国大学校长的主要职责和CEO/行政主管的主要职责极其相近，甚至很多章程和招聘信息中明确指出大学校长就是CEO；从ACE的调查数据来看，在现实中，美国大学校长实际上也承担了CEO的诸多职责，其CEO角色得到了较好的贯彻和执行。综上所述，当前美国大学校长最主要角色的基本定位确实是CEO。

三、决策执行者：我国大学校长需要强化的未来角色

党的十八届三中全会之后，国家开始积极推进治理体系与治理能力现代化的进程。2014年全国教育工作会议上，时任教育部部长袁贵仁在题为《深化教育

---

① D. R. Dalton, I. F. Kesner. 1985. Organizational Performance as An Antecedent of Inside/Outside Chief Executive Succession: An Empirical Assessment, *Academy of Management Journal*, 1985, 28, pp.749 – 762.

领域综合改革加快推进教育治理体系和治理能力现代化》的报告中指出：高校要"完善内部治理结构……对公办普通高校，党委领导下的校长负责制是根本制度，要进一步健全和落实党委常委会、校长办公会议事范围和规则。落实教职工代表大会的民主参与机制、理事会（董事会）的社会联系和合作机制。"① 在"党委领导下的校长负责制"这一框架下，要实现高等教育治理体系和治理能力的现代化，就必须处理好"校长负责"这一关键环节，进一步调整和完善大学校长的角色定位。角色理论认为，角色定位是综合角色期望和角色知觉，进而找出最佳的角色位置。但是，角色定位也是一个对自己所扮演的角色的不断协调、整合和完善的动态过程。② 作为一校之长，大学校长是学校的管理者，最主要的角色是管理者角色。"管理者角色"的概念最先由德鲁克在1955年提出，20世纪60年代末期，亨利·明茨伯格进一步提出管理者角色可归纳为三种类型，即，人际类角色：代表人、联络者、领导者；信息类角色：监听者、传播者、发言人；决策类角色：企业家、混乱驾驭者、资源分配者、谈判者。面对日益复杂的内外部治理关系，我们认为：大学校长在成为懂政治的教育家基础上，要成为会管理、善经营的大学首席执行官，加强在内部治理关系中的决策执行者角色，提升执行党委决策效率与效能，提升在外部治理关系中的协调者角色，承担更多的公共责任，并根据不同大学的发展阶段各有侧重做出调整。

（一）进一步加强大学校长的决策执行者意识

首先，在"党委领导下的校长负责制"这一校内领导体制中，需要进一步强化大学校长的决策执行者意识。现代领导学的产生有两大标志。第一个是决策从日常的管理中分离出来，强调决策与执行的分离；第二个是咨询从决策中独立出来，强调决策的科学性与民主性，这也是我们国家开始高度重视智库建设的原因。这两大标志意味着现代领导学成为一门独立的学科。所以从领导学的角度来看，"领导"通常被定义为做正确的事，重点是做三件事：明确愿景、带来变革、整合队伍。党委领导体现为集体领导、民主集中、分工负责。党委对学校的重大决策负有责任，大学党委会是大学的领导决策力量，发挥着大学的政治权力影响，是贯彻党的教育方针的基层组织，是大学发展方向的有力保障，是确保大学为国家建设发展服务的组织保障。"党委领导下的校长负责制"这一具有中国特色的现代大学制度的有效性除了决策的科学性与民主性，重要的还取决于执行

---

① 袁贵仁：《深化教育领域综合改革加快推进教育治理体系和治理能力现代化——在2014年全国教育工作会议上的讲话》，教育部网站，http://old.moe.gov.cn/publicfiles/business/htmlfiles/moe/moe_176/201402/163736.html.
② 秦启文、周永康：《角色学导论》，中国社会科学出版社2011年版，第354页。

力。如果说领导是做正确的事，那么，校长就是把事做正确。

尽管"党委领导下的校长负责制"与美国为代表的西方现代大学制度不尽相同，但是角色的本质是一种社会关系。中国公立大学和西方大学一样，要与党和政府、社会大众、市场等外部力量发生各种关系，同时也需要和教职工、学生、行政人员等内部主体发生各种各样的关系。调查发现，大学校长中认为党政关系非常和谐的比例只达到了48.9%，党委书记中认为党政关系非常和谐的比例有60.5%。这说明有近一半的党政关系处于不同程度的不和谐状态。而党政关系不和谐的原因中，调查发现，有76.1%的大学校长、66.7%的党委书记、61.7%的中层干部和57.3%的教授认为是由于职责边界不清晰造成的；有45.7%的大学校长、45.2%的党委书记、48.4%的中层干部和43.4%的教授认为是由于制度框架的先天性缺陷造成的。如前文所述，美国大学是通过章程明晰董事会和校长的职责，并在招聘信息中明确大学校长的职责和工作范围的。因此，进一步明晰党委、党委书记和大学校长的职责边界，进一步完善中国特色的现代大学制度，才有可能处理好党委与校长、党委书记与校长的关系，从而真正从制度上缓解大学校长的角色冲突，让大学校长全身心地投入大学管理事务。

党委领导下的校长负责制，强调"党委领导"和"校长负责"。课题访谈中，北大前校长许智宏认为："关键是两个人的分工要清楚，职责要分明。"如果能厘清党委领导和校长负责的关系，那么就能较好地处理好校长和党委、校长和党委书记之间的关系。从身份上看，大学校长作为一校之长，是学校的法定代表人；同时绝大多数校长均为党员，是党委会成员，多兼任党委副书记。因此，大学校长必然是多重身份的，集多重角色于一身。但在这些身份和角色中，最基本的身份是校长，而法定代表人、党委副书记等则是由校长这一身份所附带的产物。党委领导下的校长负责制框架下，不管是谁领导，谁负责，党委（尤其是党委书记）和校长其实都是学校的管理者，他们共同管理一所大学。西蒙认为，管理就是决策，决策既包括决策的制定，也包括决策的执行。因此，从决策的制定和执行角度看，"党委领导下的校长负责制"可以解读为：党委集体领导做出决策，由校长全面负责执行，也就是说，党委集体为决策负责，校长为决策的执行负责。因此，校长的最主要职责是决策的执行，全面负责校内教学、科研、行政管理工作，同时校长作为党委集体领导者的一员，是学校的领导核心之一，和其他党委成员一起履行党章等规定的各项职责，把握学校发展方向，决定学校重大问题。因此，大学校长不仅是学校重大决策的重要参与者，更是决策的执行者。这样一种"党委决策、校长执行"的分工责任体系，可以加强相关政策措施的执行力，提升整个高等教育治理体系和治理能力的现代化。

其次，在推进高等教育治理体系和治理能力现代化的进程中，中国高等教育将从管制走向治理,相关利益主体及其期待的多元化决定了大学校长要加强其决策执行者意识。传统上,我国对高等教育实行集权管理,中央政府控制了绝大部分高等教育政策的制定权,并通过一定的行政手段,对地方高等教育政策和高校办学施加直接而有效的领导与管理①。我国高等教育内外部关系封闭,除各级党委和政府及其高等教育主管部门、高校内部党政组织机构和相关党务、行政人员外,其他利益相关组织、公民群体和个人基本被排除在办学和管学之外,在举办、决策、监督和利益分享等各方面都没有参与的权利。治理就是要打破这种格局,在高等教育发展进程中,充分实现利益相关者各方的参与,改变只有少数权力机关和工作人员办学和管学的状况。②因此,在从管制走向治理的过程中,大学及大学校长面临的利益主体将会越来越复杂和多元化。大学校长将不再仅仅向党和政府负责,而将会向所有相关的利益主体负责:从外部来看主要包括党和政府、社会公众、市场、校友等,内部则主要包括党委及其成员、以校长为首的行政人员、教师和学生等。伴随利益主体的多元化,人们对大学校长的角色期待也逐渐由一元向多元转变,而且来自于不同利益群体的压力的变化将导致大学校长相应调整其基本角色,更多地由学问家和政策执行者转变为利益的协调者和决策执行者。许智宏认为:"作为大学校长,也要学会妥协,……要照顾到不同的群体。"因此,在从管制走向治理的过程中,大学校长要与更多的利益主体进行更多的沟通和协调,要进一步反映和整合多元利益主体的诉求。特别是在当前环境下,面对公共财政、绩效问责等内外部经济压力,各利益主体希望大学校长能带领大学提高其内部管理效率。提升大学校长对党委决策的执行效率很大程度上有利于提升大学内部的管理效率,从而能更好地回应各利益主体的相关诉求。因此,今后大学校长要继续加强协调能力和执行能力,进一步强化其决策执行的职责要求和决策执行者的角色定位。

最后,继续加强大学校长的决策执行者意识,也符合管理思想史和高等教育管理史的变迁逻辑。管理学理论告诉我们,企业经理人经历了从"家长式领导"到"硬专家"再到"软专家"的过程。如上所述,美国大学校长的基本角色经历了"董事会控制下的牧师、学者型的教育改革家、多元利益的协调者、善于经营的首席执行官"四个阶段,本质上符合企业经理人的变迁逻辑。而我国大学校长角色则经历了"崇尚西学的职官、学者出身的教育家、政治工作者、学术专家、政治家和教育家"五个阶段。美国的历史经验告诉我们,在高等教育大众化

---

① 别敦荣、易梦春:《中国高等教育发展的现实与政策应对》,载《清华大学教育研究》2014年第1期。

② 别敦荣:《治理体系和治理能力现代化与高等教育现代化的关系》,载《中国高教研究》2015年第1期。

阶段，大学校长应更多地成为多元利益的协调者，而在普及化阶段，面临财政紧缩等经济压力，大学校长则应成为善于经营的首席执行官或行政主管。2014年我国高等教育毛入学率已达到37.5%，虽未进入普及化阶段，但是由于我国高等教育规模巨大、结构复杂，大学面临经费短缺等经济压力，因此，今后相当长一段时间内，大学校长也需要成为善于经营的行政主管。而行政主管的最主要职责之一就是参与董事会的决议，执行董事会的决定。因此大学校长作为行政主管，也要在参与党委会各项决议的基础上，进一步强化其决策执行者的角色意识，让"党委领导"、"校长负责"得以真正落实。

（二）不同发展阶段和类型的大学，校长的角色定位应有差异

如上所述，截2015年5月21日，全国高等学校共计2 845所，其中普通公立高等学校1 824所①。虽然整体上我国大学发展存在趋同化，但世界上没有完全相同的树叶。这两千多所学校当然也不可能完全相同，他们的发展阶段、办学定位、层次水平、结构类型、历史传统等不尽相同。因此，每一所大学校长的角色定位也略有不同。课题访谈中，深圳大学校长李清泉也认为："不同的阶段，校长的工作应该有所侧重。"王洪才（2007）认为，大学发展会经历初创期、适应期、起飞期、机遇期和成熟期，不同时期的大学发展水平不同，大学面临的关键问题依次是资金维持、社会认可、制度创新、捕捉机遇和突出贡献，因此，大学校长的主要职责不同，相应扮演的主要角色也不同。在这五个阶段，校长类型依次是经营型、教育家型、管理型、政治家型和大师型。②。前文所述的美国大学校长招聘信息也反映了这一点。对于每一所学校而言，所处的发展阶段、水平和类型结构不完全相同：有的可能受到发展方向、办学定位的困扰亟须转型，需要大学校长具有更多的创新、改革的精神和能力，成为变革型的CEO；有的可能受到办学资金、资本运营的困扰，需要大学校长募集资金、资本运作的能力，成为经营管理型的CEO；有的可能受到招生的困扰，需要大学校长更好地代表学校的形象，吸引更多的生源，成为学术型的CEO；也有的学校可能发展良好，只需要按部就班就可以了，需要大学校长对政策的认同感和较强的执行力，成为执行型的CEO……

即使两所学校的发展阶段、层次水平、办学定位和结构类型差不多，但如果两所学校的历史传统和大学校长及党委书记的个性特征不一样，那么大学校长的

---

① 《教育部发布2015年全国高等学校名单，共2 845所》，http://edu.qq.com/a/20150521/050649.htm。
② 王洪才：《论大学发展阶段与校长选择》，载《江苏高教》，2007年第1期。

身份、权力和角色等也会不太一样。以校内领导体制为例,虽然凡是公立大学实行的都是党委领导下的校长负责制,《实施意见》也基本明确党委、党委书记和校长的基本职责和权力,但是权力一般可以分为三个方面,即法定权力、约定权力和默认权力。前两种权力以明文规定为依据,通过一定的组织机制来保证其实施,具有普遍适用性;后一种权力没有明文规定,以人们的心理契约来保证实施,只在一定的组织范围内有效,没有普遍适用性。也就是说,作为首席执行官的大学校长,依靠国家法律条例和大学章程的规定,以前两种权力的方式,在任何一个大学组织中开展工作,具有可照性。然而,在同样的法律或章程条件下,由于受到各学校的历史传统、校长个性特征等影响,不同校长被大学组织成员的接受程度不同,会出现不同的权力状况。因此,相应的也会产生不尽相同的角色定位。比如,目前有些高校采取"书记和校长一人兼"的方式,那么,很显然,此类大学的校长的角色还包含了党委书记的相应角色,在全面负责执行决策的同时,还拥有比普通校长更大的决策参与权和决定权。

(三) 提升大学校长的公共责任

公共性是大学的本质属性,也是大学最重要的功能和价值。[①] 大学作为公共性组织,具有为公共利益服务、促进社会进步的公益性属性,这是大学承担公共责任的根本来源。阿什比曾说:"大学的兴旺与否,取决于内部由谁控制。"[②] 大学校长为一校之长,是学校的法定代表人。毫不夸张地说,大学校长的一言一行都代表了学校,是学校形象的代言人。因此,作为一校之长的大学校长需要承担公共责任,实现大学的公共性。作为一名大学组织领导者,大学校长的公共责任就是依托校长职业权力与非正式权力,自觉维护和实现大学的公共责任。[③] 课题组研究发现,各种类型、规模的学校及校长明确承认"公共责任"的存在,认为公共责任主要包括发展知识、为政府提供政策参考、提高资源利用效率、保护环境、遵守学术道德、允许公众参与学校事务、保持信息公开等。[④]

萨义德在《知识分子论》中提出:"……知识分子是具有能力'向(to)'公众以及'为(for)'公众来代表、具现、表明讯息、观点、态度、哲学或意

---

① 朱新梅:《政府干预与大学公共性的实现:中国大学的公共性研究》,教育科学出版社2007年版,第75页。
② [美]伯顿·R·克拉克:《高等教育系统》,王承绪等译,杭州大学出版社1994年版,第121页。
③ 匡铭杰:《现代中国大学校长的公共责任及其实现路径》,浙江工业大学2013年硕士学位论文,第39页。
④ 匡铭杰:《现代中国大学校长的公共责任及其实现路径》,浙江工业大学2013年硕士学位论文,第29页。

见的个人。"① 知识分子的公共性是区别于其他社会群体的显著标志。许纪霖先生认为，知识分子的"公共性"有三个涵义，第一是面向公众发言的；第二是为了公众而思考的，即从公共立场和公共利益，而非从私人立场、个人利益出发；第三是所涉及的通常是公共社会中的公共事务或重大问题。② 因此，虽然目前在中国语境下，公共知识分子一定程度上已被污名化，但是如果知识分子承担公共责任和社会责任，发挥其公共性，其实就是一个真正的公共知识分子。

除了作为大学的领导者，大学校长作为一个有学识、有一定社会地位的知识分子和教育工作者，比普通公民需要承担更多的社会责任和公共责任。从这个意义上说，大学校长更需要扮演真正的公共知识分子的角色。2004 年《南方人物周刊》评选出了中国最有影响力的 50 位公共知识分子。遗憾的是，除了法学家江平曾任中国政法大学校长外，没有一位现任大学校长上榜。其制订的公共知识分子标准为：具有学术背景和专业素质的知识者；对社会进言并参与公共事务的行动者；具有批判精神和道义担当的理想者。课题组根据网络资料搜集发现：由于行政化的影响，目前大学校长较少关注社会责任、公共责任的履行，不仅没能为履行公民公共责任而参与到公共政治生活中去，也没能为履行大学领导者的公共责任而积极实施变革推动实现教育公平、依法治校、学术自由等一系列的使命。③ 在我们所关注的大学校长中，仅有中国农业大学的柯炳生校长在转基因食品问题上，一定程度地扮演了公共知识分子，对社会公众普遍关注的转基因问题，在多个重要场合提出了自己的见解，并为此与崔永元等媒体人进行了激辩④。如同我们的调研结论一样，各群体普遍认为大学校长更像是一个行政官员，而不是一个公共知识分子。在推进治理体系和治理能力现代化的进程中，未来大学校长只有承担更多的公共责任，重新强化公共知识分子形象，才能加强自身及大学组织在现代化治理体系中的作用，进而才能实现大学的公共性，带领着大学引领社会的发展。

综上所述，大学校长除了要继续扮演政治家、教育家、学者等角色外，在实现高等教育治理体系和能力的现代化过程中，在高等教育从大众化迈向普及化的阶段，在处理学校内部党委领导和校长负责的关系时，需要进一步强化大学校长的决策执行者意识，进一步明确大学校长的决策执行权和决策参与权。

---

① ［美］爱德华·W·萨义德：《知识分子论》，单德兴译，生活·读书·新知三联书店 2002 年版，第 16~17 页。
② 许纪霖：《公共性与公共知识分子》，江苏人民出版社 2003 年版，第 29 页。
③ 匡铭杰：《现代中国大学校长的公共责任及其实现路径》，浙江工业大学 2013 年硕士学位论文，第 69 页。
④ 《农大校长柯炳生驳崔永元转基因有害》，http://www.agrogene.cn/info-1444.shtml。

在处理大学与政府、市场和社会等外部关系时，作为一校之长的大学校长需更多地承担公共责任，强化公共知识分子的角色。与此同时，大学校长的主要角色和职责要根据每一所学校所处的不同发展阶段和类型结构等具体情况做出适当的调整。

第七章

治理能力现代化进程中的大学校长胜任特征

校长不仅是主持大学校务的最高行政长官,同时也是大学的灵魂,并决定大学改革发展的方向①。专业化大学校长在推动大学变革和发展的过程中无疑起着至关重要的作用。专业化的大学校长可以引领大学走出困境,迈向成功,而非专业的大学校长可能使大学故步自封。为促进专业化大学校长队伍建设,需要探寻专业化大学校长的胜任特征。麦克利兰(1973)认为传统的智力和能力倾向测验不能预测职业成功,强调挖掘影响工作业绩的个人潜质和行为特征②,这种直接影响工作业绩的综合素质和行为特征称为胜任力。本章通过文本分析法提炼国际专业化大学校长的胜任特征,运用行为事件访谈法和扎根研究方法提出我国专业化大学校长的胜任特征,并通过问卷调查了解我国"211"大学校长胜任特征现状,为制定我国大学校长专业化标准提供依据。

第一节 国际视野中专业化大学校长胜任特征研究

国外许多著名大学在遴选大学校长时,非常强调大学校长的胜任特征。那么,当今国外知名大学对校长的胜任能力有哪些要求?本课题立足于已有的研究成果,通过文本分析法对美国、英国等国外大学校长的职责与遴选胜任能力进行剖析,提出国

---

① 眭依凡:《大学校长及其演讲的重要性》,载《高校教育管理》2010年第4期。
② Mcclelland D. C.:"Testing for Competence Rather than for 'Intelligence'",载"American Psychologist",1973年第28卷第1期。

外专业化大学校长的胜任能力特征,为我国大学校长的胜任能力标准提供借鉴。

一、大学校长胜任特征研究理论基础

(一) 素质概念

《辞海》一书中对素质一词的定义为:"素质是指人或事物在某些方面的本来特点和原有基础。在心理学上,指人的先天的解剖生理特点,主要是感觉器官和神经系统方面的特点,是人的心理发展的生理条件,但不能决定人的心理内容和发展水平。"《中国大百科全书·心理卷》一书对素质的解释为:"素质是能力的自然前提,人的神经系统以及感觉器官,运动器官的生理结构和功能特点,特别是脑的微观特点,与能力的形成和发展有密切关系。"顾明远在其主编的《教育大辞典》中认为素质是指:"公民或某种专门人才的基本品质……是个体在后天环境、教育影响下形成的。"

1. 素质冰山模型。美国著名心理学家麦克利兰于1973年提出了一个著名的素质冰山模型,所谓"冰山模型",就是将个体素质的不同表现划分为表面的"冰山以上部分"和深藏的"冰山以下部分"。其中,"冰山以上部分"包括基本知识、基本技能,是外在表现,是容易了解与测量的部分,相对而言也比较容易通过培训来改变和发展。而"冰山以下部分"包括社会角色、自我形象、特质和动机,是人内在的、难以测量的部分,它们不太容易通过外界影响而改变,却对职业成功起关键作用。

2. 素质洋葱模型。美国组织行为学专家博亚特兹(Boyatzis)在1982年提出了"素质洋葱模型",素质各核心要素由内至外分别是动机、个性、自我形象与价值观、社会角色、态度、知识、技能等,其中知识、技能等外层要素容易培养和评价,而个性和动机等内层要素则难以评价与后天习得(见图7-1)。

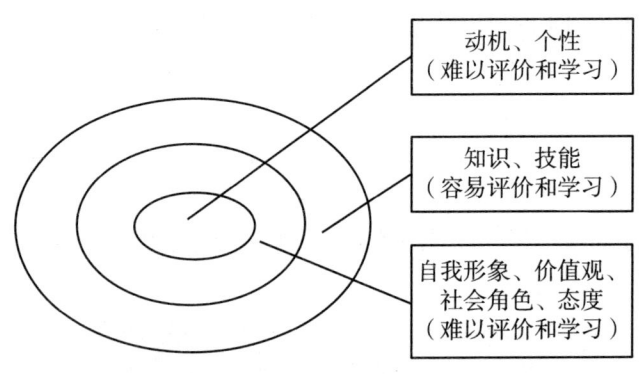

图7-1 素质洋葱模型

（二）胜任特征和胜任特征模型概念

沃道夫（Woodruff，1991）将胜任特征看作是人们履行工作职责时的行为表现，是个体的潜在特征满足工作标准时的输出行为，是特定情境下对知识、技能、动机等的具体运用和实际行为表现[①]。麦克康奈尔（McConnell，2001）认为，胜任特征是指个体履行工作职责和取得绩效的能力，涵盖了与优异绩效有关的个体特质、技能、知识和动机等[②]。本文认为，大学校长胜任特征主要是指在现代大学制度中，能将表现优秀的校长与一般校长区分开来的个体潜在特征，主要包括知识、技能、价值观、动机以及人格特点等方面。

胜任特征模型是指承担某一特定的职位角色所应具备的胜任特征要素的总和，即针对该职位表现优异者要求结合起来的胜任特征结构（时勘，2006）[③]。胜任特征模型包括各胜任特征的名称和胜任特征的行为表现。

（三）大学校长胜任特征模型研究综述

国内外学者对大学校长及学校管理者胜任力模型做了一些研究，主要结论见表7-1。各研究提出的大学校长的胜任特征模型有其共性，诸如个人特性、学术水平、沟通能力等，但是对胜任特征的归类存在差异。

表7-1　　　　　　　大学校长胜任特征模型研究综述

研究人员	研究结论
罗伯特·卡姆（1980）	对美国40名研究型大学的校长进行调查，总结出大学校长应具备以下人格特征：精力充沛、正直诚实、勇气胆量、热情友好、幽默感、坚韧不拔。
许晓东（1993）	从学术水平、管理能力、个性特点等五个方面较为系统地分析了研究型大学校长具备的素质及其辩证关系。
眭依凡（2001）	一流大学校长的素质要求主要还是集中在教育家、学者和道德楷模三个方面，其中首推教育家。

[①] Woodruff C.："Competent by any other name"，载"Personnel Management"，1991年第23期。
[②] McClonnell E. A.："Competence vs. competency"，载"Nursing Management"，2001年第5期。
[③] 时勘：《基于胜任特征模型的人力资源开发》，载《心理科学进展》，2006年第14期。

续表

研究人员	研究结论
叶桂芹，袁本涛（2008）	强调管理才能、战略眼光、治校理念以及重大事件的把控和筹集资金等能力。
魏士强，洪银兴（2010）	中国高校领导者能力应当包括领导力、思考力、影响力、事业心、创新性、人格魅力、魄力和前瞻性。
马俊杰（2010）	提出战略规划能力、决策能力、分析能力、领导能力、协助能力、控制能力、资源管理能力、绩效导向、创新能力、经营管理能力、社会活动能力、服务育人能力、全球化视野等13项核心胜任能力。
Breakwell & Tytherleigh（2010）	从学术性特征、管理和领导性特征、商业性特征以及个性特征这四个维度对大学校长任职资格来进行划分。
刘新军，许放（2013）	划分为人格特性、教育思想、管理能力、发展能力、行业影响力等5个维度。
俞婷婕（2014）	澳大利亚大学校长必须具备高校管理的资历与经验、学术成就和声誉、个人影响及与政商界合作的经验、海外经历及国际视野等四方面因素。
朱剑（2014）	英国大学都重视校长的学术背景、领导能力和管理经验、执行能力、公关能力和融资能力和大学校长的适应性等维度。

二、基于大学章程和遴选条件的国外大学校长胜任特征分析

在国外大学的章程和校长招聘启事中，对于校长的岗位职责及其遴选胜任能力有较为清晰的规定和要求。因此，归纳提炼世界著名大学对于校长的职责和遴选胜任能力的规定与要求，有助于我们分析世界一流大学校长的胜任特征。

（一）样本选择及研究方法

本章选取了15所英美著名大学的大学章程（By-law of university）及招聘启事为研究样本（见表7-2），通过文本分析法对大学校长胜任特征进行归纳整合。从建校时间来看，15所大学大多历史悠久，最早的当属牛津大学建校于1167年，最晚的加州理工也成立于1891年；从学校规模看，9所大学属于国际顶级院校，5所属于国家一级综合大学，1所属于国家重点综合大学；从学校性质来看，12所为私立大学，3所为公立大学；从2015年的QS全球大学排名来看，除布朗大学位于52名之外，其余14所均为全球前40强，且有8所为前十强。

表 7-2　　　　　　　　15 所样本大学背景信息一览表

序号	学校名称	建校时间	所属国别	学校性质	学校规模	Qs 全球大学排名
1	麻省理工学院	1861	美国	私立	国际顶级院校	1
2	剑桥大学	1209	英国	公立	国际顶级院校	2
3	哈佛大学	1636	美国	私立	国际顶级院校	4
4	牛津大学	1167	英国	公立	国际顶级院校	5
5	斯坦福大学	1885	美国	私立	国际顶级院校	7
6	加州理工学院	1891	美国	私立	国家一级综合大学	8
7	普林斯顿大学	1746	美国	私立	国际顶级院校	9
8	耶鲁大学	1701	美国	私立	国际顶级院校	10
9	芝加哥大学	1890	美国	私立	国家一级综合大学	11
10	宾夕法尼亚大学	1740	美国	私立	国家一级综合大学	13
11	哥伦比亚大学	1754	美国	私立	国际顶级院校	14
12	康奈尔大学	1865	美国	公立	国家一级综合大学	19
13	杜克大学	1838	美国	私立	国家一级综合大学	25
14	西北大学	1851	美国	私立	国家重点综合大学	34
15	布朗大学	1764	美国	私立	国际顶级院校	52

（二）世界著名大学对于专业化校长的职责要求

世界著名大学都通过大学相关规章等对大学校长的岗位职责予以了规定，这些法律文件主要是大学章程（By-law or Articles of Corporation）、大学条例（Ordinance）、大学规程（Statutes）等。通过对这 15 所大学章程及其相关条例的整理、分析和归纳后，将 15 所英美大学的校长职责要求整理成表 7-3，包括 6 项一级指标和 20 项二级指标，并且对各二级指标进行了频数统计。

表 7-3　　　　　　　　国外大学校长的职责

一级指标	二级指标	频数（N=15）	频率（%）
资金筹集与管理	筹款	13	86.7
	预算管理	11	73.3
	改善资本	5	33.3
	运行成本	4	26.7
	投资创业	9	60

续表

一级指标	二级指标	频数（N=15）	频率（%）
维持和发展关系	社区关系	8	53.3
	与媒体和公众的关系	10	66.7
学生事务	学籍管理	6	40
	学生生活与行为问题	5	33.3
	学生学习的责任与管理	5	33.3
校园建设	校园活动	4	26.7
	校园国际化	5	33.3
	校园建设	11	73.3
战略规划	危机管理	6	40
	风险管理	5	33.3
	战略规划	12	80
	战术计划与规划实施	8	53.3
行政管理	治理结构和关系	13	86.7
	师资建设	10	66.7
	责任与评价	8	53.3

从表7-3中可以看出，国外知名大学章程中所规定的校长职责都强调资金筹集与管理、维持和发展关系、学生事务、校园建设、战略规划和行政管理这六个一级指标，但在二级指标存在差异，各自有所侧重。从统计数据可以看出，筹款、治理结构与关系职责占比最高，为86.7%，战略管理、预算管理和校园建设等职责在章程中出现频率相对比较高。可见，大学校长主要忙于筹款、预算管理、战略规划和治理结构管理等事项。

（三）国外大学对于专业化校长的胜任能力要求

从大学章程、大学条例等法律文件中可以获取大学校长的职责，从侧面分析专业化大学校长所应具备的专业化能力。同时，还可以从国外大学对于专业化大学校长的遴选过程中了解国外大学对校长胜任能力要求。鉴于此，本章收集了15所大学校长招聘广告。我们对这15所大学校长招聘广告中所规定的大学校长胜任能力特征要求进行了归纳总结，从个性特征、战略管理与变革能力、筹资和财务管理能力、沟通协调和建立关系能力、领导艺术与团队建设五个维度来进行统计。

1. 个性特征。

在个性特征维度,总共划分了六个二级指标,见表7-4,其中精力与热情、诚信与职业道德、职业认同均占比40%,比重最高;其次占比较高的还有亲和力和创造性。大学校长作为学校的法人,对外代表大学形象,对内则要言传身教,树立榜样。这就要求大学校长要对自身予以修炼、提升、约束和管理。国外大学注重校长的诚信与职业道德,期望大学校长投入精力和热情,需要大学校长对职业和组织做出承诺。在我国大学校长的薪酬水平不高的背景下,优秀的大学校长更多需要内在的驱动力。因此,大学校长要具备投身高等教育的精力和激情;对于自身职业的深刻认同感与奉献精神;正直诚信,笃信道德行为;具有亲和力与创造性;善于控制情绪;积极进取,不断发展和提高自己。

表7-4 个性特征

一级指标	二级指标	行为表现	频数(N=15)	频率(%)
个性特征	精力与热情	为大学使命和愿景投入精力和热情	6	40
	职业认同	对于大学校长的职业表示深刻认同	6	40
	诚信与职业道德	无可挑剔的诚信与职业道德	6	40
	创造性	具有视野的创新型领导者	5	33.3
	奉献精神	以发展终身教育和积极奉献社会为承诺,是以学生为中心的领导者	2	13.3
	亲和力	谦虚,平易近人,善于倾听,具有幽默感,拥有强大亲和力	4	26.7

2. 战略管理和变革能力。

在战略管理与变革能力维度,也包括7个二级指标。其中有14所大学对于大学理念认同这一特征提出了要求,占比高达93.3%;其次是了解高等教育、愿景和战略管理能力,分别占比80%和66.7%。其中两所大学要求校长具备改革的勇气和魄力。

战略管理能力是大学校长非常重要的胜任能力。课题组在访谈犹他州立大学东犹他学院校长Joe Peterson时,他特别强调校长的战略管理能力,认为"一个优秀的大学校长应该是具有战略性的眼光和能力,理解商业模式,理解教育课程,了解如何依靠所需资源满足需求,知道如何确保一切有序开展"。佛蒙特大学校长Tom Sullivan在访谈中指出一位好的大学校长应该是"领导角色,有远见,有战略性思维,宏观地看世界,关注外面发生了什么以及会怎样影响我的学校等问题"。

通过分析表 7-5，可以发现大学校长必须具备以下几点战略和变革能力：

表 7-5　　　　　　　　战略管理与变革能力维度

一级指标	二级指标	行为表现	频数（N=15）	频率（%）
战略管理与变革能力	了解高等教育趋势和规律	深刻了解高等教育现状及其全球发展趋势，欣赏高等教育不断变化的性质	12	80
	致力于教育	致力于本科生、研究生和职业教育	4	26.7
	认同大学理念和使命	对于大学的传统、使命、共同治理承诺表示理解、尊重与欣赏	14	93.3
	追求高标准	致力于学习、教学和学术的高标准	6	40
	良好的决策判断力	具备良好的决策分析和判断力	7	46.7
	愿景和战略管理能力	远见卓识，能够设计高等教育的未来并制定战略，成功驾驭未来，并激发他人信心，分享和服务于大学愿景	10	66.7
	具备改革的勇气魄力	高等教育的热心探险家，意识到重要国家议题，并对大学在这些领域中促成变革的独特作用表示赞赏	2	13.3

首先，具备高等教育理念和知识，深刻理解大学的本质、使命和人才培养的规律。熟悉高等教育业务，通晓高等教育规律，要熟悉现代大学制度和大学治理结构；此外，大学校长要能在各种关系中坚守大学教育本质和发展原则，同时关注社会对人才培养需求的动态，这是专业化校长管理大学的重要原则。

其次，具有国际化视野，通晓国情，关注大学和社会的关系，密切关注社会需求，善于把握大学本质、目的和战略定位，促进大学为国家或地方的发展和政策制定做出贡献。要有清晰的大学办学理念，并能超越短期利益登高望远，能按照科学的教育理念提供组织发展方向，同时具备教育理念和组织愿景的表达和沟通能力。英国卡迪夫大学前校长伯瑞·史密斯勋爵曾说，作为校长，他四分之三的时间花在思考学校的方向与策略上，校长就是要将自己的办学战略思考和价值理念传播出去。

最后，要有勇气面对组织变革与应对危机，敢于直面时代的重大问题，有改革创新的勇气和自信，表现出领导者的勇气，不回避矛盾，必要时能做出涉及人事的艰难决定。

3. 筹资和财务管理能力。

在筹资和财务管理能力维度，总共包括筹集能力、财务管理能力、资源整合能力以及财务知识四个维度的胜任特征，见表7-6。其中最为国外大学所强调的是激励、说服所有选民支持机构，积极培育现有和扩大新的慈善资源的能力，即筹资能力，占比66.7%；然后是财务管理能力，占比53.3%；最后是资源配置和财务知识，分别为46.7%。

表7-6　　　　　　　　筹资和财务管理能力维度

一级指标	二级指标	行为表现	频数（N=15）	频率（%）
筹资和财务管理能力	筹资能力	能够激励、说服所有选民支持机构，积极培育现有和扩大新的慈善资源	10	66.7
	财务管理能力	理解和管理财务的能力	8	53.3
	资源配置能力	具备金融智慧，能够创造性地思考增长机会，根据组织愿望有效配置有限资源	7	46.7
	财务知识	财务知识渊博	7	46.7

在美国大学中，公立大学和私立大学都需要从校友、企业及私人基金会筹措大量的经费以保证收支平衡。纽约大学副校长 Diane C. Yu 指出"校长是一个伟大的筹款者，通过增加学校资金来帮助艺术和科学学科的教师，并为重要的新计划生产更多的钱"。而英国在"新公共管理主义"和2008年经济危机的双重影响下，政府对大学的经费控制更是严格，在这种背景下融资成为英国大学校长的一个新职责。如剑桥大学规定新校长必须能"确保学校的财政资源具有可持续性"和具备"国内外融资的能力"。分析发现，英美高校均注重校长的筹资及财务管理能力。而在我国，随着高等教育大众化和办高校学自主权的扩大，大学校长同样应该具备筹资及财务管理能力，从而增强高校独立性，改变对政府的过度依赖，实现高等教育的长足发展。

4. 沟通协调和建立关系。

在沟通协调和建立关系的能力维度，包括7个二级指标，见表7-7。其中有80%的大学重视与理事会、董事会、不同选民进行有效沟通与工作的能力；其次有73.3%的大学需要具备培育强大外部关系的能力，同时有66.7%的大学要求具有领导一个由多种多样成分所组成的复杂组织的能力。

表 7-7　　　　　　　　　　沟通协调和建立关系的能力

一级指标	二级指标	行为表现	频数（N=15）	频率（%）
沟通协调和建立关系的能力	沟通与协作能力	与大学理事会、董事会、不同选民进行有效沟通与工作的能力	12	80
	倾听能力	在决策过程中善于倾听	4	26.7
	代表组织发出声音的能力	具备充当组织的公共形象，发表组织声音的能力	4	26.7
	人际交往能力	优秀的人际交往能力和亲和力	7	46.7
	协调能力	具有领导一个由多种多样成分所组成的复杂组织的能力	10	66.7
	培育关系能力	具备培养强大的外部关系的能力	11	73.3
	沟通文化建设能力	具备建立和保持沟通文化的能力，以开放交流、共同愿景和相互尊重为原则建立良好内外部关系	5	33.3

大学校长作为法人代表，应当具有较强的对内对外沟通与建立关系的能力。犹他州立大学东犹他学院校长 Joe Peterson 提出"大学校长必须具有说服力，同教师、商人、政府官员、大学师生等沟通。大学校长必须以一种能让他们认同、支持的方式来解释问题和阐明观点。"加州大学圣地亚哥分校校长 Pradeep K. Khosla 在访谈中提到"我觉得成为一个优秀的管理者最重要的是做个好听众，做一个好的倾听者。我们向他们学习，同时也帮助他们感受到被尊重。"

大学校长的沟通协调能力具体表现在下列几个方面：具有强的主动沟通与人际交往能力，培育沟通文化，善于倾听，代表组织发出声音；大学校长的演讲是他们对大学价值等基本问题的理性思考和他们大学理想的表达（眭依凡，2010）[①]；要善于处理好校长与理事会、董事会、教师、学生等内部关系；能与政府、企业、媒体、兄弟院校、校友等建立合作伙伴关系能力；能赢得学术界、政府管理部门、企业界和学校师生的尊重，积极回应社会的批评，建立社会对大学教育和科学技术研究的信心。

5. 领导艺术和团队建设能力。

在领导艺术与团队建设维度（见表 7-8），共包含了 12 个方面的胜任特征。其中出现频率最高的是开放包容胜任特征，达 80%。英美大学要求校长能致力于种族、民族、经济和性别的多样化，促进各级机构的多样性。在我国，作为大

---

① 眭依凡：《大学校长及其演讲的重要性》，载《高校教育管理》，2010 年第 4 期。

学校长同样需要具备开放包容的领导风格,能听取不同的意见,与政见不同的人和部门建立有效的共赢关系。其次是团队建设能力,占比53.3%。哈佛大学前校长德里克·博克(Derek Bok)曾指出,大学要在面临现代社会的各种挑战中取得成功和进步,最关键的一环就是在于大学校长能否发挥有限的领导作用。可见领导能力对于一名大学校长的重要性。此外,大学校长还需具备团队建设能力,建立一个强有力的领导团队来协同管理一个大而复杂的学术机构。具体包括:开放包容;具备服务精神,关怀下属;了解群体需求,激励人员,促进团队建设;引导和推动师生和社会关系为学校战略部署共同行动。

表7-8　　　　　　　　　　　领导艺术与团队建设

一级指标	二级指标	行为表现	频数(N=15)	频率(%)
领导艺术与团队建设	开放包容	致力于种族、民族、经济和性别的多样化,促进各级机构的多样性	12	80
	服务精神	是一个具有服务精神的领袖,能够领导、激励和鼓舞追随者	2	13.3
	关怀体贴	关心下属,贴心温暖,给人以力量和持久性	2	13.3
	激励和联合人员	将所有选民意见形成可操作的共识,具有激励和启发学生、教师、职员、家长、校友和外部利益相关者的能力	5	33.3
	团队建设能力	建立一个强有力的领导团队来协同管理一个大而复杂的学术机构	8	53.3
	组织推动力	具备旗开得胜和推动组织前进的能力	2	13.3
	号召力	激励和联合大学、更广泛社会和世界的能力	4	26.7
	鼓舞力	具备在公众中鼓舞和建立信心的能力	7	46.7
	获取支持能力	能够从机构使命、质量和方向的支持者中获取支持的能力	7	46.7

续表

一级指标	二级指标	行为表现	频数（N=15）	频率（%）
领导艺术与团队建设	了解群体需求	了解大学公共和私人团体，以及大学社区，包括学生、教师和职工、校友和其他大学支持者的需要和关切的问题	4	26.7
	关心校内群体	与教师、学生、职员和校友进行有效互动并尊重和支持他们	7	46.7
	积极领导	在大学社区里愿意发挥积极的领导作用	2	13.3

（四）国外专业化大学校长职责和胜任能力的对应关系

本书从国外大学校长的职责和遴选胜任能力这两个角度出发，分别进行归纳分析，进而得出国外大学校长职责与遴选胜任能力的对应关系（图7-2）。

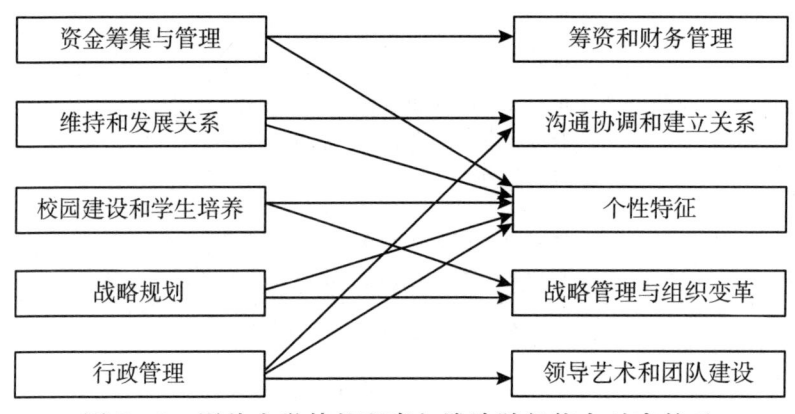

图7-2 国外大学校长职责与遴选胜任能力对应关系

图7-2直观地反映了五个维度职责与五个维度遴选胜任能力的关系，从而进一步印证本文所统计的遴选胜任能力即国外大学校长胜任特征，最终得出国外大学校长应具备个性特征、筹资和财务管理、沟通协调和建立关系、战略管理与组织变革、领导艺术和团队建设等五个维度的胜任能力特征（见表7-9）。

表 7-9 国外专业化大学校长胜任能力特征

胜任特征	行为标准
个性特征	充沛精力和热情；诚信与职业道德；奉献精神；亲和力；创造性
筹资、财务管理和资源配置能力	筹资能力；丰富的财务知识；有效管理财务；资源配置能力
沟通协调和建立关系	有效沟通和协调；倾听能力；代表组织发出声音能力；有效人际交往；培育良好内外部关系；促进沟通文化建设
战略管理与组织变革	了解高等教育趋势和规律；致力于教育；认同大学理念和使命；重视质量，追求高标准；良好决策判断力；具备愿景及战略管理能力；具有变革勇气和魄力
领导艺术和团队建设	开放包容；具备服务精神，关怀下属；了解群体需求，激励人员，促进团队建设；引导和推动师生和社会关系为学校战略部署共同行动

三、中外大学校长胜任特征的比较与启示

中外大学的本质和面临的挑战存在一些共性特征，但我国大学的主要资金来源和治理结构与国外存在差异，因此中外大学校长胜任特征存在共性和特性，具体表现为四个方面：

第一，中外大学都要求大学校长需要熟悉高等教育趋势和规律，具备良好的愿景和战略管理能力，具备实施变革的勇气和魄力。我国大学实行党委领导下的校长负责制，因此我国大学校长在战略管理中要自觉坚持社会主义大学办学方向，认真贯彻党的教育方针，培养德智体美全面发展的中国特色社会主义事业合格建设者和可靠接班人。

第二，中外大学校长都需要具备财务知识和资源配置能力。国外大学校长很重视资金筹措、资本管理，目前我国对大学校长的募资能力要求没有国外高，但将来对大学校长的募资能力要求会逐步提高，同时需要具备财务和资源配置能力。

第三，中外大学校长都要求具备沟通协调和建立关系的能力。内外部良好的关系是国内外大学校长成功治校的关键。大学校长必须善于倾听和沟通，建立开放沟通的文化，同时代表组织发出声音提高大学的影响力。除了校友、大学师生和企业外，国内外大学校长建立关系的对象有所区别，国外大学校长还需要重点处理与理事会、董事会和社区的关系；而在我国，大学校长也需要重点处理好与

党委以及政府的关系。

最后,中外大学校长都应当具备领导艺术和团队建设能力。佛蒙特大学校长 Tom Sullivan 认为领导者是大学校长的重要角色之一,纽约大学副校长 Diane C. Yu 指出组建优秀的教职工团队是实现纽约大学成长的重要策略之一,这些都凸显出大学校长的领导作用以及进行团队建设的重要作用。人才是高校最重要的资源,大学校长需要具备高效团队建设能力,关注群体和相关利益者的需求,尽力实现个体、团队和组织的多赢,以包容的领导风格引导和激励下属、师生为大学的愿景和战略目标努力。

我国应该借鉴西方的先进经验,建立符合我国国情的大学校长胜任特征标准和行为标准,对大学校长所需胜任特征和行为进行科学规定,并以这些标准选拔和评价大学校长,基于胜任特征开展大学校长遴选和专业化管理,专业化大学校长的产生离不开科学的大学校长遴选和评价制度。在国外,由遴选委员会制定"科学、明确、可操作"校长胜任特征标准,作为大学校长选拔和评价的直接依据。大学校长胜任特征及其行为标准可以预测职业成功,可以引导和塑造大学校长专业化行为习惯,以促进我国专业化大学校长队伍的建设。

第二节 我国专业化大学校长胜任特征模型研究

校长的专业化水平直接影响办学成效。大学校长管理专业化是完善中国特色现代大学制度的切入点和突破口,是推进高等教育治理体系和治理能力现代化的关键问题。为保证我国专业化大学校长的胜任能力与高校的发展需求相匹配,必须建立专业化大学校长的胜任特征模型。大学校长胜任能力标准是大学校长专业素质的要求,是制定大学校长遴选标准、任职资格标准、培训课程标准、考核评价标准等的重要依据。本节将通过对高校校长的访谈资料,运用扎根理论研究方法构建大学校长胜任力模型,为大学校长的遴选、任用、培训与考核提供参考。

一、研究方法

(一)数据来源

课题组对国内 10 位大学校长就"大学校长管理专业化"问题进行了深度访谈。我们对 10 位受访校长进行编号(A01—A10),访谈时间均在一个小时以上。

访谈中，征得受访校长同意对访谈进行了录音，并在访谈结束后对访谈录音进行整理，完成访谈记录和备忘录。

（二）研究工具

本章主要采用扎根理论方法（Strauss and Corbin，1994）[①]，对访谈资料进行开放式编码、主轴编码、选择性编码3个步骤来构建专业化大学校长胜任特征模型。具体操作程序为：（1）从原始资料中提取概念，对概念进行一级编码；（2）反复比较原始资料和所提取的概念，对概念进行范畴化；（3）分析和创建概念间的联结关系，构建概念与范畴间的逻辑架构；（4）对三级编码进行分析和理论构建，形成理论模型。

二、编码范畴化与模型构建

（一）开放式编码

本章通过分解访谈得到的原始资料，得到若干个"信息元"，然后将各个"信息元"进行概念化和范畴化，得到初步的概念群和范畴群。为了减少研究者的主观影响，该研究尽量使用被访谈校长的原话作为"信息元"从中挖掘出初始概念，一共得到248条原始语句及相应的初始概念。由于初始概念的数量非常庞大且存在一定的交叉关系，所以本章将初始概念进行重新归类组合，剔除重复频次少于2次的初始概念，对重复频次在3次以上的初始概念进行范畴化。得到的初始概念和若干范畴如表7-10所示。为节省篇幅，本章仅在每个范畴内截取2~3条原始语句及相应的初始概念。

表7-10　　　　　　　　开放式编码范畴化

初始范畴	原始语句（初始概念）
了解教育发展概况	A01 了解国际和国内的高等教育问题的新发展（国内外发展状况） A07 在学校发展的关键时刻抓住机遇，根据学校的发展情况和未来的发展趋势，总结学校的发展规律（学校发展状况） A10 校长要尊重教育规律，用好懂教育的人才（教育规律）

[①] Strauss A，Corbin J.："Grounded theory methodology——an overview"，载"Handaook of Qualitative Research"，Sage Publications，1994年版.

续表

初始范畴	原始语句（初始概念）
明确定位目标	A01 大学校长得有思想，有理念，没有理念不行（理念方向） A07 讨论重大的发展规划，提供多方面的意见建议，提供自己关于制定规划的想法，在党委决策过程中提出自己的观点（战略规划） A07 校长需要总体统筹能力，能够从战略的角度统筹规划，统筹未来（统筹规划）
民主决策	A01 重要事情必须集体决策，不准私下决定（集体决策） A01 大家一起讨论，书记权力过大或校长权力过大，就会发生问题（协商讨论） A06 学校总有利益相关，学校有各种各样的群体，如教授、行政人员、学生和校友会等，给他们发表意见的机会（多主体参与）
行政管理	A02 实际上做个好校长就要善于放权，你放权了发挥底下人的作用，你就有更多的时间到学生中间去，到教师中间去（权力下放） A09 大学校长必须是一个懂经营的人，要懂理财，不然是玩不转的，尤其面对现在，国家投资不多，学费也不高，不善于经营是不可能办好的（经营理财）
干部队伍建设	A10 把副校长的提名权还给校长，那这个副校长就会对校长负责（行政班子建设） A08 在高教法的框架之内，校长有对校领导班子的主导权（行政班子领导）
师资队伍建设	A08 清楚教师管理办法，并进行改革，对教师管理实行优胜劣汰管理办法（人才管理） A05 关注师资队伍建设（教师队伍管理） A08 目前教师队伍严重保守，提升教师的教学和科研水平（教师队伍的改善和提升）
学术权力	A04 内部搞学术权力制衡，要有一套学术规范（学术权力制衡） A02 在宪法和法律的允许范围内保障学术自由（学术自由） A05 如果校长不尽职的话，学术共同体可以提出免除他的建议，这才是校长压力的真正来源，而不应该是上级领导给他的压力（学术共同体） A05 学科领导人的遴选，需要教授委员会投票通过（对学科人才的决定权）

续表

初始范畴	原始语句（初始概念）
学科和专业建设	A02 学风建设是关键问题（学风建设） A05 校长可以引导学科的发展，比如提出学科带头人的遴选对象和标准（引导学科发展） A09 抓品牌建设，如国家重点实验室、国家工程中心等（品牌建设）
沟通协商	A01 面对重大事情和决议，书记校长一定要相互通气，因为书记校长对人事或重大事件只要有一个人坚决不同意的话，这个肯定做不成（相互沟通） A02 现在校长书记每个礼拜会单独的碰面，主要是讨论班子建设、干部遴选、学生的思想工作等问题，要协商确定下来，才到党委会议讨论（定期沟通商议）
职责明确	A04 书记和校长两人要摆好位子（分工明确） A07 党委书记是否可以直接绕过校长去指挥整个行政班子，必须确定权力边界（权力清晰）
利益平衡	A02 作为大学校长，要学会妥协，要掌握恰当的火候出台一些行政政策，要照顾到不同的群体，特别是知识分子群体（保障全局利益） A02 不要徒有形式，需要真正地听听学生和老师的意见（了解利益诉求）
学校的发言代表	A01 校长必须要代表学校发言，正面回应社会的质疑（正面回应） A02 大学校长是一个公众人物，根据职责和法规要求把握讲话的时机、范畴和内容（恰当的公众讲话）
社会服务	A02 一个校长是社会活动家，面向社会、面向公众，要考虑到方方面面（面向社会） A07 大学校长要引领社会的发展（影响社会）
政府交流	A03 会花很多的时间跟政府接触，跟官员打交道，筹集资金（资金筹措） A02 在政府面前，必须要确保学校老师和学生的基本权益（权益保障）
全身心投入	A01 为什么很多校长仍然是不肯放弃科研业务，可能是个人的利益诉求和兴趣等原因（个人或团队利益牵绊） A07 大学校长应该全职，全力以赴，要么否则你不要当大学校长（专职） A02 有些校长比较年轻，可能会担心，校长几年后不当了，下来怎么办，所以现在对校长职业安全保障（职业安全感）

续表

初始范畴	原始语句（初始概念）
使命感与荣誉感	A09 我觉得当校长是一种使命感、责任感，因此我觉得培养人是大学校长的第一要务，如何培养好人、立德树人是很重要的一件事情（使命感） A04 中国大学需要一批对中国教育有浓厚兴趣的，有高度责任心、有事业心的人当校长（职业兴趣和责任感） A09 我觉得人生是个舞台，一辈子干几件有意义的事情（关注职业的意义和价值）
教育理念和规律	A01 大学校长必须是学者出身，并且在本专业一定要有所建树，否则不足以服众（学术建树） A08 大学校长应该是教育家。教育家绝不是书生定位的那个教育家，而是说这种人要懂教育，而且敬畏教育的规律，一心遵从教育的规律办事（教育家的角色定位） A05 需要具备正确的教育理念（教育理念）

注：A** 表示第 ** 位受访者回答的原话。末尾括号中词语表示对该原始语句进行编码得到的初始概念。

（二）主轴编码

主轴编码是发现和建立范畴之间的潜在逻辑关系。本研究根据不同范畴在概念层次上的相互关系归类，共归纳出 7 个主范畴。各主范畴及其对应的开放式编码范畴如表 7-11 所示。

表 7-11　　　　　　　　主轴编码形成的主范畴

主范畴	初始范畴	关系内涵
规划学校发展战略	了解教育发展概况	能否准确地把握当前国内外教育发展概况，熟悉当前大学面临的机遇与挑战，深谙教育发展规律，这些都将直接影响校长规划学校发展战略的正确性
	明确定位目标	合理地确定学校定位目标是进行学校发展规划的重要一步
	具备教育理念懂教育规律	校长具备正确的教育理念，懂得教育规律，才能提出专业的战略管理能力

续表

主范畴	初始范畴	关系内涵
优化内部管理体制和治理结构	民主决策	通过民主协商和集体决策,强调多元主体参与管理,保障决策的科学性与民主性,将直接影响学校内部管理成效
	行政管理	校长通过权力下放,完善经营理财等行政管理体制机制,保证内部管理的高校有序运行
人才队伍建设	干部队伍建设	行政领导班子和团队的建设,高校人才队伍建设的重要内容
	师资队伍建设	教师队伍是高校重要的人力资源,通过完善人才管理环节和制度,充分激发教师的内在潜能
专业学科建设	学术权力	学术权力的保障是专业学科建设的基本要求,专业学科的建设必定会产生相应的学术权力
	专业学科建设	学风建设、品牌建设是专业学科建设的重要内容
内部关系与保障	沟通协商	学校内部各主体,尤其是校长与书记之间的沟通协商是保障学校内部关系、维持学校稳定的重要要求
	职责明确	学校领导班子、内部各部门主体之间进行明确权责分配,有利于减少校内管理过程中的冲突和矛盾
	利益平衡	满足学校内部各主体的合理利益诉求,有利于发挥各主体的积极性,保障学校内部管理
外部关系与保障	学校的发言代表	校长代表学校向公众和媒体发出声音的能力,对于高校外部关系和形象的维护有重要作用
	社会服务意识	为提高高校的对外服务的能力,校长需要关注社会的需求,具有强烈的社会服务意识
	政府交流	政府的财政支持是高校资金的重要来源,校长代表学校必须与政府相关部门建设良好关系,保障学校正常运作
校长自我管理和发展素质	全身心投入	校长必须全身心投入到学校管理工作中,推动学校发展
	使命感与荣誉感	校长的使命感、荣誉感、责任感是促进校长积极主动为学校奋斗的重要推动力

（三）选择性编码

选择性编码是在主轴编码所形成的众多主范畴中，发现其中起着关键性作用的一个或几个核心范畴，分析核心范畴与主范畴及其他范畴的联结点，最后形成一个有意义的稳定的理论模型。该研究中，主范畴间的典型关系如表7-12所示。

表7-12　　　　　　　　　主范畴的典型关系结构

典型关系结构	关系结构的内涵
自我管理和发展素质——管理学校的能力和行为表现	校长专业自身管理和发展素质是专业化校长任职的最基本的要求，具备内在的职业使命和动机，促进校长更专注更投入管理好学校，保障校长管理大学职责的实现
内外部关系环境 ↓ 自我管理和发展素质——管理学校的能力和行为表现	校长的管理学校行为要充分考虑高校内外部关系环境，如何营造良好内部关系，处理好与外部相关利益主体和公众的关系是校长需要具备的素质

本书确定"专业化大学校长胜任特征模型"为核心范畴，围绕核心范畴的主范畴为：校长自我管理和发展素质、规划学校发展、优化内部管理、人才队伍建设、专业学科建设、内部关系与保障、外部关系与保障。其中，校长的自我管理和发展素质是基本要素，它是驱动校长负责的内在动力，是校长"修身养性，管理好学校"的内在要求；内外部关系保障是校长管理好学校的关系和环境需求，调节着校长自我管理和发展素质与校长管理学校的行为的关系。基于该关系结构，本研究建构和发展出专业化大学校长胜任特征模式架构，即"专业化大学校长胜任特征模式"，如图7-3所示。

（四）理论饱和度检验

本研究为检验理论饱和度，另外对两个高校书记进行访谈。结果显示，模型中的范畴已经发展得非常丰富，对于专业化大学校长胜任特征模式的7个主范畴，均没有发现形成新的重要范畴和关系，7个主范畴内部也没有发现新的构成因子。由此可以认为，"专业化大学校长胜任特征模型"在理论上是饱和的。

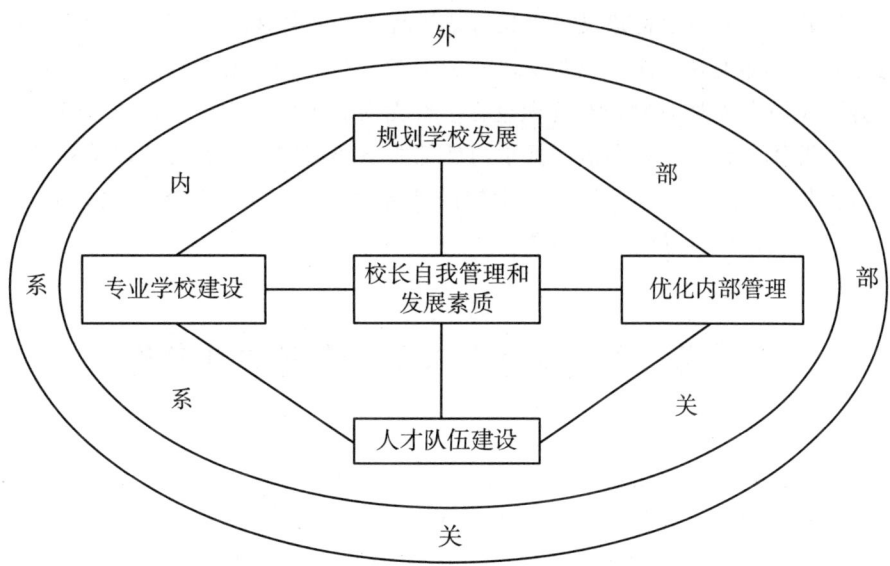

图7-3 专业化大学校长胜任特征模型

三、研究结论与模型阐释

（一）研究结论

本书基于已有的研究成果，利用对我国10位大学校长的深度访谈资料，运用扎根理论方法，通过开放式编码、主轴编码、选择性编码，一步步进行归纳概括，得出核心范畴以及相关的主范畴，最后分析核心范畴与主范畴及其他范畴的联结点，得出专业化大学校长胜任特征模型。该模型包括7个主范畴：校长自我管理和发展素质、规划学校发展、优化内部管理、人才队伍建设、专业学科建设、内部关系与保障、外部关系与保障。

（二）模型阐释

借鉴领导学的逻辑结构和胜任能力的"冰山模型"，校长首先必须有自我管理和发展素质，其次是具备承担领导大学的职责的能力，最后是具备建立良好内外部关系的能力，本研究中专业化大学校长胜任特征模型涵盖着以上三大块内容。

校长专业自我管理和发展素质，强调校长全身心投入工作，拥有强烈的使命感与荣誉感。作为校长胜任能力模型的冰山下内容，校长专业自我管理和发展素质体现出校长的职业基本素养和自我修养，在各主范畴中处于最基础的地位，直接影响着大学校长履行职责和建立关系的能力。规划学校发展、优化内部管理、人才队伍建设、专业学科建设是校长行政过程中的具体职责和管理行为。内部关系与保障、外部关系与保障说明了内外关系对"自我管理发展素质——管理学校的行为"的调节作用。校长在管理过程中要面对着教师、学生、媒体、政府、社会等多元群体,必须将管理活动置于内外部关系环境中,根据内外部关系环境对管理行为作出一定的调整,以适应学校内外部发展的需求,保障各主体的利益,为学校的发展提供良好的生态环境。

第三节 我国大学校长胜任特征现状分析

大学校长管理专业化是提升我国高等教育治理能力现代化的核心问题。为了准确反映出大学校长专业化和能力素质现状,课题组组织开展了问卷调查。此次问卷调查对象包括"211"大学的校长、党委书记、大学中层干部、大学教授四类群体。本次调查的大学校长胜任特征主要包括十个方面:使命感与全身心投入、组织愿景和战略管理能力、变革的勇气和魄力、组织结构和体制机制设计能力、人财物等资源的配置能力、激励员工和团队建设能力、与政府企业媒体校友建立合作伙伴关系能力、沟通协调能力、高等教育理念和知识。通过对问卷的统计分析,得出各项大学校长胜任特征的重要性排序,发现大学校长胜任特征的现状,分析不同群体对大学校长胜任特征评价的差异,分析不同背景的大学校长胜任特征的差异。

一、我国大学校长胜任特征的重要性排序

大学校长胜任特征重要性排序的分析主要依托于调查问卷中"您认为下列哪几个重要指标可用来评价专业化大学校长的素质"这一题项所得的数据。具体结果如表7-13所示。

表7-13　　　　　　　　大学校长胜任特征需求

特征需求	校长卷		书记卷		中层卷		教授卷	
	频率	百分比(%)	频率	百分比(%)	频率	百分比(%)	频率	百分比(%)
使命感与全身心投入	45	84.9	49	96.1	500	79.7	380	75.5
组织愿景与战略管理能力	41	77.4	39	76.5	449	71.6	333	66.2

续表

特征需求	校长卷		书记卷		中层卷		教授卷	
	频率	百分比（%）	频率	百分比（%）	频率	百分比（%）	频率	百分比（%）
变革的勇气和魄力	43	81.1	36	70.6	460	73.4	332	66.0
组织结构和体制机制设计能力	34	64.2	25	49.0	342	54.5	246	48.9
人财物等资源配置能力	37	69.8	32	62.7	328	52.3	222	44.1
激励员工团队建设能力	32	60.4	36	70.6	357	56.9	255	50.7
与政府、企业、媒体、校友等建立合作伙伴关系能力	32	60.4	29	56.9	339	54.1	221	43.9
沟通协调能力	33	62.3	33	64.7	258	41.1	195	38.8
高等教育理念和知识	35	66.0	30	58.8	326	52.0	236	46.9
其他	2	3.8	3	5.9	14	2.2	13	2.6

从校长卷、书记卷、中层卷以及教授卷中可以发现，各项大学校长胜任特征中最重要的三项为使命感与全身心投入、组织愿景与战略管理能力、变革的勇气和魄力。其中，使命感与全身心投入均排在首位，校长卷与中层卷认为校长变革的勇气和魄力的重要性在组织愿景与战略管理能力之上，而书记和教授卷则认为组织愿景与战略管理能力较之变革的勇气和魄力更重要。

二、我国大学校长胜任特征的现实呈现

通过大学校长、党委书记、大学中层干部和教授对校长胜任特征的评价分数统计（采用5分计分方法，1分为最低分，5分为最高分），能够反映出大学校长胜任特征现状。四类人群对大学校长胜任特征整体评价的均值及标准差如表7-14所示。

在校长卷中，大学校长胜任特征评价从高到低依次为使命感与全身心投入、变革的勇气和魄力、组织愿景与战略管理能力、沟通协调能力、高等教育理念和

知识、激励员工和团队建设能力、与政府、企业、媒体、校友等建立合作伙伴关系能力、组织结构和体制机制设计能力、人财物等资源配置能力。在书记卷中，大学校长胜任特征水平处于前三项的是使命感与全身心投入、组织愿景与战略管理能力、变革的勇气和魄力。中层干部与教授均认为大学校长胜任特征中最强的为使命感与全身心投入、组织愿景与战略管理能力、高等教育理念和知识，而组织结构和体制机制设计能力、人财物等资源配置能力、激励员工和团队建设能力最弱。

表7-14　　　　　　　我国大学校长的胜任特征评价

胜任特征	校长卷		书记卷		中层卷		教授卷	
	平均分	标准差	平均分	标准差	平均分	标准差	平均分	标准差
使命感与全身心投入	4.66	0.517	4.25	0.796	4.25	0.910	3.91	1.047
组织愿景与战略管理能力	4.11	0.610	4.00	0.872	4.05	0.934	3.79	0.980
变革的勇气和魄力	4.13	0.785	4.00	0.894	3.98	0.995	3.68	1.069
组织结构和体制机制设计能力	3.94	0.691	3.80	0.872	3.83	0.985	3.63	1.009
人财物等资源配置能力	3.94	0.770	3.92	0.796	3.87	0.962	3.59	1.012
激励员工团队建设能力	4.00	0.707	3.76	0.862	3.82	1.021	3.61	1.061
与政府、企业、媒体、校友建立合作伙伴关系能力	3.96	0.733	3.96	0.958	4.01	0.960	3.79	0.961
沟通协调能力	4.09	0.597	3.88	0.952	4.00	0.908	3.79	0.992
高等教育理念和知识	4.02	0.747	4.04	1.076	4.09	0.918	3.84	1.038

综合所有问卷数据，我国大学校长胜任特征评价从高到低依次为使命感与全身心投入（4.13）、高等教育理念和知识（3.98）、组织愿景与战略管理能力（3.94）、与政府、企业、媒体、校友等建立合作伙伴关系能力（3.92）、沟通协调能力（3.91）、变革的勇气和魄力（3.86）、人财物等资源配置能力（3.76）、组织结构和体制机制设计能力（3.75）、激励员工和团队建设能力（3.74）。结

合大学校长应具备的最重要的胜任特征（使命感与全身心投入、组织愿景与战略管理能力、变革的勇气和魄力），发现我国大学校长胜任特征中变革勇气和魄力与期望中仍存在一定差距。同时，大学校长诸如人财物等资源配置能力、组织结构和体制机制设计能力、激励员工和团队建设能力等行政管理能力较弱，亟待提高。

三、不同群体对我国大学校长胜任特征的评价差异

由于本书的调研对象包括校长、书记、中层干部和教授四类人群，不同职务的调查对象对大学校长胜任特征的现状评价是否存在一定的差异性，需要检验说明。

表7-15为不同职务组别间单因素方差分析的结果。从表7-15中可以看出，不同职务间，我国大学校长各项胜任特征的显著性均小于0.01，因此，可以推断我国大学校长胜任特征在不同职务间存在显著差异。

表7-15　职务间大学校长胜任特征评价差异性分析

特征评价		平方和	df	均方	F	显著性
使命感与全身心的投入	组间	48.737	3	16.246	17.945	0.000
组织愿景与战略管理能力	组间	19.665	3	6.555	7.428	0.000
变革的勇气和魄力	组间	29.898	3	9.966	9.688	0.000
组织结构和体制机制设计能力	组间	13.379	3	4.460	4.642	0.003
人财物等资源的配置能力	组间	24.621	3	8.207	8.741	0.000
激励员工和团队建设能力	组间	16.221	3	5.407	5.193	0.001
与政府、企业、媒体、校友等建立合作伙伴关系能力	组间	13.973	3	4.658	5.141	0.002
沟通协调能力	组间	14.238	3	4.746	5.438	0.001
高等教育理念和知识	组间	18.255	3	6.085	6.478	0.000

图7-4是我国大学校长胜任特征评价均值的折线图。从折线图中，可以较为清晰地看到不同群体对大学校长胜任特征评价的差异性，具体体现在校长的自我评价明显高于其他评价主体对校长胜任特征的评价，教授对校长胜任特征的评价最低，而党委书记以及中层干部对大学校长胜任特征的评价差异较小。

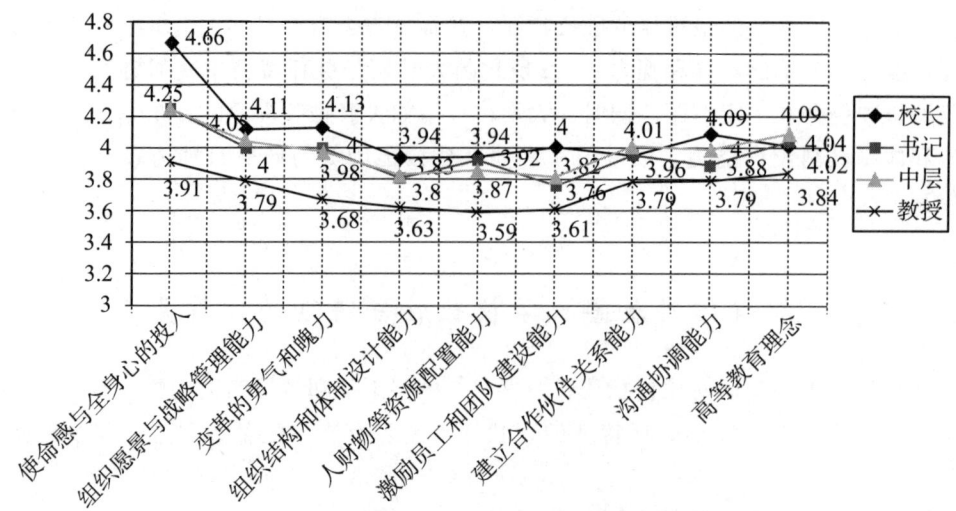

图7-4 我国大学校长的胜任特征评价图

四、不同背景的我国大学校长胜任特征组间差异结果分析

不同背景的大学校长对自身胜任特征评价是否存在一定的差异性,需要进行组间差异检验。对性别层与年龄层进行组别分析,发现不同性别、年龄组别间,大学校长各项胜任特征的显著性均大于0.05,说明大学校长胜任能力评价在性别与年龄组别间差异均不明显。文化程度组别间,大学校长胜任能力中的激励员工和团队建设能力的F值为3.227,显著性为0.020,小于0.05,而其他能力的显著性均大于0.05,说明大学校长胜任特征中的其他能力评价在文化程度组别间差异不明显。

剔除大学校长所属学科人数特别少的学科,大学校长胜任能力评价在不同学科背景间的单因素方差分析结果如表7-16所示。人财物等资源的配置能力的F值为2.360,显著性为0.040,其显著性在0.05之上,可以判断归属不同学科背景的大学校长对人财物等资源的配置能力的评价存在着明显的差异性,对于大学校长其他胜任能力评价不存在显著差异。同时检验本校求学和海外经历对大学校长胜任能力评价的差异性影响,发现大学校长的本校求学和海外经历对自身胜任能力的评价不存在显著性差异。

表7-16 不同学科背景的大学校长胜任能力评价差异性分析

胜任能力		平方和	df	均方	F	显著性
使命感与全身心的投入	组间	1.876	7	0.268	1.023	0.430
组织愿景与战略管理能力	组间	3.906	7	0.558	1.660	0.145

续表

胜任能力		平方和	df	均方	F	显著性
变革的勇气和魄力	组间	6.566	7	0.938	2.027	0.074
组织结构和体制机制设计能力	组间	4.063	7	0.580	1.289	0.279
人财物等资源的配置能力	组间	7.881	7	1.126	2.360	0.040
激励员工和团队建设能力	组间	1.533	7	0.219	0.392	0.902
与政府、企业、媒体、校友等建立合作伙伴关系能力	组间	2.357	7	0.337	0.574	0.773
沟通协调能力	组间	1.303	7	0.186	0.454	0.861
高等教育理念和知识	组间	5.024	7	0.718	1.258	0.294

在不同学科背景组别间表现出显著差异的大学校长胜任能力评价的均值如表7-17所示，可发现在评价大学校长人财物等资源的配置能力，管理学和经济学的大学校长对自身表现出更强的自信心，而归属于哲学、教育学、医学学科的大学校长对自身人财物等资源的配置能力评价较低。

表7-17　　　　差异显著组别的大学校长胜任能力平均值

	哲学	经济学	教育学	理学	工学	农学	医学	管理学
人财物等资源的配置能力	3.00	4.50	3.50	3.92	3.89	4.00	3.50	4.67

五、我国大学校长亟待提升的胜任特征

大学校长亟待提升的胜任特征主要是依托于调查问卷中"您认为目前大学校长最需要提高哪几方面的素质才能适应未来的竞争环境和工作要求"进行频次分析和百分比计算的，具体如表7-18所示。

表7-18　　　　大学校长亟待提升的胜任特征

胜任特征	校长卷		书记卷		教授卷	
	频率	百分比（%）	频率	百分比（%）	频率	百分比（%）
使命感与全身心投入	32	60.4	33	64.7	282	56.1
组织愿景与战略管理能力	28	52.8	25	49.0	256	50.9
变革的勇气和魄力	41	77.4	34	66.7	326	64.8
组织结构和体制机制设计能力	17	32.1	11	21.6	144	28.6

续表

胜任特征	校长卷		书记卷		教授卷	
	频率	百分比（%）	频率	百分比（%）	频率	百分比（%）
人财物等资源配置能力	8	15.1	14	27.5	115	22.9
激励员工和团队建设能力	10	18.9	12	23.5	159	31.6
与政府、企业、媒体、校友等建立合作伙伴关系能力	12	22.6	16	31.4	113	22.5
沟通协调能力	10	18.9	18	35.3	77	15.3
高等教育理念和知识	14	26.4	9	17.6	116	23.1
其他	0	0	1	2.0	3	0.6

当调研对象为校长时，大学校长最需要提升的能力依次是变革的勇气和魄力（77.4%）、使命感与全身心投入（60.4%）、组织愿景与战略管理能力（52.8%）、组织结构和体制机制设计能力（32.1%）、高等教育理念和知识（26.4%）、与政府、企业、媒体、校友等建立合作伙伴关系能力（22.6%）、激励员工和团队建设能力（18.9%）、沟通协调能力（18.9%）、人财物等资源配置能力（15.1%）。书记卷和教授卷结果均显示，大学校长最需要提升的能力有变革的勇气和魄力、使命感与全身心投入、组织愿景与战略管理能力。

综上所述，大学校长最需要提升的能力为变革的勇气和魄力、使命感与全身心投入、组织愿景与战略管理能力。

六、研究结论

本书通过分析概括出各项大学校长胜任特征的重要性排序，与实然层面的大学校长胜任特征进行比较，得出大学校长胜任特征中亟待提升的能力，同时分析不同类别、背景下的评价主体对大学校长胜任特征评价的差异性，主要得出以下结论：

1. 各项我国大学校长胜任特征中最重要的三项为使命感与全身心投入、组织愿景与战略管理能力、变革的勇气和魄力。

2. 我国大学校长胜任特征中变革的勇气和魄力与期望中仍存在一定的差距，大学校长诸如人财物等资源配置能力、组织结构和体制机制设计能力、激励员工和团队建设能力等行政管理能力较弱，亟待提高。

3. 不同群体对我国大学校长胜任特征评价存在明显的差异性。具体表现为大学校长对自我的评价普遍高于其他评价主体，书记和中层干部之间的评价差异性较小，而教授对大学校长胜任特征的评价明显低于其他三大主体，差异性十分显著。

4. 从被调查对象自身的背景出发，发现我国大学校长胜任特征的评价在性别、年龄、本校求学和海外经历组别不存在明显差异。我国大学校长胜任特征中激励员工和团队建设能力的评价在不同的文化程度间存在着较为明显的差异。在学科背景组间分析时，我国大学校长胜任特征中自身变革的勇气和魄力、人财物等资源的配置能力由于学科背景的不同，而表现出较为明显差异性。

第八章

我国大学校长管理专业化的未来展望

从我国高等教育的发展趋势来看,高等教育即将发生三个重要变化,这会直接影响中国大学校长专业化未来的发展方向。第一个变化是高等教育由大众化转向普及化。至2020年,中国高等教育毛入学率将超过50%,高等学校的规模进一步扩大,类型趋于多样化,层次更加清晰,学校的事务愈发繁重和复杂,学校治理的复杂性与大学校长管理专业化水平之间的矛盾逐步形成并渐渐凸显。第二个变化是高等教育治理体系和治理能力的现代化。大学校长在高等教育治理结构中的重要性将更加明显,在大学治理能力现代化进程中将扮演着更为重要的角色,作为大学与内外部关系的关键结点,如何妥善处理好与党委,政府,以及利益相关群体的关系越来越富有挑战性。第三个变化是高等教育的国际化。我国高校与境外高校的合作将更加普遍,大学校长是否具备国际视野、国家意识和政治意识将直接影响到大学校长胜任能力的评价。展望我国大学校长管理专业化的未来发展,必然会朝着进一步释放校长治校动力,让校长更主动地想做好校长;进一步提升校长的治校专业能力,让校长治校的手段更加丰富和科学;进一步完善校长在岗位上负责的条件,让校长能放开手脚,全身心投入到治校办学活动中去。

第一节 增强动力:创新让校长专心治校的制度安排

从社会职业发展的一般规律和做好工作的角度来看,"意愿"比"能力"更重要，即在未来的大学校长管理中，如何遴选出愿意全心治校的校长，进一步提升校长负责的动力是首要问题。为了应对这一问题，自 2002 年起，教育部就开始在一些大学进行副校长职务的公开选拔。此后，教育部力争在大学校长的选任制度上取得新突破。2010 年颁布实施的《国家中长期教育改革和发展规划纲要（2010～2020 年）》中明确要求"建设现代学校制度，完善大学校长选拔任用办法"、"推进政校分开，管办分离"。同年，辽宁省面向全国公开选拔辽宁师范大学等 5 所省属本科大学校长。2011 年底，教育部开展直属大学校长公开选拔改革试点，分两批在全国公开选拔东北师范大学、西南财经大学、北京科技大学、北京中医药大学、中国药科大学等 5 所大学校长。这些改革取得了良好的效果，促进了校长选拔过程的科学化、民主化、公开化。但是，一些具体的环节、程序需要进一步优化，大学校长的遴选机制有待进一步完善。因此，有必要在教育部大学校长遴选试点的基础上，在坚持社会主义办学方向、坚持党委领导和党管干部原则的前提下，深入分析，不断革新，建立健全具有中国特色的大学校长遴选办法。

一、推进大学校长职业化发展

职业化的校长是现代大学的重要特征。大学校长是一个有能力者居之的职位，需要具备高校管理方面的专业化知识和技能，深谙大学内部逻辑，遵循高等教育发展规律的人才能胜任的岗位；大学校长是一个有志向者居之的职位，是对大学管理抱有浓厚兴趣，并以此为志业，以推动大学治理能力不断提升作为自身价值彰显的岗位；大学校长是一个专心者居之的职位，是需要全身心投入，心无旁骛地把精力放到大学管理事务上来，将大学校长作为一种专门职业而不是兼职的岗位。只有推进大学校长的职业化进程，才能真正选拔出有能力、有志向和全身心的校长。

（一）建立校长职业化薪酬体系

与能力、精力和个人价值相适应的薪酬体系是促进校长提高自身能力，投入全部精力和最大限度地发挥个人价值进行大学管理的重要动力，也是确保校长积极主动参与遴选的重要条件。现在我国大学校长薪酬的总体水平偏低，对校长积极主动地管理好大学缺乏激励性。建议在借鉴国外大学校长薪酬确定机制的基础上，遵循校长个人价值回报原则，建立健全大学校长的职业化薪酬体系，推行合理化的薪资激励制度。更充分地运用市场化杠杆，更好地体现大学的自主性，摒弃过去按照行政级别制定的工资标准，由教育部设置不同类型、不同层次大学校长薪酬的最高标准,各高校可以在规定的范围内依照自身发展阶段和目标自行确立本校校长的实际薪酬标准。

(二) 推动校长去行政化进程

大学校长的去行政化是大学校长实现职业化的关键环节,为校长遴选机制改革营造了健康的制度环境。从现代大学的内在规律来看,大学是学术组织,而不是准行政组织,大学校长应该是学术组织的行政负责人,是效率专家,而不是行政官员。由于体制原因,长期以来我国高校校长是由上级主管部门任命的一种行政职务,拥有相应的行政级别,导致校长往往按照行政模式和官员思维管理学校。建议有计划地逐渐推进大学校长的去行政化进程,改变由政府直接任命的校长产生方式,使校长职业与行政级别脱钩,最终取消校长的行政级别,实现校长由官员身份向职业身份的转型。

(三) 积极培育校长职业市场

大学校长的遴选必须有较为成熟的职业市场作为支撑,以此激励懂教育、善管理的人把大学校长作为自身的职业追求,以大学管理为专业旨趣,为大学校长遴选建立候选校长的"蓄水池"。为此,有必要拓宽大学校长的来源渠道,打破单一的政府委任制方式,面向校内校外实施公开招聘,鼓励有实力的人力资源企业参与校长选聘的候选人推荐环节;加大直属高校正职交流使用力度,全方位推进高校间的干部交流;积极培育扶持以第三方为依托的职业化校长培训机构,推动建立大学校长人才数据库,完善职业化校长制度体系。以此推动大学校长职业市场的竞争机制和流动机制。

(四) 健全校长职业保障制度

校长去除行政级别后,与行政级别相依附的福利保障自然随之与校长身份剥离,校长后继遴选制度推行后,亟待基于职业化的基础建立起相应的保障。应结合中国的实际,建立完整的职务保障制度,包括履行职务时的制度保障和退出后的离职机制保障,可以让校长在职时全身心投入学校管理,离职时顺利退出,无后顾之忧,这既是对校长前期工作的肯定,也是对其个人付出的回报。与大学校长职业化相配套的保障机制让大学校长将管理、经营、服务大学作为自己毕生为之奉献、引以为豪的事业。

二、进一步理顺政府与大学的关系

政府与大学的关系是我国大学治理能力现代化进程中最为重要的关系，如何科学合理地处理好这对关系同样很大程度上决定着大学遴选机制改革的成败。在我国特殊的制度体系中，政府是大学的举办者，同样也是大学的管理者，大学的许多活动被整合在政府的权威框架下，政府不可能完全退出大学校长的遴选过程，但是在承担角色、职能定位、具体方式等方面，政府到底应该如何介入校长的遴选过程需要进行深入、系统地思考和研究。

（一）政府择聘校长，大学推荐候选人

在校长遴选过程中政府的角色往往存在矛盾：一方面必须体现必要的政府权威，另一方面应该避免政府因主导遴选的具体环节而产生的行政化。现有五所大学校长遴选的试点依然没有很好地解决这对矛盾。在借鉴国外一流公立大学校长遴选经验的基础上，建议把校长遴选过程划分为大学自主推荐和政府择聘两个部分。政府的权威主要体现在校长人选的最终确定，也就是政府择聘环节，由政府从大学遴选委员会推荐产生的2~3人候选人中选择1人为最终的校长人选。政府择聘过程中，可以突出"政治标准"，选择"忠诚干净担当"的干部。与此同时，为了更充分地发挥大学的办学自主权，政府不再主导大学校长遴选的具体环节，把校长遴选的提名权授予大学自身，由大学依照相关规定组织遴选委员会，通过法定程序自主产生校长候选人，报送教育部或教育主管部门确定最终人选。

（二）政府制定规则和强化监督，大学把握过程

作为举办者和管理者，政府的权威还体现在规则制定和过程监督方面。在以往的经验中，权力一旦下放，由于缺乏必要的规则约束和监督，不可避免地会出现"一放就乱"的问题。因此，应该将政府作为遴选制度的供给者，强化校长遴选的制度建设，把政府主要的职能转变为事前的遴选规则、机制和程序建设，以及大学校长候选人资格条件的制定。而在校长遴选期间，政府的职责主要是对遴选过程合法、合规的监督，对于具体操作层面的内容由大学自行决定，各大学结合自身使命和发展现状，将大学校长遴选标准制定办法、遴选过程等内容写入大学章程，规范大学校长遴选过程。

（三）政府通过利益代表参与遴选过程

政府不再主导校长遴选过程并不意味着政府完全退出遴选过程。实际上，在

现代多元化的大学治理结构中，政府是一个重要的治理主体，作为利益相关者参与到大学校长的遴选过程中，需要彰显自身的价值和利益诉求。这种价值和利益诉求就是公共利益，同样应该在校长遴选中得以体现。政府体现的公共利益的方式是通过政府委派的代表参与遴选委员会，但不享有特殊的权力，而是拥有和其他遴选委员会成员同等的地位，代表政府表达对校长遴选的意见。为了更好地体现政府对于大学校长遴选的意愿，各个地方可以依照具体实际在校长遴选委员会中设立1~2名政府代表，具体名额标准可以由上级党委做出规定。

三、不断完善大学校长的遴选程序

（一）建立党委领导下的校长遴选机制

党委领导下的校长负责制是中国特色现代大学制度的核心体现，也是社会主义办学方向的根本保证，因此，校长的遴选应该充分体现党委的领导意志，校长遴选委员会应该对党委负责。党委的领导应该体现在以下几个方面：确定对拟选聘校长的任期目标和绩效要求；负责校长遴选过程的监督；确定遴选委员会主席以及遴选委成员组成原则和结构比例；遴选委员会的具体任务由党委以书面的形式予以约定。

（二）建立具有广泛代表性的遴选委员会

现代大学是一个多元主体有效参与的治理结构，校长的遴选应该更好地体现各方利益代表的诉求。遴选委员会的人员构成应该具有充分的代表性，一般来说，至少包括教师代表、行政人员代表、学生代表、校友代表、社会人士和政府代表。当然，各方代表在人数上并不一定完全相等，为了体现大学作为学术组织的特殊性，教师代表应该占有更多的比例。为了充分体现党委的领导，建议党委委员成为遴选委员会的当然成员。另外，为了体现管理专业化的特点，可以吸纳校外一流大学卸任校长进入遴选委员会。

（三）明确议事规程和工作流程

大学校长的遴选必须有一套严密、完整的程序作为保障，对候选人的推荐、筛选和确定要有严格的程序规范。整个过程必须确保充分的公开、透明和民主。对于我国大学校长遴选来说，几个环节尤其需要进一步完善：候选人的推荐形式应该更加多样化，包括候选人自荐、公开推荐、同行推荐和组织推荐；遴选委员会代表的产生应该更加民主；遴选委员会的议事规则和机制更加明晰。

（四）建立健全校长遴选监督机制

为了充分体现遴选过程的公平公正，应该强化遴选监督。教育部和学校党委为当然的监督机构，同时也可以成立校长遴选的专门监督机构，以党委纪检部门和上级政府主管部门联合组成监督委员会，受理遴选过程中可能存在的舞弊、违规和其他有违民主、公开、透明的行为。

四、改革大学校长的评价考核办法

（一）建立对党委负责的目标责任机制

目标责任制是评价考核校长的重要依据。现代我国大学校长普遍存在目标不明，责任不清的状况，这是校长动力不足、不够专心的重要原因。党委在遴选开始之前就对拟聘任的校长设立清晰的责任和目标，校长候选人在遴选中也必须对自身的目标责任进行公开承诺。校长由政府任命后，接受所在学校党委领导，对党委负责，接受党委的监督，有义务定期向党委会汇报工作。党委依照事先的目标责任进行监督考核。

（二）建立以党委为核心的校长评价体系

在具体的评价考核方式上，改变现有行政化的和内容泛化的考核评价方法，由党委对照遴选时确定的校长任期目标和业绩要求进行考核，考核可以分为阶段性和年度性评价，并将评价的结果作为衡量校长管理工作业绩的基本尺度，并与校长的薪金相挂钩。

（三）探索第三方的校长评价机制

为了更加客观全面地评价校长的绩效，党委也可以根据实际情况委托专业性的第三方评估机构来对校长进行评价，由第三方完成"校长评估报告"，党委会审阅后对校长业绩作出最终评价。

第二节　厘清权力：完善决策与执行分离的领导体制

建设适合中国国情的现代大学制度是改革开放以来推进我国高等教育事业健康发展的主要任务之一，完成这一任务的关键在于如何设计一套既能不断增强大学活力,又能兼顾中国特色的现代大学治理结构,其核心问题是高校内部领导体制。在对"党委领导下的校长分工负责制"、"校(院)长负责制"等高校领导体制的多次尝试和探索的基础上,20世纪90年代,国家通过《中国教育改革和发展纲要》《中华人民共和国高等教育法》等政策法规确立了在国家举办的高等学校实行"党委领导下的校长负责制",作为学校内部管理的基本制度。经过二十年的实践,"党委领导下的校长负责制"被证明符合中国国情,有利于学校稳定和发展,是办好有中国特色社会主义大学行之有效的领导制度。然而,伴随着高等教育发展国际化、高等学校规模巨型化等新特征的出现,高等教育在国家创新体系中和区域经济社会发展中发挥着越来越重要的作用,建设中国特色现代大学制度的外部条件和形势发生了变化。

一、决策与执行分离是大学领导体制运行中的内在要求

(一) 全面正确理解党委领导下的校长负责制

"党委领导下的校长负责制"作为框架性制度,缺少实施细则,容易被误读,特别是在运作过程中难以划清权力界限和责任边界,导致领导班子成员在实践中需要反复建立平衡。因此,无论在学术界还是实践领域内,对于如何更加正确地实施党委领导下的校长负责制始终存在争论。一部分人认为"党委领导下的校长负责制"非常适合中国体制,党委能够在处理复杂的社会事务、维持学校稳定、协调利益冲突等方面起到关键作用(徐显明、钟秉林、谢和平、李延保、秦绍德)。另一部分人认为"党委领导下的校长负责制"导致双头领导,校长是高校在法律框架内的"一把手",党委书记是高校在政治体制和组织体制下的"一把手"(龙宗智、杨福家、张俊生、卢铁成)。党委书记和校长的关系在一定程度上会出现比拼个人权威的状况,这样的安排很难避免产生矛盾,因而赞成"一长制"(一肩挑)。显然,要发挥制度的优势首先要能够对体制给予准确的解读,而对制度的不理解就容易造成实施的不投入。完善制度的一个重要目标是减少因误解而产生的低效率现象。

(二) 体制运行中书记和校长存在角色冲突

一是书记和校长在角色认知和扮演上的"知行不一"。研究发现,书记和校长对自己扮演的角色及其职责边界的理解和认知不完全相同。95.7%的校长认为自己应该扮演教育家的角色,但实际上在承担着教育家角色的比例只有66.2%,

党委书记评价校长时却认为实际上像教育家那样行动的校长仅仅只有48.2%，这种"知行不一"的情况同样反映在校长对党委书记的评价当中。

二是书记和校长存在角色同化的倾向。研究发现，在治校过程中，高校书记和校长在职务角色上交叉重叠，在角色认知和扮演上非常接近。调查显示，认为自己应该是教育家的高校校长和党委书记的比例分别占到95.7%和88.1%，应该是变革领导者的大学校长和党委书记的比例分别占到57.4%和64.2%，这两个角色成为两者共同期待的核心角色。事实上也是如此，大学校长认为自己实际扮演的前两位角色分别是教育家（66.2%）和变革领导者（46.8%）；党委书记认为自己实际扮演前两位角色分别是变革领导者（55.8%）和教育家（51.2%）。

（三）"党委领导、校长负责"的分工合作需加强制度保障

研究发现，"党委领导下的校长负责制"在运行过程中未能较好地实现"党委领导、校长负责"的分工治理精神。书记和校长做着非常相似的工作，决策和执行的分工不明确。有76.1%的大学校长、66.7%的党委书记、61.7%的中层干部和57.3%的教授认为部分高校存在党政不和谐主要是由于职责边界不清晰。调查还显示，不仅"战略规划"被72.1%的书记和61.7%的校长同时认为是在职位上投入精力最大的工作，"学校内部体制改革"和"人才引进与培养"两项工作也同样被书记和校长认为是在职位上投入精力最大的工作之一。导致以上问题的一个根本原因就是高校的书记和校长存在身份雷同问题，两者在任命形式、级别和待遇、风险和责任、考核与任期等"身份"待遇上没有"差异"而造成工作职责的混淆和冲突。这是制度的技术层面问题，也是继续完善"党委领导下的校长负责制"的关键问题。

二、建立基于决策与执行分离的大学领导体制运行机制

根据《中华人民共和国高等教育法》《中国共产党普通学校基层组织工作条例》和《国家中长期教育改革和发展规划纲要（2010~2020）》等法律和政策，公办高校必须坚持和完善"党委领导下的校长负责制"，也就是说，针对"党委领导下的校长负责制"，既要"坚持"又要"完善"，那么二者是什么关系？显然，坚持是第一位的，"完善"是基于"坚持"的前提下所进行的完善。那么，"坚持"的内涵是什么呢？我们认为，应该体现在两个方面：一是领导主体是党委，二是领导形式是集体，这是"完善"的前置条件。"完善"的目的，在于在"党委领导的校长负责制"制度框架下发挥中国特色和体制优势，"完善"的核

心内容是落实校长负责。"坚持"和"完善"各有倚重，前者要借助治理工具使党委领导更加科学，后者要依据治理框架使校长负责落到实处。

（一）"党委"是唯一领导主体

"党委"是唯一领导主体。学校党委本身就是一个符合治理原则的制度设计，完善"党委领导下的校长负责制"要突出党委的领导，不是党委常委的领导，也不是党委书记的领导，"党委"指的是学校党委所有成员的共同体形式。强调"党委"是唯一领导主体是指领导主体权力行使的不可分割性。高等学校中的唯一领导主体是党委，是不可分割的唯一主体，全委会是其表现形式。党委书记（党委常委）和各类委员只有经过党委全委会授权才具有代表党委行使所授权范围的权力。这种授权只能是针对具体事务的临时性授权，而不能成为抽象事务的长期性授权。

（二）"集体"是唯一领导形式

高等学校党委领导所采取的基本领导形式是民主集中制，凡是归属党委决策的，如"三重一大"等重大问题的决策都必须由党委集体共同决策或商议决定，不得由个人做出决策或由个人代表党委集体做出决策。"集体"强调的是领导主体权力行使的集中性，即党委的领导行为是党委成员的共同治理活动，党委以特定的组织形式集中成员的意见，以共同体的形式表现出来。党委集体决策必须按规定的程序进行，集体领导与个人分工负责是既相区别又相依存的有机统一体。个人分工负责主要是对集体决策的实施而言，集体决策的事项按照领导班子成员的责权范围，由个人负责实施。

（三）"党委"与"行政"两分

高等学校实施党委领导下的校长负责制的实质是决策部门与行政部门的理性分工，党委"决策"与行政"执行"必须建立分离机制，即实现决策制定权与决策执行权分离，决策制定权归于党委，决策执行权归于以校长为负责人的行政部门，党委不得直接介入行政执行过程，行政执行必须完全依照决策的要求执行，不得偏离党委决策或以执行代替决策。如何使党委更科学的"决策"与如何使行政更有效的"执行"同样重要。

（四）"完善"旨在实现善治

完善高校领导体制旨在实现良好治理，核心是基于"党委领导下的校长负责制"框架形成合理的学校内部治理体系。一方面,高等学校坚持实行中国共产党一元化领导;另一方面,引入治理精神,吸纳学校内、外部各利益主体的诉求,使学校的决策在更大范围内代表决策相关主体的实际需求。其次,在党委决策和校长行政过程中增强党委、行政班子与民主管理机构的协商过程,通过规范的协商程序形成学校治理上的共识。最后,提高治理能力必须加强党委成员尤其是领导班子的一把手,即党委书记的治理能力,使追求良好治理成为一种行动自觉。

三、落实党委领导下的校长负责制的路径分析

(一)让"党委"和"行政"在运行中体现合理的分工

用机制保障党委和行政的分工,前者做好决策制定,后者做好决策执行。建立大学校长定期向党委汇报行政工作制度。不但要充分体现党委领导的重要作用,体现党委在中国特色现代大学制度建设中的制度优势,又要避免党委书记越过党委会直接干预学校行政,党委成员对决策执行的意见能且只能在汇报制度中按照既定程序表达,避免体制运行中书记和校长职责不清的现象。

(二)在党委组成结构中突出举办者意志

赋予党委书记为举办者代表的身份,作为政府督学由上级党委指派主持高校党委会工作。党委的运行应当有序地体现举办者、办学者、管理者和监督者等多元治理主体的协商治理过程。在目前的党委构成中,未能明确党委成员中的举办者代表,也未能赋予特定党委成员的举办者角色和身份,通过在高校内部设置举办者代表并明确身份,能有效避免相关管理者和外部监督力量跨越高校治理边界的直接干预行为。

(三)明确党委书记的身份和管理方式

在任命方式上,由上级党委提名,经学校党代会选举产生,代表举办者派驻学校,作为政府督学;

在级别和待遇上,按照行政序列,确定行政级别,享受公务员同等级别待遇,包括医疗、薪酬和福利等;

在风险与责任上,党委书记是党委的"班长"应带领"班子"行使《高等教育法》规定的权责,承担党委决策的主要责任,作为督学承担监管责任;

在考核与任期上,由上级党委按照干部考核制度和《公务员法》进行考核,

并以其是否较好地履行了督学的职责确定党委书记的岗位任期；

建立定期汇报制，定期向上级部门报告办学督察情况，规范和健全党委书记的选用、考核、激励、退出制度。

（四）明确大学校长的身份和管理方式

在任命方式上，47.8%的校长认为校长遴选的初始提名应由"学校专门成立的遴选委员会"更具合理性，位列选项第一；26.1%的校长选择遴选的初始提名权应交给"政府专门成立的遴选委员会"。57.1%的校长认为"全球公开竞聘"方式产生校长最好，选择"校内民主直选"的比例为21.9%，只有2.9%的校长选择应由"上级组织命令"的方式产生校长。建议明确校长的非公务员身份（去行政化），作为大学法人代表，由上级行政主管部门直接组织或由其监管下学校成立专门的遴选委员会，公开选拔，由政府任命；

在级别和待遇上，校长不设行政级别，不享受公务员序列福利待遇，实行年薪制，中国"211"大学校长实际年收入平均17.34万元，10万元以下的占23.7%，15万元以下的占47.4%。54.8%的校长表示不满意，希望合理的年薪均值为47.36万元；

在风险与责任上，作为党委委员承担党委决策连带责任，作为行政负责人承担执行过程和结果的全部责任；

在考核与任期上，51.1%的校长认为现有考核制度不能起到有效的导向功能，在考核权上，校长最认可学校专门成立的遴选委员会，占到所有校长的35.6%，28.9%的校长认为考核权应交给"政府专门成立的考核委员会"。建议校长由学校党委或遴选委员会依据校长履职承诺和治校绩效进行考核，并据此向上级主管部门提出任免建议。

（五）明确校长的决策提议权和决策执行权

根据《高等教育法》和《实施意见》，校长具有拟订发展规划、内部组织机构的设置方案、年度经费预算方案等重大事项的决策提议权，党委具有包括以上事项在内的重大事项的讨论决定权，但并没有被赋予决策提议权，即关于学校发展规划、内部组织机构设置和年度经费预算等重大事项必须且只应由校长提出（校长是唯一合法的决策议案提起人），经过党委共同讨论决定的法定程序之后由校长带领行政团队执行决策。

（六）赋予校长行政团队组建协商权

调查发现，仅有68.1%的校长，在副校长遴选时被上级组织主动征询意见，而其中，又仅有 36.2% 的对最后的结果产生实质性影响。应提高校长"负责的权力"，落实《高等教育法》中提出校长具有"推荐副校长人选，任免内部组织机构的负责人"，建议加强校长行政权威，赋予校长对副校长的初始提名权，以及对副校长任免的强制协商权（即组织部门对副校长任免前先主动征求校长意见），使校长的行政团队更多地受校长的行政权威约束。

第三节 提升能力：促进大学校长治校办学的专业化

改革开放以来，党和国家有目的、有意识地把大学校长作为社会主义政治家、教育家进行培养，培育了一大批讲政治、懂教育的高校领导干部，推动了高等教育事业蓬勃发展。然而，大学的发展使办学治校变得愈加复杂，办学的规模化，学校的巨型化，就业的市场化，尤其是建设世界一流大学所面临的高等教育国际化，对我国大学校长的管理专业化水平和职业能力提出了挑战。调查显示，大学校长认为自己办学治校的素养主要不是来自于系统培训（14.9%），而是来自于多岗位锻炼（80.9%）和个人体悟（48.9%）。从现实来看，我国大学校长的培训模式仍然是行政主导型：培训主体以政府部门为主，培训内容以政治和政策学习为主，培训方式以单向授课为主，效果评估主要以反应评估为主，缺少培训需求分析，未能充分发挥市场和行业协会的作用。这与当前提高高等教育治理能力，特别是需要加强大学校长的管理专业化能力的实际要求不相适应。根据世界一流大学校长培训的经验和先进做法，结合我国国情，建议强化大学校长 CEO 的角色定位，并围绕这一定位逐步建立政府培育、社会参与、主体多元、形式多样的培训模式，切实提升我国大学校长的职业能力。

一、建立和完善大学校长的培训体系

在提倡"讲政治，懂教育"的基础上，进一步完善对中国大学校长在"会管理、善经营"方面的职业能力要求，建议基于提升执行力的角色定位，围绕大学校长的能力素质、领导风格、个人特征等方面正式提出能够代表大学校长职业的任职标准，为大学校长的遴选、培训提供更加具体、明确的依据。

（一）建立大学校长的培训目标框架

将不同层次、不同部门开展的对大学校长的培训均纳入至大学校长的培训目

标框架内，系统地满足党和国家对大学校长在政治、教育以及管理等不同方面的基本培训要求，保持培训在各方面能力的均衡性和有效性。大学校长应有计划的完成培训目标框架内的培训任务，凡是开展对大学校长的培训首先应提出培训的具体目标，以目标实现作为考核培训活动的基本依据。

（二）建立分层分类的课程体系和培养模式

根据大学的层次类别及学校发展阶段，以及校长的不同职业发展阶段（后备校长（校长候选人）、新任校长和在任校长）建立分层分类的课程体系和培养模式，满足不同大学校长培训实际需求。预备校长阶段，依据校长候选人的任职标准进行有针对性的培训，使培训对象能够在较短时间内达到或满足竞选校长的候选人资格；新任校长阶段，依据校长任职的应知应会对新校长进行针对性培训，使新校长能够更快进入校长角色；在任校长的培训，侧重问题导向，依据校长现实遇到的问题和高校发展要求对校长进行补充性培训。

（三）系统设计大学校长培训内容

强化校长治校管理能力，设计"治校能力本位"的大学校长培训内容体系。逐步弱化我国大学校长政府官员多（长于政策执行和行政管理）和理工科背景多（长于学术背景和教育经验）的特点，增强大学校长在遵循高等教育规律，提高学校管理效率上的能力。建议按照三大模块、八大能力建立大学校长培训内容体系，见表8－1，系统提升大学校长的使命感、愿景和学校治理能力。

表8－1　　　　　　　　　　大学校长培训内容

培训模块	培训内容
教育理念、使命、战略和变革勇气	使命感与全身心投入
	组织愿景与战略管理能力
	变革的勇气和魄力
行政管理和治理能力	人财物等资源配置能力
	组织结构和体制机制设计能力
	人才队伍和团队建设能力
沟通与建立关系能力	与政府、企业、媒体、校友等建立合作伙伴关系能力
	沟通协调能力

（四）培训校长首先考虑"校长的需求"

提倡培训形式多样化，逐步改变传统培训中的偏理论性，以信息交流，知识传递为主要特点，建立以培训对象为中心（以校长为中心）的培训指导思想，以培训调查作为选择培训方式的基本依据。在培训形式上向体验性学习转变，加强治校实情分析，引入治校经验交流以及行动学习等互动性较强的培训形式，建立线上线下融合的大学校长培训平台，促进在线网络交流和诊断，共享治校经验，加强中外校长间交流，尝试与海外名校建立访问校长培训模式。

二、鼓励社会力量参与校长培训，建立竞争性培训市场

（一）发展和培育专业化的大学校长培训机构（社会市场）

在原有以政府部门为主要培训机构的基础上，引导培训主体多元化发展，重点支持行业协会、大学及社会专门机构等建立、建设高水平、专业化的大学校长培训机构。如支持中国教育学会、高等教育学会、C9联盟等建设专门性的大学校长培训平台，依托高水平大学建设专业化的校长培训中心，引导社会上的专业化培训机构建立校长培训模块，以及建立半官方半民营的模块化培训机构对大学校长进行模块化培训（所谓模块化培训机构，即就校长培训的相关内容进行模块化，每一模块只专门负责校长的某些能力素质的培训）。

（二）充分发挥行业协会和大学的培训优势，建立具有竞争性的培训市场

在政府提供职业标准（可由行业协会提供，由政府审核），审核培训目标的基础上，充分发挥不同培训主体的培训优势，鼓励各类培训机构创立大学校长的培训品牌，逐步形成具有竞争性的培训市场。如政府部门、行业协会培训机构具有较高的权威性，能获得较全面的培训信息；大学和专业研究中心的具有较好的培训实力和师资储备，能开展较专业的培训课程；专门的社会化培训机构具有较完善的培训流程，能深入调查培训需求，发挥培训效率高的特点。通过发挥多方优势，满足大学校长多元化的培训需求。

三、创新更加灵活的校长培训机制，保障校长培训效果

（一）建立大学校长校外见习培训机制

为新任校长建立角色缓冲期，建立校长的校外见习培训机制，使新校长在任

职之前有充分的时间能够适应校长岗位的职责要求，在实习期间提升治校能力以满足校长职责要求。校外见习培训分国内高校见习培训和国外高校见习培训，周期一年。国内见习培训重点学习和体验同类型、同层次大学校长的领导和决策流程，国外见习培训重点学习世界一流大学校长的治校策略和沟通技巧，发展国际视野和战略思维。

（二）建立大学校长培训导师制

聘任经验丰富，特别是国内外高水平大学的离任大学校长，以及国内著名大学的党委书记、校长为新任大学校长和见习大学校长的培训导师，发挥培训导师的传帮带作用，提供丰富的高校管理经验和领导实践经验，推动新任校长较快融入校长群体，降低新任校长和见习校长的治校风险。

（三）建立大学校长培训的评估机制

从重视培训过程转向重视培训结果，结合大学校长培训前需求分析，建立培训后的跟踪和评估机制，考核培训的有效性，并以校长培训结果和满意度评价培训机构。将是否系统的接受并通过预备校长、新任校长和在任校长等专业化培训和考核作为考察、选拔、聘任大学校长的重要依据（职业资格），激发大学校长主动学习，自我提升的内在动力，促进大学校长职业化市场的形成。

第四节　制定标准：引领我国大学校长专业化方向

校长是履行学校领导与管理工作职责的专业人员。国家教育行政部门对制定校长专业标准非常重视。从 2013 年 2 月国家颁布实施《义务教育学校专业校长标准》之后，2015 年 2 月，《普通高中校长专业标准》《中等职业学校校长专业标准》《幼儿园园长专业标准》等校长专业标准陆续出台。目前，除普通高等学校外，其他各学段学校校长的队伍建设与管理均已制定了相应的专业标准进行引领。由于高等教育不仅在人才培养中发挥着关键作用，也是整个国民教育序列中的重要组成部分，因而制定大学校长专业标准是实现全面、系统的对校长群体进行专业化管理的必要补充。对于普通高等学校的校长来说，同样需要"专业标准"这样能够指导自身专业发展的基本准则。高校校长可以围绕标准制定自我专业发展规划，增强专业发展自觉性，以及积极进行自我评价，主动参加校长培训和自主研修，不断提高专业发展水平。

制定适用于中国大学发展的大学校长专业标准不仅非常重要和迫切，也是一项富有挑战性的工作，需要进一步深入研究，开展广泛调研。根据课题组对大学校长专业化情况的调查，特别是对我国现有各类校长专业标准和国外校长专业标准的研究和比较，建议制定我国大学校长专业标准可参考以下五项原则和七项内容。

一、制定我国大学校长专业标准的五项原则

（一）中国特色原则

党委领导下的校长负责制是中国共产党领导国家举办高等学校的根本制度，是高等学校坚持社会主义办学方向的重要保证，必须毫不动摇、长期坚持并不断完善。大学校长专业标准需要引导校长正确处理"党委领导"和"校长负责"的关系，形成与党委领导下校长负责制度相匹配的、具有中国特色的校长专业标准。

（二）国际化原则

在建设世界一流大学的背景下，中国一流大学的校长必须具备国际竞争力是现实要求，这就意味着大学校长专业标准必须与国际接轨。当前美国、英国、新西兰、澳大利亚等国家对大学校长遴选标准有相应的规定，可将其共性作为参考，通过合理扬弃，引领中国大学校长的国际化发展。

（三）以德为先原则

大学校长是教师的学术领袖，学生的道德楷模，对学风、校风影响甚重。品德是素质的根基，是大学校长最根本、最重要的职业素养，关乎大学前途、全局成败。因此，选拔大学校长要坚持德才兼备、以德为先的标准。建立大学校长专业标准必须强调大学校长在履行各项职责时应具备的职业操守，引导大学校长不断提高职业道德水平。

（四）能力为重原则

能力是大学校长实现科学治校的基础，也是校长专业化水平的基本呈现方式。大学校长专业标准一方面应能够引导大学校长以自身治校能力的提升为重，不断提升战略规划、内部管理、专业学科建设、人才队伍建设、内外

部关系处理等专业水平，满足校长岗位的职责职权要求；另一方面应引导具有不同治校能力，能胜任不同类型和不同层次大学的人担任不同大学的校长。

（五）全面发展原则

大学校长专业标准首先要促进大学校长全面发展，不仅要满足党和政府期待的具备政治家、教育家和学问家的基本素养，也要向管理专家发展；其次要不局限于校长个人的发展，应通过引导实现校长、教师、学生与高校的共同全面发展。

二、制定我国大学校长专业标准的基本框架

大学校长专业标准旨在为中国大学校长这个优秀群体提供一个共识，即要成为合格的中国大学校长所必须掌握、理解和践行的理念、态度、知识和能力。大学校长专业标准将为大学校长的专业发展提供指导性框架，引导校长进行自我反省、自我评估和自我学习，并为吸引、储备和培养专业化大学校长提供基本依据。

根据对中国大学校长的角色定位和职责调查，借鉴国内外各类校长标准，按照大学校长胜任特征模型，课题组建议中国大学校长专业标准包括七项内容，分别是：专业化自我管理和发展、规划学校发展、优化内部治理和管理、人才队伍建设、专业学科建设、内部关系和保障、外部关系和保障等。首先，中国大学校长是"大学"的"领导者"，"领导"必须"动机纯正，全心治校"，以个人影响力来实现组织的愿景，因此要特别重视大学校长的专业化自我管理和发展素质。其次，大学校长是大学的最高行政长官，必须做好管理的四大要素：规划学校发展、优化内部治理和制度、内外部关系环境管理、教师队伍建设。最后，大学是人才培养和知识发现的重要机构，大学校长必须践行大学的学术责任，做好专业、学科的建设，自觉坚守大学的追求知识及其贡献的核心价值观尤其是对国家负责的价值观，自觉把更多精力放在学科建设和科学研究的责任担当上。依据校长素质的结构，每个方面的专业标准又可从知、行、达（专业理念和态度、专业知识和方法、专业技能和行为）三个层次加以细化，从而形成由21项内容构成的大学校长专业标准框架结构。

三、《中国大学校长专业标准》

专业职责		专业要求
一、专业自我管理和发展	专业理念与态度	1. 具备政治上的敏锐性和坚定性，自觉坚持社会主义大学办学方向，拥护党委领导下的校长负责制，认真贯彻党的教育方针，行使高等教育法等规定的各项职权，履行学校的法定代表人的职责，组织实施学校党委有关决议，全面负责教学、科研、行政管理工作，有责任推动自身的专业化管理和成长。 2. 坚持社会主义核心价值观，坚持廉洁自律和诚信原则，公平公正地对待他人，尊重他人，营造和维持积极包容的组织文化。 3. 拥有高度社会责任感、使命感和职业道德，对大学使命、核心价值观和优秀传统予以承诺。
	专业知识与方法	4. 掌握促进个人专业发展、建立和维持学习型组织的策略。 5. 深刻理解个人管理、持续性专业发展，以及持续性的学校改进之间的关系。 6. 熟悉高效工作的方法和技巧。
	专业技能与行为	7. 具备务实求实的行为习惯，经常审视自己的工作实践，设定个人目标，促进个人的自我管理、控制和发展。 8. 能有效管理工作时间、压力和情绪，确保足够的时间和主要精力投入学校管理工作，做到工作和生活的适当平衡，积极面对困境，向教师、学生和社会传递正能量。
二、规划学校发展	专业理念与态度	9. 树立适应、服务和引领社会发展的大学办学理念，明确并认同大学的使命和责任，明确大学的本质。 10. 注重组织的愿景、战略规划和文化，坚持学术为本，追求高质量标准，兼顾学校的优势、特色和社会价值明确学校发展定位和目标。
	专业知识与方法	11. 了解当地区域、国家和全球的经济、社会、科技发展趋势，熟悉与高等教育相关的社会发展趋势和法律法规政策，善于抓住社会需求和政策提供的发展契机。 12. 了解高等教育的现状和发展趋势，了解具有特色的高校发展模式，熟悉和借鉴世界一流大学校长的战略管理先进经验。 13. 熟悉建立、沟通和实施组织愿景、战略和共同价值观的策略和途径。

续表

专业职责		专业要求
二、规划学校发展	专业技能与行为	14. 具有对政治、经济、社会环境的敏感性和预测力，系统分析学校发展状况，根据学校使命、挑战和机遇，组织拟订和实施学校发展规划、年度工作计划。 15. 按照规定程序组织教师、学生、校友、利益相关群体多方代表参与，共同确定学校的中长期发展战略与规划，同时把愿景和战略规划变为目标和可操作性的计划。 16. 确保组织愿景和战略能够被组织成员清楚地理解并有效地实施，激励、鼓励并授权他人实现组织愿景、战略和计划，并亲自带头在每天的工作实践中体现组织愿景和价值观。
三、优化内部治理和管理	专业理念与态度	17. 坚持党委的集体决策，坚持依法治校和以德治校，坚持高校科学的办学规律，提高资源配置效率，促进高校和学术可持续发展。 18. 坚持民主集中制和教授治校，决策制定中充分听取教师与学生的建议，坚持学校要为教师的发展、学生的成长负责，实现学校与教师、学生之间利益共赢。
	专业知识与方法	19. 熟悉高等院校内部组织运营的基本规律、理论与方法，了解并借鉴世界一流大学校长的治校经验。 20. 掌握国家法律法规和相关教育政策，熟悉高校的内部治理结构，培育并发挥教授委员会的作用。 21. 熟悉质量保证系统、绩效管理的原则和实践。
	专业技能与行为	22. 建立健全党委统一领导、党政分工合作、协调运行的工作机制，合理确定领导班子成员分工，明确工作职责，并建立定期沟通制度，及时交流工作情况，努力营造团结共事的和谐氛围。 23. 重视大学组织治理结构、章程和文化建设，组织拟订和实施高效的学校组织机构，健全以学术委员会为核心的学术管理体系，科学设计教学科研改革措施、办学资源配置、重大基本建设、财务管理和年度经费预算等规章制度和方案。 24. 创建并运行一个能够反映学校价值的管理系统，运用大量业绩数据证据和信息化管理手段，监督、评价和提高学校各方面的业绩表现，运用丰富的数据监测学校的强处和弱处。

续表

专业职责		专业要求
四、人才队伍建设	专业理念与态度	25. 坚信人才是学校最宝贵的资源,坚持德才兼顾科学选才用才原则,尊重教师和管理人员,发挥他们的优势,激发他们对工作的热爱、激情和潜能,将学校作为人才快乐工作、实现人生价值的家园。 26. 坚持党管干部和党管人才的原则,接受党委对人才队伍建设的领导。 27. 坚持用中国特色社会主义理论体系武装教师和管理人员,培育和践行社会主义核心价值观。
	专业知识与方法	28. 了解干部选拔、人才管理等法律法规明确教师权利与义务。 29. 掌握科学选人、用人、育人和激励人才的规律和技巧,掌握组织行为学、人力资源管理的基本理论与方法。 30. 掌握学习型组织和团队建设的方法,掌握激励教师自主工作和发展的策略与方法。
	专业技能与行为	31. 有效组织拟订和实施学校人才发展规划、重要人才政策和重大人才工程计划,善于组建管理团队,推荐副校长人选,任免内部组织机构的负责人。 32. 有效促进教师队伍和团队建设,关心教师的发展,加强青年教师和学术骨干的培养,完善教师和管理人才梯队建设,加大教育培训力度,指导教师制订个人专业发展计划。 33. 创新人才工作体制机制,建立职责明确、考核有效、激励有力的人力资源管理制度,维护和保障教师合法权益和待遇,优化人才成长环境,以激发教师教学、科研和社会服务的积极性。
五、专业学科建设	专业理念与态度	34. 坚持以人才培养为根本,明确学科和专业是决定人才培养的基本要素,学科是大学的细胞,专业是人才培养的组织方式,努力激发学科的活力和专业的有效性,坚持教学、科研和社会服务的有机结合促进学科和专业发展。 35. 坚持立德树人和文化育人,培养德智体美全面发展的中国特色社会主义事业合格建设者和可靠接班人。 36. 坚持专业要对接社会的人才培养的需求,强调有效的教学,明确教学质量是高校发展的关键。
	专业知识与方法	37. 熟悉根据社会发展需要设置专业和学科的理论和方法,熟悉专业学科建设的必备要素和基本规律,了解国内外的专业和学科建设与管理经验、发展趋势,熟悉各专业和学科的特点及其有效管理策略。 38. 熟悉学科组织的组织结构和学术运行机制,了解学科组织在教师与学生培养中的作用,熟悉利用产学研协同开展教学和科研的途径和方法。 39. 熟悉培养人才的优秀教学策略和教学模式,了解利用新科技提升教学的方法和技术,熟悉有效教学的原则和教学评估方法。

续表

专业职责		专业要求
五、专业学科建设	专业技能与行为	40. 根据社会需求和大学战略组建专业和学科，专业结构、学科结构、大学战略和社会需求协调一致，明确专业和学科的关系，实现专业和学科组织化与制度化。 41. 有效组织建立各类专业人才的具体培养标准，利用数据和标准去监督学生的学习进展，确保全校持续不断地关注学生的成就和成长，组织开展思想品德教育，负责学生学籍管理并实施奖励或处分，有效组织开展招生和就业工作。 42. 有效组织开展教学活动和科学研究，创新人才培养和学科管理机制，注重培养大学生职业道德、独立思考、创新能力、解决问题和适应社会的能力，满足国家和地方发展对高校人才培养和科学研究的需求。
六、内部关系与保障	专业理念与态度	43. 坚持公平公正原则，坚信创新、和谐、正气的校园内部环境是激发教师与学生积极性的重要保障。 44. 坚持将思想政治教育与沟通作为引导规范师生行为的重要手段。 45. 坚持与教师、学生利益共享的原则，在改革发展中充分发挥学校全体成员的积极性。
	专业知识与方法	46. 掌握组织文化建设的基本要求，明确学校内部的利益主体构成，了解学校内沟通协调的机理。 47. 掌握有效开展思想政治教育和沟通的知识和方法。 48. 熟悉群体和人际关系管理规律，熟悉领导艺术和沟通技巧，熟悉对人才和资源进行公平管理的原则和方法。
	专业技能与行为	49. 善于发挥教职工代表大会、教授委员会及群众组织作用，健全师生员工参与民主管理和监督的工作机制。 50. 加强思想政治工作，引导师生员工坚持正确政治方向和学校的发展目标。 51. 善于倾听，加强沟通，及时和党委沟通协调工作，与领导班子成员相互理解和支持，实行党务公开和校务公开，建立定期沟通制度，及时交流工作情况，与相关人员建立有效工作关系，善于给予和接受他人支持，给予和接受有效的反馈，努力营造团结共事的和谐氛围。

续表

专业职责		专业要求
七、外部关系与保障	专业理念与态度	52. 坚信营造学校与政府、企业、其他院校、科研机构和校友的良好发展环境是学校发展的基础与重要保障。 53. 坚持公平公正、合作共赢价值观，增强学校对外关系的主动性，提升学校的声誉和影响力。 54. 坚持将服务社会作为学校重要功能之一，为社会发展提供所需人才和知识资本。
	专业知识与方法	55. 熟悉影响学校发展的外部关系现状和趋势，熟悉高校外部关系结构。 56. 掌握学校公共关系的理论与方法，掌握开发和利用社会资本的知识和方法，特别是与政府、社会各界主体的合作机制。 57. 掌握运用各类舆论和传播媒体的方法，熟悉与各级政府、社会各界沟通的途径和技巧，熟悉合作共赢的谈判方法和技巧。
	专业技能与行为	58. 有效开展对外交流与合作，依法代表学校与各级政府、社会各界和境外机构等签署合作协议，与政府、企业、其他院校和校友等相关部门和群体保持有效联系和对话，积极吸纳他们的有效建议，实现互惠共赢。 59. 吸纳和接受社会捐赠，紧密联系校友，重视发展与企业和公益组织的关系，积极为高校的发展获得更多的资金支持。 60. 借助舆论、传播媒体的作用，通过微博、微信公众号等新媒体和新闻、报纸等传统媒体，及时向公众发布学校的重大决策、合作项目和事项，保持一定的曝光度，提高高校的知名度。

附录一

问卷设计

一、校长卷

尊敬的校长：

  您好！

  受教育部委托，我们承担了2011年教育部哲学社会科学研究重大课题攻关项目《完善中国特色现代大学制度进程中的大学校长管理专业化研究》的课题研究。

  为了更好地了解中国大学校长管理专业化的现状，发现问题和困难，以便为提升大学校长专业化水平、完善政府对大学校长的管理措施和相关政策提供有价值的实证依据，特别组织了本次问卷调查。

  您的意见和支持对我们的课题研究意义重大，我们将秉持科学精神，恪守学术道德，严格遵照中华人民共和国统计法的有关法律规定，问卷不对外公开，实行匿名填写，保证所有数据只用于统计分析。

  问卷填写大约需要花费您30分钟的宝贵时间，请按您的意见在相应的选题上打"√"或画"○"，衷心感谢您的无私帮助！

  谨颂

    时祺

浙江工业大学现代大学制度研究中心

教育部哲学社会科学研究重大课题攻关项目
《完善中国特色现代大学制度进程中的
大学校长管理专业化研究》调查问卷（校长卷）

（A）

A1　您的性别：（1）男　　（2）女

A2　您的年龄：_____ 岁

A3　您的文化程度：

（1）大专（理工科）　　（2）大专（文科）　　（3）本科（理工科）

（4）本科（文科）　　（5）硕士（理工科）　　（6）硕士（文科）

（7）博士（理工科）　　（8）博士（文科）

（9）其他（请填写）：_____

A4　您从事学术研究工作的学科属于：

（1）哲学　　（2）经济学　　（3）法学　　（4）教育学　　（5）文学

（6）历史学　　（7）理学　　（8）工学　　（9）农学　　（10）医学

（11）管理学　　（12）军事学　　（13）艺术学

A5　您是否在目前就职学校有过求学经历？

（1）是　　　　（2）否

A6　您是否有在海外获取学位的经历？

（1）是　　　　（2）否

（B）

B1　大学校长的工作是否令您富有成就感？

（1）非常有成就感　　　　　　　（2）比较有成就感

（3）很少有成就感　　　　　　　（4）完全没有成就感

B2　您的工作压力主要来源（限选3项）：

（1）上级部门　　　　　　　　　（2）学校领导班子

（3）社会公众　　　　　　　　　（4）教师

（5）学生　　　　　　　　　　　（6）大众媒体

（7）校友　　　　　　　　　　　（8）学校中层
（9）自我期待　　　　　　　　　（10）其他_____

B3　在大学校长的工作岗位上，您碰到的主要困难是（限选3项）：
（1）办学理念的冲突　　　　　　（2）学校教学与科研的矛盾
（3）校园的安全与稳定　　　　　（4）人才的引进与培养
（5）内部体制与机制的不适应　　（6）资金筹措
（7）校园基建　　　　　　　　　（8）党政协调与班子建设
（9）战略重点的选择　　　　　　（10）与政府部门的协调沟通
（11）与大众媒体沟通　　　　　 （12）寻求国际合作与交流
（13）其他_____

B4　请您就下列大学校长工作动力因素的重要性程度做出选择，并在相应的数字上打钩。

工作动力	重要性程度 很不重要 1 2 3 4 5 很重要
职业荣誉	1　2　3　4　5
社会地位	1　2　3　4　5
薪酬待遇	1　2　3　4　5
能力提升	1　2　3　4　5
成就感	1　2　3　4　5
学术发展	1　2　3　4　5
职务晋升	1　2　3　4　5
挑战性	1　2　3　4　5
社会责任	1　2　3　4　5

B5　您目前的校长岗位年收入是_____万元/年，您对这一薪资水平是否满意？
　　（1）满意　　　　　　　　　　　（2）不满意

B6　您认为作为职业化大学校长，合理的年薪应该达到_____万/年（以当前的货币购买力衡量）。

B7　您在校长职位上是否继续从事原学科学术研究工作？
　　（1）是　　　　　　　　　　　　（2）否（跳至B9）
　　如果是，大约占用了您多少精力

（1）3/4　　　（2）一半　　　（3）1/4　　　（4）很少

B8　您担任校长后继续从事科研工作的动力主要来源于（限选3项）：

（1）继续实现学术抱负　　　　　　（2）对学科和学生负责任

（3）提升学校学术声誉　　　　　　（4）离任后可继续从事学术工作

（5）增加个人收入　　　　　　　　（6）个人获得更大发展

（7）兴趣，放弃了可惜　　　　　　（8）增强岗位的权威

（9）其他_____

B9　您是否愿意放弃原有学术工作，担任职业化的大学校长？

（1）是　　　　　　　　　　　　　（2）否

B10　如果您从校长岗位上卸任后，您最希望从事什么工作？

（1）受聘民办高校继续担任校长　　（2）到学会或非政府组织任职

（3）去政协、人大等部门任职　　　（4）受聘企业高管

（5）创业　　　　　　　　　　　　（6）安心退休

（7）回到学科从事学术工作

B11　您认为大学校长最应扮演的三个角色依次是：_____；_____；_____（请按重要性排列）。

（1）教育家　　　　　　　　　　　（2）政治家

（3）学问家　　　　　　　　　　　（4）变革领导者

（5）经营管理者　　　　　　　　　（6）政策执行者

（7）召集协调者　　　　　　　　　（8）维持服务者

（9）行政官员　　　　　　　　　　（10）社会名流

（11）公共知识分子　　　　　　　 （12）其他_____

B12　在以往的工作过程中，您实际上扮演得最多的三个角色依次是_____；_____；_____（请按重要性排列）。

（1）教育家　　　　　　　　　　　（2）政治家

（3）学问家　　　　　　　　　　　（4）变革领导者

（5）经营管理者　　　　　　　　　（6）政策执行者

（7）召集协调者　　　　　　　　　（8）维持服务者

（9）行政官员　　　　　　　　　　（10）社会名流

（11）公共知识分子　　　　　　　 （12）其他_____

B13　您认为下面哪几个因素对您缓解角色冲突影响最大？（限选3项）_____

（1）自我内心的平衡、修养的提高　（2）自身能力的提升

（3）上级领导的理解　　　　　　　（4）班子成员的理解

（5）教职员工的理解　　　　　　　（6）同伴和家人的理解

（7）明晰权责的界定　　　　　　　（8）延长工作时间
（9）其他_____

B14　您认为大学党委书记最应扮演的三个角色依次是_____；_____；_____（请按重要性排列）。

（1）教育家　　　　　　　　　　　（2）政治家
（3）学问家　　　　　　　　　　　（4）变革领导者
（5）经营管理者　　　　　　　　　（6）政策执行者
（7）召集协调者　　　　　　　　　（8）维持服务者
（9）行政官员　　　　　　　　　　（10）社会名流
（11）公共知识分子　　　　　　　（12）其他_____

B15　在以往的工作过程中，您认为实际上党委书记扮演得最多的三个角色依次是_____；_____；_____（请按重要性排列）。

（1）教育家　　　　　　　　　　　（2）政治家
（3）学问家　　　　　　　　　　　（4）变革领导者
（5）经营管理者　　　　　　　　　（6）政策执行者
（7）召集协调者　　　　　　　　　（8）维持服务者
（9）行政官员　　　　　　　　　　（10）社会名流
（11）公共知识分子　　　　　　　（12）其他_____

B16　您认为一所大学的校长与本校有学缘关系，对学校发展的影响如何？
（1）利大于弊　　　　　　　　　　（2）弊大于利
（3）无影响　　　　　　　　　　　（4）不清楚

B17　北师大、湖南大学等新任校长在上任时承诺，在校长任期内不申报新科研课题，不带新研究生，不报奖，不申请院士。您对此的态度是：_____。
（1）赞成，自己也愿意比照执行　　（2）赞成，但自己尚无法比照执行
（3）不赞成，两者并不必然冲突　　（4）没有看法，效果有待观察
（5）不了解

B18　对于目前"大学校长把更多精力放在了大学管理之外的事务"的判断——您的看法是：_____。
（1）同意，应出台职业化制度规范校长行为
（2）同意，但在现行的体制下，没必要大惊小怪，属正常现象
（3）不完全同意，这只是个别现象
（4）不同意，在我国不存在这样的现象
（5）其他_____

（C）

C1　担任大学校长这一职务是您的职业理想吗？
（1）是　　　　　　　　　　　　　（2）不是（跳至C2）
若可以自由竞聘，您会选择现在这所学校继续担任校长吗？
（1）会　　　　　　　　　　　　　（2）不会

C2　您认为大学校长通过以下哪种方式产生比较好？
（1）上级组织任命　　　　　　　　（2）校内民主直选
（3）全球公开竞聘　　　　　　　　（4）校长同行举荐

C3　近期，教育部面向海内外公开选拔两所直属学校（东北师范大学、西南财经大学）的校长，您对此的态度？
（1）赞成，希望尽快推广　　　　　（2）赞成，改革力度还可加大
（3）不赞成，没有实质作用　　　　（4）没有看法，效果有待观察
（5）不了解

C4　您认为中国大学校长遴选的初始提名由以下哪一组织提出更具合理性？
（1）上级组织部门　　　　　　　　（2）学校党委
（3）学校学术（教授）委员会　　　（4）学校专门成立的遴选委员会
（5）政府专门成立的遴选委员会　　（6）学校教代会

C5　您最倾向于将大学校长的考核权交给哪个部门？
（1）上级组织部门　　　　　　　　（2）学校党委
（3）学校学术（教授）委员会　　　（4）学校专门成立的考核委员会
（5）政府专门成立的考核委员会　　（6）学校教代会

C6　您觉得现在的考核方式对大学校长的工作能够起到有效的导向功能吗？
（1）完全能够　　　　　　　　　　（2）比较能够
（3）不太能够　　　　　　　　　　（4）完全不能

C7　您认为对大学校长的考核主要应侧重哪些方面？（可多选）
（1）将大学愿景形成战略规划和目标方向
（2）对学校党委决策的执行力
（3）学校管理体制与机制的改革与创新
（4）管理的效率与办学的效益
（5）有效驾驭行政管理团队
（6）教师、职工和学生中的影响力与号召力
（7）与其他大学系统和社会组织的合作关系

（8）党和政府教育政策方针与任务的贯彻力
（9）学校学科建设、人才培养、社会服务等领域取得的显著成绩
（10）弘扬大学文化，引领社会风气
（11）其他_____

C8　您在大学校长这一职位上投入精力最多的三项工作是什么？（限选3项）_____

（1）战略规划　　　　　　　　　（2）争取政府支持
（3）社会合作　　　　　　　　　（4）大众媒体沟通
（5）学科、专业建设　　　　　　（6）校园基建
（7）学校内部体制改革　　　　　（8）政府指令性工作
（9）人才引进与培养　　　　　　（10）资金筹措
（11）校园文化与学生成长　　　　（12）日常管理与安全稳定
（13）其他_____

C9　您认为大学校长最重要的三项领导工作是什么？（限选3项）_____

（1）战略规划　　　　　　　　　（2）争取政府支持
（3）社会合作　　　　　　　　　（4）大众媒体沟通
（5）学科、专业建设　　　　　　（6）校园基建
（7）学校内部体制改革　　　　　（8）政府指令性工作
（9）人才引进与培养　　　　　　（10）资金筹措
（11）校园文化与学生成长　　　　（12）日常管理与安全稳定
（13）其他_____

C10　在校长办公会议之前，重大事项决策是否会主动与书记沟通？

（1）经常　　　　　　　　　　　（2）有时候
（3）很少　　　　　　　　　　　（4）从来不

C11　您认为贵校党委书记在管理风格上属于_____。

（1）民主型　　　　　　　　　　（2）放任型
（3）集权型　　　　　　　　　　（4）老好人型
（5）革新型

C12　您如何评价贵校党政关系的和谐程度，如果1分表示很不和谐，5分表示很和谐，请在相应的分数前打钩：□1　□2　□3　□4　□5

C13　您认为我国部分大学存在党政关系不和谐现象的原因是什么？（限选3项）

（1）气质性格不合拍　　　　　　（2）沟通障碍
（3）职责边界不清晰　　　　　　（4）治校理念与工作方法不一致
（5）教育理想与发展目标不一致　（6）制度框架的先天性缺陷

(7) 在个人资历背景上有较大差异　　（8) 存在利益冲突

(9) 学校氛围与传统　　　　　　　（10) 其他原因：

C14　在党委领导下的校长负责制中，书记与校长的配备模式您倾向于以下哪几种？（可多选）

(1) 校长是教育家（主导学校的发展），党委书记是学校决策的召集人

(2) 党委书记是教育家（主导学校的发展），校长是首席执行官

(3) 党委书记是教育家（主导学校的发展），设荣誉校长（社会名流）和执行校长（效率专家）

(4) 党委书记和校长一人兼

(5) 其他_____

C15　作为校长，您希望与您搭档的校党委书记来自于

(1) 教育主管部门　　　　　　　　（2) 地方政府

(3) 本校　　　　　　　　　　　　（4) 其他大学

(5) 大型国企　　　　　　　　　　（6) 无所谓

C16　在您任校长期间，对于班子中的副校长遴选，上级组织是否主动征询您的意见？

(1) 是　　　　　　　　　　　　　（2) 否（跳至C17）

如果是，您的意见对于最后的结果是否产生实质性影响？

(1) 是　　　　　　　　　　　　　（2) 否

C17　您认为"党委领导，校长负责"中，校长应对学校哪些事项承担主要责任？（可多选）

(1) 办学方向的确定，包括学校的定位和战略规划

(2) 社会声誉建设，包括学术水平、教学质量、社会服务能力等

(3) 财政健康状况，包括债务大小、学校筹款能力、资金使用效率等

(4) 学校的稳定安全情况

(5) 学校的师资队伍建设是否满足学校的发展要求

(6) 从政府部门、企业和社会组织那里争取到充足的外部资源

(7) 社会合作与国际交流是否满足学校的发展要求

(8) 德育工作方面的责任，学生政治觉悟、品德操守和爱国主义等

(9) 师德师风方面的责任，包括学术造假、徇私舞弊等

(10) 校风学风方面的责任，包括学生学习风貌、考试纪律等

(11) 其他_____

C18　您在学校预算拟定过程中的主导权如何？

(1) 具有完全主导权　　　　　　　（2) 具有大部分主导权

（3）具有小部分主导权　　　　　（4）不具有主导权

C19　贵校预算中预留的机动金额占支出总额的＿＿＿＿％，您的经费自由裁量权是＿＿＿＿万。

C20　将大学纳入到政府采购和国库集中支付的公共财政体制改革中，您怎么看？

（1）大学有其特殊性，不同于一般的公共部门，这样做不利于大学的发展

（2）大学用的是公共财政的钱，就应该实行严格的财务制度，以后应该更严格

（3）对于大学的财务制度而言，过程监管应该放松一些，给予一定的自由度，但结果控制一定要严格，应该狠抓财政责任制度

（4）大学的财务制度应该跟政府部门的财务制度保持一致

（5）其他＿＿＿＿

C21　作为校长，在师资队伍建设过程中，您是否具有特批的权力？

（1）有　　　　　　　　　　　　（2）没有

C22　校内中层行政干部（尤其是重要部门负责人）的选聘过程中，您认为自己的意见是否起到重要作用？

（1）很重要　　　　　　　　　　（2）比较重要

（3）不太重要　　　　　　　　　（4）不重要

C23　在《高等教育法》赋予大学校长的各项职权中，您在治校过程中觉得最需要强化的是哪些职权？（限选3项）＿＿＿＿

（1）拟订发展规划，制定具体规章制度和年度工作计划并组织实施

（2）组织教学活动、科学研究和思想品德教育

（3）拟订内部组织机构的设置方案

（4）推荐副校长人选

（5）任免内部组织机构的负责人

（6）聘任与解聘教师以及内部其他工作人员

（7）对学生进行学籍管理并实施奖励或者处分

（8）拟订和执行年度经费预算方案

（9）保护和管理校产，维护学校的合法权益

（10）其他＿＿＿＿

C24　贵校的学术委员会在学校管理中发挥了哪些作用？

（1）辅助校长决策，主要承担一定学术决策咨询功能

（2）具有学术决策权力，是一些重要学术决策的终审机构

（3）具有学术决策权力，但限于校长授权后的一般性学术决策事项

（4）未能在学校的重要学术决策中发挥作用

C25　您如何评价贵校实际拥有的办学自主权，如果1分表示很少，5分表

示很多，请在相应的分数前打钩：□1　□2　□3　□4　□5

C26　您如何评价贵校在文化引领方面发挥的作用，如果 1 分表示很小，5 分表示很大，请在相应的分数前打钩：□1　□2　□3　□4　□5

C27　您如何评价贵校在服务社会经济发展方面发挥的作用，如果 1 分表示很小，5 分表示很大，请在相应的分数前打钩：□1　□2　□3　□4　□5

C28　您认为作为大学校长您最缺乏的自主权是（可多选）：

（1）学科、专业的设置权　　　　　（2）教师职称评定与聘任权
（3）教学、科研领域的自主财务权　（4）中层行政干部的任免权
（5）学生自主录取权　　　　　　　（6）课程体系的自主设置权
（7）薪酬设计的自主权　　　　　　（8）副校长人选的举荐权
（9）学位点的自主设置权

（D）

D1　2012 年 2 月，陈吉宁接任清华大学校长，打破了近些年来一般由院士出任名校校长的惯例，您对此的态度？

（1）赞成　　　　　　　　　　　　（2）不赞成
（3）没有看法　　　　　　　　　　（4）不了解

D2　您业余时间阅读最多的是哪几类书籍？（限选 3 项）＿＿＿＿＿＿

（1）经营管理类　　　　　　　　　（2）专业学术类
（3）时事政治类　　　　　　　　　（4）教育理论类
（5）人物传记类　　　　　　　　　（6）历史文化类
（7）文学艺术类　　　　　　　　　（8）校长治校经验书
（9）没有时间阅读　　　　　　　　（10）其他＿＿＿＿＿＿

D3　您订阅以下哪几种刊物？

（1）中国高等教育　　　　　　　　（2）中国高教研究
（3）高等教育研究（武汉）　　　　（4）教育发展研究
（5）教育研究　　　　　　　　　　（6）高等工程教育研究
（7）学位与研究生教育　　　　　　（8）比较教育研究
（9）其他＿＿＿＿＿＿

D4　您曾在下列哪些刊物上发表过大学管理的研究文章？

（1）中国高等教育　　　　　　　　（2）中国高教研究
（3）高等教育研究（武汉）　　　　（4）教育发展研究
（5）教育研究　　　　　　　　　　（6）高等工程教育研究
（7）学位与研究生教育　　　　　　（8）比较教育研究

（9）其他_____

D5　您认为对于中国大学校长而言，以下哪一种领导技巧最为重要？

（1）沟通上级　　　　　　　　　（2）管理下属
（3）横向沟通　　　　　　　　　（4）处理冲突
（5）引导个体
（6）感染大众（含师生、校友、公众等）

D6　您作为大学校长主要通过哪几种方式来管理学校的？（限选3项）_____

（1）理念认同　　　　　　　　　（2）目标感召
（3）放手授权　　　　　　　　　（4）威权命令
（5）言传身教　　　　　　　　　（6）协商民主
（7）依赖科层　　　　　　　　　（8）赏罚分明
（9）事必躬亲　　　　　　　　　（10）依法治校
（11）其他：_____

D7　您认为下列哪几个重要指标可用来评价专业化大学校长的素质？（可多选）_____

（1）使命感与全身心的投入
（2）组织愿景与战略管理能力
（3）变革的勇气和魄力
（4）组织结构和体制机制设计能力
（5）人财物等资源的配置能力
（6）激励员工和团队建设能力
（7）与政府、企业、媒体、校友等建立合作伙伴关系能力
（8）沟通协调能力
（9）高等教育理念和知识
（10）其他：_____

D8　您认为目前大学校长最需要提高哪几方面的素质才能适应未来的竞争环境和工作要求？（限选3项）_____

（1）使命感与全身心的投入
（2）组织愿景与战略管理能力
（3）变革的勇气和魄力
（4）组织结构和体制机制设计能力
（5）人财物等资源的配置能力
（6）激励员工和团队建设能力
（7）与政府、企业、媒体、校友等建立合作伙伴关系能力

（8）沟通协调能力

（9）高等教育理念和知识

（10）其他：_____

D9 请您对自己的各项大学校长素质进行自我评价，如果 1 分表示很差，5 分表示优秀，请在相应的分数前打钩。

D9.1 使命感与全身心的投入	1	2	3	4	5
D9.2 组织战略与愿景管理能力	1	2	3	4	5
D9.3 变革的勇气和魄力	1	2	3	4	5
D9.4 组织结构和体制机制设计能力	1	2	3	4	5
D9.5 人财物等资源的配置能力	1	2	3	4	5
D9.6 激励员工和团队建设能力	1	2	3	4	5
D9.7 与政府、企业、媒体等建立合作伙伴关系能力	1	2	3	4	5
D9.8 沟通协调能力	1	2	3	4	5
D9.9 高等教育理念和知识	1	2	3	4	5

D10 您主要通过什么途径向学校师生传播您的办学理念？（限选 3 项）_____

（1）面向学生作主题报告　　　　（2）面向教师、干部作主题报告

（3）工作会议　　　　　　　　　（4）开学典礼及毕业典礼讲话

（5）发表文章、专著　　　　　　（6）接受新闻媒体访问

（7）其他_____

D11 在贵校的办学过程中，您的办学理念有没有得到充分体现？

（1）充分体现（跳至 D12）　　　（2）大部分体现

（3）小部分体现　　　　　　　　（4）几乎没有体现

如果没有得到充分体现，最为主要的障碍来自于哪里？（限选 3 项）_____

（1）上级党政部门　　　　　　　（2）校内领导体制

（3）党委书记　　　　　　　　　（4）副校长及行政管理团队

（5）干部/师生　　　　　　　　　（6）办学资源配置方式

（7）社会氛围　　　　　　　　　（8）学校传统习惯

（9）个人能力素养　　　　　　　（10）其他_____

D12 您办学治校的能力素养主要得益于什么？（限选 3 项）_____

（1）多岗位锻炼　　　　　　　　（2）个人体悟

（3）系统的培训　　　　　　　　（4）他人的成功经验

（5）看书学习　　　　　　　　　（6）边干边学

（7）前任的言传身教

D13　请您用一句话表达您对大学的理解：＿＿＿＿＿＿＿＿＿＿＿＿

D14　您的治校理念为：＿＿＿＿＿＿＿＿＿＿＿＿＿＿＿＿＿＿＿

D15　对于我国大学校长管理专业化您的态度与建议：＿＿＿＿＿＿＿

问卷到此结束，再一次感谢您的合作！

二、书记卷

尊敬的书记：

您好！

受教育部委托，我们承担了 2011 年教育部哲学社会科学研究重大课题攻关项目《完善中国特色现代大学制度进程中的大学校长管理专业化研究》的课题研究。

为了更好地了解中国大学校长管理专业化的现状，发现问题和困难，以便为提升大学校长专业化水平、完善政府对大学校长的管理措施和相关政策提供有价值的实证依据，特别组织了本次问卷调查。

您的意见和支持对我们的课题研究意义重大，我们将秉持科学精神，恪守学术道德，严格遵照中华人民共和国统计法的有关法律规定，问卷不对外公开，实行匿名填写，保证所有数据只用于统计分析。

问卷填写大约需要花费您 30 分钟的宝贵时间，请按您的意见在相应的选题上打"√"或画"○"，衷心感谢您的无私帮助！

谨颂

　　　时祺

浙江工业大学现代大学制度研究中心

教育部哲学社会科学研究重大课题攻关项目
《完善中国特色现代大学制度进程中的
大学校长管理专业化研究》调查问卷（书记卷）

（A）

A1　您的性别：（1）男　　（2）女

A2　您的年龄：_____岁

A3　您的文化程度：

（1）大专（理工科）　　　（2）大专（文科）　　　（3）本科（理工科）

（4）本科（文科）　　　　（5）硕士（理工科）　　（6）硕士（文科）

（7）博士（理工科）　　　（8）博士（文科）

（9）其他（请填写）：_____

A4　您从事学术研究工作的学科属于：_____

（1）哲学　　（2）经济学　　（3）法学　　（4）教育学　　（5）文学

（6）历史学　（7）理学　　　（8）工学　　（9）农学　　　（10）医学

（11）管理学　（12）军事学

A5　您是否在目前就职学校有过求学经历？

（1）是　　　　（2）否

A6　您是否有在海外获取学位的经历？

（1）是　　　　（2）否

（B）

B1　大学书记的工作是否令您富有成就感？

（1）非常有成就感　　　　　　（2）偶尔会有成就感

（3）不是很有成就感　　　　　（4）完全没有成就感

B2　您的工作压力主要来源是什么？（限选3项）_____

（1）上级部门　　　　　　　　（2）党委班子

（3）社会公众　　　　　　　　（4）教师

（5）学生　　　　　　　　　　（6）大众媒体

（7）校友　　　　　　　　　　（8）学校中层

（9）自我期待　　　　　　　　（10）校长班子

（11）其他_____

B3　在大学书记的工作岗位上，您碰到的主要困难是什么？（限选3项）

（1）办学理念的冲突　　　　　（2）学校教学与科研的矛盾

（3）校园的安全与稳定　　　　（4）人才的引进与培养

（5）内部体制与机制的不适应　（6）资金筹措

（7）校园基建　　　　　　　　（8）党政协调与班子建设

（9）战略重点的选择　　　　　（10）与政府部门的协调沟通

（11）大众媒体沟通　　　　　　　　（12）寻求国际合作与交流

（13）其他_____

B4　您认为作为职业化大学校长，合理的薪酬应该达到_____万元/年（以当前的货币购买力衡量）。

B5　您认为校长在职位上是否继续从事原学科学术研究工作？

（1）是　　　　　　　　　　　　　（2）否（跳至B6）

如果是，您觉得占用校长个人精力多少比例比较合适

（1）3/4　　　　　　　　　　　　（2）一半

（3）1/4　　　　　　　　　　　　（4）很少

B6　如果大学校长实行公开招聘，您是否愿意参加竞聘？

（1）是　　　　　　　　　　　　　（2）否

B7　您认为大学校长最应扮演的三个角色依次是：_____；_____；_____（请按重要性排列）。

（1）教育家　　　　　　　　　　　（2）政治家

（3）学问家　　　　　　　　　　　（4）变革领导者

（5）经营管理者　　　　　　　　　（6）政策执行者

（7）召集协调者　　　　　　　　　（8）维持服务者

（9）行政化官员　　　　　　　　　（10）社会名流

（11）公共知识分子　　　　　　　　（12）其他_____

B8　在以往的工作过程中，贵校校长实际上扮演得最多的三个角色依次是_____；_____；_____（请按重要性排列）。

（1）教育家　　　　　　　　　　　（2）政治家

（3）学问家　　　　　　　　　　　（4）变革领导者

（5）经营管理者　　　　　　　　　（6）政策执行者

（7）召集协调者　　　　　　　　　（8）维持服务者

（9）行政化官员　　　　　　　　　（10）社会名流

（11）公共知识分子　　　　　　　　（12）其他_____

B9　您认为自己最应扮演的三个角色依次是_____；_____；_____（请按重要性排列）。

（1）教育家　　　　　　　　　　　（2）政治家

（3）学问家　　　　　　　　　　　（4）变革领导者

（5）经营管理者　　　　　　　　　（6）政策执行者

（7）召集协调者　　　　　　　　　（8）维持服务者

（9）行政化官员　　　　　　　　　（10）社会名流

（11）公共知识分子　　　　　　　（12）其他_____

B10　在以往的工作过程中，您认为实际上自己扮演得最多的三个角色依次是_____；_____；_____（请按重要性排列）。

（1）教育家　　　　　　　　　　（2）政治家

（3）学问家　　　　　　　　　　（4）变革领导者

（5）经营管理者　　　　　　　　（6）政策执行者

（7）召集协调者　　　　　　　　（8）维持服务者

（9）行政化官员　　　　　　　　（10）社会名流

（11）公共知识分子　　　　　　　（12）其他_____

B11　目前，您所承担的各种角色之间和某一角色内部有没有冲突？

（1）有　　　　　　　　　　　　（2）没有

B12　一所大学的校长与本校有学缘关系，对学校发展的影响如何？

（1）利大于弊　　　　　　　　　（2）弊大于利

（3）无影响　　　　　　　　　　（4）不清楚

B13　北师大、湖南大学等新任校长在上任时承诺，在校长任期内不申报新科研课题，不带新研究生，不报奖，不申请院士。您对此的态度是_____。

（1）赞成，自己也愿意比照执行

（2）赞成，但自己尚无法比照执行

（3）不赞成，两者并不必然冲突

（4）没有看法，效果有待观察

（5）不了解

B14　对于目前"大学校长把更多精力放在了大学管理之外的事务"的判断——您的看法是（任选）_____。

（1）同意，应出台职业化制度规范校长行为

（2）同意，但在现行的体制下，没必要大惊小怪，属正常现象

（3）不完全同意，这只是个别现象

（4）不同意，在我国不存在这样的现象

（5）其他_____

（C）

C1　担任大学书记这一职务是您的职业理想吗？

（1）是　　　　　　　　　　　　（2）不是

C2　您认为大学校长通过以下哪种方式产生比较好？

(1) 上级组织任命 (2) 校内民主直选
(3) 全球公开竞聘 (4) 校长同行举荐

C3 近期，教育部面向海内外公开选拔两所直属学校（东北师范大学、西南财经大学）的校长，您对此的态度？
(1) 赞成，希望尽快推广 (2) 赞成，改革力度还可加大
(3) 不赞成，没有实质作用 (4) 没有看法，效果有待观察
(5) 不了解

C4 您认为中国大学校长遴选的初始提名由以下哪一组织提出更具合理性？
(1) 上级组织部门 (2) 学校党委
(3) 学校学术（教授）委员会 (4) 学校专门成立的遴选委员会
(5) 政府专门成立的遴选委员会 (6) 学校教代会

C5 您最倾向于将大学校长的考核权交给哪个部门？
(1) 上级组织部门 (2) 学校党委
(3) 学校学术（教授）委员会 (4) 学校专门成立的考核委员会
(5) 政府专门成立的遴选委员会 (6) 学校教代会

C6 您觉得现在的考核方式对大学校长的工作能够起到有效的导向功能吗？
(1) 完全能够 (2) 比较能够
(3) 不太能够 (4) 完全不能

C7 您在大学书记这一职位上投入精力最多的三项工作（限选3项）。
(1) 战略规划 (2) 争取政府支持
(3) 社会合作 (4) 大众媒体沟通
(5) 学科、专业建设 (6) 校园基建
(7) 学校内部体制改革 (8) 政府指令性工作
(9) 人才引进与培养 (10) 资金筹措
(11) 校园文化与学生成长 (12) 日常管理与安全稳定
(13) 其他_____

C8 您认为大学书记最重要的三项领导工作是什么？（限选3项）_____
(1) 战略规划 (2) 争取政府支持
(3) 社会合作 (4) 大众媒体沟通
(5) 学科、专业建设 (6) 校园基建
(7) 学校内部体制改革 (8) 政府指令性工作
(9) 人才引进与培养 (10) 资金筹措
(11) 校园文化与学生成长 (12) 日常管理与安全稳定
(13) 其他_____

C9 在党委会议之前，重大事项是否会主动与校长沟通？

（1）经常 　　　　　　　　　　（2）有时候

（3）很少 　　　　　　　　　　（4）从来不

C10 您认为贵校校长在管理风格上属于_____。

（1）民主型 　　　　　　　　　（2）放任型

（3）集权型 　　　　　　　　　（4）老好人型

（5）革新型

C11 您如何评价贵校党政关系的和谐程度，如果1分表示很不和谐，5分表示很和谐，请在相应的分数前打钩：□1　□2　□3　□4　□5

C12 您认为我国部分大学存在党政关系不和谐现象的原因是什么？（限选3项）_____

（1）气质性格不合拍　　　　　　（2）沟通障碍

（3）职责边界不清晰　　　　　　（4）治校理念与工作方法不一致

（5）教育理想与发展目标不一致　（6）制度框架的先天性缺陷

（7）在个人资历背景上有较大差异（8）存在利益冲突

（9）学校氛围与传统　　　　　　（10）其他原因：

C13 在党委领导下的校长负责制中，书记与校长的配备模式您倾向于以下哪几种？（可多选）_____

（1）校长是教育家（主导学校的发展），党委书记是学校决策的召集人

（2）党委书记是教育家（主导学校的发展），校长是首席执行官

（3）党委书记是教育家（主导学校的发展），设荣誉校长（社会名流）和执行校长（效率专家）

（4）党委书记和校长一人兼

（5）其他_____

C14 作为书记，您希望与您搭档的校长来自于：_____

（1）教育主管部门　　　　　　　（2）地方政府

（3）本校　　　　　　　　　　　（4）其他大学

（5）大型国企　　　　　　　　　（6）无所谓

C15 在您任书记期间，对于班子中的副校长遴选，上级组织是否主动征询您的意见？

（1）是　　　　　　　　　　　　（2）否（跳至C16）

如果是，您的意见对于最后的结果是否产生实质性影响？

（1）是　　　　　　　　　　　　（2）否

C16 您认为"党委领导，校长负责"中，校长应对学校哪些事项承担主要

责任?(可多选)_____

(1) 办学方向的确定,包括学校的定位和战略规划

(2) 社会声誉建设,包括学术水平、教学质量、社会服务能力等

(3) 财政健康状况,包括债务大小、学校筹款能力、资金使用效率等

(4) 学校的稳定安全情况

(5) 学校的师资队伍建设是否满足学校的发展要求

(6) 从政府部门、企业和社会组织那里争取到充足的外部资源

(7) 社会合作与国际交流是否满足学校的发展要求

(8) 德育工作方面的责任,学生政治觉悟、品德操守和爱国主义等

(9) 师德师风方面的责任,包括学术造假、徇私舞弊等

(10) 校风学风方面的责任,包括学生学习风貌、考试纪律等

(11) 其他_____

C17　贵校校长在学校预算拟定过程中的主导权如何?

(1) 具有完全主导权　　　　　　(2) 具有大部分主导权

(3) 具有小部分主导权　　　　　(4) 不具有主导权

C18　将大学纳入到政府采购和国库集中支付的公共财政体制改革中,您怎么看?

(1) 大学有其特殊性,不同于一般的公共部门,这样做不利于大学的发展

(2) 大学用的是公共财政的钱,就应该实行严格的财务制度,以后应该更严格

(3) 对于大学的财务制度而言,过程监管应该放松一些,给予一定的自由度,但结果控制一定要严格,应该狠抓财政责任制度

(4) 大学的财务制度应该跟政府部门的财务制度保持一致

(5) 其他_____

C19　作为书记,在师资队伍建设过程中,您是否具有特批的权力?

(1) 有　　　　　　　　　　　　(2) 没有

C20　校内中层行政干部(尤其是重要部门负责人)的选聘过程中,您认为自己的意见是否起到重要作用?

(1) 很重要　　　　　　　　　　(2) 比较重要

(3) 不太重要　　　　　　　　　(4) 不重要

C21　在《高等教育法》赋予大学校长的各项职权中,您在治校过程中觉得最需要强化的是哪些职权?(限选3项)_____

(1) 拟订发展规划,制定具体规章制度和年度工作计划并组织实施

(2) 组织教学活动、科学研究和思想品德教育

(3) 拟订内部组织机构的设置方案

（4）推荐副校长人选

（5）任免内部组织机构的负责人

（6）聘任与解聘教师以及内部其他工作人员

（7）对学生进行学籍管理并实施奖励或者处分

（8）拟订和执行年度经费预算方案

（9）保护和管理校产，维护学校的合法权益

（10）其他_____

C22　贵校的学术委员会在学校管理中发挥了哪些作用？_____

（1）辅助校长决策，主要承担一定学术决策咨询功能

（2）具有学术决策权力，是一些重要学术决策的终审机构

（3）具有学术决策权力，但限于校长授权后的一般性学术决策事项

（4）未能在学校的重要学术决策中发挥作用

C23　您如何评价贵校实际拥有的办学自主权，如果1分表示很少，5分表示很多，请在相应的分数前打钩：□1　□2　□3　□4　□5

C24　您如何评价贵校在文化引领方面发挥的作用，如果1分表示很小，5分表示很大，请在相应的分数前打钩：□1　□2　□3　□4　□5

C25　您如何评价贵校在服务社会经济发展方面发挥的作用，如果1分表示很小，5分表示很大，请在相应的分数前打钩：□1　□2　□3　□4　□5

（D）

D1　您觉得贵校校长在以下各方面的影响力有多大，如果1分表示很小，5分表示很大，请在相应的分数上打钩。

D1.1 战略规划	1	2	3	4	5
D1.2 争取政府支持	1	2	3	4	5
D1.3 社会合作	1	2	3	4	5
D1.4 大众媒体沟通	1	2	3	4	5
D1.5 学科专业建设	1	2	3	4	5
D1.6 校园基建	1	2	3	4	5
D1.7 学校内部体制改革	1	2	3	4	5
D1.8 资金筹集	1	2	3	4	5
D1.9 政府指令性工作	1	2	3	4	5
D1.10 人才引进	1	2	3	4	5
D1.11 校园文化与学生成长	1	2	3	4	5
D1.12 日常管理与和谐校园	1	2	3	4	5

D2　2012年2月，陈吉宁接任清华大学校长，打破了近些年来一般由院士出任名校校长的惯例，您对此的态度是_____。
　　（1）赞成　　　　　　　　　　　　（2）不赞成
　　（3）没有看法　　　　　　　　　　（4）不了解

D3　您业余时间阅读最多的是哪几类书籍？（限选3项）。
　　（1）经营管理类　　　　　　　　　（2）专业学术类
　　（3）时事政治类　　　　　　　　　（4）教育理论类
　　（5）人物传记类　　　　　　　　　（6）历史文化类
　　（7）文学艺术类　　　　　　　　　（8）没有时间阅读
　　（9）其他_____

D4　您订阅以下哪几种刊物？
　　（1）中国高等教育　　　　　　　　（2）中国高教研究
　　（3）高等教育研究（武汉）　　　　（4）教育发展研究
　　（5）教育研究　　　　　　　　　　（6）高等工程教育研究
　　（7）学位与研究生教育　　　　　　（8）比较教育研究
　　（9）其他_____

D5　您曾在下列哪些刊物上发表过大学管理的研究文章？
　　（1）中国高等教育　　　　　　　　（2）中国高教研究
　　（3）高等教育研究（武汉）　　　　（4）教育发展研究
　　（5）教育研究　　　　　　　　　　（6）高等工程教育研究
　　（7）学位与研究生教育　　　　　　（8）比较教育研究
　　（9）其他_____

D6　您认为对于中国大学校长而言，以下哪一种领导技巧最为重要？
　　（1）沟通上级　　　　　　　　　　（2）管理下属
　　（3）横向沟通　　　　　　　　　　（4）处理冲突
　　（5）引导个体
　　（6）感染大众（含师生、校友、公众等）

D7　您作为大学书记主要通过哪几种方式来管理学校的？（限选3项）_____
　　（1）理念认同　　　　　　　　　　（2）目标感召
　　（3）放手授权　　　　　　　　　　（4）威权命令
　　（5）言传身教　　　　　　　　　　（6）协商民主
　　（7）依赖科层　　　　　　　　　　（8）赏罚分明
　　（9）事必躬亲　　　　　　　　　　（10）依法治校
　　（11）其他：_____

D8　您认为下列哪几个重要指标可用来评价专业化大学校长的素质？（可多选）_____

（1）使命感与全身心的投入

（2）组织愿景与战略管理能力

（3）变革的勇气和魄力

（4）组织结构和体制机制设计能力

（5）人财物等资源的配置能力

（6）激励员工和团队建设能力

（7）与政府、企业、媒体、校友等建立合作伙伴关系能力

（8）沟通协调能力

（9）高等教育理念和知识

（10）其他_____

D9　您认为目前大学校长最需要提高哪几方面的素质才能适应未来的竞争环境和工作要求？（限选3项）_____

（1）使命感与全身心的投入

（2）组织愿景与战略管理能力

（3）变革的勇气和魄力

（4）组织结构和体制机制设计能力

（5）人财物等资源的配置能力

（6）激励员工和团队建设能力

（7）与政府、企业、媒体、校友等建立合作伙伴关系能力

（8）沟通协调能力

（9）高等教育理念和知识

（10）其他_____

D10　请您对贵校校长的各项素质进行评价，如果1分表示很小，5分表示很大，请在相应的分数上打钩。

D10.1 使命感与全身心的投入	1	2	3	4	5
D10.2 组织战略与愿景管理能力	1	2	3	4	5
D10.3 变革的勇气和魄力	1	2	3	4	5
D10.4 组织结构和体制机制设计能力	1	2	3	4	5
D10.5 人财物等资源的配置能力	1	2	3	4	5
D10.6 激励员工和团队建设能力	1	2	3	4	5

续表

D10.7 与政府、企业、媒体等建立合作伙伴关系能力	1	2	3	4	5
D10.8 沟通协调能力	1	2	3	4	5
D10.9 高等教育理念和知识	1	2	3	4	5

D11　您主要通过什么途径向学校师生传播您的办学理念？（限选 3 项）_____

（1）面向学生作主题报告　　　　（2）面向教师、干部作主题报告
（3）工作会议　　　　　　　　　（4）开学典礼及毕业典礼讲话
（5）发表文章、专著　　　　　　（6）接受新闻媒体访问
（7）其他_____

D12　在贵校的办学过程中，您的办学理念有没有得到充分体现？

（1）充分体现（跳至 D13）　　　（2）大部分体现
（3）小部分体现　　　　　　　　（4）几乎没有体现

如果没有得到充分体现，最为主要的障碍来自于哪里？（限选 3 项）_____

（1）上级党政部门　　　　　　　（2）校内领导体制
（3）校长　　　　　　　　　　　（4）副校长及行政管理团队
（5）干部/师生　　　　　　　　 （6）办学资源配置方式
（7）社会氛围　　　　　　　　　（8）学校传统习惯
（9）个人能力素养　　　　　　　（10）其他_____

D13　您办学治校的能力素养主要得益于（限选 3 项）：

（1）多岗位锻炼　　　　　　　　（2）个人体悟
（3）系统的培训　　　　　　　　（4）他人的成功经验
（5）看书学习　　　　　　　　　（6）边干边学
（7）前任的言传身教

D14　请一句话表达您对大学的理解：_____

D15　您的办学理念为：_____

D16　对于我国大学校长管理专业化您的态度与建议：_____

问卷到此结束，再一次感谢您的合作！

三、中层干部卷

尊敬的领导、专家：

您好！

受教育部委托，我们承担了 2011 年教育部哲学社会科学研究重大课题攻关项目《完善中国特色现代大学制度进程中的大学校长管理专业化研究》的课题研究。

为了更好地了解中国大学校长管理专业化的现状，发现问题和困难，以便为提升大学校长专业化水平、完善政府对大学校长的管理措施和相关政策提供有价值的实证依据，特别组织了本次问卷调查。

您的意见和支持对我们的课题研究意义重大，我们将秉持科学精神，恪守学术道德，严格遵照中华人民共和国统计法的有关法律规定，问卷不对外公开，实行匿名填写，保证所有数据只用于统计分析。

问卷填写大约需要花费您 30 分钟的宝贵时间，请按您的意见在相应的选题上打"√"或画"○"，衷心感谢您的无私帮助！

谨颂

  时祺

            浙江工业大学现代大学制度研究中心

教育部哲学社会科学研究重大课题攻关项目 《完善中国特色现代大学制度进程中的 大学校长管理专业化研究》调查问卷（中层卷）

（A）

A1 您的性别：（1）男 （2）女

A2 您的年龄：_____岁

A3 您的文化程度：

（1）大专（理工科） （2）大专（文科） （3）本科（理工科）

（4）本科（文科）   （5）硕士（理工科） （6）硕士（文科）

（7）博士（理工科） （8）博士（文科）

（9）其他（请填写）：_____

A4 您的现任职务是（请填写）：_____

(B)

B1 您认为贵校校长的工作压力主要来源于以下哪些主体？（限选3项）_____

（1）上级部门　　　　　　　（2）学校领导班子
（3）社会公众　　　　　　　（4）教师
（5）学生　　　　　　　　　（6）大众媒体
（7）校友　　　　　　　　　（8）学校中层
（9）自我期待　　　　　　　（10）其他_____

B2 您认为贵校校长在工作中碰到的主要困难有（限选3项）：_____

（1）办学理念的冲突　　　　（2）学校教学与科研的矛盾
（3）校园的安全与稳定　　　（4）人才的引进与培养
（5）内部体制与机制的不适应（6）资金筹措
（7）校园基建　　　　　　　（8）党政协调与班子建设
（9）战略重点的选择　　　　（10）与政府部门的协调沟通
（11）与大众媒体沟通　　　 （12）寻求国际合作与交流
（13）其他_____

B3 您认为作为职业化大学校长，合理的年薪应该达到_____万元/年（以当前的货币购买力衡量）。

B4 您认为一所大学的校长与本校有学缘关系，对学校发展有何影响？_____

（1）利大于弊　　　　　　　（2）弊大于利
（3）无影响　　　　　　　　（4）不清楚

B5 您对大学校长继续从事原学科科研工作是否支持？

（1）是　　　　　　　　　　（2）否

B6 您认为贵校校长从事学校管理工作是否投入？_____

（1）很投入　　　　　　　　（2）比较投入
（3）一般投入　　　　　　　（4）不太投入

B7 您认为大学校长继续从事原学科科研工作对学校管理工作的利弊影响是？_____

（1）利大于弊　　　　　　　（2）弊大于利
（3）无影响　　　　　　　　（4）不清楚

B8 您认为大学校长最应扮演的三个角色依次是：_____；_____；_____（请按重要性顺序填写）。

（1）教育家　　　　　　　　（2）政治家

（3）学问家　　　　　　　　（4）变革领导者

（5）经营管理者　　　　　　（6）政策执行者

（7）召集协调者　　　　　　（8）维持服务者

（9）行政化官员　　　　　　（10）社会名流

（11）公共知识分子　　　　（12）其他_____

B9　您认为贵校校长实际上扮演得最多的三个角色依次是_____；_____；_____（请按重要性顺序填写）。

（1）教育家　　　　　　　　（2）政治家

（3）学问家　　　　　　　　（4）变革领导者

（5）经营管理者　　　　　　（6）政策执行者

（7）召集协调者　　　　　　（8）维持服务者

（9）行政化官员　　　　　　（10）社会名流

（11）公共知识分子　　　　（12）其他_____

B10　您认为大学党委书记最应扮演的三个角色依次是_____；_____；_____（请按重要性顺序填写）。

（1）教育家　　　　　　　　（2）政治家

（3）学问家　　　　　　　　（4）变革领导者

（5）经营管理者　　　　　　（6）政策执行者

（7）召集协调者　　　　　　（8）维持服务者

（9）行政化官员　　　　　　（10）社会名流

（11）公共知识分子　　　　（12）其他_____

B11　您认为贵校党委书记实际上扮演得最多的三个角色依次是_____；_____；_____（请按重要性顺序填写）。

（1）教育家　　　　　　　　（2）政治家

（3）学问家　　　　　　　　（4）变革领导者

（5）经营管理者　　　　　　（6）政策执行者

（7）召集协调者　　　　　　（8）维持服务者

（9）行政化官员　　　　　　（10）社会名流

（11）公共知识分子　　　　（12）其他_____

B12　您如何看待部分大学校长在任职期间热衷申报各类学术大奖和人才工程？_____

（1）大学校长也是学问家，问鼎学术大奖和人才工程是理所当然的事情

（2）大学校长申报学术大奖和人才工程可以为学校争得荣誉，是学校发展的需要

（3）大学校长任职期间报奖可能会导致其不专心治校办学

（4）部分校长在申报过程中利用校长身份对评委施加影响，引发学术不公，应当予以限制

B13　您如何看待部分大学校长在任职期间积极申报"院士"的行为？（可多选）_____

（1）院士是中国最高的学术荣誉，申报院士是作为学问家的大学校长的基本权利
（2）院士的数量往往代表着学校的办学层次和水平，大学校长应该努力争取
（3）大学校长在任职期间申报院士肯定会导致其不专心治校办学，应当予以限制
（4）评上院士有利于发挥校长的学术影响力，以便更好地履行校长职责
（5）部分校长在申报过程中利用校长身份对评委施加影响，引发学术不公，应当予以限制

B14　北师大、湖南大学等新任校长在上任时承诺，在校长任期内不申报新科研课题，不带新研究生，不报奖，不申请院士。您对此的态度？
（1）赞成，所有校长都应该比照执行
（2）赞成，但不一定每个校长都要这样，可以自由选择
（3）不赞成，两者并不必然冲突
（4）没有看法，效果有待观察
（5）不了解

B15　对于目前"大学校长把更多精力放在了大学管理之外的事务"的判断——您的看法是？
（1）同意，应出台职业化制度规范校长行为
（2）同意，但在现行的体制下，没必要大惊小怪，属正常现象
（3）不完全同意，这只是个别现象
（4）不同意，在我国不存在这样的现象
（5）其他_____

（C）

C1　您认为大学校长通过以下哪一种方式产生比较好？_____
（1）上级组织任命　　　　　　（2）校内民主直选
（3）全球公开竞聘　　　　　　（4）校长同行举荐

C2　近期，教育部面向海内外公开选拔两所直属学校（东北师范大学、西南财经大学）的校长，您对此的态度？_____
（1）赞成，有示范意义　　　　（2）不赞成，没有实质作用
（3）没有看法，效果有待观察　（4）不了解

C3　您认为中国大学校长遴选的初始提名由以下哪一组织提出更具合理

性？_____

(1) 上级组织部门　　　　　(2) 学校党委

(3) 学校学术（教授）委员会　(4) 学校专门成立的遴选委员会

(5) 政府专门成立的遴选委员会　(6) 学校教代会

C4 您最倾向于将大学校长的考核权交给哪个部门？_____

(1) 上级组织部门　　　　　(2) 学校党委

(3) 学校学术（教授）委员会　(4) 学校专门成立的考核委员会

(5) 政府专门成立的考核委员会　(6) 学校教代会

C5 您觉得现在的考核方式对大学校长的工作能否起到有效的导向功能？_____

(1) 完全能够　　　　　　　(2) 比较能够

(3) 不太能够　　　　　　　(4) 完全不能

C6 您认为对大学校长的考核主要应侧重哪些方面？（限选 3 项）_____

(1) 将大学愿景形成战略规划和目标方向

(2) 对学校党委决策的执行力

(3) 学校管理体制与机制的改革与创新

(4) 管理的效率与办学的效益

(5) 有效驾驭行政管理团队

(6) 教师、职工和学生中的影响力与号召力

(7) 与其他大学系统和社会组织的合作关系

(8) 党和政府教育政策方针与任务的贯彻力

(9) 学校学科建设、人才培养、社会服务等领域取得的显著成绩

(10) 弘扬大学文化，引领社会风气

(11) 其他_____

C7 据您观测，贵校校长投入精力最多的三项工作是什么？_____

(1) 战略规划　　　　　　　(2) 争取政府支持

(3) 社会合作　　　　　　　(4) 大众媒体沟通

(5) 学科、专业建设　　　　(6) 校园基建

(7) 学校内部体制改革　　　(8) 政府指令性工作

(9) 人才引进与培养　　　　(10) 资金筹措

(11) 校园文化与学生成长　　(12) 日常管理与安全稳定

(13) 其他_____

C8 您认为大学校长最重要的三项领导工作应该是什么？_____

(1) 战略规划　　　　　　　(2) 争取政府支持

（3）社会合作　　　　　　　　（4）大众媒体沟通
　　（5）学科、专业建设　　　　　（6）校园基建
　　（7）学校内部体制改革　　　　（8）政府指令性工作
　　（9）人才引进与培养　　　　　（10）资金筹措
　　（11）校园文化与学生成长　　 （12）日常管理与安全稳定
　　（13）其他_____

C9　您认为贵校校长在管理风格上属于_____。
　　（1）民主型　　　　　　　　　（2）放任型
　　（3）集权型　　　　　　　　　（4）老好人型
　　（5）革新型

C10　您认为贵校书记在管理风格上属于_____。
　　（1）民主型　　　　　　　　　（2）放任型
　　（3）集权型　　　　　　　　　（4）老好人型
　　（5）革新型

C11　您如何评价贵校党政关系的和谐程度（如果1分表示很不和谐，5分表示很和谐，请在相应的分数前打钩）
　　□1　□2　□3　□4　□5

C12　您认为我国部分大学存在党政关系不和谐现象的原因是什么？（限选3项）_____
　　（1）气质性格不合拍　　　　　（2）沟通障碍
　　（3）职责边界不清晰　　　　　（4）治校理念与工作方法不一致
　　（5）教育理想与发展目标不一致（6）制度框架的先天性缺陷
　　（7）在个人资历背景上有较大差异（8）存在利益冲突
　　（9）学校氛围与传统　　　　　（10）其他原因：_____

C13　在党委领导下的校长负责制中，书记与校长的配备模式您倾向于以下哪几种？（可多选）_____
　　（1）校长是教育家（主导学校的发展），党委书记是学校决策的召集人
　　（2）党委书记是教育家（主导学校的发展），校长是首席执行官
　　（3）党委书记是教育家（主导学校的发展），设荣誉校长（社会名流）和执行校长（效率专家）
　　（4）党委书记和校长一人兼
　　（5）其他_____

C14　您觉得贵校的校长对学校发展和定位的影响力_____
　　（1）非常大　　　　　　　　　（2）比较大

（3）比较小　　　　　　　　　　（4）很小，几乎没有

C15　您觉得贵校的书记对学校发展和定位的影响力_____。

（1）非常大　　　　　　　　　　（2）比较大

（3）比较小　　　　　　　　　　（4）很小，几乎没有

C16　您觉得贵校的校长对学校改革与发展进程的控制力_____。

（1）非常大　　　　　　　　　　（2）比较大

（3）比较小　　　　　　　　　　（4）很小，几乎没有

C17　您觉得贵校书记对学校改革与发展进程的控制力_____。

（1）非常大　　　　　　　　　　（2）比较大

（3）比较小　　　　　　　　　　（4）很小，几乎没有

C18　您觉得贵校的日常工作对于贵校校长的依赖性_____。

（1）非常大　　　　　　　　　　（2）比较大

（3）比较小　　　　　　　　　　（4）很小，几乎没有

C19　您觉得贵校的日常工作对于贵校书记的依赖性_____。

（1）非常大　　　　　　　　　　（2）比较大

（3）比较小　　　　　　　　　　（4）很小，几乎没有

C20　您觉得贵校校长对于贵校的发展成就的贡献度_____。

（1）非常大　　　　　　　　　　（2）比较大

（3）比较小　　　　　　　　　　（4）很小，几乎没有

C21　您觉得贵校书记对于贵校的发展成就的贡献度_____。

（1）非常大　　　　　　　　　　（2）比较大

（3）比较小　　　　　　　　　　（4）很小，几乎没有

C22　您对于贵校校长下达的行政命令的执行程度_____。

（1）完全执行　　　　　　　　　（2）大部分执行

（3）大部分不执行　　　　　　　（4）几乎不执行

C23　您对于贵校书记下达的命令和要求的执行程度_____。

（1）完全执行　　　　　　　　　（2）大部分执行

（3）大部分不执行　　　　　　　（4）几乎不执行

C24　您的任免最主要受到哪个主体的影响？_____

（1）党委　　　　　　　　　　　（2）行政

（3）分管领导　　　　　　　　　（4）群众

（5）其他

C25　您的考核最主要受到哪个主体的影响？_____

（1）党委　　　　　　　　　　　（2）行政

（3）分管领导　　　　　　　（4）群众

（5）其他

C26　据您了解，贵校校内中层行政干部（尤其是重要部门负责人）的选聘过程中，贵校校长的意见是否起到重要作用？_____

（1）很重要　　　　　　　　（2）比较重要

（3）不太重要　　　　　　　（4）不重要

C27　据您了解，贵校校内中层行政干部（尤其是重要部门负责人）的选聘过程中，贵校书记的意见是否起到重要作用？_____

（1）很重要　　　　　　　　（2）比较重要

（3）不太重要　　　　　　　（4）不重要

C28　据您了解，在师资队伍建设过程中，贵校校长是否具有特批的权力？

（1）有　　　　　　　　　　（2）没有

如果您选择"没有"，您认为主导权在哪一方？_____

（1）校长行政会议　　　　　（2）学术委员会

（3）党委会　　　　　　　　（4）相关学院

（5）相关学科　　　　　　　（6）其他_____

C29　据您了解，在师资队伍建设过程中，贵校书记是否具有特批的权力？

（1）有　　　　　　　　　　（2）没有

如果您选择"没有"，您认为主导权在哪一方？_____

（1）校长行政会议　　　　　（2）学术委员会

（3）党委会　　　　　　　　（4）相关学院

（5）相关学科　　　　　　　（6）其他_____

C30　您觉得贵校的校长对学术政策的主导权_____

（1）非常大　　　　　　　　（2）比较大

（3）比较小　　　　　　　　（4）很小，几乎没有

C31　您觉得贵校的书记对学术政策的主导权_____。

（1）非常大　　　　　　　　（2）比较大

（3）比较小　　　　　　　　（4）很小，几乎没有

C32　将大学纳入政府采购和国库集中支付的公共财政体制改革中，您怎么看？_____

（1）大学有其特殊性，不同于一般的公共部门，这样做不利于大学的发展

（2）大学用的是公共财政的钱，就应该实行严格的财务制度，以后应该更严格

（3）对于大学的财务制度而言，过程监管应该放松一些，给予一定的自由度，但结果控制一定要严格，应该狠抓财政责任制度

（4）大学的财务制度应该跟政府部门的财务制度保持一致

（5）其他_____

C33　您如何评价贵校实际拥有的办学自主权？（如果1分表示很少，5分表示很多，请在相应的分数前打钩）

□1　□2　□3　□4　□5

C34　您如何评价贵校在文化引领方面发挥的作用？（如果1分表示很小，5分表示很大，请在相应的分数前打钩）

□1　□2　□3　□4　□5

C35　您如何评价贵校在服务社会经济发展方面发挥的作用？（如果1分表示很小，5分表示很大，请在相应的分数前打钩）

□1　□2　□3　□4　□5

（D）

D1　2012年2月，陈吉宁接任清华大学校长，打破了近些年来一般由院士出任名校校长的惯例，您对此的态度？_____

（1）赞成　　　　　　　　　（2）不赞成

（3）没有看法　　　　　　　（4）不了解

D2　您认为对于贵校校长而言，以下哪一种领导技巧最为重要？_____

（1）沟通上级　　　　　　　（2）管理下属

（3）横向沟通　　　　　　　（4）处理冲突

（5）引导个体　　　　　　　（6）感染大众（含师生、校友、公众等）

D3　您认为对于贵校书记而言，以下哪一种领导技巧最为重要？_____

（1）沟通上级　　　　　　　（2）管理下属

（3）横向沟通　　　　　　　（4）处理冲突

（5）引导个体　　　　　　　（6）感染大众（含师生、校友、公众等）

D4　您认为下列哪几个重要指标可用来评价专业化大学校长的素质？（可多选）_____

（1）使命感与全身心的投入

（2）组织愿景与战略管理能力

（3）变革的勇气和魄力

（4）组织结构和体制机制设计能力

（5）人财物等资源的配置能力

（6）激励员工和团队建设能力

（7）与政府、企业、媒体、校友等建立合作伙伴关系能力

（8）沟通协调能力

（9）高等教育理念和知识

（10）其他：_____

D5　请您对贵校校长的各项素质进行评价，如果 1 分表示很差，5 分表示优秀，请在相应的分数前打钩。

D5.1 使命感与全身心的投入	1	2	3	4	5
D5.2 组织战略与愿景管理能力	1	2	3	4	5
D5.3 变革的勇气和魄力	1	2	3	4	5
D5.4 组织结构和体制机制设计能力	1	2	3	4	5
D5.5 人财物等资源的配置能力	1	2	3	4	5
D5.6 激励员工和团队建设能力	1	2	3	4	5
D5.7 与政府、企业、媒体等建立合作伙伴关系能力	1	2	3	4	5
D5.8 沟通协调能力	1	2	3	4	5
D5.9 高等教育理念和知识	1	2	3	4	5

D6　请您对贵校书记的各项素质进行评价，如果 1 分表示很差，5 分表示优秀，请在相应的分数前打钩。

D6.1 使命感与全身心的投入	1	2	3	4	5
D6.2 组织战略与愿景管理能力	1	2	3	4	5
D6.3 变革的勇气和魄力	1	2	3	4	5
D6.4 组织结构和体制机制设计能力	1	2	3	4	5
D6.5 人财物等资源的配置能力	1	2	3	4	5
D6.6 激励员工和团队建设能力	1	2	3	4	5
D6.7 与政府、企业、媒体等建立合作伙伴关系能力	1	2	3	4	5
D6.8 沟通协调能力	1	2	3	4	5
D6.9 高等教育理念和知识	1	2	3	4	5

D7　请问您了解贵校校长的治校理念吗？［若选择（4），请直接跳至 D9］

（1）非常了解　　　　　　　　　　（2）比较了解

(3) 不太了解 (4) 不了解

D8 请问您认同贵校校长的治校理念吗？_____

(1) 非常认同 (2) 比较认同

(3) 不太认同 (4) 不认同

D9 请问您了解贵校书记的治校理念吗？[若选择（4），请结束问卷填写，谢谢]_____

(1) 非常了解 (2) 比较了解

(3) 不太了解 (4) 不了解

D10 请问您认同贵校书记的治校理念吗？_____

(1) 非常认同 (2) 比较认同

(3) 不太认同 (4) 不认同

D11 对于我国大学校长管理专业化您的态度与建议：_____

问卷到此结束，再一次感谢您的合作！

四、教授卷

尊敬的教授：

您好！

受教育部委托，我们承担了2011年教育部哲学社会科学研究重大课题攻关项目《完善中国特色现代大学制度进程中的大学校长管理专业化研究》的课题研究。

为了更好地了解中国大学校长管理专业化的现状，发现问题和困难，以便为提升大学校长专业化水平、完善政府对大学校长的管理措施和相关政策提供有价值的实证依据，特别组织了本次问卷调查。

您的意见和支持对我们的课题研究意义重大，我们将秉持科学精神，恪守学术道德，严格遵照中华人民共和国统计法的有关法律规定，问卷不对外公开，实行匿名填写，保证所有数据只用于统计分析。

问卷填写大约需要花费您30分钟的宝贵时间，请按您的意见在相应的选题上打"√"或画"〇"，衷心感谢您的无私帮助！

谨颂

时祺

浙江工业大学现代大学制度研究中心

教育部哲学社会科学研究重大课题攻关项目
《完善中国特色现代大学制度进程中的
大学校长管理专业化研究》调查问卷（教授卷）

（A）

A1 您的性别：（1）男 （2）女
A2 您的年龄：_____岁
A3 您的文化程度：
（1）大专（理工科） （2）大专（文科） （3）本科（理工科）
（4）本科（文科） （5）硕士（理工科） （6）硕士（文科）
（7）博士（理工科） （8）博士（文科）
（9）其他（请填写）：_____
A4 您从事学术研究工作的学科属于：_____
（1）哲学 （2）经济学 （3）法学 （4）教育学 （5）文学
（6）历史学 （7）理学 （8）工学 （9）农学 （10）医学
（11）管理学 （12）军事学

（B）

B1 您认为贵校的大学校长工作压力主要来源有哪些？（限选3项）_____
（1）上级部门 （2）学校领导班子
（3）社会公众 （4）教师
（5）学生 （6）大众媒体
（7）校友 （8）学校中层
（9）自我期待 （10）其他_____
B2 您认为贵校的大学校长碰到的主要困难是什么？（限选3项）_____
（1）办学理念的冲突 （2）学校教学与科研的矛盾
（3）校园的安全与稳定 （4）人才的引进与培养
（5）内部体制与机制的不适应 （6）资金筹措
（7）校园基建 （8）党政协调与班子建设

（9）战略重点的选择　　　　　　（10）与政府部门的协调沟通
　　（11）与大众媒体沟通　　　　　　（12）寻求国际合作与交流
　　（13）其他_____

　B3　您认为哪些因素对大学校长具有较大的吸引力？（限选3项）_____
　　（1）职业荣誉　　　　　　　　　（2）社会地位
　　（3）薪酬待遇　　　　　　　　　（4）能力提升
　　（5）成就感　　　　　　　　　　（6）学术发展
　　（7）职务晋升　　　　　　　　　（8）挑战性

　B4　您认为作为职业化大学校长，合理的年薪应该达到_____万/年（以当前的货币购买力衡量）。

　B5　您对大学校长继续从事原学科科研工作是否支持？
　　（1）是　　　　　　　　　　　　（2）否

　B6　您认为大学校长继续从事原学科科研工作对学校管理工作的利弊影响是？_____
　　（1）利大于弊　　　　　　　　　（2）弊大于利
　　（3）无影响　　　　　　　　　　（4）不清楚

　B7　您认为贵校校长从事学校管理工作是否投入？_____
　　（1）很投入　　　　　　　　　　（2）比较投入
　　（3）一般投入　　　　　　　　　（4）不太投入

　B8　您如何看待部分大学校长在任职期间热衷申报各类学术大奖和人才工程？_____
　　（1）大学校长也是学问家，问鼎学术大奖和人才工程是理所当然的事情
　　（2）大学校长申报学术大奖和人才工程可以为学校争得荣誉，是学校发展的需要
　　（3）大学校长任职期间报奖可能会导致其不专心治校办学
　　（4）部分校长在申报过程中利用校长身份对评委施加影响，引发学术不公，应当予以限制

　B9　您如何看待部分大学校长在任职期间积极申报"院士"的行为？_____
　　（1）院士是中国最高的学术荣誉，申报院士是作为学问家的大学校长的基本权利
　　（2）院士的数量往往代表着学校的办学层次和水平，大学校长应该努力争取
　　（3）大学校长在任职期间申报院士肯定会导致其不专心治校办学，应当予以限制
　　（4）评上院士有利于发挥校长的学术影响力，以便更好地履行校长职责
　　（5）部分校长在申报过程中利用校长身份对评委施加影响，引发学术不公，应当予以限制

B10　北师大、湖南大学等新任校长在上任时承诺，在校长任期内不申报新科研课题，不带新研究生，不报奖，不申请院士。您对此的态度？_____

（1）赞成

（2）不赞成，两者并不必然冲突

（3）没有看法，效果有待观察

（4）不了解

B11　对于目前"大学校长把更多精力放在了大学管理之外的事务"的判断，您的看法是？_____

（1）同意，应出台职业化制度规范校长行为

（2）同意，但在现行的体制下，没必要大惊小怪，属正常现象

（3）不完全同意，这只是个别现象

（4）不同意，在我国不存在这样的现象

（5）其他_____

B12　您认为大学校长最应扮演的三个角色依次是：_____；_____；_____（请按重要性顺序填写）。

（1）教育家　　　　　　　（2）政治家

（3）学问家　　　　　　　（4）变革领导者

（5）经营管理者　　　　　（6）政策执行者

（7）召集协调者　　　　　（8）维持服务者

（9）行政化官员　　　　　（10）社会名流

（11）公共知识分子　　　　（12）其他_____

B13　贵校校长实际上扮演得最多的三个角色依次是_____；_____；_____（请按重要性顺序填写）。

（1）教育家　　　　　　　（2）政治家

（3）学问家　　　　　　　（4）变革领导者

（5）经营管理者　　　　　（6）政策执行者

（7）召集协调者　　　　　（8）维持服务者

（9）行政化官员　　　　　（10）社会名流

（11）公共知识分子　　　　（12）其他_____

B14　您认为大学党委书记最应扮演的三个角色依次是_____；_____；_____（请按重要性顺序填写）。

（1）教育家　　　　　　　（2）政治家

（3）学问家　　　　　　　（4）变革领导者

（5）经营管理者　　　　　（6）政策执行者

（7）召集协调者　　　　　（8）维持服务者

（9）行政化官员　　　　　（10）社会名流

（11）公共知识分子　　　 （12）其他_____

B15　您认为贵校党委书记扮演得最多的三个角色依次是_____；_____；_____（请按重要性顺序填写）。

（1）教育家　　　　　　　（2）政治家

（3）学问家　　　　　　　（4）变革领导者

（5）经营管理者　　　　　（6）政策执行者

（7）召集协调者　　　　　（8）维持服务者

（9）行政化官员　　　　　（10）社会名流

（11）公共知识分子　　　 （12）其他_____

（C）

C1　您认为大学校长通过以下哪种方式产生比较好？_____

（1）上级组织任命　　　　（2）校内民主直选

（3）全球公开竞聘　　　　（4）校长同行举荐

C2　一所大学的校长与本校有学缘关系，对学校发展的影响如何？_____

（1）利大于弊　　　　　　（2）弊大于利

（3）无影响　　　　　　　（4）不清楚

C3　近期，教育部面向海内外公开选拔两所直属学校（东北师范大学、西南财经大学）的校长，您对此的态度？_____

（1）赞成，希望尽快推广　（2）赞成，改革力度还可加大

（3）不赞成，没有实质作用（4）没有看法，效果有待观察

（5）不了解

C4　您认为中国大学校长遴选的初始提名由以下哪一组织提出更具合理性？_____

（1）上级组织部门　　　　（2）学校党委

（3）学校学术（教授）委员会　（4）学校专门成立的遴选委员会

（5）政府专门成立的遴选委员会　（6）学校教代会

C5　您最倾向于将大学校长的考核权交给哪个部门？_____

（1）上级组织部门　　　　（2）学校党委

（3）学校学术（教授）委员会　（4）学校专门成立的考核委员会

（5）政府专门成立的遴选委员会　（6）学校教代会

C6　您觉得现在的考核方式对大学校长的工作能够起到有效的导向功能吗？_____

（1）完全能够　　　　　　　　（2）比较能够
（3）不太能够　　　　　　　　（4）完全不能

C7　您认为对大学校长的考核主要应侧重哪些方面？（限选3项）_____
（1）将大学愿景形成战略规划和目标方向
（2）对学校党委决策的执行力
（3）学校管理体制与机制的改革与创新
（4）管理的效率与办学的效益
（5）有效驾驭行政管理团队
（6）教师、职工和学生中的影响力与号召力
（7）与其他大学系统和社会组织的合作关系
（8）党和政府教育政策方针与任务的贯彻力
（9）学校学科建设、人才培养、社会服务等领域取得的显著成绩
（10）弘扬大学文化，引领社会风气
（11）其他_____

C8　您认为贵校校长投入精力最多的三项工作是什么？（选择3项）_____
（1）战略规划　　　　　　　　（2）争取政府支持
（3）社会合作　　　　　　　　（4）大众媒体沟通
（5）学科、专业建设　　　　　（6）校园基建
（7）学校内部体制改革　　　　（8）政府指令性工作
（9）人才引进与培养　　　　　（10）资金筹措
（11）校园文化与学生成长　　 （12）日常管理与安全稳定
（13）其他_____

C9　您认为大学校长最重要的三项领导工作是什么？（选择3项）_____
（1）战略规划　　　　　　　　（2）争取政府支持
（3）社会合作　　　　　　　　（4）大众媒体沟通
（5）学科、专业建设　　　　　（6）校园基建
（7）学校内部体制改革　　　　（8）政府指令性工作
（9）人才引进与培养　　　　　（10）资金筹措
（11）校园文化与学生成长　　 （12）日常管理与安全稳定
（13）其他_____

C10　您认为贵校党委书记在管理风格上属于_____。
（1）民主型　　　　　　　　　（2）放任型

(3) 集权型 　　　　　　　　(4) 老好人型
(5) 革新型

C11　您如何评价贵校党政关系的和谐程度，如果 1 分表示很不和谐，5 分表示很和谐，请在相应的分数前打钩：□1　□2　□3　□4　□5

C12　您认为我国部分大学存在党政关系不和谐现象的原因是什么？（限选 3 项）_____

(1) 气质性格不合拍　　　　(2) 沟通障碍
(3) 职责边界不清晰　　　　(4) 治校理念与工作方法不一致
(5) 教育理想与发展目标不一致　(6) 制度框架的先天性缺陷
(7) 在个人资历背景上有较大差异　(8) 存在利益冲突
(9) 学校氛围与传统　　　　(10) 其他原因：_____

C13　在党委领导下的校长负责制中，书记与校长的配备模式您倾向于以下哪几种？（可多选）_____

(1) 校长是教育家（主导学校的发展），党委书记是学校决策的召集人
(2) 党委书记是教育家（主导学校的发展），校长是首席执行官
(3) 党委书记是教育家（主导学校的发展），设荣誉校长（社会名流）和执行校长（效率专家）
(4) 党委书记和校长一人兼
(5) 其他_____

C14　您认为"党委领导，校长负责"中，校长应对学校哪些事项承担主要责任？（可多选）_____

(1) 办学方向的确定，包括学校的定位和战略规划
(2) 社会声誉建设，包括学术水平、教学质量、社会服务能力等
(3) 财政健康状况，包括债务大小、学校筹款能力、资金使用效率等
(4) 学校的稳定安全情况
(5) 学校的师资队伍建设是否满足学校的发展要求
(6) 能否从政府部门、企业和社会组织那里争取到充足的外部资源
(7) 社会合作与国际交流是否满足学校的发展要求
(8) 德育工作方面的责任，学生政治觉悟、品德操守和爱国主义等
(9) 师德师风方面的责任，包括学术造假、徇私舞弊等
(10) 校风学风方面的责任，包括学生学习风貌、考试纪律等
(11) 其他_____

C15　将大学纳入到政府采购和国库集中支付的公共财政体制改革中，您怎么看？_____

（1）大学有其特殊性，不同于一般的公共部门，这样做不利于大学的发展

（2）大学用的是公共财政的钱，就应该实行严格的财务制度，以后应该更严格

（3）对于大学的财务制度而言，过程监管应该放松一些，给予一定的自由度，但结果控制一定要严格，应该狠抓财政责任制度

（4）大学的财务制度应该跟政府部门的财务制度保持一致

（5）其他_____

C16　贵校校长在引进高层次人才过程中是否具有主导权？

（1）有　　　　　　　　　　（2）没有

如果没有，您认为主导权在哪一方？_____

（1）上级人事部门

（2）本校教授会（或相当机构）

（3）本校党委

（4）相关学院

（5）相关学科

（6）其他_____

C17　据您了解，在师资队伍建设过程中，贵校校长是否具有特批的权力？

（1）有　　　　　　　　　　（2）没有

如果您选择"没有"，您认为主导权在哪一方？_____

（1）校长行政会议　　　　　（2）学术委员会

（3）党委会　　　　　　　　（4）相关学院

（5）相关学科　　　　　　　（6）其他_____

C18　据您了解，在师资队伍建设过程中，贵校书记是否具有特批的权力？

（1）有　　　　　　　　　　（2）没有

如果您选择"没有"，您认为主导权在哪一方？_____

（1）校长行政会议　　　　　（2）学术委员会

（3）党委会　　　　　　　　（4）相关学院

（5）相关学科　　　　　　　（6）其他_____

C19　在教师的选聘过程中，您认为校长的意见是否起到重要作用？_____

（1）十分重要　　　　　　　（2）很重要

（3）重要　　　　　　　　　（4）不太重要

（5）不重要

C20　您觉得贵校的校长对学术政策的发言权_____。

（1）很大　　　　　　　　　（2）比较大

（3）比较小　　　　　　　　（4）很小，几乎没有

C21　您觉得贵校的书记对学术政策的发言权_____。
（1）　很大　　　　　　　　　　（2）　比较大
（3）　比较小　　　　　　　　　（4）　很小，几乎没有

C22　您觉得贵校的校长对学校发展和定位的影响力_____。
（1）　很大　　　　　　　　　　（2）　比较大
（3）　比较小　　　　　　　　　（4）　很小，几乎没有

C23　您觉得贵校的书记对学校发展和定位的影响力_____。
（1）　很大　　　　　　　　　　（2）　比较大
（3）　比较小　　　　　　　　　（4）　很小，几乎没有

C24　您觉得贵校的校长对学校改革与发展进程的控制力_____。
（1）　很大　　　　　　　　　　（2）　比较大
（3）　比较小　　　　　　　　　（4）　很小，几乎没有

C25　您觉得贵校书记对学校改革与发展进程的控制力_____。
（1）　很大　　　　　　　　　　（2）　比较大
（3）　比较小　　　　　　　　　（4）　很小，几乎没有

C26　您觉得贵校工作业绩对于贵校校长的依赖性_____。
（1）　很大　　　　　　　　　　（2）　比较大
（3）　比较小　　　　　　　　　（4）　很小，几乎没有

C27　您觉得贵校工作业绩对于贵校书记的依赖性_____。
（1）　很大　　　　　　　　　　（2）　比较大
（3）　比较小　　　　　　　　　（4）　很小，几乎没有

C28　贵校的学术委员会在学校管理中发挥了哪些作用？_____
（1）　辅助校长决策，主要承担一定学术决策咨询功能
（2）　具有学术决策权力，是一些重要学术决策的终审机构
（3）　具有学术决策权力，但限于校长授权后的一般性学术决策事项
（4）　未能在学校的重要学术决策中发挥作用

C29　您如何评价贵校实际拥有的办学自主权，如果1分表示很少，5分表示很多，请在相应的分数前打钩：□1　□2　□3　□4　□5

C30　您如何评价贵校在文化引领方面发挥的作用，如果1分表示很小，5分表示很大，请在相应的分数前打钩：□1　□2　□3　□4　□5

C31　您如何评价贵校在服务社会经济发展方面发挥的作用，如果1分表示很小，5分表示很大，请在相应的分数前打钩：□1　□2　□3　□4　□5

（D）

D1　2012年2月，陈吉宁接任清华大学校长，打破了近些年来一般由院士

出任名校校长的惯例，您对此的态度？_____

(1) 赞成　　　　　　　　　　(2) 不赞成

(3) 没有看法　　　　　　　　(4) 不了解

D2　您认为对于中国大学校长而言，以下哪一种领导技巧最为重要？_____

(1) 沟通上级　　　　　　　　(2) 管理下属

(3) 横向沟通　　　　　　　　(4) 处理冲突

(5) 引导个体　　　　　　　　(6) 感染大众（含师生、校友、公众等）

D3　您作为大学校长主要通过哪几种方式来管理学校的？（限选3项）_____

(1) 理念认同　　　　　　　　(2) 目标感召

(3) 放手授权　　　　　　　　(4) 威权命令

(5) 言传身教　　　　　　　　(6) 协商民主

(7) 依赖科层　　　　　　　　(8) 赏罚分明

(9) 事必躬亲　　　　　　　　(10) 依法治校

(11) 其他_____

D4　您认为下列哪几个重要指标可用来评价专业化大学校长的素质？（可多选）_____

(1) 使命感与全身心的投入

(2) 组织愿景与战略管理能力

(3) 变革的勇气和魄力

(4) 组织结构和体制机制设计能力

(5) 人财物等资源的配置能力

(6) 激励员工和团队建设能力

(7) 与政府、企业、媒体、校友等建立合作伙伴关系能力

(8) 沟通协调能力

(9) 高等教育理念和知识

(10) 其他_____

D5　您认为目前大学校长最需要提高哪几方面的素质才能适应未来的竞争环境和工作要求？（限选3项）_____

(1) 使命感与全身心的投入

(2) 组织愿景与战略管理能力

(3) 变革的勇气和魄力

(4) 组织结构和体制机制设计能力

(5) 人财物等资源的配置能力

（6）激励员工和团队建设能力

（7）与政府、企业、媒体、校友等建立合作伙伴关系能力

（8）沟通协调能力

（9）高等教育理念和知识

（10）其他_____

D6　请您对贵校大学校长素质进行评价，如果 1 分表示很差，5 分表示优秀，请在相应的分数前打钩。

D6.1 使命感与全身心的投入	1	2	3	4	5
D6.2 组织战略与愿景管理能力	1	2	3	4	5
D6.3 变革的勇气和魄力	1	2	3	4	5
D6.4 组织结构和体制机制设计能力	1	2	3	4	5
D6.5 人财物等资源的配置能力	1	2	3	4	5
D6.6 激励员工和团队建设能力	1	2	3	4	5
D6.7 与政府、企业、媒体等建立合作伙伴关系能力	1	2	3	4	5
D6.8 沟通协调能力	1	2	3	4	5
D6.9 高等教育理念和知识	1	2	3	4	5

D7　请问您了解贵校校长的治校理念吗？_____

（1）非常了解　　　　　　　　（2）比较了解

（3）不太了解　　　　　　　　（4）不了解

D8　请问您认同贵校的校长的治校理念吗？_____

（1）非常认同　　　　　　　　（2）比较认同

（3）不太认同　　　　　　　　（4）不认同

D9　请问您了解贵校书记的治校理念吗？_____

（1）非常了解　　　　　　　　（2）比较了解

（3）不太了解　　　　　　　　（4）不了解

D10　请问您认同贵校书记的治校理念吗？_____

（1）非常认同　　　　　　　　（2）比较认同

（3）不太认同　　　　　　　　（4）不认同

D11　对于我国大学校长管理专业化您的态度与建议：_____

问卷到此结束，再一次感谢您的合作！

附录二

访谈提纲

一、校长访谈

教育部哲学社会科学研究重大课题攻关项目
《完善中国特色现代大学制度进程中的大学校长
管理专业化研究》国内大学校长访谈提纲

尊敬的校长:

您好!我们来自教育部 2011 年哲学社会科学研究重大课题攻关项目——《完善中国特色现代大学制度进程中的大学校长管理专业化研究》课题组,感谢您的应允,能倾听您对大学校长这一职业的亲身感受与体会,我们感到十分荣幸。我们将秉持科学精神,恪守学术道德,未经您的允许,不公开访谈内容。

1. 请谈谈您作为大学校长的职业历程,是什么因素让您走上了校长岗位?
2. 如果我国实行职业化的大学校长制度,您是否会主动选择从事校长职业?
3. 如何理解"党委领导下的校长负责制"中"党委领导"与"校长负责"之间的关系?
4. 依据您体验您认为我国大学校长最为重要的品格、能力、素质有哪些?
5. 您在校长岗位上的成就感与面临的最大挑战是什么?

6. 您对改进中国大学校长遴选与考核制度有何建议？

7. 您如何看待和平衡校长自身学术与行政的关系？

8. 您如何评价我国即将实施取消大学的行政级别的举措？

9. 您如何看待中国大学校长管理专业化的前景？对中国大学校长专业化有什么建议？

教育部哲学社会科学研究重大课题攻关项目
《完善中国特色现代大学制度进程中的大学校长管理专业化研究》课题组

二、书记访谈

2011 年教育部哲学社会科学研究重大课题攻关项目《完善中国特色现代大学制度进程中的大学校长管理专业化研究》大学党委书记访谈提纲

尊敬的　　书记：

您好！我们来自教育部 2011 年哲学社会科学研究重大课题攻关项目——《完善中国特色现代大学制度进程中的大学校长管理专业化研究》课题组，为了更好地了解国内大学校长管理专业化的现状，以便对中国大学校长管理专业化改革、完善现代大学制度提供有价值的政策建议，特别希望能够对您进行访谈，倾听您从大学党委书记的视角及与大学校长合作共事过程中的亲身感受与体会。如能倾听您的观点，我们将感到十分荣幸。我们将秉持科学精神，恪守学术道德，未经您的允许，不公开访谈内容。

1. 请您对我国大学校长专业化发展现状作一个总体的评价？

2. 如何理解"党委领导下的校长负责制"中"党委领导"与"校长负责"之间的关系？

3. 您认为作为中国的大学校长最为重要的品格、能力、素养是什么？

4. 您在大学党委书记岗位上面临的最大挑战与困惑是什么？

5. 您对改进中国大学校长遴选与考核制度有何建议？

6. 您如何看待校长从事行政与学术的关系？

7. 您如何评价我国即将实施取消大学的行政级别的举措？

8. 您如何看待中国大学校长管理专业化的前景？对中国大学校长专业化有

什么建议？

教育部哲学社会科学研究重大课题攻关项目
《完善中国特色现代大学制度进程中的大学校长管理专业化研究》课题组

三、国外访谈

Major Project of Inviting Public Bidding by Ministry of Education
A Study on Management Professionalization of University Presidents in the Process of the Improvement of Modern University System in China
Interview Outline for Foreign University Presidents

Dear Mr/Mrs _____ :

　　We are from a Chinese research group, who is hosting a major project of inviting public bidding by Ministry of Education in China. The name of the project is *A Study on Management Professionalization of University Presidents in the Process of the Improvement of Modern University System in China*. We wish to make a comparative study to have a deeper realization on Management Professionalization of University Presidents in America. On this basis, we can provide valuable international experiences to the reform of Management Professionalization of University Presidents and to the improvement of the modern university system in China. So, we expect a chance to make a personal interview with you and to hear your experience and your own perception to the profession of university presidents. We will feel honorable if we can hear your opinions. And we will persist in the spirit of scientific research and abide by the academic rule. We won't disclosure the interview content before your consent. The interview outline is as follows.

　　1. Please talk about your career pathway as a university president. Which factors make you to have such career choice?

　　2. As a professional university president, do you have any worry about the security of job tenure? Why?

　　3. In your opinion, what should be included in the responsibilities of a university president in the university management?

　　4. How can guarantee the exertion of the president's influence to the university?

　　5. In your career as a university president, which things gave you the sense of

achievement? And which thing is/was the biggest challenge to you?

6. Please talk about the relationship between you and the government/board of trustee/university community, and how do you communicate with these bodies?

7. Could you give a criteria for a good university president?

8. Could you give some suggestions for the professionalization of the university presidents in China?

Thank you very much for your consideration! Best regards,

Yong Xuan

Yong Xuan, Ph. D.
Chief Expert of the Project Team
Research Professor
Director, Modern University Systerm Research Center
Zhejiang University of Technology

参 考 文 献

英文著作部分

[1] Alex De Tocqueville. 1933. *Democracy in America*: *Part the Second*, *the Social Influence of Democracy*. Beijing: China Social Science Publishing House, 1999.

[2] Carr Sanders, A. M. *The Profession*. Oxford: Clarendon Press.

[3] Cowley. 1980. *President*, *Professors*, *Trustees*. San Francisco: Jossey – Bass Publishers.

[4] Duderstadt J. J. . 2000. *A University for the 21 Century*. Ann Arbor: The University of Michigan Press.

[5] Derek Bok. 1982. *University and Future of American*. Duke University Press.

[6] James Johnson Duderstadt. 2000. *A University for the 21 Century*. The University of Michigan Press.

[7] Frederick Rudolph. 1962. *The American University and College*: *A history*. New York: Knopf.

[8] Johns Brubacher, Willis Rudy. 1958. *Higher Education in Transition*: *An American History*(1636 – 1956). New York: Harper & Row Publishers.

[9] K. P. Mortimer, T. R. Mc. . 1982. *Connell Sharing Authority Effectively*. San Francisco: Jossey – Bass Publishers.

[10] Lawrence R. Veysey. 1965. *The Emergence of The American University*. Chicago: The University of Chicago Press.

[11] T. Nipperdey. 1991. *Deutsche Geschichte* 1800 – 1866: *Burgerwelt und starker Staat*. Muenchen: Beck.

[12] Parsons Michael. 1997. *Power and Politics*: *Federal Higher Education Policy Making in the 1990's*. New York: State University of New York Press.

[13] R. K. Merton, A. S. Kitt. 1950. *Contributions to the Theory of Reference Group Behavior*. Glencoe, Illinois: The Free Press.

[14] Ronald G, Ehrenberg. 2004. *Governing Academic.* Ithaca: Cornell University Press.

[15] Thomas R. Dye. 1987. *Understanding Public Policy* (6*th* ed.). Englewood Cliffs, New Jersey: Prentice - Hall Inc.

[16] Warren G. Bennis. 1973. *The Leaning Ivory Tower.* San Francisco: Jossey - Bass Publishers.

[17] Wallin D. L. 2007. *The CEO Contract: A Guide for Presidents and Boards.* American Association of Community Colleges.

英文期刊部分

[18] D. R. Dalton, I. F. 1985. Kesner. *Organizational Performance as An Antecedent of Inside/Outside Chief Executive Succession: An Empirical Assessment.* Academy of Management Journal, 28 (4).

[19] G. J. McAuliffe. 1993. *Constructive Development and Career Transition: Implications of Counseling.* Journal of Counseling and Development, 72 (1).

[20] R. J. House, Rizzo J. R. . 1972. *Role Conflict and Ambiguity as Critical Variables in a Model of Organizational Behavior.* Organizational Behavior and Human Performance, 7 (3).

[21] Howard S. Becker. 1958. *Explorations in Role Analysis: Studies of the School Superintendency Role.* By Neal Gross, Ward S. Mason, Alexander McEachern. Adult Education Quarterly, 9 (1).

[22] Myles Brand. 2002. *The Engaged President Changing Times, Unchanging Principles.* The Presidency, Fall.

[23] Mcclelland D. C. . 1973. *Testing for Competence Rather than for Intelligence.* American Psychologist, 28 (1).

[24] McClonnell E. A. 2001. *Competence vs. Competency.* Nursing Management, 32 (32).

[25] R. K. Merton. 1957. *The Role Set: Problem in Sociological Theory.* British Journal of Sociology, 8 (2).

[26] Rita Bornstein. 2002. *Redefining Presidential in the 21st Century.* The Presidency, Fall.

[27] R. H. Turner. 1956. *Role-taking, Role Standpoint, and Reference-group Behavior.* American Journal of Sociology, 61 (4).

[28] Woodruff C. 1991. *Competent by Any Other Name.* Personnel Management, (9).

中文著作部分

[29] [美] 爱德华·希尔斯：《学术的秩序》，李家永译，商务印书馆2007年版。

[30] [英] 阿什比：《科技发达时代的大学教育》，滕大春、滕大生译，人民教育出版社1983年版。

[31] [美] 艾伦·C·艾萨克：《政治学：范围与方法》，郑永年、胡谆、唐亮译，浙江人民出版社1987年版。

[32] [美] 艾森斯塔德：《现代化：抗拒与变迁》，张旅平等译，中国人民大学出版社1988年版。

[33] [美] 伯顿·R·克拉克：《高等教育系统——学术组织的跨国研究》，王承绪、徐辉、殷企平、蒋恒等译，杭州大学出版社1994年版。

[34] 程斯辉：《中国近代大学校长研究》，人民教育出版社2010年版。

[35] 陈学飞：《美国高等教育发展史》，四川大学出版社1989年版。

[36] 陈孝彬：《教育管理学》，北京师范大学出版社1999年版。

[37] [美] 戴维·波普诺著：《社会学》，李强等译，中国人民大学出版社2002年版。

[38] [英] 德里克·朗特里：《西方教育词典》，上海译文出版社1988年版。

[39] [美] 德里克·博克：《走出象牙塔——现代大学的社会责任》，徐小洲等译，浙江教育出版社2002年版。

[40] [美] 戴维·伊斯顿：《政治生活的系统分析》，华夏出版社1999年版。

[41] 邓小平：《邓小平文选》（第三卷），人民出版社1993年版。

[42] 冯卓琳：《研究型大学校长：战略领导·职业管理·职业发展》，上海交通大学出版社2011年版。

[43] [荷] 弗兰斯·范富格特：《国际高等教育政策比较研究》，王承绪等译，浙江教育出版社2001年版。

[44] 费孝通：《社会学概论》，天津人民出版社1984年版。

[45] 房列曙：《中国历史上的人才选拔制度》，人民出版社2005年版。

[46] 费穆宇：《社会心理学辞典》，河北人民出版社1988年版。

[47] [苏] 古列维奇 B：《中世纪文化范畴》，庞玉洁等译，浙江人民出版社1992年版。

[48] 郭健：《哈佛大学发展史研究》，河北教育出版社2000年版。

[49] 顾明远编：《教育大辞典》，上海教育出版社1990年版。

[50] 高玲曾主编：《高校党的建设》，长春出版社 1992 年版。

[51] 舸昕：《从哈佛到斯坦福》，东方出版社 1999 年版。

[52] 谷贤林：《美国研究型大学管理——国家、市场和学术权力的平衡与制约》，教育科学出版社 2008 年版。

[53] 和震：《美国大学自治模式的形成》，北京师范大学出版社 2005 年版。

[54] 壕鑫圭、唐良炎编：《中国近代教育史资料·学制演变》，上海教育出版社 1991 年版。

[55] 贺国庆：《德国和美国大学发达史》，人民教育出版社 1998 年版。

[56] [德] 霍尔巴赫. 自然的体系（下卷）. 管士滨译，北京：商务印书馆 1964 年版。

[57] 和震：《美国大学自治制度的形成与发展》，北京师范大学出版社 2008 年版。

[58] 洪源渤：《共同治理——论大学法人治理结构》，科学出版社 2005 年版。

[59] 金耀基：《大学之理念》，生活·读书·新知三联书店出版 2008 年版。

[60] [美] 约翰·范德各拉夫等：《学术权力——七国高等教育管理体制比较》，王承绪译，浙江教育出版社 2001 年版。

[61] 教育部中外大学校长论坛领导小组：《中外大学校长论坛文集》，高等教育出版社 2002 年版。

[62] [英] 杰勒德·德兰迪：《知识社会中的大学》，黄建如译，北京大学出版社 2010 年版。

[63] [美] 克拉克·克尔：《大学的功用》，陈学飞等译，江西教育出版社 1993 年版。

[64] [美] 克拉克·科尔、玛丽安·盖德：《大学校长的多重生活》，赵炬明译，广西师范大学出版社 2008 年版。

[65] [美] 科恩：《美国高等教育通史》，李子江译，北京大学出版社 2010 年版。

[66] 刘光编：《新中国高等教育大事记（1949~1987）》，东北师范大学出版社 1990 年版。

[67] [美] 罗伯特·M. 罗森兹威格：《大学与政治》，王晨译，河北大学出版社 2008 年版。

[68] [美] 罗兹曼：《中国的现代化》，"比较现代化"课题组译，江苏人民出版社 2003 年版。

[69] 李国均，王炳照编：《中国教育制度通史（第八卷）》，山东教育出版

[70] 李福华：《大学治理的理论基础与组织架构》，教育科学出版社2008年版。

[71] [比] 里德-西蒙斯：《欧洲大学史（第一卷中世纪大学）》，张斌贤等译，河北大学出版社2007年版。

[72] 黎明：《公共管理学》，高等教育出版社2003年版。

[73] 刘捷：《专业化：挑战21世纪的教师》，教育科学出版社2002年版。

[74] 刘道玉：《一个大学校长的自白》，长江文艺出版社2005年版。

[75] 龙献忠：《治理理论视野下的政府与大学关系研究》，湖南大学出版社2007年版。

[76] 林秉贤：《社会心理学》，群众出版社1985年版。

[77] [美] 迈克尔·D·科恩，詹姆斯·G·马奇：《大学校长及其领导艺术：美国大学校长研究》，郝瑜主译，中国海洋大学出版社2006年版。

[78] [英] 迈克尔·夏托克：《成功大学的管理之道》，范怡译，北京大学出版社2006年版。

[79] 潘懋元：《潘懋元高等教育文集》，新华出版社1981年版。

[80] 潘懋元，刘海峰编：《中国近代教育史资料汇编·高等教育》，上海教育出版社1993年版。

[81] 秦启文、周永康：《角色学导论》，中国社会科学出版社2011年版。

[82] 钱理群：《中国大学的问题与改革》，天津人民出版社2003年版。

[83] 舒新城编：《中国近代教育史资料（中册）》，人民教育出版社1981年版。

[84] [英] 托尼·比彻、保罗·特罗勒尔：《学术部落及其领地》，唐跃勤等译，北京大学出版社2008年版。

[85] 特里·L·库珀：《行政伦理学：实现行政责任的途径》，中国人民大学出版社2001年版。

[86] 王绽蕊：《美国高校董事会制度：结构、功能与效率研究》，高等教育出版社2010年版。

[87] 文军，蒋逸民：《质性研究概论》，北京大学出版社2010年版。

[88] 王廷芳：《美国高等教育史学》，福建教育出版社1995年版。

[89] 王学珍，郭建荣编：《京师大学堂历任负责人，北京大学史料（第一卷）（1898～1911）》，北京大学出版社2000年版。

[90] 吴必康：《权力与知识》，福建人民出版社1998年版。

[91] 夏征农主编，辞海编纂委员会编：《辞海》，上海辞书出版社2002年版。

[92] 奚从清：《角色论：个人与社会的互动》，浙江大学出版社2010年版。

［93］［比］希尔德·德·里德－西蒙斯：《欧洲大学史（第一卷中世纪大学）》，张斌贤等译，河北大学出版社2007年版。

［94］宣勇：《大学变革的逻辑》（下），人民出版社2009年版。

［95］俞可平：《治理与善治》，社会科学文献出版社2000年版。

［96］［美］约翰·S·布鲁贝克：《高等教育哲学》，王承绪、郑继伟、张维平等译，浙江教育出版社1987年版。

［97］张维平、马立武：《美国教育法研究》，中国法制出版社2004年版。

［98］周丽华：《德国大学与国家的关系》，北京师范大学出版社2008年版。

［99］褚宏启：《走向校长专业化》，上海教育出版社2009年版。

［100］邹谠：《二十世纪中国政治：从宏观历史与微观行动的角度看香港》，牛津大学出版社1994年版。

［101］中华民国教育部：《第一次中国教育年鉴（丙编·教育概况）》，开明书店出版社1935年版。

［102］朱新梅：《政府干预与大学公共性的实现：中国大学的公共性研究》，教育科学出版社2007年版。

［103］［美］詹姆斯·杜德斯达：《21世纪的大学》，刘彤等译，北京大学出版社2005年版。

［104］中华民国教育部编：《第二次中国教育年鉴（第十四编）》，商务印书馆1948年版。

［105］中共中央文献研究室编：《建国以来重要文献选编（第十四册）》，中央文献出版社1997年版。

［106］周世厚：《利益集团与美国高等教育治理——联邦决策中的利益表达与整合》，中央编译社2012年版。

［107］《中国大百科全书社会学卷》，中国大百科全书出版社1991年版。

［108］中华人民共和国国家统计局编：《中国统计年鉴（2003年）》，中国统计出版社2003年版。

［109］詹姆斯·E·安德森：《公共决策》，唐亮译，华夏出版社1990年版。

中文期刊部分

［110］别敦荣、易梦春：《中国高等教育发展的现实与政策应对》，载《清华大学教育研究》2014年第1期。

［111］别敦荣：《治理体系和治理能力现代化与高等教育现代化的关系》，载《中国高教研究》2015年第1期。

［112］包心鉴：《协商民主制度化与国家治理现代化》，载《学习与探索》，2014年第3期。

[113] 陈运超：《改革开放30年来我国大学校长角色与制度的变迁与反思》，载《复旦教育论坛》2009年第7卷第1期。

[114] 陈国良：《我国高等教育布局结构面临的挑战及对策建议》，载《复旦教育论坛》2011年第3期。

[115] 陈坤华：《关于知识经济时代大学批判精神的思考》，载《煤炭高等教育》2001年第3期。

[116] 陈立鹏等：《我国高等教育行政管理体制改革60年：回顾与思考》，载《国家行政学院学报》2009年第9期。

[117] 陈金圣：《制度环境与大学组织：中世纪大学的借鉴与反思》，载《南昌大学学报》（人文社会科学版）2014年第4期。

[118] 邓小泉：《清末民国时期地方高校的历史变迁》，载《河北师范大学学报（教育科学版）》2013年第1期。

[119] 丁敬、李晓悦：《中国高等教育发展呼唤职业校长》，载《教育发展研究》2003年第11期。

[120] 丁学良：呼唤世界一流的大学，载《人民文摘》2005年第8期。

[121] 顾秉林：《从国家发展民族复兴的高度认识和建设世界一流大学》，载《中国高等教育》2003年12期。

[122] 甘永涛：《大学董事会协会：影响美国大学治理的重要力量》，载《高等工程教育研究》2009年第6期。

[123] 巩在暖等：《中国高等教育60年发展历程与成就》，载《高等农业教育》2010年第2期。

[124] 郭坚刚、席晓勤：《全能主义政治在中国的兴起、高潮及其未来》，载《浙江学刊》2003年第5期。

[125] 胡云君、郑宏：《浅谈大学校长时间管理的误区及对策》，载《当代教育论坛》2009年第1期。

[126] 韩骏：《美东著名大学校长的任命》，载《世界教育信息》2004年第4期。

[127] 金世斌：《价值取向与工具选择：新中国高等教育政策的嬗变与逻辑》，载《江苏高教》2013年第1期。

[128] 孔垂谦：《制度环境与大学组织的现代性》，载《清华大学教育研究》2004年第4期。

[129] 李明泉：《关于"党委领导下的校长负责制"的思考》，载《国家教育行政学院学报》2005年第7期。

[130] 李延成：《美国大学校长角色之变迁：辉煌的历史，困惑的现状与不

确定的未来》，载《世界高等教育：改革与发展趋势》，国家高级教育行政学院 2002 年。

[131] 刘成：《大学的理想与现实》，载《江苏高教》2010 年第 3 期。

[132] 刘超：《国际视野下的一流大学建设》，载《社会科学论坛》2015 年第 2 期。

[133] 李钟善：《关于"大学校长应当努力成为社会主义教育家"的几个问题》，载《辽宁高等教育研究》1985 年第 2 期。

[134] 刘秀丽、张君辉：《中外大学校长任期比较研究及启示》，载《外国教育研究》2007 年第 12 期。

[135] 刘鸿：《大学文化精神及其涵蕴》，载《湘潭工学院学报》（社会科学版）2001 年第 4 期。

[136] 刘道玉：《大学校长必须是教育家》，载《中国地质大学学报》（社会科学版）2007 年第 5 期。

[137] 刘昌明：《大学校长为何难成教育家》，载《煤炭高等教育》2002 年第 1 期。

[138] 李炜冰：《我国干部人事制度的历史发展和价值取向》，载《扬州大学学报（人文社会科学版）》2010 年第 7 期。

[139] 鲁晓琴：《高等学校领导干部考核方法初探》，载《河南大学学报》1987 年第 4 期。

[140] 龙献忠、胡颖：《论高等教育多中心治理视野下的政府责任》，载《现代大学教育》2007 年第 1 期。

[141] 马俊杰等：《对大学校长角色和工作的期待：来自大学生的声音》，载《江淮论坛》2010 年第 5 期。

[142] 毛建青：《当前我国大学校长多元角色及其冲突的实证分析——基于"211 工程"大学的调查》，载《学术论坛》2014 年第 9 期。

[143] 马丽冯、文全：《大学校长专业化的实现路径研究》，载《教育与教学研究》2014 年第 5 期。

[144] 潘庆玉：《想象力的教育危机与哲学思考》，载《当代教育科学》2010 年第 15 期。

[145] 瞿振元：《我国高等教育由大向强的新步伐》，载《中国高教研究》2016 年第 1 期。

[146] 眭依凡：《大学校长及其演讲的重要性》，载《高校教育管理》2010 年第 4 期。

[147] 时勘：《基于胜任特征模型的人力资源开发》，载《心理科学进展》

2006年第4期。

[148] 眭依凡：《一流大学校长必须是教育家》，载《求是》2010年第20期。

[149] 涂端午：《教育政策文本分析及其应用》，载《复旦教育论坛》2009年第5期。

[150] 王胜今、赵俊芳：《中国高等教育60年历程》，载《现代教育科学》2009年第2期。

[151] 王晓平：《美国公立高校董事会简介》，载《中国高教研究》1994年第1期。

[152] 王静修：《建设高等教育强国：跨越两个世纪的梦想——访周远清同志》，载《中国高教研究》2016年第2期。

[153] 王洪才：《论大学发展阶段与校长选择》，载《江苏高教》2007年第1期。

[154] 王卫东：《教师专业发展探新》，载《暨南大学学报》2007年第5期。

[155] 王洪才：《论现代大学校长的社会角色》，载《大学教育科学》2006年第1期。

[156] 宣勇、张鹏等：《大学校长管理专业化研究的价值与基本问题》，载《复旦教育论坛》2013年第11期。

[157] 宣勇：《我国高等教育治理：体系构建、逻辑审视与未来展望》，载《国家教育行政学院学报》2015年第9期。

[158] 宣勇、钟伟军：《论我国大学治理能力现代化进程中的校长管理专业化》，载《高等教育研究》2014年第8期。

[159] 宣勇：《现代大学制度建设中的"中国特色"与大学校长的角色选择》，载《探索与争鸣》2013年第6期。

[160] 徐红等：《中国高等教育价值取向60年嬗变：教育政策的视角》，载《中国高教研究》2010年第5期。

[161] 许杰：《创新型国家体系中的中国大学学术自主问题》，载《当代教育论坛》2006年第8期。

[162] 徐小洲：《中国大学创新力建设的问题与对策》，载《中国高教研究》2006年第11期。

[163] 席晓勤、郭坚刚：《全能主义政治与后全能主义社会的国家构建》，载《中共浙江省委党校学报》2003年第4期。

[164] 尹晓敏：《大学高层管理者双核胜任力模型研究》，载《现代教育管理》2009年第10期。

[165] 于春荣：《对高校管理专业化的思考》，载《长春大学学报》2001年第5期。

[166] 杨移贻：《大学"官本位"及其消解》，载《学园》2009年第1期。

[167] 杨旭东：《沉重的大学之思——大学现象学导论》，载《大学教育科学》2010年第4期。

[168] 余洋：《从精英国家化到国家精英化：我国干部录用制度的历史考察》，载《社会》2010年第6期。

[169] 杨旭辉：《我国高校领导体制的演变及思考》，载《设计艺术研究》2002年第5期。

[170] 游淑芬：《高等学校校长的新观念——从职务校长到职业校长》，载《高等教育研究》2004年第6期。

[171] 钟秉林、周游海：《世界一流大学的校长权力制衡机制探析》，载《国家教育行政学院学报》2012年第2期。

[172] 褚宏启：《对校长专业化的再认识》，载《教育理论与实践》2005年第1期。

[173] 展涛：《我国研究型大学创新型人才培养的思考》，载《高等教育研究》2011年第1期。

[174] 赵晓光：《略论合同约束力的层次性》，载《渤海大学学报》（哲学社会科学版）2006年第3期。

[175] 张楚廷：《人的精神决定了大学的产生》，载《大学教育科学》2011年第3期。

[176] 张应强，蒋华林：《关于中国特色现代大学制度的理论认识》，载《教育研究》2013年第11期。

[177] 郑扬波：《试论当下我国民办高等教育发展过程中的政府责任——基于治理的视角》，载《继续教育研究》2010年第11期。

[178] 赵文华、高磊、马玲：《论现代大学制度与大学校长职业化》，载《复旦教育论坛》2004年第3期。

[179] 张立军：《新中国高等教育管理政策的60年历程》，载《河北师范大学学报（教育科学版）》2010年第10期。

[180] 张端鸿：《中国高等教育改革与发展的政策工具分析》，载《复旦高等教育论坛》2013年第11期。

硕博论文部分

[181] 陈志伟：《中国大学校长角色演变研究——以北京大学为例》，中南大学，2008年。

［182］匡铭杰:《现代中国大学校长的公共责任及其实现路径》,浙江工业大学,2013年。

［183］王彦斌:《权力的逻辑——大学组织运行的社会学管窥》,华中师范大学,2008年。

［184］王晓音:《美国公立研究型大学校长遴选机制研究——给予利益相关者的分析视角》,四川师范大学,2014年。

［185］邵常盈:《美国高等教育六大核心协会之功能分析》,复旦大学,2007年。

［186］肖卫兵:《中国近代国立大学校长结构及其角色研究》,苏州大学,2011年。

［187］阎峻:《高等教育法视野下的我国现代大学治理结构研究》,安徽大学,2011年。

后 记

教育部哲学社会科学研究重大课题攻关项目《完善中国特色现代大学制度进程中的大学校长管理专业化研究》从 2011 年 9 月 19 日投标答辩到 2016 年 4 月 23 日通过专家的鉴定，历时近四年半，终于完成了当时设定的研究目标，作为首席专家，我衷心感谢所有为课题研究付出智慧和辛劳的人们。感谢课题组的两位顾问：中国教育学会会长、原北京师范大学校长钟秉林教授、原中山大学校长黄达人教授。感谢课题组的诸位同仁：华东师范大学陈玉琨教授、沈玉顺教授；复旦大学熊庆年教授；南京师范大学张乐天教授；重庆工商大学陈运超教授；浙江师范大学眭依凡教授以及其团队成员鲍嵘、王占军博士、冯典博士、田小红博士。感谢我的团队成员们，他们承担了各个章节的执笔任务：第一章：钱佩忠，第二章：钟伟军，第三章：钱佩忠、张鹏，第四章：凌键，第五章：张凤娟，第六章：毛建青，第七章：方阳春，第八章：凌键、方阳春。感谢郑莉老师为中国大学校长数据库建设作出的贡献，感谢张金福教授、周守军教授为课题设计奉献的智慧。在此，还要特别感谢参与问卷填写和接受访谈的"211"大学的书记，校长，中层干部和教授代表们，感谢"211"大学的党委组织部部长们，他们为课题组调查问卷的发放、回收付出了辛勤的劳动！

在成果即将付梓的时候，值得欣慰的是，2017 年 1 月，中组部会同教育部印发了《高等学校领导人员管理暂行办法》，要求不是简单套用党政领导干部管理模式管理高校领导人员，强调按照社会主义政治家、教育家的目标要求来选拔和管理大学的领导人，在任职资格条件上，要求除具有良好的政治素质以外，还要有较强的管理能力、专业水平和职业素养；在选拔任用上，强调拓宽选人用人视野，打破身份等限制，根据学校改革发展需要可以公开遴选优秀人才，灵活采取多种方式，促进优秀人才脱颖而出，加大聘任制推行力度，进一步搞活用人机制。这意味着我国在大学校长管理专业化的进程中迈出了实质性的步伐，是政府专业化管理大学校长的重要标志。

我们有理由相信，中国的高等教育一定会在不断完善的具有中国特色的制度环境中向世界展示理论自信、道路自信、制度自信和文化自信。

宣勇

2017 年 2 月 3 日，农历立春日于三香居

教育部哲学社会科学研究重大课题攻关项目成果出版列表

序号	书 名	首席专家
1	《马克思主义基础理论若干重大问题研究》	陈先达
2	《马克思主义理论学科体系建构与建设研究》	张雷声
3	《马克思主义整体性研究》	逄锦聚
4	《改革开放以来马克思主义在中国的发展》	顾钰民
5	《新时期 新探索 新征程——当代资本主义国家共产党的理论与实践研究》	聂运麟
6	《坚持马克思主义在意识形态领域指导地位研究》	陈先达
7	《当代资本主义新变化的批判性解读》	唐正东
8	《当代中国人精神生活研究》	童世骏
9	《弘扬与培育民族精神研究》	杨叔子
10	《当代科学哲学的发展趋势》	郭贵春
11	《服务型政府建设规律研究》	朱光磊
12	《地方政府改革与深化行政管理体制改革研究》	沈荣华
13	《面向知识表示与推理的自然语言逻辑》	鞠实儿
14	《当代宗教冲突与对话研究》	张志刚
15	《马克思主义文艺理论中国化研究》	朱立元
16	《历史题材文学创作重大问题研究》	童庆炳
17	《现代中西高校公共艺术教育比较研究》	曾繁仁
18	《西方文论中国化与中国文论建设》	王一川
19	《中华民族音乐文化的国际传播与推广》	王耀华
20	《楚地出土戰國簡册［十四種］》	陈 伟
21	《近代中国的知识与制度转型》	桑 兵
22	《中国抗战在世界反法西斯战争中的历史地位》	胡德坤
23	《近代以来日本对华认识及其行动选择研究》	杨栋梁
24	《京津冀都市圈的崛起与中国经济发展》	周立群
25	《金融市场全球化下的中国监管体系研究》	曹凤岐
26	《中国市场经济发展研究》	刘 伟
27	《全球经济调整中的中国经济增长与宏观调控体系研究》	黄 达
28	《中国特大都市圈与世界制造业中心研究》	李廉水

序号	书　名	首席专家
29	《中国产业竞争力研究》	赵彦云
30	《东北老工业基地资源型城市发展可持续产业问题研究》	宋冬林
31	《转型时期消费需求升级与产业发展研究》	臧旭恒
32	《中国金融国际化中的风险防范与金融安全研究》	刘锡良
33	《全球新型金融危机与中国的外汇储备战略》	陈雨露
34	《全球金融危机与新常态下的中国产业发展》	段文斌
35	《中国民营经济制度创新与发展》	李维安
36	《中国现代服务经济理论与发展战略研究》	陈　宪
37	《中国转型期的社会风险及公共危机管理研究》	丁烈云
38	《人文社会科学研究成果评价体系研究》	刘大椿
39	《中国工业化、城镇化进程中的农村土地问题研究》	曲福田
40	《中国农村社区建设研究》	项继权
41	《东北老工业基地改造与振兴研究》	程　伟
42	《全面建设小康社会进程中的我国就业发展战略研究》	曾湘泉
43	《自主创新战略与国际竞争力研究》	吴贵生
44	《转轨经济中的反行政性垄断与促进竞争政策研究》	于良春
45	《面向公共服务的电子政务管理体系研究》	孙宝文
46	《产权理论比较与中国产权制度变革》	黄少安
47	《中国企业集团成长与重组研究》	蓝海林
48	《我国资源、环境、人口与经济承载能力研究》	邱　东
49	《"病有所医"——目标、路径与战略选择》	高建民
50	《税收对国民收入分配调控作用研究》	郭庆旺
51	《多党合作与中国共产党执政能力建设研究》	周淑真
52	《规范收入分配秩序研究》	杨灿明
53	《中国社会转型中的政府治理模式研究》	娄成武
54	《中国加入区域经济一体化研究》	黄卫平
55	《金融体制改革和货币问题研究》	王广谦
56	《人民币均衡汇率问题研究》	姜波克
57	《我国土地制度与社会经济协调发展研究》	黄祖辉
58	《南水北调工程与中部地区经济社会可持续发展研究》	杨云彦
59	《产业集聚与区域经济协调发展研究》	王　珺

序号	书名	首席专家
60	《我国货币政策体系与传导机制研究》	刘 伟
61	《我国民法典体系问题研究》	王利明
62	《中国司法制度的基础理论问题研究》	陈光中
63	《多元化纠纷解决机制与和谐社会的构建》	范 愉
64	《中国和平发展的重大前沿国际法律问题研究》	曾令良
65	《中国法制现代化的理论与实践》	徐显明
66	《农村土地问题立法研究》	陈小君
67	《知识产权制度变革与发展研究》	吴汉东
68	《中国能源安全若干法律与政策问题研究》	黄 进
69	《城乡统筹视角下我国城乡双向商贸流通体系研究》	任保平
70	《产权强度、土地流转与农民权益保护》	罗必良
71	《我国建设用地总量控制与差别化管理政策研究》	欧名豪
72	《矿产资源有偿使用制度与生态补偿机制》	李国平
73	《巨灾风险管理制度创新研究》	卓 志
74	《国有资产法律保护机制研究》	李曙光
75	《中国与全球油气资源重点区域合作研究》	王 震
76	《可持续发展的中国新型农村社会养老保险制度研究》	邓大松
77	《农民工权益保护理论与实践研究》	刘林平
78	《大学生就业创业教育研究》	杨晓慧
79	《新能源与可再生能源法律与政策研究》	李艳芳
80	《中国海外投资的风险防范与管控体系研究》	陈菲琼
81	《生活质量的指标构建与现状评价》	周长城
82	《中国公民人文素质研究》	石亚军
83	《城市化进程中的重大社会问题及其对策研究》	李 强
84	《中国农村与农民问题前沿研究》	徐 勇
85	《西部开发中的人口流动与族际交往研究》	马 戎
86	《现代农业发展战略研究》	周应恒
87	《综合交通运输体系研究——认知与建构》	荣朝和
88	《中国独生子女问题研究》	风笑天
89	《我国粮食安全保障体系研究》	胡小平
90	《我国食品安全风险防控研究》	王 硕

序号	书名	首席专家
91	《城市新移民问题及其对策研究》	周大鸣
92	《新农村建设与城镇化推进中农村教育布局调整研究》	史宁中
93	《农村公共产品供给与农村和谐社会建设》	王国华
94	《中国大城市户籍制度改革研究》	彭希哲
95	《国家惠农政策的成效评价与完善研究》	邓大才
96	《以民主促进和谐——和谐社会构建中的基层民主政治建设研究》	徐 勇
97	《城市文化与国家治理——当代中国城市建设理论内涵与发展模式建构》	皇甫晓涛
98	《中国边疆治理研究》	周 平
99	《边疆多民族地区构建社会主义和谐社会研究》	张先亮
100	《新疆民族文化、民族心理与社会长治久安》	高静文
101	《中国大众媒介的传播效果与公信力研究》	喻国明
102	《媒介素养：理念、认知、参与》	陆 晔
103	《创新型国家的知识信息服务体系研究》	胡昌平
104	《数字信息资源规划、管理与利用研究》	马费成
105	《新闻传媒发展与建构和谐社会关系研究》	罗以澄
106	《数字传播技术与媒体产业发展研究》	黄升民
107	《互联网等新媒体对社会舆论影响与利用研究》	谢新洲
108	《网络舆论监测与安全研究》	黄永林
109	《中国文化产业发展战略论》	胡惠林
110	《20世纪中国古代文化经典在域外的传播与影响研究》	张西平
111	《国际传播的理论、现状和发展趋势研究》	吴 飞
112	《教育投入、资源配置与人力资本收益》	闵维方
113	《创新人才与教育创新研究》	林崇德
114	《中国农村教育发展指标体系研究》	袁桂林
115	《高校思想政治理论课程建设研究》	顾海良
116	《网络思想政治教育研究》	张再兴
117	《高校招生考试制度改革研究》	刘海峰
118	《基础教育改革与中国教育学理论重建研究》	叶 澜
119	《我国研究生教育结构调整问题研究》	袁本涛 王传毅
120	《公共财政框架下公共教育财政制度研究》	王善迈

序号	书　名	首席专家
121	《农民工子女问题研究》	袁振国
122	《当代大学生诚信制度建设及加强大学生思想政治工作研究》	黄蓉生
123	《从失衡走向平衡：素质教育课程评价体系研究》	钟启泉 崔允漷
124	《构建城乡一体化的教育体制机制研究》	李　玲
125	《高校思想政治理论课教育教学质量监测体系研究》	张耀灿
126	《处境不利儿童的心理发展现状与教育对策研究》	申继亮
127	《学习过程与机制研究》	莫　雷
128	《青少年心理健康素质调查研究》	沈德立
129	《灾后中小学生心理疏导研究》	林崇德
130	《民族地区教育优先发展研究》	张诗亚
131	《WTO主要成员贸易政策体系与对策研究》	张汉林
132	《中国和平发展的国际环境分析》	叶自成
133	《冷战时期美国重大外交政策案例研究》	沈志华
134	《新时期中非合作关系研究》	刘鸿武
135	《我国的地缘政治及其战略研究》	倪世雄
136	《中国海洋发展战略研究》	徐祥民
137	《深化医药卫生体制改革研究》	孟庆跃
138	《华侨华人在中国软实力建设中的作用研究》	黄　平
139	《我国地方法制建设理论与实践研究》	葛洪义
140	《城市化理论重构与城市化战略研究》	张鸿雁
141	《境外宗教渗透论》	段德智
142	《中部崛起过程中的新型工业化研究》	陈晓红
143	《农村社会保障制度研究》	赵　曼
144	《中国艺术学学科体系建设研究》	黄会林
145	《人工耳蜗术后儿童康复教育的原理与方法》	黄昭鸣
146	《我国少数民族音乐资源的保护与开发研究》	樊祖荫
147	《中国道德文化的传统理念与现代践行研究》	李建华
148	《低碳经济转型下的中国排放权交易体系》	齐绍洲
149	《中国东北亚战略与政策研究》	刘清才
150	《促进经济发展方式转变的地方财税体制改革研究》	钟晓敏
151	《中国—东盟区域经济一体化》	范祚军

序号	书名	首席专家
152	《非传统安全合作与中俄关系》	冯绍雷
153	《外资并购与我国产业安全研究》	李善民
154	《近代汉字术语的生成演变与中西日文化互动研究》	冯天瑜
155	《新时期加强社会组织建设研究》	李友梅
156	《民办学校分类管理政策研究》	周海涛
157	《我国城市住房制度改革研究》	高 波
158	《新媒体环境下的危机传播及舆论引导研究》	喻国明
159	《法治国家建设中的司法判例制度研究》	何家弘
160	《中国女性高层次人才发展规律及发展对策研究》	佟 新
161	《国际金融中心法制环境研究》	周仲飞
162	《居民收入占国民收入比重统计指标体系研究》	刘 扬
163	《中国历代边疆治理研究》	程妮娜
164	《性别视角下的中国文学与文化》	乔以钢
165	《我国公共财政风险评估及其防范对策研究》	吴俊培
166	《中国历代民歌史论》	陈书录
167	《大学生村官成长成才机制研究》	马抗美
168	《完善学校突发事件应急管理机制研究》	马怀德
169	《秦简牍整理与研究》	陈 伟
170	《出土简帛与古史再建》	李学勤
171	《民间借贷与非法集资风险防范的法律机制研究》	岳彩申
172	《新时期社会治安防控体系建设研究》	宫志刚
173	《加快发展我国生产服务业研究》	李江帆
174	《基本公共服务均等化研究》	张贤明
175	《职业教育质量评价体系研究》	周志刚
176	《中国大学校长管理专业化研究》	宣 勇
	……